이효석 전집 3

# 이효석 전집 3

초판 1쇄 인쇄 2016년 11월 25일
초판 1쇄 발행 2016년 11월 30일

엮은이 이효석문학재단
펴낸곳 서울대학교출판문화원
펴낸이 성낙인

책임편집 현우진
디자인 장혜원

출판등록 제15-3호

주소 (08826) 서울 관악구 관악로 1
대표전화 02-880-5252 | 팩스 02-888-4148
마케팅팀(주문상담) 02-889-4424, 02-880-7995
이메일 snubook@snu.ac.kr
홈페이지 www.snupress.com

ISBN 978-89-521-1798-4 04810
978-89-521-1795-3 04810 (세트)

# 이효석 전집

단편소설
장편소설

3

이효석문학재단 엮음

이효석(구본웅 그림)

❶ '푸른집' 정원에서
❷ '푸른집' 거실에서
❸ 1939년 평양 대동공전 영문학 교수 시설
❹ 1929년 경성제대 재학 시절

❺ 1940년대의 이효석과
그의 육필 서명

❻ 부인 이경원

❼ 말년의 이효석

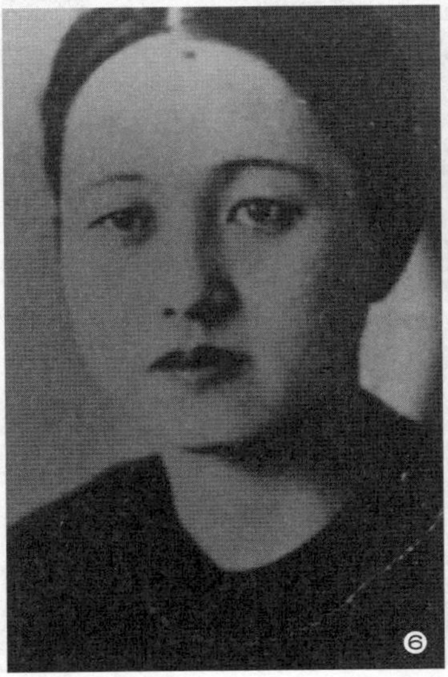

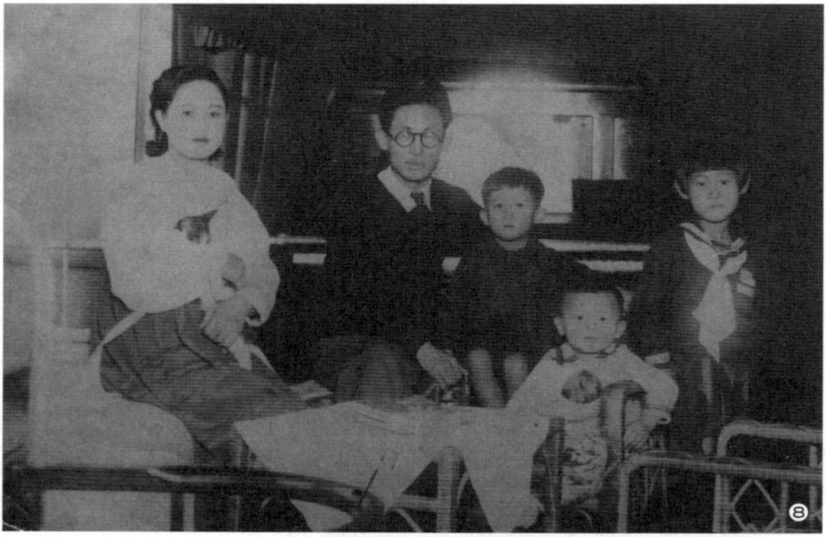

❽ 가족사진('푸른집' 거실에서)
❾ 부인 이경원과 함께

❿ 모친 강홍경
⓫ 부친 이시후와 모친 강홍경

◆ 이효석 전집 교감 및 편집을 마치고

최초의 이효석 전집은 1959년에 춘조사(春潮社)에서 간행된 『李孝石全集』(전 5권)이다. 이 한 질의 책은 이효석의 장남 이우현의 헌신적 노력의 결실로 빛을 보게 되었다. 1956년에 경기고등학교를 졸업한 그는 연소한 나이로 국립도서관 등지를 찾아다니면서 1942년에 작고한 부친의 작품들을 일일이 모아서 필사한 후 다섯 권의 전집으로 묶었던 것이다.

그 후 미국 유학길에 올랐던 이우현은 반생 동안 고국을 떠나 살다가 2011년에 귀국했다. 이듬해 사재를 출연하여 이효석문학재단을 설립한 그는 부친의 문학을 기리는 몇 가지 중점 사업을 시작하였다. 그중의 하나가 텍스트 비평을 거친 정본 전집 간행 사업이다. 기왕에 전집을 편찬해 본 경험이 있는 그에게 이번 전집 출간이 결코 생소한 일은 아니었을 것이다. 그러나 50여 년 전에 나온 전집과 이번 전집은 그 성격이 판이하다고 할 수 있다. 왜냐하면 이번에 간행된 것은 원전을 포함한 관련 문헌을 엄격히 교감하면서 작성한 텍스트로 이루어진 이른바 '결정판' 전집이기 때문이다.

교감 작업은 쉽지 않았다. 예전부터 우리나라 학계에서 문헌학이나 훈고학은 학문의 중요 분야로 전승되어 왔지만, 근자에 이르러서는 웬일인지 원전 문헌을 교감하는 일이 소홀히 대접되고 있다. 학자들이 개인적인 필요성에 따라 문헌을 조사하고 정본 텍스트를 확정한 사례는 더러 있지만, 현대의 중요 작가들, 특히 소설가들의 작품이 철저한 텍스트 비평을 거쳐 정본 전집으로 출간된 예는 찾아보기 어렵지 않을까 싶다. 이런 풍토 속에서는 문헌 교감에 대한 학계의 깊은 이해나 호의적 후원을 얻어 내기가 쉽지 않았고, 또 그런 작업의 준거가 될 만한 학계의 관행이나 기준을 찾아보기도 어려웠다.

어려움은 거기에 그치지 않았다. 이효석은 1920년대 말엽에서 1940년대 초엽에 걸쳐 작품 활동을 했는데, 그 시기에는 국한문 혼용이 시작된 지 얼마 되지 않아 우리말 정서법이 제대로 확립되어 있지 않았으므로 작가들마다 어법이 달라 극심한 혼란을 겪고 있었다. 그래서 오늘날의 독자들이 70, 80년 전의 우리나라 문헌을 대할 때에는 현대 영국 독자들이 400여 년 전 셰익스피어 시대 영어를 마주하는 것에 못지않은 어려움을 겪을 수도 있다. 바로 이 점이 텍스트 비평을 거친 정본 전집 간행의 필요성이나 그 시급성을 정당화해 주지만, 한편 그 작업에 임하는 사람들에게는 적잖은 부담이 되고 있다.

전집에 수록할 정본 텍스트를 작성하기 위해서 우리는 우선 작업 지침을 마련한 후 전문가들의 자문을 거쳤다. 2012년 9월에 구성된 이효석 전집 텍스트 교감·편집 팀은 이 지침에 의거하여 기왕에 나온 전집의 텍스트를 전산 입력한 후 그 최초본 및 후속본과 대조 교감하는 작업을 시작했다. 개개 작품의 텍스트는 담당 위원에 의해 교감된 후 소위원회의 검토를 거쳐 잠정적으로 확정되었다. 이런 방식으로 개별 작품의 교감 작업이 세 차례 이루어졌다. 이런 절차의 교감을 거친 텍스트는 최종적으로 작업 책임자에 의한 교감을 거쳐 정본 텍스트로 확정되었다. 새로이 발굴된 작품도 모두 이와 같은 과정을 거쳤다. 한편 이효석이 일어로 쓴 작품들은 모두 번역해서 이번 전집에 수록했다. 그중의 일부는 기왕에 번역되어 있었지만 이번에 거의 전부를 새로이 전문 번역가들에게 청탁하여 번역했음을 밝혀 둔다.

이 모든 과정을 거쳐 오면서 우리는 이효석의 작품에 나오는 어휘를 모아 사전으로 편찬해야 할 필요성을 절감하게 되었다. 그래서 이효석 특유의 어휘와 사투리 및 잘 쓰이지 않거나 뜻이 어려운 표현들을 골라서 그 뜻풀이와 함께 제6권 권말 부록에 '이효석 어휘해설'로 달았다.

이 전집 편찬을 처음 기획할 때 우리는 이효석을 연구하는 학자들에게 꼭 필요한 연구 자료가 될 수 있을 뿐만 아니라, 교양 있는 일반 독서대중이 읽기에도 적합할 만큼 반듯한 텍스트를 제공하자는 데 주안점을 두었다. 아울러 이번 전집의 출간이 우리나라 학계에서 이른바 '결정판 정본 전집' 간행의 필요성을 일깨우는 계기가 될 수 있기를 바란다. 이런 목표를 달성하기 위해서 우리는 최선의 노력을 기울였지만, 실제로 얼마만큼의 성과를 거두었는지 모르겠다. 전집 출간 후에도 이효석문학재단에서는 계속해서 텍스트를 살피고 미흡한 대목이 눈에 띄면 바로잡아 두었다가 개정판에 반영하고자 한다. 이런 후속 작업이 성공적으로 수행될 수 있도록 각계의 독자 여러분들이 기탄없는 질정을 아끼지 않기를 바란다.

전집 간행을 위한 자문에 꾸준히 응해 주시고 격려해 주신 분들과 일어 작품을 우리말로 옮겨 주신 장순하 선생, 한성례 선생 및 이로미 선생에게 고마움을 전한다. 아울러 새로이 이효석의 많은 작품을 발굴하여 빛을 보게 한 이현주 박사에게도 감사 드린다. 그리고 3년이 넘는 긴 세월 동안 어려운 일을 마다 않고 분담해 주신 네 분 젊은이들의 노고도 이 자리에서 기억하고 싶다. 그러나 무엇보다도 그 숱한 모임에 빠짐없이 합석해 주신 이우현 편찬위원장의 열성을 잊을 수 없다. 끝으로, 출판업이 유례없는 어려움에 처해 있는 시기임에도 이 전집의 간행을 선뜻 맡아 주신 서울대학교출판문화원 관계자 여러분께 감사를 드린다.

2016년 11월

이효석 전집 교감·편집 책임자

이상옥

◆ **감사의 글**

— 유족을 대표하여

선친께서 작고하신 지 75년이라는 세월이 흘렀다. 1925년부터 1945년까지는 일제의 강압적인 식민 정책과 다양한 이데올로기가 충돌하며 한국사에 암흑이 드리운 혼란기였다. 국어와 한문이 혼재하였고, 어법 기준이 고르지 못하였으며, 일본어를 국어로 강요당한 시대였다. 이 시기에 선친께서는 지식인이자 문필가로서 모진 시련을 겪지 않을 수 없었다.

선친께서 「메밀꽃 필 무렵」을 발표한 1936년 무렵은 한국문학이 근대문학에서 현대문학으로 자리를 잡아 가면서 시, 소설, 수필, 평론 등이 장르적 개별성을 드러내며 분화하는 시기였다. 이러한 때 이효석은 '소설을 배반한 소설가'로 불렸다. 작품 속에 시적 요소와 산문적 요소를 뒤섞어 장르의 경계를 허물었기 때문이다.

경향문학적 요소를 뒤로하고 순수문학을 추구함으로써 이효석은 한국문학사에 당신의 이름을 분명히 새겨 넣었으며, 시적 문체로 승화한 단편소설들은 지금까지도 많은 독자들의 사랑을 받고 있다.

사실 선친의 전집을 엮는 일은 이번이 두 번째이다. 나는 미국으로 유학하기 전, 3년 동안 도서관을 헤집으며 아버지의 작품을 필사하여 1959년 춘조사에서 5권 분량으로 전집을 간행한 바 있다. 50

여 년이 지나 그 작업을 다시 시작하는 감회가 새롭다.

새로이 편찬되는 '이효석 정본 전집'에 대해 이상옥 교수는 "이효석을 연구하는 학자들에게 꼭 필요한 연구 자료가 될 수 있을 뿐만 아니라, 교양 있는 일반 독서대중이 읽기에도 적합할 만큼 반듯한 텍스트를 제공하는 데 주안점을 두었다."라고 말하였다. 이상옥 선생의 헌신적 노고가 없었다면 이와 같은 텍스트 비평을 거친 전집 간행은 어려웠을 것이다. 특히 우리나라 학계에서 처음 간행되는 '결정판 정본 전집'이 근현대문학사 연구의 필요성을 일깨우는 계기가 되기를 바란다는 말씀을 늘 귀하게 여기고 있다.

이 작업을 하는 동안 작은 바람이 있었다. 나를 비롯한 우리 네 남매를 위한 글을 찾고 싶었다. 너무도 개인적인 바람이지만, 요절하신 아버지의 사랑을 그런 식으로라도 확인하고 싶었고 보상받고 싶었다. 그 소망을 이룰 수는 없었지만, 그때 미처 발견하지 못한 작품들을 찾을 수 있었고, 여러 번의 교정을 거치며 잘못된 부분들을 바로잡을 수 있었다.

이런 일들은 아낌없는 자문과 격려를 보내 주신 문단과 학계의 여러분 덕분에 가능하였다. 깊이 머리 숙여 감사의 마음을 전한다. 3년여의 긴 여정에서 한결같이 함께 호흡을 맞춰 주신 편찬위원 송민자, 공강일, 이지훈, 그리고 나보령 선생께 심심한 사의를 표한다. 그 고마움 길이 가슴에 새겨 간직할 것이다. 또한 우수한 번역으로 전집을 새로이 단장해 주신 장순하, 한성례, 이로미 선생을 비롯한 많은 분들께 진심으로 감사한 마음을 전한다.

끝으로 이 전집의 출간을 맡아 주신 서울대학교출판문화원의 여러분에 대해서는 '감사하다'는 표현만으로는 모자라 최고의 찬사를 찾고 싶은 마음이 절실하다.

생전에 쓰셔서 발표하신 아버님의 글을 모두 모은 결정판을 이제서야 영전에 드리게 되었다. 함께 기뻐해 주시리라 믿는다.

2016년 11월

이우현

# 차례



## 단편소설



## 장편소설

## 권의 차례

### 1권



### 2권

## 5권

◆ **수필**

◆ **서간문**



◆ **평론**

문학 진폭 옹호의 변
신간평
국민의 마음 훈련 과정을
생활과 창조
문학과 국민성
특수가치의 참가

◆ **좌담**
조선 문화의 재건을 위하여
평양문인 좌담회
현대작가창작고심합담회
지성 옹호와 작가의 교양
내 지방 특색을 말하는 좌담회
(평양 편)
신문소설과 작가의 태도

## 6권

◆ **콩트, 소설**
은빛 송어(銀の鱒)
은은한 빛(ほのかな光)
가을(秋)
봄 의상
엉겅퀴의 장(薊の章)
소복과 청자
녹색의 탑(綠の塔)
미완의 일문소설

◆ **수필 외**
계절의 낙서(季節の落書)
마음의 그늘(こころの陰翳)
조개 숟가락(貝殼の匙)
수목에 대하여(樹木について)
춘향전 내연 무렵(春香傳來演の頃)
신추(新秋)
대륙의 껍질(大陸の皮)
물 위(水の上)
북만주 소식(北滿だより)
유도 소식(柳都だより)
새것과 옛것(新しさと古さ)
주을소묘(朱乙素描)
복도에서(廊下で)
포도 그늘(葡萄の蔭)
겨울 여행(冬の旅)
나는 이렇게 생각한다
(私はこう考えている)
오월의 하늘(五月の空)
앞으로 어떻게 써야 하는가?
(今後如何に書くべきか?)
일본어가 세계어로
(日本語が世界語に)

◆ **설문**
신년삼원(新年三願)
포부고 말고
현실에 따라 움직이라
문답
근독단평(近讀短評)
1935년두의 문답록
설화체(說話體)와 생활의 발명
추등(秋燈)독서
십이월과 나
소재의 빈곤
제작과 시절
가을의 탐승처
근실한 편집 내용

## 일러두기

1. 이 전집 편찬의 기본 방침은 작가의 최초본을 포함한 원본에 되도록 충실하자는 데 있다. 그러므로 사투리와 작가 고유의 어휘는 가급적 존중되었고, 맞춤법과 띄어쓰기만 현행 규정에 따라 바로잡았다.
2. 소설 작품 속의 대화 부분은 원전을 거의 존중했다. 그러나 소설과 산문을 가리지 않고 서술문에서는 사투리를 가급적 표준말로 바꾸었다.
3. 의미가 모호한 대목도 그 뜻을 짐작할 수 있는 경우에는 고치지 않고 그대로 두었다. 확실한 비문은 뜻이 통하게 바로잡기도 했으나, 더러는 그대로 두고 각주로 비문임을 밝혔다.
4. 각주는 최소화하고 그 대신 미심한 낱말 및 생소한 표현은 그 뜻풀이와 함께 6권 권말 부록의 '이효석 어휘 해설'에 첨부해 두었다.
5. 원전의 한자는 모두 한글로 전환했지만, 의미소통에 필요한 경우 괄호 속에 남겨 두었고, 드물게는 원전에 없는 한자를 추가하기도 했다.
6. 대화 부분은 " "로, 강조 부분은 ' '로, 단행본 제목은 『 』로, 단행본 속의 장별 제목이나 작품 제목은 「 」로, 정기간행물, 영화, 악곡 등의 제목은 《 》로, 그리고 혼잣말 부분은 ( )로 각각 표기했다.
7. 모든 저작물은 장르별로 구분한 후 거의 모두 저작 연대순으로 배열했다.
8. 작품마다 그 말미에 탈고 일자, 간행 일자, 잡지사가 기획한 편집 제목 등을 밝혀 독자나 연구가가 참고할 수 있게 했다.

# 단편소설

# 황제

……어둡다 요란하다 우렛소리 번갯불 바람은 천지를 쓸어 가련 건가 구름은 우주를 뭉개 버리련 건가 파도 소리 저 파도 소리 절벽을 물어뜯는 저놈의 파도 소리 수십 길 절벽을 뛰어넘어 이 집을 쓸어 가려는 듯 차라리 쓸어 가 버려라 집까지 섬까지 한 모금에 삼켜 버려라 오늘은 어인 일고 아침부터 이 바람 소리 파도 소리 오월이라 며칠이냐 날짜까지 까마아득 내 세월을 잊고 지낸 지 오래거니 이 외로운 섬에서 롱우드의 쓸쓸한 언덕에서 세월을 잊은 지 오 년이라 육 년이라 지내 온 세상 일이 벌써 등 뒤에 아득하게 멀구나 자연이 무심할쏘냐 그대만이 나를 알아주누나 내 마지막을 일러주누나 오늘의 그대의 이 뜻을 내 모를 바 아니요 이 어두운 천지의 조화와 부질없는 대서양의 파도 소리가 무엇을 재촉하는지를 내 모를 바 아니다 오늘이 올 것을 마음속에 생각하고 있었고 기다리고 있었다 며칠 전에 섬 위로 쏜살같이 혜성이 떨어짐을 내 보았으니 옛적 시저가 세상을 떠날 때 떨어지던 그 혜성이 이 섬에 떨어짐을 보았으니 내 무엇을 모르랴 그러나 내 무엇을 겁내랴 '광야의 사자'

인 내 감히 무엇을 겁내랴 차라리 이 불측한 곳을 한시바삐 떠나구 싶다 이 무례한 고장을 얼른 떠나구 싶다

해발 이천 척의 언덕 위에 덩그렇게 올려 놓은 이 나무집 병영으로 쓰이던 낡은 집 일 년이면 아홉 달은 바람과 비에 눅어지고 나머지 석 달은 복달더위에 배겨 낼 수 없는 오랑캐 땅 땡볕과 바람 속에서는 초목 한 포기 옳게 자란단 말인가 자연의 정취는커녕 말동무조차 없는 열대의 이 호지(胡地)―사람을 죽이는 땅이다 꽃 시들어 버리는 땅이다 나를 이곳으로 귀양 보낸 건 필연코 피트의 뜻이렷다 무더운 바람으로 사람을 죽이자는 셈 템스 강가에 사는 그 불측한 놈들이 아니고는 이런 잔인무도한 짓은 못할 것이다 나를 학살함은 영국의 귀족 정치이다 영국놈같이 포악무도한 인종이 세상에 있을까 내게 처음부터 거역한 것두 그놈들 내 평생에 파멸을 인도한 것도 그놈들 그놈들에 대한 원한은 골수에 젖어들어 자나 깨나 잊을 날이 없다 불측하고 무례한 허드슨 로―이런 놈에게 나를 맡기는 행사부터가 글렀지 이놈은 사람의 예를 분별하지 못하는 놈이야 이만 파운드의 연액을 팔천 파운드로 깎다니 음식을 옳게 가져온단 말인가 신문과 잡지를 옳게 보인단 말인가 시종들과의 거래를 금하고 구라파로 보내는 편지를 몰수해 버리구 그 즐기는 승마까지를 금하는 모두가 로의 짓 불측한 영국놈의 짓 나와 사귐이 깊다구 시의(侍醫) 오마라를 쫓고 라카아스를 쫓고 굴 고드를 멀리한 것도 그놈의 소위 내 기르는 시졸(侍卒)들을 위해 지니고 왔던 그릇까지를 팔게 한 것도 그놈의 짓인 것이다 그러나 참을 수 없는 한 가지의 모욕은―나더러 장군 보나파르트라구 내 일찍이 이런 모욕

을 받아 본 일이 없으니 분수를 모르고 천리를 그르치는 놈이지 장군 보나파르트라니 영국놈이 무엇이라구 하든지 간에 나는 황제 나폴레옹이다 황제인 것이다 지금에도 변함없는 황제인 것이다 천년 만년에 한 사람 태어나는 뭇 별 중에서 제일로 빛나는 제왕성 황제로 태어나 황제로 끝을 막는 것이다 코르시카의 집안에 태어난 가난뱅이 귀족의 후예가 아닌 것이요 잠시 그 집의 문을 빌렸을 뿐 천칠백육십구년 팔월 십오일—이날은 세상의 뭇 백성이 영원히 기억해 두어야 할 날 이 마리아 승천절날 태후 레티치아 나를 탄생하시매 침대 요 위에는 시저와 알렉산더의 초상이 있어 스스로 제왕의 선언을 해 주다 천팔백삼년 오월 십팔일 백성들은 드디어 내 제왕의 몸임을 발견하고 황제로 받들었다 원로원은 공화제를 폐지하고 전 국민의 뜻 삼백오십칠만 이천삼백이십구 표의 투표로써 황제로 추대하매 로마에서는 법왕이 대관식을 거행하러 몸소 파리로 왔고 십이월 이일 튈르리 왕궁에서 노트르담으로 이르는 십오 리 장간의 길을 보병이 늘어서고 일만의 기병이 팔두마차의 전후를 삼엄하게 경계하는 속으로 위풍이 당당하게 거동할 때 연도의 군중은 수백만 은은한 축하의 포성과 백성들의 기쁨의 부르짖음으로 파리의 시가는 한바탕 뒤집힐 듯 그 귀한 날을 얼마나 축복했던고 내 조세핀과 함께 노트르담에 이르자 나선형의 스물한 층의 층계 그 위에는 진홍빛 융단을 둘러친 옥좌가 놓여 내 그날 있기를 기다리지 않았던가 조세핀과 함께 층계를 올라가 옥좌에 나란히 걸치매 문무백관 시종과 시녀 엄숙히 읍하고 있는 속으로 삼백 명으로 된 합창대의 찬송가가 궁을 떠들어 갈 듯 장엄하게 울려올 때 백성들은 비로소 그들의 황제를 찾아낸 것이다 내 마음 기쁘고 만족해서 몸에 소름이 치고 가슴에 감격이 넘치다 법왕이 왕관을 받들고 내 앞에 나오매 내 그것을 받아 가지고 하늘의 주 내게 이것을 보내다 나 이외에 아무도 감히 이것을 다칠 수 없도다 외치고 스스로 머리에 얹고 이어 조세핀에게도 손수 국모의 관을 이워 주었으니 이것으로써 구라파에 새로운 천지가 탄생되었고 주가 황제로서 나를 땅 위에 보냈음이 인류의 역사와 함께 영원히 지울 수 없이 하늘과 땅과 인류의 마음속에 새겨진 것이다 이날로부터 한 달 동안 불란서의 천지는 뒤집힐 듯 상하 축하의 잔치에 정신이 없었고 해를 넘어 오월 밀라노에 거동해 이태리 왕위에 오르고 리구리아공화국과 시스알비나 왕국을 합쳤으니 나는 불란서뿐이 아니라 전 구라파 천지에 군림하게 되었다 구라파의 황제의 위(位)에 오른 것이다 군소의 뭇 토끼들이 사자의 앞에 숨이나 크게 쉬었으랴 내 위엄 앞에서 구라파는 떨고 겁내고 정신을 잃었다 불측한 것이 영국 내 위(威)를 소홀히 하고 예를 잃고 거역하고 끝까지 화살을 던져 온 발칙한 백성—바다 건너 이 섬나라를 내 어찌 다 원망하고 저주하리 내 황제임을 거역하고 배반하는 분수를 모르고 천리를 그르친 백성들이지 장군 보나파르트라니 그놈들이 무엇이라구 하든지 간에 나는 황제 나폴레옹이다 황제인 것이다 영원히—지금에도 변함없는 황제인 것이다

섬에서 병을 얻은 지 이태 몸 고달프고 마음 어지러워 단지 소풍을 원하나 목석 같은 악한 로는 종시 들어주지 않는다 내 목숨이 진한 후 유골이나마 사랑하는 불란서 센 강 언덕에 묻어 주기를 원하나 이 역 그 무도한 백성이 들어줄 것 같지는 않다 백만의 군졸을

거느리고 구라파의 천지를 뒤흔들던 이 내 힘으로 이제 한 사람의 냉혈한 로의 뜻을 휘이지 못함은 어인 일고 내게 왕관을 보내고 황제로 택하신 주여 이제 내게 영광을 거절하고 욕을 줌은 어인 일고 원하노니 그 뜻을 말하소 우주의 비밀을 말하소 하늘의 조화를 말하소 그대의 뜻이 무엇이관데 무엇을 원하고 무엇을 기르고 무엇을 기하관데 인간사를 이렇게 섭리하는고 영광은 오래가지 말란 건가 기쁨은 물거품같이 꺼지란 건가 '영원'의 법칙은 공평되지 못하단 건가 변화와 무상이 우주의 원리란 말가 주 그대에게도 미움이 있고 질투가 있단 말가 사랑이 지극하듯 미움도 지극하단 말가 천재를 만들고 이를 질투하듯 영웅을 낳아 놓고 이를 질투한단 말가 원하노니 비밀을 말하소 조화를 말하소 내 그대의 뜻을 몰라 얼마나 마음 어지럽고 몸 고달프게 이날 이 마지막 시간까지 의심과 의혹의 세상을 헤매임을 안다면 내게 말하소…… 나무와 무명으로 얽어놓은 이 낡은 침대—이것이 황제의 침대여야 옳단 말가 진홍빛 융단은 못 둘러칠지언정 황제의 몸을 용납하기에 족한 것이어야 할 것이어늘 이 나무와 무명의 침대는 어인 일고 주여 그대도 보았으리니 무도한 로의 인색함에 못 견디어 지난 겨울 한 대의 침대를 도끼로 쪼개어 불을 피우고 추위를 막지 않았던가 둘밖에 없는 창에는 검은 무명 휘장이 치었으니 황제의 거실의 치장이 이것으로 족하단 말가 창틈으로는 구름이 엿보고 빗발이 치고 바람이 새어드니 이것으로 제왕의 품위를 보존하기에 족하단 말가 병에는 벌써 한 방울의 포도주도 없고나 이것도 인색한 로의 짓 날마다의 포도주의 분량을 덜어 버린 것이다 우리 안의 짐승에게 던져 주는 음식의 분량같이 일정한 분량을 제 마음대로 정한 것이다 왕을 대접하는 도리가 이것이다 이곳은 왕이 살되 왕이 살 곳이 아니며 전부 야인의 거처하는 곳도 이보다는 나으렷다 왕을 이같이 무시하는 자 그들이 옳을 리가 없으며 그 어느 때 천벌이 없을 건가 불란서 백성이 조석으로 전전긍긍 외이고 복종하던 윤리문답에 비추이면 그들은 응당 지옥가음이다—"우리들의 황제에 대한 의무를 결하는 자는 사도 바울에 의하면 주께서 결정한 율법을 물리치는 자로서 영원의 지옥에 빠질 것이니라."

생각나는 건 지나간 영광의 나날—튈르리 궁중의 생활—궁전은 화려하고 장엄한 설비와 치장을 베풀었으나 내 자신의 생활은 검박해서 말 한 필과 일 년에 일천이백 프랑만 있으면 유쾌하게 지낼 수 있음을 입버릇같이 외이면서 그러나 주위는 될 수 있는 대로 화려하게 해서 제왕으로서의 위엄을 보이고 조화를 지니기에 넉넉한 것이었다 평생 네 시간 이상을 자 본 일이 없는 나는 오전 일곱 시면 반드시 기침해 시의 코르비사르의 건강진단을 받고 다음에 목욕—목욕은 가장 즐겨 하는 것 끝나면 솔로 전신 마찰을 하고 수염을 밀고 아홉 시에 예복을 입고 등각, 대신 이하 문무백관의 열람식을 마치고 아침식사 포도주와 커피 한 잔씩을 마시고 나면 하루의 정사가 시작된다 비서 부리엔이나 마느발이나 펜을 데리고 서재나 국무원에서 국가 경륜의 대책을 초(草) 잡고 궁리하고 의논하고 만찬 후에는 조세핀의 방에서 무도회—내 침실을 지키는 건 여섯 사람 이웃 방에 롱스탕이 숙직 그다음 방에 시종 두 사람 사환 두 사람 마부 한 사람의 여섯 사람—마르메종 별장에서의 조세핀과의 즐거운 생활의 가지가지 조세핀의 일 년 세액은 삼백만 프랑 의복 칠백 벌 모자 이백오십 보석 일천만 프랑 화장의 비용 삼천 프랑 그의 곁을 모시는 여관 백 명—그러나 이것도 루이 십육세의 왕후 마리 앙투아네트의 생활에 비기면 검박하기 짝 없는 것—모든 범절이 질소하면서도 늠름한 위풍을 보인 것이 튈르리 궁중의 생활이었다 백성들은 내 작정한 윤리문답을 알뜰히 외우고는 나 황제에 대한 의무를 추상같이 엄하게 여겼다—"기독교도는 그들을 통치하는 뭇 군주에게 특히 우리들의 황제 나폴레옹 일세에 대해서 바쳐야 할 것은 사랑 공경 순종 충성 병역의 의무와 제국 급(及) 그의 제위를 유지하고 옹호함에 필요한 세금 이것이다 우리로 하여금 특히 우리들의 황제 나폴레옹 일세와 연결시키는 동기는 무릇 그야말로 국가 다난의 시대를 당하여 우리들의 선조의 신성한 종교의 일반적 숭배를 부활시키고 그 보호자를 삼기 위해 주께서 특히 선택하신 사람 그 심원하고 활동적인 지혜로 백성의 질서를 회복하고 그것을 유지한 사람 그 위풍 있는 수단과 힘으로써 국가를 옹호한 사람 그리고 전 카톨릭 교회의 수장인 법왕에게서 성별을 받고 주께서 도유(塗油)를 받은 사람인 까닭이므로니라." 그러나 그러면서도 내게는 한 가지 불만이 있었던 것이다 비록 그 최고의 선택된 자리에 있기는 하나 시대가 시대라 내 하늘의 아들이니라고는 자칭할 수 없었던 것이다 알렉산더는 동방을 정복하고 스스로 제우스의 아들이라고 선언했을 때 그의 모 올림피아스 그의 스승 아리스토텔레스와 아테네의 학자들을 제하고는 동방의 모든 백성이 그것을 믿었다 그러나 그것은 옛일 지금엔 벌써 내 스스로 제우스의 아들이라고 일컬을 수는 없다 이것이 나의 불만이라면 불만이었다 하늘의 아들 못 되는 불만이지 황제로서의 불만은 아니다 알렉산더와 시저를 넘던 그 내 위풍 해같이 빛나고 바람같이 세차고 힘 산을 뽑고 뜻 세상을 덮고 나는 새까지 떨어뜨리던 그 위엄과 세력 지금 어디메 갔나뇨 그 십 년의 영화와 이십 년의 과거가 하룻밤 꿈이런가 한 장의 요술이런가 꿈과 요술이 잠시 이 몸을 빌려서 나타난 것가 요술을 받을 때의 몸과 지금의 이 몸이 다른 것가 지금의 이 머리 바로 이 위에 왕관이 오르지 않았던가 이 입으로 삼군을 호령하지 않았던가 이 팔로 이 주먹으로 장검을 휘두르지 않았던가 이 몸이 튈르리 궁전 용상에 오르지 않았던가 그 몸과 이 몸이 다른 것인가 지금 이 몸은 이 살은 이건 허수아비인가 모르겠노라 비밀의 문 내게 닫혀졌고 세상이 내게 어둡도다 섬의 날은 음산하고 대서양의 바람은 차다 사면을 둘러싼 망망한 바다 가이없는 그 너머를 바라볼 때 마음 차지고 눈이 아득하다 그 바다 너머로 하루 한시라도 마음 달리지 않은 적 있었던가 달과 함께 바람과 함께 파도를 넘어서 항상 달리는 곳은 바다 저쪽 몸은 이곳에 있어도 마음은 그곳에 하루에도 몇 차례씩 억만 리 길을 쏜살같이 달려 다뉴브 강 언덕을 피라미드 기슭을 이태리의 벌판을 눈 쌓인 아라사의 광야를 헤매이다 번개같이 파리의 교외로 달리다가는 금시에 코르시카의 강산으로 날으다 나를 길러 준 보금자리 그리운 코르시카의 강산 고향인 아작시오의 항구 따뜻한 어머니의 애정—아니 태후 레티치아—아니 어머니—태후이든 무엇이든 어머니임에 틀림없다 태후라느니보다는 나는 지금 어머니라고 부르고 싶은 것이 음산하고 황량한 이 섬

속에서는 어머니라고 부르는 것이 정다운 것이다 쓸쓸하고 쓰라린 속에서 제일 많이 생각나는 것은 어머니의 자태 어머니의 애정 그의 품은 결국 내 영원한 고향이다 옛적의 장군 홀로페네스는 여자를 멸시하고 어머니를 무시했으나 그릇된 망상 예수도 어머니에게서 난 아들 알렉산더도 시저도 어머니가 있은 후에 생긴 몸 내게도 어머니가 있음은 치욕이 아니요 영광이다 인자하고 용감스런 여걸인 어머니 조국 코르시카의 독립과 혁명을 위해서는 그의 뛰는 심장 아래에 나를 밴 채 손에 칼을 들고 출진하지 않았던가 일찍이 내게 가르치기를 사람의 앞에 굴하지 말라 다만 주 앞에만 머리를 숙이라고—나는 평생에 사람 앞에 머리를 숙인 적이 없다—단 한 번 숙인 일이 있다면 천칠백팔십오년 열일곱 살 때 라 페르 연대에 불란서 주둔병 포병 소위로 승급되었을 때 월급은 근근 사십 원 가난뱅이 사관같이 해먹기 어려운 노릇은 없어서 사교계에 나서야 된다 몸치장을 해야 한다 양복도 사야 하구 장화도 맞춰야 하구 하는 수 없이 양복장수에게 한 번 머리를 숙인 일—이것이 전무후무 단 한 번의 굴복이었다 굴복이라느니보다는 생각하면 즐거운 추억의 한 토막—조그만 추억의 실마리에도 어머니의 기개와 품격이 서리어서 그를 그리는 회포 더욱 간절하구나 어머니는 내게 허다한 진리와 모범을 드리웠고 나는 과거의 모든 것을 전혀 그에게서 힘입었다 어머니는 내 영광의 보금자리요 마음의 고향 낯설은 타향에 부대끼는 고달픈 마음에 서리우는 향수—그것은 어머니에게로 향하는 회포이기도 하다

고향—마음의 고향이라면 어머니의 다음에 그리운 것은 역시 조

세핀 무어니 무어니 해도 내게는 잊을 수 없는 여자이다 무슨 소문을 내고 어떤 풍문을 흘렸던 간에 점차 나를 정성껏 사랑했음은 사실이며 나 역 그의 매력을 잊을 수는 없다 아름답고 요염한 걸물 세상이 넓다 해도 그에게 비길 여자 없다 내게 행복을 준 것은 조세핀 바로 그대 잊기나 할쏘냐 파리의 혁명이 지나 폭동을 진정시킨 후 파리 주둔병 사령관의 임명을 받자 즉시로 시민들의 무기를 압수했을 때 그 속에 한 자루의 피 묻은 칼이 있었으니 그것이 그대와 나와의 인연을 맺어 줄 줄야 꿈엔들 생각했으랴 하룻날 유젠이라는 소년이 와서 돌아간 아버지의 유검(遺劍)이라고 그것을 원한다 단두대의 이슬로 꺼져 버린 지롱드 당의 지사 보아르네의 유검이었던 것이다 비록 원수의 사이라고는 해도 소년의 자태가 가엾어서 칼을 내주매 어린 마음에 감격되어 그 자리로 눈물을 흘리더니 이튿날 내 호의를 사례하러 찾아온 것이 보아르네 미망인 삼십 전후의 조세핀이었던 것이다 유분으로 얼굴을 치장하지는 않았어도 그 초초하고 검박한 근심에 싸인 자태가 스물일곱 살의 내 마음을 흠뻑 당겼다 사교계에서 거듭 만나는 동안에 마음에 작정한 바 있어 천칠백구십육년 삼월 십구일 바라의 알선으로 드디어 결혼해버렸다 왕위에 올라 내 손에서 여왕의 관을 받을 때까지 그의 행실이 어쨌든지 간에 내게는 조강의 아내였고 왕위에 오른 후부터 내게 대한 사랑이 더욱 극진해 갔음을 나는 안다 튈르리 궁전에서 혹은 마르메종의 별장에서 가지가지 즐거운 추억의 씨를 뿌려 주었다 흡사 수풀 속의 샘물 같아서 길어 내고 길어 내도 다하지 않는 그런 야릇한 매력을 가진 그였다 확실히 그는 여걸이요 천재였다 내가 그를 이혼한 것은 그에게 대한 사랑이 진(盡)한 까닭은 아니었고 자나 깨나 마음속에 서리어 오는 위대한 욕망 채우지 않고는 견딜 수 없는 원—이것이 나로 하여금 그를 버리게 했다 불란서의 이익을 위해서 그에게 대한 애정을 베어 버리지 않으면 안 되었던 것이다 왕위를 이으려면 왕자가 필요한 것이나 조세핀에게서 그것을 바랄 수 없음은 그나 내나 다 같이 아는바 드디어 조세핀에 그대 내 뜻을 굽히지 말라고 원했을 때 그는 슬픔과 절망을 못 이겨 그 자리에서 기절을 했겠다 보아르네의 유자 올탕과 유젠이 어미를 위로해 주었겠다 천팔백구년 십이월 십오일 이혼식을 거행한 후 몇 달 장간을 울어서 그는 눈이 보이지 않았더라고 내 엘바 섬에 흐르는 날 병석에 누운 것이 종시 못 일어나고 오월 삼십일 내 초상을 부둥켜안고 마지막 작별을 하고 그날 저녁으로 세상을 버렸다는 것이다 가엾다 나를 원망하고 저주했을까 그러나 그의 자태가 내 마음 속에 이렇게 생생하게 지금껏 살아 있는 이상 마지막까지 마음의 교통이 삐지 않았고 사랑의 실마리가 얽혀 있음은 사실 그에게 비길 여자는 없다 내게 행복을 준 것은 그대 조세핀이었던 것이다 이제 특히 그대에게 대한 생각이 간절함은 그 까닭이다 그대의 뒤를 이어서 황후로 들어선 오지리(墺地利)의 공주 마리 루이즈—이를 맞이한 것은 비록 정책에서 온 것이라고는 하더라도 당시에 백성들이 상심하고 통탄히 여겼던 것같이 나의 큰 실책이요 만려의 일실이었던가 그 후의 정사에 어떤 변동이 생기고 역사가 어떻게 변했든지 간에 나는 아무도 모르는 루이즈의 여자로서의 면을 아는 것이다 이것이 내게는 가깝고 친밀하고 귀중한 것도 된다 당시 열여덟 살 건강하고 혈색이 좋고 무엇보다도 내 마음을 당긴 것은 그 푸른 눈 하늘빛같이 푸른 눈 품성이 냉정은 하나 그다지 억센 편은 아니어서 적국의 공주이면서도 불란서에 들어서는 역시 불란서 사람 내 아내로서 원망도 분한도 잊어버리고 원만한 부부의 사이였던 것이다 조세핀만큼 다정하지는 못하나 남편을 섬기는 도리는 극진해서 부부생활로 볼 때 나는 그를 조세핀보다 얕게 칠 수는 없다 여자란 쪼개보고 헤쳐 보면 다 같은 것 그에게 비록 조세핀의 재기가 없고 프러시아 왕후 루이제의 고상한 이상은 없었다고 해도 단순한 여자로서의 일면에 있어서는 그들과 같은 것 나는 내 황후에게서 그 여자의 면을 구하면 되었지 그 이상의 것은 도시 귀치않은 것 이 점에서 나는 그를 조세핀과 같은 정도로 사랑할 수 있었고 지금에도 역시 내 황후임에는 틀림없어 가장 먼저 생각나는 것은 그이다 지금 어디서 어떻게 하고 있을 것인고 나의 가장 가까운 가족인 그가 나의 유일의 황자 프랑수아 조셉을 데리고 어디서 어떻게 하고 있을 것인가 가장 궁금한 것이 그것이다 지리멸렬하게 찢어진 내 생애의 파멸의 마지막 걸음에서 가장 생각나고 원하는 것은 일가의 단란이다 황제라고 해도 영웅이다고 해도 그에게 항상 필요한 것은 이 단란 여기에 산 보람이 있고 인생의 기쁨이 있는 것이 아닌가 조물주나 악마만이 혼자 살 수 있는 것이요 사람은 단란 속에 살라는 마련이다 반생 동안 단란을 무시하고 버려 온 내게 이제 간절히 생각나는 건 그것이다 이것도 인과의 장난인가 조물주의 내게 대한 복수인가 무엇이든 간에 내 지금 간절히 생각나는 건 루이즈와 조셉의 일신 편지가 끊어지고 소식조차 아득하니 마음 더욱 안타까웁다 영국놈 로 그 불측한 놈이 편지조차 허락지 않는다 도척에겐들 한 줄기의 눈물이 있지 녀석은 악마이다 지옥의 악마이다 인면을 쓴 악마인 것이다 조셉이여 루이즈여 조세핀이여 어머니와 함께 내 그대들을 생각할 때마다 철벽 같은 이 가슴속에도 눈물이 어리누나 구름이 막히누나 조세핀이여 루이즈여—도합 일곱 사람의 여인이여 이제 그대들의 자태가 무엇보다도 먼저 선명하게 차례차례로 떠오름은 이 어인 일고 그대들을 생각할 때 나는 황제도 아니요 영웅도 아니요 한 사람의 범상한 지아비요 그것으로써 만족한 것이다 그대들을 대할 때 나는 황제도 아니었고 영웅도 아니었고 세상의 뭇 사내와 고를 바 없는 지아비에 지나지 못했던 것이다 이제 나는 그대들을 사랑한 범상한 지아비의 자격으로서 생각하는 것이요 그편이 즐겁고 훨씬 생색도 있다 그대들이 침실에서 내 턱을 치고 하던 말이 오 황제 나폴레옹이여가 아니고 사랑하는 보나파르트여였던 것이요 나 또한 황제의 복색을 벗고 평범한 알몸으로 그대들의 사랑을 받지 않았던가 루이즈가 그러했고 조세핀이 그러했고—그리고 조세핀이여 그대 이전에 내 열아홉 살 때 그르노블 포대에 중위로 있을 시절 내게 접근해 온 쥬코롱베에의 딸—이가 말하자면 내게는 첫사랑이었다 그와의 사이가 깨끗은 했었으나 평생에 내 앞에 나타난 일곱 사람의 여자 중에서 그 제일 첫째 손가락에 꼽힐 여자가 그였다 나는 그의 옛정을 버릴 수가 없어 조세핀 그대가 황후가 되었을 때 그대의 곁에 데려다가 시관을 삼지 않았던가 그 여자의 다음 즉 둘째 손가락에 꼽힐 여자가 조세핀 그대이다 셋째가 천팔백이년 리옹에서 안 여자 그 다음이 천팔백육년에 안 루벨 부인 다섯째가 다음 해 폴란드에서 사귄 발레브스카 백작부인 여섯째가 두 번째 황후 마리 루이즈였고 마지막 일곱째가 이 섬 세인트헬레나에 와서 안 한 사람의 시녀이다—이 일곱 사람의 여자가 내 마음속에는 순서도 어김없이 차례차례로 적혀서 가장 즐거운 추억을 실어 오고 유쾌한 정서를 일으켜 준다 마음속에 첩첩으로 포개 들어앉은 반생 동안의 파란중첩한 사건과 역사 속에서 그대들의 역사만이 가장 참스럽고 아름답게 몸에 사무쳐 온다 일곱 자태가 일곱 개의 별같이 가슴속에 점좌(點座)하고 들어앉아 모든 것에 굶주린 내 마음을 우렷하게 비추어 준다 그 별들을 우러러 볼 때만 내 마음 꽃을 본 듯이 반기며 누그러진다 그 한 떨기의 성좌는 내 고향이요 일곱 개의 별은 각각 그 고향의 한 간씩의 방 나는 내 열쇠를 가지고 일곱 간의 방문을 열고 차례차례로 각기 방 안의 모든 것 빛과 그림자와 치장과 분위기와 비밀의 모든 것을 살피고 별의 안과 밖 마음과 육체의 모든 것을 알아 버린 것이다 세상에서 가장 가깝고 친한 것이 별들 이제 그 별들과 하직하고 이렇게 떨어져 있으려니 생각나는 것은 그 고향 일곱 간의 방 안 자장가의 노래같이 귀에 쟁쟁거리고 강가의 물소리같이 마음 기슭에 울려오는 건 고향의 회포—고향의 언덕과 수풀과 강가와 노래와 방 안의 그림자와 비밀과 꽃과 모든 것—그 고향의 산천만이 내 심회를 풀어 주고 넋을 위로해 줄 것 같다 그러나 그 고향 지금 어디메 있나뇨 그 별들 어디메 있나뇨 손닿지 않는 바다 저편에 멀리 마치 하늘의 북두칠성같이도 까마득하구나 별을 그리는 마음 오늘에 이토록 간절하도다 간절하도다 황제의 회포를 지금 이토록 아프게 하는 것이 별것 아니다 그 북두칠성

이다 범부의 경우와 고를 바 없는 이 내 심서를 내 부끄러워하지 않고 욕되게 여기지 않노라

북두칠성의 자랑에 비하면 지난날의 가지가지의 영광과 승리도 오히려 생색이 엷어진다 혁명의 완성 이태리 원정 애급 정벌 통령시대 제정시대—이십 년 동안의 싸움과 사자의 토끼사냥—그러나 알지 못괘라 영광에는 왜 반드시 치욕이 섞이고 승리에는 패배가 뒤를 잇는고 무슨 까닭이며 무슨 조화인가 영광은 날이요 치욕은 씨인가 승리는 날이요 패배는 씨인가 그 날과 씨가 섞여서야 비로소 인생의 베를 짤 수 있는 것인가 영광만의 승리만의 비단결은 왜 짤 수 없는가 무서운 치욕을 위해서 영광을 버릴 건가 영광을 얻은 값으로 치욕도 달게 받아야 할 것인가 치욕에 얼굴을 붉히면서도 그래도 영광을 바라는 욕심 많은 인생이여 곰곰이 생각하면 차라리 처음부터 범부의 일생을 보냈던들 얼마나 편한 노릇이었을까도 뉘우쳐진다 코르시카에 태어난 몸이 코르시카에서 평생을 보내게 되었던들 얼마나 평화롭고 안온하였으리 만약 영광을 위해 태어난 몸이라면 차라리 공명의 마지막 고비 워털루의 벌판에서 쓰러져 말가죽 속에 시체를 쌌던들 혹은 드레스덴의 싸움터에서 넘어져 마지막을 고했던들 이제 만고의 부끄럼을 이 외로운 섬 속에 남기게 되지는 않았을 것을 모스크바에서 돌아온 이후 내 스스로 내 목숨을 끊으려 했을 때 코오렌쿠울이며 시의 콘스탕이며 이이방이며가 왜 긴치 않게 나를 간호하고 다시 소생하게 했던고 그들이 원수만 같다 한번 때를 놓치자 그 후부터는 좀해 그런 기회조차 얻을 수 없다 왜 알맞은 때 알맞은 곳에서 곱게 진해 버려 영광의 뒷갈망을

깨끗이 못하고 이 목숨이 이렇게도 질기게 남아 영원의 원한을 끼치게 하는고 알지 못괘라 내 조물주의 뜻을 알 수 없노라 그는 연극을 즐겨 하는 것인가 계책을 사랑하는 것인가 장난이라고 할까 시험이라고 할까 그가 꾸며 놓은 막이 열린 것은 천칠백팔십구년 칠월 십사일 카토올스쥬이에 파리의 거리가 불란서의 전토가 폭발하고 뒤끓던 날—이날로부터 시작된다 혁명이 이루어지자 동란은 동란을 낳아서 천지가 뒤집히는 듯 오지리와 프러시아의 팔만의 연합병이 파리의 시민을 위협할 때 마르세유의 군중 오천 명은 애국의 노래를 부르면서 파리로 들어오고 삼천의 왕당이 화를 맞고 구월의 살육이 일어나고 루이 십육세가 형을 받고 공포시대는 시작되었다 우리 집안이 코르시카에서 불란서로 옮겨간 것은 이때 내 루우론에 의거해서 영국 서반아 연합함대를 물리친 공으로 소위에서 일약 여단장의 급에 오르니 이것이 오늘의 운의 실마리였던 것이다 구십오년 새로운 헌법이 준가(准可)되자 반대당이 일어나 소란은 그칠 바 없고 폭도 사만 명이 왕궁을 쳐들어오자 의회는 그들을 방어하기에 힘을 다해 시장 바라는 드디어 나를 총독으로 임명하고 진정의 책임을 맡겼다 때에 내 나이 스물일곱 노장군들은 아연 실색해서 풋둥이 사관이 무엇을 하려는가 하고 나를 백안시하는 것이었으나 내 대답해 가로되 "승산 없는 일을 감히 하려는 어리석은 내 아니다 역량을 세밀히 헤아린 후에 이 사업을 맡은 것이다." 곧 센 강가에 오십 대의 대포를 늘리고 포병을 배치하고 루브르 궁전에 팔천의 주력을 모으고 폭도를 진무할 새 수만의 난민은 바람에 불리는 꽃같이 물에 밀리는 개미 떼같이 여지없이 쓰러져 그날의 파리

성하의 참혹한 꼴을 입으로 다할 수 없었다 내 시민의 여망을 두 어깨에 지고 즉시로 파리 주둔병 사령관의 임명을 받게 되다 평생의 대망이 시작된 것은 이때부터 조세핀과 결혼한 지 순일을 넘지 않아 이태리 주둔병 사령관의 임을 받던 것을 다행으로 드디어 이태리 원정을 떠나게 된 것이다 니스의 병영에 이르러 볼 때 군세가 말할 수 없이 쇠미하고 빈약한 것이었으나 이를 격려시켜 오지리 이태리의 대군에게 향하게 하매 북이태리에서 이를 격파하고 사월 하순 토리노로 향해 사르디니아 왕 아마데오로 하여금 니챠를 베어 바치게 하고 다음날 밀라노에 들어가 볼로냐에서 로마 법왕 비오 육세와 화(和)를 강(講)하고 더욱 나아가 네에챠를 함락시키고 케른텐을 거느리고 스타이에른의 부륙을 치다 눈 속의 알프스 산을 넘어 오지리의 빈에서 성하의 맹세를 맺게 하고 사월에 레오벤에서 가조약을 맺은 후 오월 베네치아에 들어가 그 공화제를 버리고 시스알비나 공화국을 창설 제노바를 리그리아 공화국으로 고치다 시월 십칠일 오지리와 캄보풀미오에서 본 조약을 맺으니 이때의 불란서의 영토는 네덜란드 이오니아 제도 베네치아 라인 강반(江畔) 시스알비나 공화국 리그리아 공화국의 광범한 것이었다. 이 년 동안의 원정에 생광 있는 승리를 한 것이요 적군의 포로 십일만 오천 군기 일백칠십 대포 일천백사십 그 외에 쓸어 온 미술품과 조각 등은 산을 이루다 백성들은 나를 군신 수호신이라고 받들어 파리 개선의 날 성하의 열광은 거리를 쓸어 갈 듯 개선식 거행의 날 뤽상부르 궁전은 적국의 군기로 찬란히 장식된 속에서 내 엄숙히 나아가 조약서를 내고 전리품을 바친 후 거리로 나가 수만 군졸을 거느리고 앞잡이를 서서 행진을 할 때 시민의 열광 속에서 군졸들의 늠름히 노래하는 말이 정부의 속관들을 물리치고 나폴레옹을 수령으로 하자는 뜻이었던 것이다 바라가 나를 찬탄해 하는 말 "나폴레옹을 만들어 내기에 조물주는 그 전력을 다하고 조금도 여력을 남기지 않았으렷다" 보나파르트의 집안은 차차 일기 시작해 일가 족속이 중요한 지위에 올라 명문 귀현들의 숭배의 중심이 되다 그러나 내 마음은 만족은커녕 한시도 편한 날이 없어 야심만만 소심익익 이 오 척의 단신 속에 감춘 계책은 아무도 옆에 앉은 조세핀조차도 알 바 없었다 승전 후 소란한 도읍을 떠나 뤼칸티렌의 시골에서 유유자적 독서와 사색에 몰두할 때 가슴속에는 염염한 불꽃이 피어올라 생각과 계획에 한시도 쉬일 새가 없었다 이때야말로 나의 황금시대였던 것이나 사람의 욕망이란 왜 그리도 한이 없는 것인가 구구한 구라파의 한쪽 구석은 내 대망의 곳이 아니요 위대한 경륜을 행하기에 너무도 척박한 땅이었다 차라리 내 가서 동쪽에 기골을 시험함만 같지 못하다 무릇 세계의 영걸이 그 위대함을 이룬 것은 동방에 의거하지 않음이 없으니 나도 구라파를 떠나 시저와 같이 애급으로 갈 것이다 애급으로 동방으로! 이렇게 해서 애급 정벌이 시작되었다 구십팔년 오월 십구일 군함 십삼 척 소선 십사 척 운송선 사백 척 군졸 사만 학자 백 명 바다에 나서 반월의 진을 치니 그 길이 십팔 노트에 뻗치다 유월 몰타 섬에 올라 이를 항복시키고 알렉산드리아를 빼앗고 카이로에 나아가 칠월 이십일일 이를 함락시키고 시리아로 향해 가자를 빼앗고 야파를 떨어뜨리고 상장 다아크를 포위했으나 사나운 토이기(土耳其)군 때문에 동방정략이 채 이루어지지 못한 채 본국의 위난을 듣고 클레베르에게 애급을 맡기고 일로(一路) 불란서로 향했던 것이다 혁명정부의 전복을 계획하는 구라파 열강은 제이차 연합군을 일으켜서 본국을 침범하게 되매 위기는 날로 더해 정부의 위신 땅에 떨어지고 민심 더욱 소란해 감을 들었던 까닭이다 악한 정사에 국가는 피폐하고 백성들은 굶주려 원망의 소리 구석구석에 넘쳐흐를 때 정부의 요인들은 사리사욕을 채울 줄밖에는 모르고 오히려 민심을 돌보지 않은 것이다 단신 파리로 향하는 도중에 내 뒤를 따르는 민중 몇 천 몇 만이던가 십일월 십일 나는 드디어 무력으로 정부를 넘어뜨리고 새로운 헌법을 준가해서 집정을 폐지하고 세 사람의 통령 제도를 세워 그 제일통령에 오른 것이다 문란한 정사를 바로잡고 국내를 정리하고 열국과 화평을 구하나 고집스런 영국만이 종시 휘어들지 않는다 내 다시 분연히 일어나 허리에 우는 칼을 뽑아 들었다. 뮈러와 마세나를 각각 오지리와 이태리에로 향하게 하고 나는 롬바르디 방면으로 나아가 시스알비나 공화국을 재흥시키고 마렝고에 격전해서 이태리를 정복 뮈러는 다뉴브 강을 건너고 모로는 프러시아를 쳐서 불란서는 다시 대승하고 신성로마제국은 여기에 완전히 멸망해 버렸다 영국도 드디어 뜻을 굽혀 조지 삼세 아미앵에 열국과 화평을 구하게 됐으니 이때 불란서는 바야흐로 황금시대 내정과 외교가 크게 부흥되어 천팔백이년 팔월 이일 의원의 제의로 국민의 추대를 받아 삼백오십만 표로써 종신통령이 되어 시스알비나 리그리아 두 공화국의 통령까지를 겸하고 튈르리 왕궁에 살게 되니 왕궁에 몸을 들이게 된 처음이다 내 적은 항상 영국—영국은 다시 아미앵 조약을 버리고 애급과 몰타에다 아직도 손을 대는 것이요 국내에서는 공화당이 내 주권을 즐겨 하지 않는 눈치이다 차라리 공화정치를 버림만 같지 못해 오월 십팔일 원로원은 국민의 투표를 얻어 나를 황제의 자리에 올려놓았다 때에 서른다섯 살 코르시카의 조그만 집에 태어나 오 척 단구에 담았던 대망 가슴속은 항상 염염히 타올라 한시도 잊을 새 없던 그 대망이 그제야 이루어진 것이다 백 년 천 년에 한 사람 선택될까 말까 한 주께서 특히 골라내는 그 인류 최고의 영광의 자리에 올랐을 때 내 마음은 얻을 것을 얻어 비로소 놓이고 만족했다 노리던 것을 얻은 그날로 내 목숨이 진했다고 해도 기쁘고 만족스러웠을 것을 내 힘은 너무도 크고 뜻은 너무도 높았다 흡사 땅 위의 태양 하늘에 해가 있고 땅 위에 내가 있다 솟아오르는 태양의 위력 앞에 무엇이 거역하랴 열국이 제삼차 연합군을 일으켰댔자 사자 앞에 토끼 폭이나 되랴 뮈러로 하여금 빈을 치게 하고 마세나를 이태리로 보내고 나는 이십만을 거느리고 동쪽에서 아라사를 치니 구라파의 전국이 드디어 내게 항하는 자 없게 되다 일가족속으로 하여금 구라파 전토를 다스리게 함은 원래부터 내 소원 형 요셉을 서반아왕으로 뮈러를 나폴리 왕으로 동생 제롬을 웨스트팔리아 왕으로 루이를 화란 왕으로 봉해서 라인 연맹을 일으키고 내 그 맹주가 되니 여기에 구라파 통일은 완성되고 나는 서반구에 군림하다 마리 루이즈를 두 번째 황후로 맞아들여 황자 조셉을 탄생하매 왕업의 터 더욱 견고해지고 백 년 왕통의 대계가 완전히 서게 되었다 위력이 서반구에 떨치고 경륜이 사해에 뻗쳐 참으로 이제는 하늘의 해와 마주 서고 그와만 패를 다투게 된 것이다 한 가지의 부족이 있다면 알렉산더같이 내 자신 제우스의 아들이라고 선언하지 못한 그 일뿐이다 그 외에 더 바랄 것도 원할 것도 없었다 힘껏 당긴 활이니 그에게 무엇이 두려운 것이 있으며 꽉 찬 만월이니 그에게 무엇이 더 그리운 것이 있으랴—그러나 슬프다 그 활이 왜 늦춰져야 하고 그 만월이 왜 이지러져야 하는가 영원의 만족 영원의 행복 영원의 정복이라는 것은 없는 법인가 그것이 우주의 법칙인가 만물은 흐르고 움직이고 변하는 것—그것이 우주의 법칙인가 무엇하자는 법칙인가 누구를 위한 무엇 때문의 법칙인가 조물주의 심술인가 질투인가 조물주는 자기가 절대의 소유자이므로 자기 이외의 절대라는 것은 작정하지 않고 허락하지 않는 것인가 인간과 땅은 지배할 수 있는 나로되 이 우주의 법칙과 조물주의 뜻만이야 어찌 지배할 수 있으랴 영광의 뒤를 잇는 굴욕을 행복의 뒤를 잇는 불행을 만족의 뒤를 잇는 슬픔을 내 어찌 막아 낼 수 있었으랴 굴욕과 실패의 자취를 생각하면 치가 떨리고 피가 솟고 이가 갈리나—오호라 그것은 오고야 말았다 물결 밀리듯 밀려들고야 말았다 영광의 시대가 올 때와 마찬가지로 막아 내는 재조 없이 제물에 기어코 와 버리고야 말았던 것이다 구라파의 뭇 생쥐들이 내 앞에 쏙닥질을 하고 항거하기 시작했다 각국은 대륙 조약을 헌신짝같이 버렸고 이베리아 반도에서는 영장 웰링턴이 굳건하게 항전하고 아라사는 연래의 분풀이를 걸어왔다 내 하는 수 없이 북국 정벌을 계교하고 오월 드레스덴에 사십만 병을 거느리고 니멘 강을 건넜을 때에는 육십만을 넘어 팔월 스몰렌스크를 떨어뜨리고 구월 노장 쿠소프를 보로디노에 깨뜨리고 일로 모스크바로 들어갔으나—실패는 여기서 왔다 그 북쪽의 호지(胡地) 눈과 추위와 거기다 화재는 나고 군량은 떨어지고 수십만 부하를 눈 속에 뺏기고 간신히 목숨만을 얻어 가지고 되땅을 벗어나온 것이 다음 해 칠월—한번 기울기 시작하는 형세는 바로잡을 도리 없어 어리석은 자의 옥편 속에만 있던 '불가능'의 글자가 어느덧 내 마음속에도 살아나기 시작했던 것이다 연합군 이십오만과 라이프치히에서 대전하다가 사흘 만에 패하자 라인 연맹은 와해되고 이베리아 반도는 웰링턴의 손에 떨어지고 뮈러는 오지리와 통하고 연합군은 불란서의 변경을 침범하게 되어 천팔백십사년 삼월 드디어 파리 함락하다 오호라! 사월 육일 내 퐁텐블로에서 주권을 던지고 엘바공에 임봉되니 근위병 근근 사백 명 세액 이백만 프랑 불란서 제정 이에 몰락되다 이십일 궁전 앞에 근위병을 모아 놓고 마지막 고별을 할 때 비창하다 세상 일 그렇게 무상하고 슬픔이 뼛속에 사무친 적이 있었던가 사령관 부티이를 안고 군기에 입을 대고 군대에 읍하고 마차에 올라 엘바로 향해 떠날 때 사랑하는 군졸들의 얼굴에 눈물이 비 오듯 느끼는 소리 이곳저곳에서 나더니 전부대가 일제히 고함을 치고 우누나 느껴 우누나 그 울음소리 내 오장육부를 녹이고 뼈를 긁어 내는 듯 눈을 꾸욱 감았다 얼굴을 창으로 돌리나 다시 흐려지는 눈동자에는 사랑하는 부하들의 얼굴 모습조차 꺼지고 내 정신 점점 혼몽해질 뿐 엘바의 가을은 소슬하고 지중해의 바람은 차고 날이면 날 밤이면 밤 창자를 끊어 내는 쓰라림과 슬픔—어젯날 백만의 병을 거느리고 구주의 천지를 좁다고 날개질 하던 내 오늘날 수십 리밖에 못 되는 조그만 섬 속에 몸을 던지게 될 때 영웅의 심사 그 얼마나 애닯고 황제의 가슴속 그 어떨쏘냐 세상 인정은 백지장같이 얇고 인생의 무상은 바람같이 차고 영웅이 목석이 아닌 바에 정도 있고 피도 있나니 내 그때의 회포를 알아줄 이 누구던가 눈물과 한숨은 황제의 것이 아니라면 그도 못하는 심중이 얼마나 어지럽고 아프던가 엘바를 벗어나 파리에 들어가 백날 동안 다시 제위에 올랐다고 해도 그것은 내 마지막을 장식하는 한 뼘의 무지개요 한 떨기의 꽃에 지나지 못하는 것 활짝 피었다지고 확 돋았다 꺼지는 순간의 기쁨이었던 것이다 한번 떨어진 운명의 골패 쪽을 어찌 바로잡을 수 있으랴 워털루에서의 적장 웰링턴과 블뤼허는 내 운을 빼앗은 사람 운명의 방향을 돌린 사람 내 힘 벌써 진하고 기맥이 빠진 뒤이라 적장과 내 지위가 벌써 바뀌어지고 꺼꾸러진 것이다 칠월 칠일 파리가 함락하자 로쉬포올에서 미국으로 건너려 할 때 영국함 베레트폰이 나를 잡아 버렸다 엘바를 벗어난 지 백날 나는 다시 이 작은 섬 헬레나로 온 것이다 엘바는 이 섬에 비기면 왕토였다 이 세상 끝의 조그만 되땅 여기는 사람 살 곳이 못 된다 땅이 뜨겁고 모래가 달아 수목이 자라지 못하고 무더운 공기가 몸을 찌른다 목숨은 질긴 것 그래도 어언 이 호지에서 육 년 동안을 살아오누나 바람 부는 아침 비 오는 밤 묵묵히 인생을 생각하며 쓰린 속에서 육 년이 흘렀구나 어젯날의 황제가 오늘의 섬사람 — 그 속에 무슨 뜻이 있는고 무슨 교훈이 있는고 내 날이 맞도록 해가 맞도록 궁리해도 아직 터득하지 못했노라 아무 뜻도 없는 것이다 아무 교훈도 없는 것이다 다만 조물주의 심술인 것이다 질투인 것이다 주여 이후에 영웅을 내려거든 다시 두 번 내 예를 본받지 말지어다 이런 기구한 인생의 창조는 한 번으로써 족한 것이다 애

무한 후세의 영웅에게 짓궂은 장난을 다시 두 번 베풀지 말지어다 이것이 지금의 내 원인 것이다

내게 충성을 다 하기 위해서 아까운 뼈를 벌판에 내던진 수천만 장졸의 영혼들이 얼마나 나를 원망할 것인가 나는 포악무도한 목석은 아니다 그들을 생각할 때 가슴속에 한 줌의 눈물이 없을 손가 내 미워하는 건 나를 배반하고 달아난 비열한 장군들 뜻을 굽히고 절개를 꺾어 버린 반역자들—가장 총애한 유젠 빅토르 르페블 네벨체 그대들은 마치 생쥐들같이 살금살금 퐁텐블로를 떠나 다시 부르봉 조정에 신하로 들어들 가지 않았던가 황제로서 영웅으로서 사랑하는 부하의 배반을 받았을 때같이 불쾌하고 원통한 일은 없다 그대들이 내 심사를 살펴나 줄 것인가 지난날을 생각이나 해 줄 것인가 나머지의 장군들은 지금 대체 어떻게들 하고 있을 것인가 반생 동안 나와 생사를 같이하고 조정에서나 싸움터에서나 운명을 같이한 수많은 그대들—막드날 마세나 벨나톨 쿨베 오쥬로 켈레만 뵐셰엘 말몽 몰체 란느수 다브 몬세 다들 어디매 있나뇨 어디서 무엇을 하며 나를 생각하나뇨 내 마음 통하면 내 그대들은 생각할 때 그대들 역시 나를 생각하리니 그대들 지금 어디서 나를 생각하나뇨 그대들을 괴롭힌 적군의 장군들 그들 또한 지금에 어디 있을 것인고 찰스 대공 블뤼허 피트 넬슨 웰링턴 그들의 왕 알렉산더 일세 프란시스 일세 프레데릭 삼세 루이제 왕후 조지 삼세—그들 또한 지금에 내 생각을 하고 있을 것인가 운명의 변화란 골패 쪽보다도 어이가 없구나 어제와 오늘을 바꾸어 놓고 오늘과 어제를 바꾸어 놓고 그 등 뒤에서 웃는 자 누구인고 얄궂다 원망스럽다 어젯날 내 앞

에서 허리를 못 펴고 길을 못 찾던 적장들이 오늘은 나를 멀리 바라보고 비웃고 뽐을 낼 것인가 측은히 여기고 조롱할 것인가 그들로 하여금 그렇게 시키기 위해서 오늘의 나를 꾸며 놓은 것인가 일의 전말을 이렇게 배치해 놓은 것인가 오냐 그들의 심사가 그 무엇이든 간에 나는 오늘 내 부하의 장졸들과 함께 그 적장들 또한 그리운 것으로 생각한다 사람은 일생의 마지막에 있어서는 누구나를 모두 적이나 부하나를 다 함께 사랑할 수 있는 것인가 보다 지금 다 같이 생각나는 것은 적장과 부하와 일곱 개의 별과 어머니와 형제들과 그리고 단 하나의 황자 프랑수아 조셉과—오오 조셉이여 내 아들 조셉이여 지금 어디메서 무엇하고 있나뇨 내 섬에 온 이후 라신의 비극「앙드로마크」를 읽으면서 그대를 생각하고 몇 밤이나 울었던고 앙드로마크의 회포가 나와 흡사하구나 내 그대를 생각하고 몇 밤이나 울었던고 그대의 사진이 지금 내 앞에 있다 사진이 판이 나라고 나는 그것을 바라본다 아침 저녁으로 바라보고 바라보아도 또 바라보고 싶은 것 조셉이여 그대의 사진 제일 그리운 것이 그대의 모양 아무쪼록 이 아비—아니 황제의 사적을 잊지 말고 혈통을 이을지어다 내 원이요 희망이다 명심하라 아아 피곤한 눈에 벌써 그대의 화상조차 흐려지누나 그대의 이마가 흔들리고 볼이 찌그러지누나 오늘이 내 마지막이란 말이냐 이 시간이 내 마지막이란 말이냐 영웅의 말로가 황제의 최후가 이렇단 말가 아아 피곤하다 너무 지껄였다 내 평생에 이렇게 장황하게 지껄인 날은 한 번도 없었다 늘 속에만 품고 궁리에만 잠겼었지 이렇게 객설스럽게 지껄인 적은 없다 영웅도 마지막에는 잔소리를 하나 보다 잔소리를 하지 않으면 안 되게 되었다 묵묵히 사라지기가 원통한 것이다 그러나 지금 내 곁에 비서관 부리엔이나 마느발이나 펜이 없는 것이 다행이지 그들은 필기의 명인들 행여나 내 이 잔소리를 그대로 받아 적어 후세에 남긴단들 반드시 내 명예는 아닐 법하다 잔소리가 많았다 피곤하다 몇 시나 됐누 아아 어둡다 요란하다 여전한 우렛소리 번갯불 바람은 천지를 쓸어 가련 건가 구름은 우주를 뭉개 버리련 건가 파도 소리 저 파도 소리 절벽을 물어뜯는 저놈의 파도 소리 수십 길 절벽을 뛰어넘어 이 집을 쓸어 가려는 듯 차라리 쓸어 가 버려라 집까지 섬까지 한 모금에 삼켜 버려라 아침부터 진종일 이 바람 소리 파도 소리 자연이 무심할쏘냐 그대만이 나를 알아주누나 내 마지막을 일러주누나 오늘의 그대의 이 뜻을 내 모를 바 아니요 이 어두운 천지의 조화가 무엇을 재촉하는지를 내 모를 바 아니다 오늘이 올 것을 마음속에 생각하고 있었고 기다리고 있었다 내 무엇을 모르랴 내 무엇을 겁내랴 차라리 이 불측한 곳을 한시바삐 떠나구 싶다 이 무례한 고장을 얼른 떠나구 싶다 이 무례한 고장을 얼른 떠나구 싶다 시저도 결국 세상을 떠나고야 말지 않았던가 나 역 그의 뒤를 따르는 것이다 내 세상을 떠나면 구라파로 돌아가 샹젤리제를 거닐고 센 강가를 헤매이며 부하들과 만날 것이다 쿨베 데세 뷜셰엘 쥬록 뮈러 마세나 이들이 와서 나를 반갑게 맞이할 것이다 옛적의 영웅 스키피오 한니발 시저 프레데릭 이들과 웃고 피차의 공을 이야기할 것이다 이제 마지막으로 내 머리맡에 모시는 자 단 여섯 사람밖에는 안 되누나 목사 비갸리와 의사 앤트말모 몬트론 아놀드 그리고 시녀와 시복과—이뿐이란 말이냐 단 여섯 사람 하기는 튈르리 궁중에서도 내 침실을 모시는 자는 여섯 사람이었다 그때의 여섯 사람과 오늘의 여섯 사람—오늘은 왜 이리도 쓸쓸하고 경없는고 몬트론이여 아놀드여 왜 그리들 침울한고 가까이 와서 내 맥을 짚어보라 몇 분의 시간이 남았나를 알아맞히라 목사 비갸리여 그대도 가까이 와서 나를 위해 기도하라 마지막 기도를 올리라 목숨이 떨어지자 주가 내 손을 이끌어 그의 왼편에 앉히도록 가장 신성한 복음의 구절로 기도를 올리라 그리고 내 진한 후에 모든 것을 구라파의 내 유족에게 전해 달라 어둡다 요란하다 바람 소리 파도 소리 땅위의 태양이 떨어지다 용기를 내라 탄환이 나를 뚫을 수는 없는 것이다 흠 흠으으……

《문장》, 1939. 7.

# 향수

찔레순이 퍼지고 화초 포기가 살아났다고 해도 원체가 고양이 상판만큼밖에 안 되는 뜰 안이라 자복이 깔아 놓은 조약돌을 가리면 푸른 것 돋아나는 흙이라고는 대체 몇 줌이나 될 것인가. 늦여름에 해바라기나 솟아나고 국화나 우거지면 돌밭까지 가려 버려 좁은 뜰 안은 오종종하게 더욱 협착해 보인다. 우러러보이는 하늘은 지붕과 판장에 가려 쪽보만큼 작고 언덕 아래 대동강을 굽어보려면 복도에서 제기를 디디고 서야만 된다. 이 소꿉질 장난감 같은 베이비 하우스에서 집을 다스리고 아이를 돌보고 몸을 건사해야 하는 아내의 처지라는 것을 생각하면 별수 없이 새장 안의 신세밖에는 안 되어 보이면서 반날을 그래도 밖에서 지울 수 있는 남편의 자리에서 보면 측은히도 여겨진다. 제 스스로 즐겨서 장 안에 갇히어진 '죄수'라면 이 역 하는 수 없는 노릇, 누구를 탄하랴만 남편 된 입장으로서 나는 사실 같은 처지의 세상의 수많은 아내들에게 한 조각의 미안한 생각이 없지 않다. 기껏해야 한 달에 몇 번씩 영화구경을 동행하거나 거리의 식당에서 점심을 먹거나 하는 것쯤으로 목이 흐붓이

축여질 리는 없는 것이요 서양 영화에 나오는 넓은 집 안과 사치한 일광실 속에서 환상에 잠기다가 일단 협착한 현실의 집으로 돌아올 때 차지 않는 속에 감질이 안 날 리가 없다. 현대의 무수한 소시민의 생활의 탄식은 참으로 부질없는 감질 속에 숨어 있는 듯싶다.

아내의 건강이 어느 때부턴지 축나기 시작해서 눈에 뜨이게 되었을 때 나는 놀라며 그 원인을 역시 이 감질에 구하는 수밖에는 없었다. 구미가 떨어지고 불면증이 생기고 그 어딘지 없이 몸이 조그라들면서 하루 세 때 약 그릇을 극진히 대한대야 하루 이틀에 되돌아서지도 않는 것이다. 의사도 이렇다 할 증세를 집어내지 못하는 것으로 보아서 나는 그 원인을 감질로 돌리어 도시(都是) 도회 생활에서 오는 일종의 피곤증이라고 볼 수밖에는 없었다. 삼십 평짜리 베이비 하우스에 피곤해진 것이며 협착한 뜰에 숨이 막히고 살림살이에 지친 것이다. 그 위에 그의 신경을 한층 피곤하게 만든 것은 남편의 욕심이라고 할까. 세상에 남편들같이 고집스럽고 자유로운 욕심쟁이는 없다. 아내의 알뜰한 애정을 받으면서도 그 밖에 또 무엇을 자꾸만 구하는 것이다. 집에 들어서는 범사에 봉건 왕이요 폭군 노릇을 하면서 마음속에는 항상 한없는 꿈과 욕망을 준비해 가지고는 새로운 밖세상을 구해 마지않는다. 참으로 그리마의 발보다도 많은 열 가닥 백 가닥의 마음의 촉수를 꾸미고 그 은실금실의 끝끝마다 한 개의 세상을 생각하고 손 닿지 않는 먼 데 것을 그리워하고 화려한 무지개를 틀어 본다. 그 자기의 마음 세상 속에 아내는 한 발자국도 못 들어서게 하고 엄격하게 파수 보면서 완전히 독립된 왕국을 몰래 다스려 간다. 일생에 있어서 가장 가까운 아내가 그 왕국에서는 가장 먼 것이다. 이것이 세상 남편들의 어쩌는 수 없는 타고난 천성머리니 나 역 그런 부류에서 빠진다고는 생각하기 어려우며 세상에서 꼭 한 사람밖에는 없다고 생각해 주는 아내의 정성의 백의 하나도 갚지 못하게 됨을 부끄러워하지 않을 수 없다. 남자 된 특권인 듯이도 부질없이 마음의 왕국을 세우면서 그것이 아내를 얼마나 상하게 하고 달게 하나를 눈으로 볼 때 날카로운 반성이 솟으며 불행한 것이 여자요 악한 것이 남편이라는 생각만이 난다. 삼십 평 속에서 속을 달리고 신경을 일으켜 세우고 하는 동안에 아내는 몸이 어느 때부터진지도 모르게 피곤해진 것 같다. 나는 남편 된 책임을 느끼고 과반의 허물을 깨달으면서 평화와 건강의 일을 생각하는 것이나—아무튼 도회의 삼십 평은 숨을 쉬기에는 너무도 촉박한 것이다. 이 촉박감이 마음을 한층 협착하게 모는 것이 사실이어서 어느 결엔지 막연히 그 무슨 넓은 것 활달한 것을 생각하게 되었을 때, 아내는 하루아침 문득 계획을 말하는 것이었다.

"잠간 시골이나 다녀오겠어요."

새삼스런 뚱딴지 같은 소리는 아니었다. 해마다 한 번쯤은 다녀오는 고향이었고 이번 길도 착상한 지는 벌써 오래, 그동안에 현안 중에 걸려 있었던 문제이다.

"몸두 쉬이구 집안 형편도 살필 겸……."

그러나 막상 이렇게 현실의 문제로서 눈앞에 나타나고 보니 선뜻 작정하기도 어려워서

"글쎄."

하고 얼빵빵하게 대답하는 수밖에는 없었다.

"제가 지금 제일 보고 싶은 게 무언데요. 울 밑의 호박꽃, 강낭콩, 과수원의 꽈리, 바다로 열린 벌판, 벌판을 흐르는 안개, 안개 속의 원두(園頭)꽃……."

"남까지 유혹하려는 셈인가."

"제일 먹구 싶은 건 무어구요. 옥수수라나요, 옥수수. 바알간 수염에 토실토실한 옥수수 이삭. 그걸 삐걱하구 비틀어 뜯을 때 그 소리 그 냄새—생각나네요. 시골 것으로 그렇게 좋은 게 또 있어요? 치마폭에 그득이 뜯어 가지고 그걸 깔 때 삶을 때 먹을 때—우유 맛이요 어머니의 젖 맛이요 그보다 웃길 가는 맛이 세상에 또 있어요? 지금 제일 먹구 싶은 게 옥수수예요. 바다에서 한창 잡힐 송어보다두 뒤주 속의 엿보다두 무엇보다두……."

"혼자 내빼구 집안은 어떻게 하라구."

그러나 마침 일가 아이가 와 있던 중이었고 아내의 시골행의 결심도 사실은 거기에서 생겼던 까닭에 이것은 하기는 헛걱정이기는 했다.

"나 혼자 남겨 두구 맘이 달지 않을까."

"에이구 어서 없는 새 실컷 군것질해두 좋아요. 얼마든지 하라지. 지금에 시작된 일인가 머. 이제 다 꿈만 하니."

"큰소리 한다. 언제 맘이 저렇게 열렸던구. 진작……."

장담은 해도 여린 아내의 마음이다. 두 마디째가 벌써 그의 마음을 호비는 것을 나는 안다. 눈썹을 찌푸리면서 그 말은 그만 그것으로 덮어 버리고 천연스럽게 말머리를 돌리는 아내의 눈치를 나는 더 상해서는 안 된다.

"또 한 가지 이번 길의 이유로는—."

다 듣지 않아도 나는 뜻을 짐작한다. 늘 말하는 일만 원 건인 것이다. 그의 어머니보다도 오빠가 용돈으로 일만 원을 약속한 것이다. 그것을 얻으러 가겠다는 말이다.

"만 원은 갖다 무얼하게. 그까짓 남의 돈 누가 좋아할 줄 아나. 사람의 맘을 괜히 얽어 놀까 해서."

"아따 큰소리 그만둬요. 돈 보구 춤만 흘렸다 봐라."

"지금 내게 그리울 게 무어게."

"그까짓 피아노 한 대 사 놓고 장담 말아요."

"방 안에 몇 권의 책이 있구 뜰 안에 몇 포기 꽃이 있으면 그만이지 또 무어가 필요한데."

반드시 시인을 본받아 그들의 시의 구절을 외인 것이 아니라 사실 이런 청빈의 성벽이 마음속에 없는 바가 아니다. 때때로 사치를 원할 때가 없는 것도 아니나 뒤를 이어 청빈에 대한 결벽이 자랑스럽게 솟곤 한다. 이 두 마음 중의 어느 것이 더 바른지는 헤아릴 수 없으나 두 가지 다 한몫씩 자리를 잡고 있는 것은 사실이며 지금에 있어서는 자사(恣肆)에 대해서 일종의 경멸과 반감을 가지고 있는 것도 속임 없는 사실일 것이다. 허나 아내의 말이 바른 것이라면 그가 또 내 마음을 곁에서 한층 날카롭고 정직하게 관찰하고 있는지는 모르는 것이기는 하다.

"만 원에 한 장도 어김없이 가져올게, 아서, 이리같이 약탈이나 하지 마세요."

"내 마음 제발 이리 되지 맙소서!"

합장하는 나의 시늉을 흘겨보고는 아내는 그날부터 행장을 꾸리기에 정신이 없다. 행장이라야 지극히 간단한 것이나 잘고 빈틈없는 여자의 마음씨라 간 뒤의 집안 살림살이의 요령과 질서까지를 일가 아이에게 뙤어 주고 거기에 맞도록 집 안을 온통 한바탕 치우고 정돈하기에 여러 날이 걸리는 모양이었다. 눈에 뜨이리만치 말끔하게 거두어진 것을 나는 신기하게 바라보았다. 그러나 집 안이 정돈된 것보다도 더 신기한 일이 생겼다. 떠나는 그날 저녁 거리에서 돌아온 아내의 자태에 일대 변혁이 생겼던 것이니 머리를 자르고 퍼머넌트를 건 것이다. 집 안이 정리된 이상의 정리였다. 멀끔하게 추려서는 고슬고슬 지져 놓은 머리는 용모를 일변시켜 총명하고 개운한 자태로 만들어 놓았다. 굳이 펄쩍 뛰며 놀랄 것은 없었던 것이 퍼머넌트에 대한 의논도 오래전부터 있었던 것으로 충충대고 권한 장본인은 결국 나 자신이었던 까닭이다. 여자의 머리로서 퍼머넌트를 나는 오래전부터 모든 비판을 떠나 아름다운 것으로 생각해 왔다. 모방이니 흉내니 한다면 이 땅에 그럼 현재 모방이 아니고 흉내가 아닌 무엇이 있단 말인가. 살로메가 요한의 머리를 형용해서 에돔 나라의 포도송이 같다고 한 머리, 그것을 나는 남녀 간의 머리의 미의 극치라고 생각해 왔던 까닭에 아내의 머리에 그 운치를 베풀자는 것이었다. 내가 놀란 것은 도리어 아내의 그 결단성이었다. 아무리 충충대도 오랫동안 주저하고 머뭇거리던 것을 그날로 단행한 그 결단성인 것이다. 그러나 거기에는 또 아내의 동무들의 실물교육이 직접 도와 힘이 된 모양도 같다. 집에 놀러오는 그들이 하나나 그 풍습을 벗어난 사람이 없다. 아내가 그들이 보이는 모범에서 용기를 얻었을 것은 사실—어떻든 그날 저녁 그 변모로 나타난 아내의 자태에 비록 놀라지는 않았다고 해도 일종의 신기하고 청신한 느낌을 금할 수 없었던 것은 사실이다. 피곤하던 종래의 인상을 다소간이라도 떨쳐 버린 셈이요—그 모든 아내의 행사는 결국 고달픈 피곤증에서 벗어나자는 일종의 회복책이었던 것이다. 도회의 피곤에서 향수를 느끼고 잠깐 전원으로 돌아가기로 결심한 그의 행방의 의욕의 표시이었던 것이다. 머리를 시원스럽게 자르고 삼십 평을 떠나 넓은 전원의 천지에서 숨을 쉬자는 것이다. 바다로 열린 벌판에서 안개를 받고 원두꽃을 보고 풋옥수수를 먹자는 것이다. 내 자신 도회에 지쳐 밤낮으로 그것을 그리워하고 향수를 느끼고 하던 판에 원래부터 찬성하는 바이다. 아내의 전원행은 어느 결엔지 자연스럽게 응낙되었다. 같이 떠나지 못하는 것이 한 될 뿐 별수 없이 나는 서리우는 향수를 가슴속에 포개 넣은 채 마음속으로 시골을 그리는 수밖에는 없게 되었다.

이튿날로 아내는 짙은 옥색으로 단장하고 퍼머넌트를 날리고 홀가분한 몸으로 길을 떠나는 것이었으나 차창에서는 금시 눈물을 머금고 쉬이 돌아올 것을 거듭 말한다. 차가 굽이를 돌 때까지도 작아가는 얼굴을 창으로 내놓고 손수건을 흔드는 것을 보고는 그럴 것을 그럼 왜 떠나는구 하는 동정도 솟았으나 한편 이왕 떠나는 것이니 어서 실컷 시골 맛이나 맡고 몸이나 튼튼해져서 오라고 축수하는 나였다. 호박꽃 강낭콩 실컷 보고 옥수수 송어 실컷 먹고 좀 거무잡잡한 얼굴로 돌아오기를 원하는 것이었다. 아내가 간 후 집 안이 텅 빈 것 같고 삼십 평이 좁기는커녕 넓게만 여겨지면서 휑휑한 느낌을 금할 수 없었으나 그가 돌아오기를 기다리는 것도 또한 기쁨이 되었다.

일만 원이니 무어니 도시 아내의 꿈이란 것이 좁은 삼십 평의 세계 속에 묻혀 있게 된 까닭에 포태된 것인데 그의 꿈의 실마리도 이 집과 함께 시작된 것이다. 넓은 집을 바라는 곳에서 일만 원의 발설을 알뜰히 명심하게 되었고 그것이 은연중에 여행의 계획도 된 모양이었다. 행인지 불행인지 아내의 동무들이라는 것이 어찌어찌 모여 다니니 거개 수십만대 급(級)에 가는 유한부인들로서 퍼머넌트의 실물교육을 하듯이 이들이 어린 아내에게 사치의 맛과 속세의 철학을 흠뻑 암시해 준 모양도 같다. 이웃에서는 며느리를 가진 안늙은이들 입에 오르리만큼 소문이 나서 모범주부로 첫손을 꼽게 된 아내라고는 해도 아직 스물을 조금밖에는 넘지 않은 어린 나이인 것이라 속세의 철학에 구미가 안 돌 리가 없다. 물욕에 대한 완전한 초월 해탈이라는 것은 산속에 숨어 있는 도승에게나 지당할는지 속세에 살면서 그것을 무시하기는 어려운 노릇이어서 적어도 사치 아닌 것보다는 사치에 마음이 기우는 것은 여자 — 뿐이 아니겠지만 — 의 본성일 듯도 싶다. 그러나 사치의 한도란 대체 얼마인 것인가. 천에서 만족할 수 있으면 백에서도 만족할 수 있으려니와 천에서 만족하지 못할 때 만에선들 만족할 수 있을까. 필요한 것은 만이나 십만의 한계가 아니요 천에서라도 만족할 수 있는 심정이 아닐까. 십만대 급의 유한부인들의 철학을 나는 속으로 비웃으면서 아내의 일만 원의 일 건을 위태하게 여기며 하회를 기다리는 것이었다.

아내의 친가는 결혼 당시만 해도 몇십만대의 호농으로 시골서는 뽐내는 편이었으나 그 시기에 농가의 몰락이란 헐어지는 돌담을 보는 것같이 빠르고 가엾은 것이었다. 재산이라는 것이 대개는 농토나 산림인 것을 무엇을 하노라고인지 은행과 회사에 모조리 넣은 것이 좀체 빠지지는 않아서 우물쭈물하는 동안에 한몫이 패어 나가기만 했다. 낙엽송의 묘포를 하느니 자동차회사를 경영하는 동안에 불끈 솟아오르지는 못하고 점점 쓰러져만 가는 것이다. 일찍 아버지를 여의고 어머니와 두 남매—아내와 오빠, 즉 이 오빠의 손에서 가산은 기우는 형세를 당했다. 눈에 보이지 않는 속에서 문덕문덕 나가기 시작한 것이 불과 몇 해가 안 지난 것 같은데 집안은 후출하게 줄어들고 말았다. 도무지 때와 곳의 이를 얻지 못하는 것이 보기에 딱할 지경이나 생각하면 등 뒤에 그 무슨 조화의 실이 이리 당기고 저리 끌면서 농간을 부리는 것만 같아 어쩌는 수 없다는 느낌도 난다. 부근에 제지회사가 되면서부터 벌목이 성하게 된 까닭에 한 고장의 산이 유망하다고 그것을 잔뜩 바라고 있는 것이나 그것이 십만 원에 팔릴 희망도 지금 같아서는 먼 듯하다. 아내는 오빠에게 이 산에서의 오만 원의 약속을 받은 것이나 어쩌랴. 아내의 꿈은 오빠의 운명과 발을 맞추지 않으면 안 되게 되었다. 지금 당장의 일만 원이란 것도 필연코 읍 부근의 토지의 매매에서 솟을 것인 듯하나 이 역 운이 대단히 이로워야 차례질 몫일 듯 골패 쪽의 장난같이도 허황한 것이다.

일만 원이나 오만 원의 꿈은 어서 천천히 꾸기로 하고 시급한 건강이나 회복해 가지고 오라고 마음 속으로 축원하고 있을 때 대망을 품고 고향으로 내려간 아내에게서는 며칠 만에 간단한 편지가 왔다. 대망을 품은 폭으로는 흥분도 감격도 없는 담담한 서면이었다. 어머니의 흰 머리칼이 더 늘었다는 것과 둘째 조카딸이 어여쁘게 자란다는 것을 적어 보낸 것이다. 호박꽃 이야기도 과수원 이야기도 옥수수 이야기도 한 마디 없는 것이요 도리어 놀란 것은 진찰한 결과 신경쇠약의 증세로 판명되었다는 것이다. 도회의 병원에서는 증세를 바로잡지 못하는 것이 왜 하필 시골 병원에서 판명된단 말인가. 신경쇠약의 선언을 받으려고 일부러 시골을 찾은 셈이던가. 만약 말과 같이 신경쇠약이라면 그 원인을 만든 내 허물이 한두 가지가 아닐 듯해서 애처로운 생각조차 났으나 어떻든 병이 병인 만큼 일부러 전지 요양도 하는 판에 시골을 찾은 것만은 잘되었다고 안심도 되었다. 살림 걱정도 잊어버리고 활달한 자연과 벗하고 지내는 동안에 차차 회복될 것으로 생각한 까닭이다. 될 수 있는 대로 오랫동안 지니고 간 약이나 먹으면서 마음 편히 지내기를 나는 회답하면서 마음속으로는 과수원도 거닐고 풋콩도 까고 조카아이들과 놀고 거리의 부인들과도 휩쓸리면서 모든 것 잊어버리고 유유히 지내고 있을 그의 자태를 상상해 보는 것이었다.

뒤를 이어 사흘돌이로 편지가 오는 것이 어느 한 고패를 번기는 법이 없이—한가한 전원의 풍경을 그려 보내느냐 하면 그렇지도 않고 멀리 이곳 집안의 걱정과 살림살이의 주의를 편지마다 세밀히 적어 보낸다 생선을 소포로 보내 온다 편지봉투 속에 돈을 넣어 보낸다 하면서 면밀한 주의는 가려운 데 손이 닿을 지경이다. 그리고는 이곳에 대한 끊임없는 걱정과 조바심인 것이다. 향수를 못 잊어 고향을 찾는 그의 마음이니 응당 누그러지고 풀리고 놓여야 할 것임을 그같이 걱정이 자심하고야 누그러지기는커녕 도리어 안타깝게 죄어드는 판이니 그러다가는 병을 고치기는새로에 도리어 더치기가 첩경일 듯싶었다. 혹을 떼러 갔다 혹을 붙여 올 것도 같다. 하기는 걱정이라면 내게도 걱정이 없는 것이 아니었고 무엇보다도 그를 보내고 나니 일상의 불편이 이루 한두 가지가 아님을 당면하게 되었다. 아침저녁으로 대하는 음식상으로부터 주머니 속에 드는 손수건 하나에 이르기까지가 손이 달라지니 불편하고 맞갖지 않은 것이다. 아내란 상 위의 찌개 그릇이요 책상 위의 옥편이라고 할까. 무시로 눈에 띌 때에는 심드렁해서 대수롭게 여기지도 않으나 일단 그것이 그 자리에 빈 때에는 가지가지의 불편이 뼈에 사무치게 알려지면서 그 값을 비로소 깨닫게 된다. 아내 없는 불편을 더구나 집간을 거느리고 있을 때의 그 불편을 절실히 느끼면서 웬만큼 정양하고 그만 돌아왔으면 하고 내 편에서도 느끼게 되었다.

대체 세상에서 마지막으로 편안하고 마음 놓을 곳이 어디인지 아무도 모르는 것일까. 그립고 안심을 얻을 마지막 안식처가 어디요 고향이 어디임을 말해 주는 이 없을 듯싶다. 내가 아내 없는 불편으로 해서 그렇게 안달을 하고 갈망을 하지 않아도 아내 편에서 도리어 조바심을 하고 제 스스로 또다시 돌아온 것이다. 별안간 전보를 치고는 그날로 떠난 것이었다. 불과 한 달도 못 되어서 협착하다고 버리고 간 도회를 다시 찾아왔다. 그리 원하던 옥수수 시절도 채 못 맞이하고 우유 맛이요 어머니의 젖 맛 같다던 그 즐기는 옥수수 한 이삭 먹어 보지 못한 채 도회에서는 좀 있으면 피서들을 떠난다고 법석들을 할 무더운 무렵에 무더운 도회로 다시 돌아온 것이다.

향수에 복받쳐 고향을 찾은 그에게 그리운 것이 또 무엇이었던가. 향수란 결국 마지막 만족이 없는 영원한 마음의 장난인 것인가. 말할 것도 없이 아내는 고향에서 두 번째의 향수—도회에 대한 향수를 느낀 것이다. 도회가 요번에는 고향같이만 보였을 것이 사실이다. 시골로 떠날 때와 똑같은 설레고 분주한 심정으로 집을 떠나 삼십 평을 찾아든 것이다. 안타깝고 감질이 나던 삼십 평이 조촐하고 알맞은 안식처로 보였을 것이다. 모든 것이—뜰의 꽃 한 포기까지가 새롭고 귀하고 신기한 것으로 보였을 것이다. 집 안의 구석구석이 시골보다 나은 곳으로 보였을 것이다. 물론 한 해를 살아가는 동안에 피곤해지면 또 시골이 그리워질 것이요 시골로 갔다가는 다시 또 이곳을 찾을 것이요 향수는 차례차례로 나루를 찾은 나룻배같이 평생 동안 그칠 바를 모르는 것이다.

차에서 내리는 아내의 신색은 떠날 때보다 조금 나아진 것도 같고 도리어 못해진 것도 같다. 퍼머넌트를 날리고 옷맵시가 개운하게 보이는 것은 떠날 때와 일반이나—어쨌든 올 곳에 왔다는 듯 얼굴에는 안도의 빛이 떠오른 것은 사실이다.

"그렇게 푸지게 있을 걸 왜 그리 설레긴 했던구."

"어때요. 이만하면 얼굴 좀 그슬렸소? 군것질 너무 할까 봐 걱정이 돼서 뛰어왔죠."

"그래 옥수수 먹을 동안두 못 참었어."

"수염이 바알개지는 걸 보구 왔어요—익거든 철도편으로 두어 부대 뜯어 보내라구 일러는 두었지만."

"이 가방 속에는 이게 모두 지전으로—만 원이 들어찼으렷다."

"찰 뻔했어요."

아내는 조금 겸연쩍은 듯이 빙그레 웃으면서 재게 걷는다.

"일만 원의 꿈 깨뜨러지도다, 아멘."

"노상에서 자세한 이얘기를 드릴 수는 없으나—거리에는 군대가 들어와 양식고가 선다구 땅 시세가 급작히 올라 발끈들 뒤집혔는데 철도를 가운데 두구 바른편 터가 군용지로 작정되구 왼편 땅이 미끄러질 줄을 누가 알았겠어요. 바로 작정되는 날까지두 어느 쪽으로 떨어질 줄을 몰라 수물들거리다가 그 지경이 되구 보니 한편에서는 좋아라구 뛰는 사람 한편에서는 낙심해서 우는 사람—오빠는 사흘이나 조석을 굶구 헤매이는 꼴 차마 볼 수 있어야죠."

"아멘!"

"운이 박할 때는 할 수 없는 노릇 같어요—다음 기회를 노릴 수밖에 어쩌는 수 있나요."

"안 되기를 잘했지. 옳게 떨어졌다간 그 만 원 때문에 또 무슨 걱정이 생겼게. 거저 없는 것이 제일 편하다나."

사실 당치 않은 꿈 깨어진 것이 도리어 마음 편하고 다행한 노릇이라고 생각한 것은 물질이 가져오는 자자부레한 근심을 잘 아는 까닭이었다. 현재 굳이 만 원이 없어도 좋은 것이다. 아내가 돌아온 것만으로도 불편하던 집이 펴일 것 같아서 반가웠다. 고기를 놓친 것이 아까울 것도 애틋할 것도 없이 빈손으로 간 아내가 빈손으로 온 것이 얼마나 시원한 노릇인지 모른다.

"두구 보세요. 다음 기회는 영락없을 테니. 사람의 운이 한 번은 이로울 날 있겠지요."

"암, 꿈이란 자꾸 멀리 다가갈수록 좋은 것이라나. 그렇게 수월하게 잡혀선 값이 없거든."

집에 이르렀을 때 아내는 좁은 뜰 안에 한 걸음 들어서자 만면 희색을 띠고 우거진 꽃숲을 바라보는 것이었다.

"어느새 이렇게 만발이야. 카칼리아, 샐비어, 플록스, 애스터, 달리아, 국화, 해바라기 — 왼통 한창이니."

무지개를 보는 아이와도 같다. 조금 오도깝스럽게 수다스럽게— 기쁨이란 그렇게 표현하는 것이 가장 정당한 듯도 싶다. 카칼리아의 꽃망울 하나를 뜯어 가지고는 손가락으로 문질러 물을 들이고 향기를 맡고 하는 것이다.

"호박꽃보다 못하지 않지."

"호박꽃두 늘 보니까 싫증이 났어요. 흡사 새 집 새 세상에 처음으로 온 것만 같아요."

복도로 뛰어 올라서는 공연히 방 안을 서성거리며 부엌을 기웃거리며 마루방을 쿵쿵거리며 현관문을 열어보며 제기를 디디고 언덕 아래 강을 굽어보며 — 흡사 새 집으로 처음 들어온 신부의 날뛰는 양이다. 집을 한 바퀴 휑하니 살펴보고야 비로소 안심한 듯이 방에 와 앉으면서 놓이는 마음에 잠시는 어쩔 줄을 모르고 멍하니 뜰을 내다본다.

"다시는 시골을 간다구 발설을 하구 법석을 안 하렷다."

"시골을 다녀왔으니까 오늘의 이 기쁨이죠 — 맘이 이렇게 편하구 기쁠 때는 없어요."

그 즉시로 신경쇠약증이 떨어져 버린 듯이도 건강한 신색에 기쁨을 담고는 새로운 감동의 발견에 마음이 흐붓이 차 있는 모양이었다. 그가 그날 찾아온 데는 삼십 평의 집이 아니라 삼만 평의 집이었던지도 모른다. 그날의 그보다 더 기쁠 사람이 또 있었을까.

《여성》, 1939. 9.

# 일표(一票)의 공능(功能)

낮쯤 해 학교로 전화를 걸고 다짐을 받더니 사퇴하고 집으로 돌아오기가 바쁘게 건도는 자동차를 가지고 왔다. 끌어 앉히다시피 하고는 거리를 내려가 남쪽으로 훨씬 나가더니 뒷골목 한 집으로 다다랐다. 뜰 안의 초목과 조약돌은 저녁 물을 뿌린 뒤이라 푸르고 깨끗하다. 낯설은 집은 아니었으나 양실만이 있는 줄 알았던 터에 층 아래에 그렇게 조촐한 자시끼를 본 것은 처음이어서 안내를 받아 복도를 고불고불 깊숙이 들어가니 그 한 간의 푸른 자릿방이었다. 또 한 가지 나를 서먹거리게 한 것은 방으로 들어섰을 때 상 건너편에서 방끗 웃음을 띠인 한 송이 색채가 우리를 반기는 것이다. 그 역 낯설은 사람은 아니었으나 그날 저녁의 그 모든 당돌한 배치가 불시에 끌려 나온 내게는 도무지 뜻밖의 일이었다. 건도의 그날의 목적을 짐작하지 못하는 바는 아니었으나 그만쯤의 목적을 위해서는 지나치게 거창한 행사였다.

"만난 지 오래기에 하룻밤 얘기나 해 볼까 해서."

설매도 그와 같은 표정으로 웃어 보인다. 이 해의 유행인지 치잣

빛 적삼이 철에 맞아 화려하다. 술이 자꾸 뒤를 이어 들어오고 요리가 그릇마다 향기를 달리한다. 웬만큼 술이 돈 때에야 비로소 건도는 부회(府會)의원 선거의 일건을 슬그머니 집어냈다. 선거기가 임박했다는 것 심심파적으로 출마해 보겠다는 것을 말했을 때 나는 이미 나의 일표를 원하는 그의 심중을 응당 살피고

"그까짓 내 뜻이 무어게. 오늘 저녁 대접은 과해. 몇백 표를 얻는데 이렇게 일일이 턱을 썼다간 자네 봉빠지게."

"일일이야 낭비를 하겠나만—자네 혹시 다른 곳에 승낙하지나 않었나 해서."

"한 번은 했네만."

"거 다행이네. 놓치지나 않을까 해서 이렇게 조급히 서둔 거야."

대체 선거라는 것부터가 내게는 귀설은 것이어서 선거권이 있는지 없는지도 당초에는 몰랐었고 있다고 해도 그 시민적 특권을 그다지 달갑게 여기지는 않았다. 선거에 관한 주의서가 부에서 개인명으로 나오게 되어 동료의 몇 사람이 내 한 표의 뜻을 설명하며 친구들의 모모가 그것을 원한다는 말을 전했을 때 비로소 내가 이 고장에 온 지 몇 해며 일 년에 바치는 세금이 얼마가량이라는 것이 막연히 머릿속에 떠오르며 의원의 덕으로 부민에게 얼마나의 이익이 올 것인지는 모르나 차려진 의무는 차려진 대로 하는 것이 옳으려니도 생각하기 시작했다. 그러나 후보자 속에 얼마나 뛰어난 사람이 있는지 몰라도 나로 보면 그 한 표쯤 아무에게 준들 안 준들 일반인 것이다. 가까운 친구가 그것을 기다리고 있었을 줄야 어찌 알았으랴.

"자네가 출마할 줄 꿈이나 꾸었겠나. 내 한 표가 긴하다면야 두말 있겠나."

그러나―하는 표정으로 그를 보았을 때 그도 민첩하게 그 표정 속에 숨은 출마는 해서 무엇한단 말인가 자네도 그런 부류의 인간이었던가 하는 뜻을 눈치 챈 모양

"자넨 경멸할는지도 모르나―이것두 생애의 한 체험으로 생각하랴네."

하는 변명의 어조였다.

"체험. 파란 많은 자네 생애엔 벌써 체험도 동이 난 모양이지. 운동을 못 해 봤나 교원 노릇을 못 했나 기자생활을 안 겪었나……."

기자생활을 청산한 후로는 변호사 시험을 보아 오는 것이 몇 해 동안 실패만 거듭하고 있다. 시험에 성공한다면 그 자격으로서 또 의원의 자리를 바랄는지는 모르나 지금 같아서는 시험에 실격한 것이 출마의 원인일 듯도 싶다. 기자생활을 버리고 변호사 시험을 원한 것부터가 그에게는 큰 생애의 변동이었고 이제 의원으로 출마하게 된 것은 다시 백보의 변동으로서 그 과정이 내 눈앞에는 여지없이 차례차례로 나타나고 그의 심경의 변화해 감도 짐작할 수 있기는 하다. 사상에 열중했을 때와 의원을 원하게 된 오늘과의 먼 거리를 캐서는 안 될 것이 시간의 길이와 변천의 고패에 착안함이 그를 충실히 이해할 수 있는 유일의 실마리일 듯싶으니 말이다.

"오늘 이 당장에 내게 그것밖엔 할 일이 무엇이겠나. 돌부처같이 가만히 있을 수 있다면 또 몰라두―."

변화라는 것이 그에게는 몸에 지닌 철학이자 처세의 원리라는 듯

도 하다. 도리어 반문하는 듯이 어세가 높은 그의 태도 속에 그가 지금까지 자기류로 살아온 모든 배포가 들여다 보인다.

"그게 이번 출마의 이유란 말인가—. 하긴 자넨 잠시도 가만있지 못하는 활동객이니깐."

"전에는 사상으로 행세했지만 지금에야 행세의 길이 달러지지 않었나."

"거리에서 꼭 행세를 해야 값이 있단 말인가."

"행세를 못하구야 또 산 값이 무에겠나."

당초보다는 그의 생각이 퍽도 달라졌다. 사상으로 행세하던 때의 그의 입에서 나는 지금과 같은 말투를 들어 본 적이 없었다. 지금에는 벌써 그의 따지는 이치가 완고하리만치 굳은 듯하다. 속은 무르면서 겉만을 그렇게 굳게 무장하고 있는지도 모르기는 하다.

"어서 뜻을 얻어 마음대로 행세하도록 하게나. 내 표는 염려 말구."

"북촌에서만두 근 이십 명이 출마를 했으니 적어도 이백 표는 얻어야 바라보겠는데. 요행 교원시대와 기자시대에 사괴어 둔 사람들이 있어서 그들의 말이 헛것이 아니라면 이럭저럭 희망이 있네만 사람이 말만 가지구야 믿을 수 있어야지."

"설마 나까지야 못 믿겠나."

"다 자네 마음 같은 줄 아나."

"이렇게 야단스런 상을 받구야 턱 값이래두 해야 하잖겠나."

웃으니까 그도 따라 웃고 설매도 입을 열고 고운 잇줄을 구슬같이 내보인다. 이때까지 다른 술좌석에서 설매를 만난 일이 여러 번이었어도 그가 건도의 짝일 줄은 몰랐다. 익숙한 두 사람의 눈치로 보면 여간한 사이가 아닌 듯하다. 그 원앙 같은 쌍이 합심해서 내게 베푸는 정성을 생각하면 거나한 김에 마음이 따끈해지면서 나도 건도를 위해서 마음의 정성을 베풀어야 할 것을 가슴속에 굳게 먹게 되었다.

그날 밤 술이 과했던지 이튿날 개운치 못한 정신으로 교단을 오르내리면서 건도의 일건이 머릿속을 떠나지 않았다. 부회의원—선거—한 표를 얻기 위한 그 극진한 대접—설매의 아슬아슬한 아첨—건도의 장황한 설화—의원이 되어야 면목이 서고 행세를 할 수 있다고 거듭 되풀이하는 그의 조바심이 내 일만같이 마음 속에 살아 나왔다. 이날부터 내게로 뒤를 이어 오게 된 우표 없는 약속우편의 무수한 편지들 속에 건도의 것도 끼이기 시작했다. 한 사람이 여러 차례씩이나 비슷한 판에 박은 선거 희망의 서장을 보내 오는 속에서 건도의 것도 그들과 다름없는 같은 격식 같은 내용의 것이었다. 그를 후원하는 후원회에서 보낸 추천장에는 십여 명의 후원자의 열명(列名) 아래에 그의 학력과 경력과 인물을 세세히 적어 후보자로서 가장 적당함을 증명했고 그 자신이 보낸 서장 속에는 피선된 후의 포부와 계획을 장장 오륙천 자의 장황한 문자로 논술 설명해 왔다. 교육기관의 확충, 특히 초등교육의 충실 시가지계획 위생시설 사회적 시설 산업조장 등의 항목을 들어 부의 행정 시설을 검토하고 장래 부세에 대한 설비를 계획해서 부정(府政)의 백년대계를 세우겠다는 위대한 기개였다. 수십 명이 차례차례로 보내 온 비슷비슷한 글발을 뒤적거리면서 나는 그 자신들의 흥분과는 인연이 멀게 나중에는 지쳐서 하품이 날 지경이었다. 그들이 감언이설로 유혹하나 나는 첫째로 그들에게 부탁할 말이 없는 것이요 그들의 힘에 의지해서 부탁하고자도 않는다. 거리의 목마다 입후보의 흰 간판이 늘어서고 부민들이 선거의 화제로들 수물거린대도 내게는 선거라는 것이 도무지 경없는 일로만 보이면서 흥분은커녕 마음은 차게 가라앉을 뿐이었다. 일면식도 없는 그들 군소 정객에게서 받은 수십 매의 편지를 거리에 뿌려지는 광고지만큼도 긴히 여기지 않으면서 드디어 선거의 날을 당하게 되었다.

오월도 끝 무렵이다. 날이 무더워 가는 때였다. 마침 일요일이었던 까닭에 나는 아침부터 뜰에 나서 꽃을 매만지고 있었다. 선거투표는 오후 다섯 시까지였던 까닭에 조급히 집을 나서지 않아도 좋았던 것이요 선거보다도 내게는 솔직히 화단의 꽃이 더 소중했던 것이다. 벌써 꽃피기 시작한 양귀비 포기를 만지며 물도 주고 잎사귀도 가지런히 추어 주며 한가하게 속사를 잊어버리고 있는 동안에 어느덧 오정이 울렸다. 행여나 투표를 잊어서는 안 된다고 한가한 마음을 깨워 주려는 듯이 뜻밖에 불쑥 들어온 것이 건도였다. 별반 필요가 없었던 까닭에 요정에서 만난 후 처음이었다. 가장 분주한 날일 텐데 웬일이냐고 물으니까 며칠 동안 들볶여치인 판에 피곤도 하고 그날 특히 자기에게 맡겨진 일도 없기에 수선스런 선거사무소를 빠져나왔다는 것이었다. 마침 잘 왔다고 나는 차리고 나서면서 거리로 이끌었다. 일전의 호의에 대한 답례도 할 겸 투표까지의 시간을 함께 지우려는 것이었다. 그릴에서 점심을 먹고 맥주잔을 기울이노라니 놓이는 마음에 내게는 내 고집이 생기면서 그의 말에 맞장구만을 치지 않고 내 유(流)의 반성이 솟기 시작해 자연 입이 허랑해졌다.

"자네 낯이 넓으니까 염려야 있겠나만 운동한 결과 낙(落) 자나 없을 것 같은가."

"삼백 표를 약속받았으니 반만 믿드래두 일백오십이 아닌가. 일백오십 표면야—."

"그럼 내 한 표쯤은 부뚜막의 소곰 한 줌 폭두 못 되겠네그려."

"삼백분지 일이니까 비례로는 적으나 그러나 자네 같은 정성이야 자네를 놓고야 삼백 중에서 또 누구에게 바라겠나."

"정성—자네 부회의원 돼서 거리에서 행세 잘하라는 정성 말이지……. 이 며칠 그 정성에 대해 조금 반성하기 시작했는데."

단숨에 잔을 내고 다시 맥주를 받으면서

"자네 보낸 그 야단스런 포부두 읽구 계획두 들었네만—. 초등교육 문제니 인도교 가설 문제니 위생시설 문제니 그것이 왜 내겐 그림엽서나 포스터 속의 빛 낡은 선전문같이만 보이는지 모르겠네. 좀 더 알뜰히 생각해 보려두 맘이 자꾸 빗나간단 말야. 확실히 필요한 조목인데두—자네들의 실력을 얕잡아 보는지는 모르겠으나."

그렇게 터놓고 말하는 것이 반드시 친구의 비위를 건드리지는 않은 듯 그도 속임 없는 한 꺼풀 속 심경을 감추지는 않았다.

"……사실 나두 그게 격식이라기에 뭇사람을 본받아 흉내는 내봤으나 일을 하면서도 흡사 연극을 하고만 있는 것 같으면서 맘속이 텁텁해 못 견디겠어. 대체 무슨 큰 수가 있어서 그 짓을 하노 하구. 피곤한 뒤에는 반드시 맘 한 구퉁이가 패이곤 해. 내게 무슨 할 일이 없다구 그 짓을…….”

과는 달랐어도 함께 학문을 공부하고 학술을 연구한 그 동기동창의 솔직한 마음속일 듯싶었다. 삼십을 가제 넘은 젊은 학사의 속임없는 하소연인 듯싶었다.

“의원의 하는 일이 불필요야 하겠나만 자네를 그 역할에 앉힌다는 것이 아무래두 희극이야. 양복을 입구 꼬깔을 쓴 것 같어서 격에 어그러져 뵈거든.”

“내 할 일을 내가 간대루 모르겠나.”

동창의 얼굴은 불그레 물들고 눈은 온화하게 빛난다. 상 위에는 맥주병이 어느새 수북이 늘어섰다.

“나이가 늦었다면 또 모르거니와. 적수공권의 알몸이라면 또 모르거니와.”

“그러게 말이네. 앞이 아직 훤한 우리가 무얼 못해서. 더구나 자네의 의기와 경제력을 가진다면야 앞날의 대업을 위한 준비를 하는 것이 차라리 값있는 일이겠구—.”

“시험에 성공했었다면 또 모르거니와 내게 무슨 계획인들 없었겠나. 제일 가까운 수로 만주나 동경으로 내뻴랴구까지 맘먹었었네. 그런 것이 차일피일 거리에 묵고 있는 동안에 이 궁리를 하게 된 것이라네.”

“망발이야. 아무리 생각해두 수치면 수치지 당선한댔자 영광은 못 돼. 삼십 세의 소장 법학사가 부회의원이라니. 의회석상에서 부윤(府尹) 이하 늙은이 의원들을 앞에 놓구 자네 웅변이 아무리 놀랍구 거리의 명성을 한 몸에 차지한다구 치더래두 자네 하는 역할이 희극배우 가음밖에는 못 돼.”

지나친 조롱이 그의 가슴을 후볐는지 동무는 자조의 웃음을 빙그레 띠더니

“선불리 돈푼이나 있는 게 내게는 얼마나 불행한지 모르겠네. 무슨 계획을 세우든 미지근해서 배수의 진을 치구 부락스럽게 나서질 못한단 말야……. 그러나 계획은 계획 눈앞은 눈앞 일단 출마한 바에야 뒤로 물러서는 수야 있겠나.”

“당선돼야 한단 말인가.”

온화하던 눈망울이 긴장해지면서 결의를 보인다.

“암. 이겨야지. 근 반달 동안을 고행해 놓구 지금 내 앞에 남은 결과가 이기는 것밖엔 더 있겠나. 나선 바엔 성공해야지. 그 후에 또 다른 일을 계획하든 어쩌든 그건 이것과는 별 문제거든.”

“자네 당선된다는 게 반가운 일 같지는 않어. 새옹마의 득실로 실패함으로써 참으로 큰 결의가 올는지 뉘 아나.”

“두구 보게. 성공하잖나.”

술병이 빈 것을 알고 나는 시계를 보았다. 이야기에 열중하노라고 시간 가는 줄을 모르고 있는 동안에 오후가 훨씬 지나 투표도 앞으로 두어 시간을 남겼을 뿐이었다. 나는 내 의무를 생각하고 조금 급스럽게 자리를 일어섰다. 너무도 한가한 오찬의 시간이었다.

“나만큼 자네를 생각하는 사람도 드무리. 어떻든 내 정성을 다하고 올게. 차차 또 만나세.”

가가를 나와 건도와 작별하고 홀몸으로 나의 소속된 투표장을 향했다.

북부(北部)투표 분회장인 S소학교 강당까지 이르기엔 술도 거나한 까닭이었지만 나는 유쾌하다고 할까 우습다고 할까 복받쳐 오르는 내 스스로의 유머를 못 이겨서 휘전휘전 정신이 없었다. 교문에는 순사가 삼엄하게 지키고 섰고 휑한 운동장에는 입후보의 간판이 일렬로 늘어선 앞으로 마치 입학시험의 마당같이 군데군데 몇 사람씩 성글게 모여 서서는 수군들거리는 것이 모두 내 유머의 비밀의 배경을 이루어 내게는 유쾌한 것이었다. 도착 번호표를 받는다 명부 대조소에서 승인을 받는다 투표용지 교부소에서 주소 성명을 자칭한다—넓은 강당 이모저모에서 밟아야 할 절차가 단순하지는 않았다. 회장 한 모에 높은 단을 모고 그 위에 부윤 이하 칠팔 명이 회장을 향해 엄연히 앉아 있다—투표용지를 들고 한구석에 이르렀을 때 집어 든 붓대가 내 손끝에서 약간 떨렸다. 세모로 접은 복판 줄에다 나는 내 친구인 입후보자 박건도의 성명을 정성스럽게 적어야 하는 것이요 그 목적으로 그곳까지 이른 것이다. 박건도의 획수를 마음속에 그리면서 순간 몸이 움칫하며 붓끝이 종이 위를 달렸다. 일 분이 걸려야 할 이름이 일 초가 채 안 걸렸다. 달막거리는 가슴을 억제하면서 용지를 제대로 접어 들고 투표함 앞에 이르러 '정성의 한 표'를 넣었다. 내일로 내 경멸의 뜻을 알리라 외치고 싶은 충동을 느끼면서 거나한 눈으로 그들을 쏘아붙이고는 회장을 나왔다. 운동장을 나서 집으로 향할 때 그 지난 일 초 동안의 유머가 나를 한없이 통쾌하게 했다. 감독관과 선거 행위에 대해서 날카로운 비판의 화살을 던졌을 뿐 아니라 사랑하는 동무 건도에게 대해서도 나는 내 마음의 정성을 다한 것이다. 반생 동안에 그렇게 통쾌한 유머와 풍자의 순간을 맛본 적이 없다. 다리가 비틀비틀 꼬이면서 행길 복판에서 목소리를 높여 웃고 싶으리만큼 즐거운 심정이었다. 세계 선거 역사상에 전례가 없을 특출한 순간의 걸작을 내놓은 그 선거의 하루가 내게는 오래 잊을 수 없는 독창적인 만족을 주는 것이었다.

이튿날은 아침부터 본 회장에서 개표가 시작되었다. 신문은 선거의 기사로 전면을 채우고 따로 호외까지를 발행했다. 그 야단스런 거사가 별안간 엄숙하게 여겨지면서 나는 어제의 내 행동을 생각하며 마음이 어느 정도로 흥분하지 않는 것도 아니었다. 대체 건도의 하회가 어떻게나 되나 궁금해하면서 사퇴한 후 저녁 거리에 나섰을 때 큼직한 목마다 세운 각 신문사 속보판(速報板)이 시간마다의 개표의 결과를 보도했다. 일렬로 늘어선 백여 명 후보자의 이름 아래에서 숫자가 시시각각으로 경쟁을 했다. 건도의 이름 아래로 주의를 보낸 나는 기뻐해야 옳을는지 슬퍼해야 옳을는지 그의 성적은 상당히 우수한 편이어서 열 스물씩 오르는 것이 다른 후보자의 결코 밑을 가지 않았다. 나는 목구멍이 근실거리는 일종 야릇한 심정을 느끼면서 백화점에 들렀다 찻집을 찾았다 하다가는 다시 속보판을 들여다보는 것이었으나 건도의 성적은 단연 우수해서 뭇 적수를 물리치고 내가 집으로 돌아갈 때까지는 거의 백 점을 바라보는 것이었다.

개표는 다음날까지 계속되었다. 건도는 역시 거리에서는 상당히 유력한 편이로구나 부민들의 원이라면 그도 괜찮을 테지 생각하면서 냉정한 태도로 그의 성적의 발표를 주의하는 것이었으나 이날은 웬일인지 대단히 불리해서 낮까지에 일백삼십 표까지 오르고는 저녁때에 이르기까지 조금도 요동하지 않는다. 다른 후보자들이 거의 이백 표를 바라볼 때까지 그는 종시 일백삼십에 머무르고 말았다. 물론 그것이 결코 적은 표수는 아니어서 그 아래로는 층이 많고 심지어 백 표에 차지 못하는 사람도 많았으나 반면에 그보다 윗수도 많아서 높은 것은 이백을 넘으려는 것이었다. 나는 저녁불이 들어올 때가지 거리에 머물렀으나 도무지 까딱하지 않는 건도의 고정수 일백삼십을 한도로 집으로 들어갔다. 전날의 놀라운 성적에 비겨서 웬일인고 생각하며 나는 기쁜지 섭섭한지 거의 표정과 말이 없이 걸었다.

반달을 두고 끌어 온 수선스런 선거의 행사는 그날로 완전히 끝난 것이었다. 이튿날 신문은 호외를 가지고 당선된 새로운 부회의원의 이름을 발표했다. 건도의 이름은 그 속에 없었다.

야릇한 것은 일백삼십이 참으로 당락의 분기점이었던 것이다. 일백삼십일 표부터 당선이요 일백삼십 표가 낙선—건도는 하필 그 공교로운 분기의 숫자로써 낙선의 비운을 맞은 것이다. 일백삼십과 하나—한 표을 더 얻었더라면 당선이다. 한 표를 놓쳤기 때문에 낙선이다.

한 표. 운명의 한 표! 공교로운 한 표!

"건도 만세."

신문을 들여다보는 동안에 너무도 신기한 생각이 나서 모르는 결에 속으로 외쳤다.

"한 표로 그대의 운명이 작정되다. 건도 만세. 낙선 만세!"

불운하게 당선이 되어서 부회의원이 된댔자 거리에서 행세를 한다고 휘돌아치다 소성에 안심한 채 몸을 버리기가 첩경 쉬울 뿐이다. 낙선이야말로 그에게 새로운 결심을 주고 새로운 길을 보일 것이다—이것이 나의 처음부터의 생각이고 그에게 대한 정성이었다. 그는 요행 낙선했다. 한 표의 부족으로 그 한 표를 거절한 것이 참으로 나였던 것이다! 뜻하지 않은 그 공교로운 결과를 괴이한 것으로 여기면서 투표하던 날의 그 순간의 걸작을 나는 마음속에 되풀이해 그려 보았다.

건도의 표정은 지금 대체 어떠한 것일까. 불만의 표정일까. 만족의 표정일까. 장차는 내게 얼마나 감사해야 옳을 것인가. 그의 낯짝을 구경하고 낙선 턱을 우려내리라—고는 생각하면서도 차일피일 즉시로는 만나지 못하고 그가 찾아올 날을 기다리고 있는 동안에 삼사일이 지난날 저녁이었다.

학교 동료들과의 조그만 모임이 있어 강을 내다보는 요정에서 마침 부른다는 것이 설매였다. 건도를 족쳐 낼 작정인 내게는 그 또한 다행한 일이었다. 붙들고는 첫마디가

"건도 소식 들었나."

설매도 마치 그 질문을 기다리고 있었던 듯이

"첫날은 풀이 죽었더니."

"다시 살아났단 말이지. 꼴 좀 보구 싶어."

"이를 갈어 물구 결심이 단단한 모양예요."

"턱을 톡톡히 받아야 할 텐데."

"낙선 턱 말이죠."

“아무럼.”

“만나면 말씀 전해 달라더만요.”

“전화나 걸어 볼까.”

든손 일어서려는 나를 설매는 붙들어 앉힌다.

“장거리 전화를 거실 작정인가요.”

“장거리는 왜.”

“동경으로 갔어요. 그저께 밤 부랴부랴 떠났어요.”

“동경으로. 흐음—.”

나는 마치 내 자신의 계획이 맞아 떨어진 것같이 무릎을 칠 듯이도 쾌연한 심사였다.

“거리에 더 무죽거리구 있을 면목두 없는 터에 몇 해 공부를 하겠다구 급작스럽게 차려 가지구 떠났죠. 선생님두 만날 체면이 없는지 뵙거든 소식을 전해 달라구 신신부탁을 하면서.”

“잘했어. 바로 내 바라는 것야.”

결말을 들으면 간단한 것이나 건도의 심경을 생각하면 내 심중도 복잡하지 않은 것은 아니다. 그러나 마음이 고요하게 가라앉아 가면서도 한편 유연히 솟는 기쁨을 금할 수는 없었다. 동무를 한 사람 그런 방법으로 구해 냈다는 것이 반드시 내 유의 독단은 아닌 듯하며 그의 경우를 아는 사람이라면 나와 의견이 같을 것을 믿는다. 술을 마시고 잔을 설매에게 권하면서

“설매두 건도가 이제야 옳은 길을 잡았다구 생각하잖나. 무엇을 어떻게 공부해 오든 봉지를 떼어 봐야 알 일이지만 의원이니 무어니 때꼽쟁이 감투를 쓰고 가들거리는 것보다는 수가 몇 층이나 윗

길인가."

"저두 잠시는 섭섭하지만 잘하였다구 생각해요. 젊은 양반이 괜히 똑똑하다구 거리에서 들추스르는 바람에 까딱하다간 사람 버리기 일쑤죠. 뚝 떠난 게 잘하구 말구요."

"그래 그를 뚝 떠나게 한 게 누군 줄이나 아나—꼭 한 표로 낙선됐는데 그 한 표로 그를 떨어뜨린 게 누군 줄 아나."

무엇을 말하려노 하고 설매는 나를 바로 바라본다.

"나라나. 나."

"선생님이라니요."

"건도를 떨어뜨려 동경으로 떠내보낸 것이 바로 나야."

"승낙하신 한 표를 주시지 않었단 말인가요."

"왜 주기야 줬지. 그러나 건도를 쓰지 않았어."

"어쩌나."

"이름을 안 쓰구 장난을 쳤어. 투표지에다 작대기를 죽 내려 그었어."

"위반 행위를 하셨군요."

"그게 건도를 생각하는 정성이라구 생각했거든. 건도의 이름을 썼댔자 오늘의 건도가 났겠나. 어쩌다 그 한 표가 맞췄는지 생각할수록 신기하단 말야."

"그러니 약속하신 한 표를—."

"아무렴 모두 내 공이야. 내 공이 커."

설매는 천만 의외라는 듯 놀라는 표정이 좀체 사라지지 않는다. 기쁜지 슬픈지 분간할 수 없는 눈매로 뚫어져라 하고 내 얼굴을 바라보는 것이다.

"왜. 설매는 반댄가. 내 한 일이 그르단 말인가."

"천만에요. 그르기야 왜. 잘 하셨죠. 청춘 하나 살리셨죠."

"건도가 있었더라면 얘기를 하구 한바탕 껄껄껄 웃으련 것이 그만."

"편지로래두 제가 일러 드리죠. 그간의 곡절을."

"편지는 나두 할 작정이야. 좀 장황하게 내 공을 자랑하구, 요다음 만날 때 톡톡히 예를 받아 내게."

"선생님두 원 못하는 것이 없으셔."

설매는 내 심중을 터득하고 그제서야 활달한 웃음을 지었다.

"자, 우리 둘이 건도 만세나 불러 줄까."

병을 들어 설매에게도 따라 주니 그도 나와 마주 잔을 대었다.

"건도 만세!"

"건도 만세!"

가느다란 목소리로 합창을 하고 술을 머금을 때 동료들은 무슨 일인고 하고 우리들을 빙그레 바라보는 것이었다.

《인문평론》, 1939. 10.

# 여수

## 1.

미레이유 발랭의 얼굴을 나는 대여섯 장 째나 그리고 있었다. 결국 한 장도 만족스럽지는 않아서 새로운 목탄지를 내서는 또다시 그의 얼굴의 데생을 시험하는 것이었다. 내일부터 봉절(封切)될 영화 《망향》의 석간 신문지 속에 넣을 조그만 광고지의 도안이었다. 별이 총총히 빛나는 하늘을 배경으로 발랭과 가뱅의 얼굴을 그리고, 그 속에 출연자의 스태프와 자극적인 광고문을 넣자는 고안이었으나 광고문은커녕 나는 발랭의 얼굴에서 그만 막혀 버린 것이 좀체 운필이 뜻대로 되지는 않아 마음이 초조하고 답답해지기 시작했다.

"여배우 얼굴 하나 가지구 벌써 몇 시간을 잡아먹나. 얼른 끝을 내야 인쇄소에 넘겨 저녁때까지에 박어 내지 않겠나."

맞은편에 책상을 마주 대고 앉은 동료는 나의 궁싯거리는 양이 보기 민망해서 기어코 자리를 일어선다.

"웬일인지 모르겠네. 그리다 그리다 이렇게 맥힐 법은 없어. 고 눈과 코가 종시 말을 들어야 말이지."

동료는 등 뒤로 돌아오더니 어깨너머로 내 그림을 바라보며

"자네 벌써 발랭과 연앤가."

"연애라니."

"암 연애구 말구. 그렇게 망설이는 자네 마음이 심상치 않어."

쓸데없는 말을 걸어 온 까닭에 결국 망쳐 버리고야 말았다.

"연애!"

스스로 비웃으면서 나는 붓을 던지고 그림을 두 조각으로 찢어 버리는 수밖에는 없었다. 그 깊은 눈과 불룩한 콧망울이 내 마음을 한꺼번에 잡으면서도 붓끝으로는 종시 표현할 수 없는 것이다. 참으로 연애인지도 모른다. 여러 해 동안 수많은 영화의 뭇 남녀를 그려왔어도 이번같이 마음이 뜨고 설레는 때는 없었다. 대체로 영화관 사무실에서 장구한 세월을 두고 그런 업에 종사해 나가노라면 그 많은 자태 없는 화상에다가 그때그때 일종의 정을 느끼게 됨은 자연스런 사실일는지도 모른다. 일상 생활에서보다도 그림들을 상대로 꿈의 교통을 하게 되는 것이다. 그러나 이번 발랭의 경우와 같이 내 마음을 잡은 때는 드물었고 가령 디트리히를 그릴 때나 가르보를 그릴 때나 다리외를 그릴 때나 그 어느 때보다도 가슴이 뛰고 설렌다. 어제 낮에 본《망향》의 시사의 구절구절—망명의 도적《페페 르 모코》와 파리 여자 개비와의 위험한 연애의 장면 장면이 가슴을 흔들면서 개비로 분장한 발랭의 자태가 땅 위에 둘도 없는 염염한 꽃송이같이 무시로 눈앞에 어리운다.

"연애. 발랭과의 연애! 어차피 우리는 그런 환상의 연애밖에는 하

지 말라는 팔잔가 부다. 허수애비 사진 쪽지와 연애니 무어니 — 다 귀치않다."

나머지 데생을 마저 찢어 버리려 할 때 동료의 손이 와서 그것을 빼앗아들면서

"잔소리 말구 어서 여기다 광고문이나 적어 넣게. 별수 있나. 시간두 없는데 이대로 인쇄소에 돌릴 수밖에 —."

시계를 바라보니 오후도 늦은 때이다. 석간이 돌 때까지는 광고지의 체재를 갖추어야 신문지 속에 끼어 배달이 될 것이다. 불과 몇 시간이 남았을 뿐이다. 나는 하는 수 없이 다시 붓을 들어 불만스런 대로 이왕 그린 얼굴에다 색을 칠하고는 붓을 갈아 굵은 획으로 광고문을 쓰기 시작했다.

> 남쪽 고을 알제리에 전개되는 모코와 개비의 숙명적 연애! 세기의 경이 발랭의 출현. 새 시대의 디트리히, 발랭을 보라! 이국정서의 결정인 발랭 — 그는 오늘의 별이다.

여기까지 적어 내려갔을 때 문득 사무실 옆 문간이 요란스러우면서 귀 설은 목소리가 흘러왔다. 창밖으로 흘긋 눈을 돌리니 세르비안 쇼의 한패들이었다. 내일부터 《망향》과 함께 막 사이에 출연하기로 계약이 된 외국인 어트랙션의 일단이었다. 거리에 나갔다가 무대 준비를 하러 들어옴인지 찬란한 한 남녀의 복색이 문간에 환하게 어리었다.

## 2.

세르비안 쇼는 노래와 춤을 밑천 삼아 이곳으로 흘러든 가무단으로 반드시 세르비아 사람들로만 조직된 것이 아니라, 십여 명 단원이 백계노인(白系露人)을 주로 하여 폴란드 유태 헝가리 체코 등 각기 국적을 달리하고 가운데에는 유라시안도 끼어 있는—마치 조그만 인종의 전람회를 이룬 혼잡한 단체였다. 그들의 노래와 춤이 그닷 놀라운 것은 못 되었으나 그들의 색다른 자태가 낯설은 곳에서는 사람들의 눈을 끌기에 족했고 우리의 관주(館主)가 상당히 비싼 조건으로 그들과 선뜻 계약을 맺은 것도 그 점을 노려서였다. 한 시간가량씩 하루 두 번 출연에 대한 사례가 오백 원, 엿새 동안에 삼천 원이라는 것이 그들을 맞이하는 거의 최고의 대접이었으며 생각컨대 만주 등지에서 일없이 딩굴던 동호자들이 가지고 있는 재주들을 모아 일거에 탐탁한 벌이나 해 보려고 멀리 외지로 원정을 나온 그들로서도 역시 재조보다는 자기들의 그 이국적 풍모를 미끼 삼아 보겠다는 심리가 없지도 않을 듯하다. 조선을 한 바퀴 돌고 나서는 또 어디로 가려는지 그것은 알 바 없으나, 어떻든 그들의 붓날리는 이국 정서는 거리에서는 진귀한 것이어서 그들을 계약한 관주의 수완과 야심을 우리들 사무원도 절대로 찬성하는 바였다. 실상인즉 그들의 걸음은 벌써 두 번째여서 지난 가을에 왔을 때에도 우리와 계약이 되어 의외의 호평으로 예상 이상으로 배를 불리운 일이 있어서 이번에 관주의 마음이 두 번째 혹한 것이나, 그들로서도 전번보다는 더욱 충실을 기하기 위해 여덟 사람밖에 안 되던 단원이 네 사람을 더해 열두 사람의 상당히 흥성한 일단을 이루었던 것이다. 두 사람의 처녀 마리와 이리나 소년소녀 미샤와 안나의 네 사람이 처음 보는 얼굴이었으나 그 거창한 한 식구들을 바라볼 때 각각 얼마나 숨은 재조들을 감추고 있나 싶어서 출연이 기대되었다. 무시로 외국 영화를 바라보고 그들 남녀의 사진을 그리던 내게는 눈앞에 직접으로 노란 고수머리와 푸른 눈을 보게 된 것이 한 가지 기쁨이었고, 일상 품고 있던 이국 정서에 대한 갈증을 얼마간 축일 수도 있었다. 그들은 바로 어제 차로 내려서 무대 뒤에 여장을 풀었을 뿐이나 새로 더한 네 사람 외에는 모두 내게는 두 번째의 구면이라 낯이 선 법 없이 가장 친밀하게 대하고 말을 걸 수 있음이 또 하나의 기쁨이었다. 더구나 내게는 하치않은 그림장이나 그려서 먹고 사는 몸이기는 하나 외국어의 소양이 얼마간 있었던 까닭에 그들의 서투른 일어와 맞서는 것보다는 여러 가지 외국어의 범벅으로 의사를 소통하는 편이 피차에 편한 노릇이어서 관주도 그들과의 교섭에 나를 내세운 셈이었고, 그들 역 나를 의뢰하고 믿는 바 많았다. 이것이 내가 그들의 사정을 남달리 깊게 관찰하게 된 원인이라면 원인이었다. 가령 조그만 일이 있거나 원이 있어도 그들의 누구나는 반드시 사무실로 쫓아오거나 복도에서 나를 붙들고는 피차에 통함 직한 말을 뒤섞어 용건을 말하는 것이었다.

## 3.

이날 이때에도 내가 막 광고지에 광고문을 적고 났을 때 문간과 복도에서 지껄지껄 요란하던 총중에서 한 사람이 문득 사무실 안으로 들어와 내 앞에 나타났으니 일행 중에서 춤으로는 으뜸 격에 가는 카테리나였다. 별안간 방 안이 환해진 것은 그의 누런 머리카락과 흰 살결과 사치한 차림차림으로만이 아니라 그의 손에 쥐인 한 묶음의 꽃으로 말미암음이었다.

간단히 인사의 말을 던졌을 때 카테리나는 방긋 웃으며 하는 말이 꽃을 꽂을 터인데 혹시나 남는 화병이 없느냐는 것이었다.

"화병? 화병쯤이야 있구 말구."

나도 웃음으로 대답하면서 일어서서는 영화잡지 신문 포스터 등이 어지럽게 쌓여 있는 책궤를 열고는 뒤적뒤적 묵은 화병을 찾아내는 것이었다.

요행 화병을 찾아서 책상 위에 내놓았을 때 카테리나는 기뻐하면서 메르시!라고도 해 보았다 하라쇼!라고도 했다 하며 혼잡된 단어로 감사를 표한다. 내친걸음에 나는 플라스크의 물을 화병에 붓고 그 속에 꽃 꽂는 것을 도와줄 때 옆에 섰던 동료는 능청맞게 딴전을 보면서 나만이 알아들을 말로

"괜히 그림 속의 발랭에게 반해서 그러지 말구, 가까운 눈앞의 떡이나 후려 보지 그래. 발랭보다 어디가 못해. 오히려 나으면 낫지. 모습부터가 비슷하잖은가."

"실컷 놀려 보게나."

"찬찬히 뜯어보라니까. 비슷한 바가 많잖은가."

그의 말로 새삼스럽게 깨달을 것도 없이 카테리나는 참으로 발랭과는 같은 바탕의 미인이었다. 동그스름한 윤곽도 같으려니와 깊고

부드러운 눈매며 불룩한 콧망울이 발랭을 그대로 떼어 붙인 것도 같고 다만 다른 것이 있다면 입술이 엷고 두 볼이 팽팽해서 발랭보다는 조금 쌀쌀할 듯한 인상을 주는 점이었다. 그러나 이것이 반면에 다른 효과를 자아내서 그 냉정하고 침착한 속에 말할 수 없이 으늑한 일종의 애수를 담은 것이었다. 눈앞을 깔아 보고 그 어디인지 먼 곳을 생각하고 있는 듯한 기색이 눈과 볼에 나타나서 그것이 알 수 없는 매력을 더한다.

꿈의 매력이라고도 할까—발랭에게도 그것이 없는 것은 아니나 그의 남국적인 데 비해 카테리나의 그것은 북국적인 향기를 풍겨 그와는 또 다른 힘으로 사람을 잡는다. 참으로 동료의 말마따나 나는 가장 가까운 내 눈앞에 꿈의 대상을 보고 있는 셈이었다.

"어서 용기를 내서 한몫 대서 보지. 이런 기회가 얼마든지 있는 것이 아닐 텐데—용기가 첫째야."

조롱인지 격려인지 동료가 뜨끔 눈짓을 하고는 인쇄소로 간다고 내가 그린 광고지의 원고를 가지고 사무실을 나갔을 때 나도 꽃을 다 꽂은 꽃병을 카테리나의 앞으로 내밀었다.

"무대 옆방이 너무 침침해 꽃이나 꽂아 놓아야 조화가 될 것 같아서요."

그래서 사 온 꽃이라는 뜻이었다.

"그 방이 원래 어두워요. 창이 적은 까닭에 여름엔 더웁구."

"좀 와 보세요. 창을 떼야 할 텐데 떼어도 좋은지 어쩐지."

꽃병을 들고 나가면서 흘끗 눈을 돌리는 카테리나의 뒷모양을 바라보고는 마침 손에 일이 뻼했던 차라 나도 그의 뒤를 따르지 않을 수 없었다.

오후의 두 번째 영사가 시작되었던 까닭에 관 안으로 들락날락하는 관객으로 복도는 어지러웠다. 옆 복도를 종종걸음으로 들어가 무대 옆방에 이르렀을 때 활짝 열어제친 문안으로 울긋불긋한 방안의 모양이 들여다보였다. 좁은 방 안에서 어쩔 줄을 모르면서 트렁크들을 열고 무대 의상들을 내서 벽에 걸며 화장품 그릇을 책상 위에 놓고 하면서 복작거리는 것이 답답하게들 보였다. 처음 보는 초면의 처녀 그들이 아마도 새로 단원이 된 마리와 이리나일 듯 소년소녀가 미샤와 안나일 듯하고는 그 외는 모두 구면이었다. 피아니스트인 스타호프, 수풍금을 울리는 크리긴, 기타를 타는 아힘, 북을 치는 이바노프, 바이올린을 켜는 피에르ㅡ모두가 나를 보고는 방긋이들 웃으면서 구면임을 그 스스로들 기뻐한다. 그 한 커다란 가족에 대한 반가움이 버쩍 솟으면서 나도 창께로 가서는 그들을 조력해서 한편 창을 떼어 냈다. 답답하던 방이 한결 시원해진 것 같다. 카테리나를 비롯해서 모두들

"메르시! 스파시보!"

하면서 감사의 말을 던지는 것을 나는 아이같이 솔직하게 기쁜 것으로 들었다. 문득 등 뒤에 나타난 것은 일좌(一座)의 지배인 빅토르였다. 거리에서 막 돌아온 그의 얼굴에는 땀이 이슬 같고 똥똥한 몸집에는 늘 보이는 그 너그러운 웃음을 벙글벙글 띠고 있다.

"가스파딘 킴!"

하고 내게 손을 내미는 그의 등뒤에는 그의 아내인 그라시아가 막 따라 들어오는 중이었다.

## 4.

무대의 준비도 있고 한 까닭에 그날 밤 영화가 끝난 후 거의 열 시가 넘었으나 쇼의 일행은 전부 한 번 무대에 모이기로 되었다. 스크린 뒤편에 배경을 세워야 하고 그 옆으로 조그만 막을 층층으로 드리워야 하고—관객들이 헤어져 버린 빈 홀에서 숨을 놓고 그들은 설렐 대로 설렜다. 나는 책임상 관의 대표자 격으로 남아서 피곤한 것을 무릅쓰고 그들과 동무하게 되었다. 조용한 속에서 꺼릴 것이 없이 못 박는 소리를 탕탕 내면서 며칠 후면 다시 뜯어 버려야 할 객지의 살림살이를 차려 놓느라고 법석들을 하는 양이 내게는 엄숙하면서도 한편 애닯게 보였다. 좌중의 장골은 뚱뚱한 빅토르와 이바노프여서 거센 일은 대개 그들이 앞서서 하는 것이었으나 그 아무 자리에 내놓아도 손색이 없을 늠름한 위장부들이 하필 할 일들이 없어서 낯설은 외지 조그만 무대에 와서 하치않은 그 일들을 하고 있노 느껴지면서 웬일인지 인생의 애수라는 제목이 가슴속에 굵게 맺혀 오는 것이었다. 위장부라면 그 두 사람뿐이 아니라 조금 몸이 호리호리들은 하나 기타와 수풍금의 아힘과 크리긴도 유라시안인 바이올리니스트 피에르(독일 성에 동양의 피가 섞였다고 한다)도 미목이 수려하고 총명하게 보이는 위장부여서 그들이 어쩌다 그런 삼류급 예술가의 행세를 시작했으니 말이지 그런 초라한 배경 속에서 벗어나서 의젓하고 소중한 사회의 자리에 앉혀 본다면 넉넉히 그 위품을 보존해 갈 만한 인품들이다. 그런 그들로서 기껏 그 자리에서 못질을 한다 피아노를 끌어다 놓는다 의자의 위치를 작정한다 하는 것이 천하게만 보이면서 인물들이 아까워 견딜 수 없다. 총중에서 제일가는 예술가는 역시 스타호프일 듯 타고난 풍모가 가장 준수할 뿐 아니라 그의 피아노의 실력도 그 정도의 무대에 내세우기는 아까울 만큼 높고 본격적인 것이었다. 그 실력 있는 피아니스트의 그날 밤 무대에서 맡은 일은 악기의 소제였다. 피아노의 안과 밖을 닦고 갖은 장기를 내서 키의 음을 조절하는 그의 모양은 피아니스트라느니보다도 한사람의 공인의 자태였다. 그와 친한 것이 카테리나인 모양이어서 피아노 옆에 붙어 서서 잔손질을 돕는 것이 보기에도 다정한 풍경이었다. 그 앞을 어릿광대같이 어깨짓을 하면서 빙빙 도는 것이 그라시아, 단장 빅토르와는 나이로써 벌써 짝이 되어 비록 몸은 작아도 중년의 올찬 태도 속에 일좌를 은연중에 누르고 있는 힘이 보인다. 밤불에 비추어져서 그런지 처음 보는 마리의 자태는 뛰어나게 아름다왔다. 카테리나와는 갑을 나누기가 어려울 정도의 용모로서 그보다도 도리어 젊고 수줍어하는 자태가 한층의 매력조차 더한다. 날씬한 맵시에다 부드러운 얼굴이 귀한 집 외딸의 품격을 띠었다. 그에게 비기면 이리나는 같은 나쎄이면서도 용모가 수단(數段) 떨어져 설레지 않고 잠자코서만 있는 것이 흡사 인형같이만 보인다. 대체 무슨 재조를 감추었는지 조용한 모양으로는 무대에서 관객을 놀라게 할 수 있을 것 같지도 않았다. 나어린 미샤와 안나의 한 쌍은 무대 한편 구석에 웅크리고 서서는 서먹서먹한 눈매로 나를 바라볼 뿐이다. 어린 그들이 왜 그리도 기운이 없을까 하면서 찬찬히 바라보니 둘 다 여윈 얼굴이 퍽도 창백하다. 서리 맞은 새같이 앙크런 그들이 왜 고생을 하면서 어른들과 함께 무

대에 서야 되는가. 측은히 여기는 내 눈초리를 짐작했는지 빅토르가 가까이 오더니 함께 그들을 바라보며

"남맨데 약해서 큰일 났어요. 무대를 좀 더 흥성히 해 볼 양으로 하얼빈서 특별히 구해 냈는데 몸들이 어찌 가냘픈지 무대에서 쓰러지지나 않을까 겁이 나오."

일단의 주인으로서 지당한 걱정이라고 생각되는 것은 그만큼 그들은 누구의 눈에도 잔약하게 보이는 것이다. 그들의 며칠 동안의 무대생활에 별 탈이 없기를 축원하는 것은 참으로 거짓 없는 나의 진정이었다.

거의 열한 시가 넘어서야 일들을 마치고 일행은 관을 나왔다. 나도 길이 같은 까닭에 그들이 유숙하고 있는 호텔 가까이까지 동행했으나 비단 소년소녀뿐이 아니라 그들 전부에 대한 일종의 애감이 곡절없이 가슴속에 솟으면서 그러므로 그들을 유달리 친밀히 느끼게 되어 나의 걸음은 약간의 흥분조차 띠어 갔다.

## 5.

이튿날 오전 아직 개관하기 전에 무대에서 울리는 피아노 소리를 듣고 나는 사무소를 뛰어나갔다. 스타호프가 혼자 피아노 앞에 앉아 있었다. 아무도 나타나기 전의 한적한 시간을 연습에 열중하고 있는 중이었다. 요란한 재즈가 아니고 고요한 명곡임을 느끼고 — 나는 곧 파데레프스키의 《미뉴에트》임을 쉽게 깨달았다. 삼박자의 경쾌하면서도 애수를 띤 무도곡이 빈 홀을 사치하게 치장했다.

불도 안 켠 어둑스레한 홀 복판 의자에 검은 그림자를 보았다. 아무도 없을 줄 안 것이 웬 사람인고 하고 가까이 갔을 때 검은 웃옷을 걸치고 의자에 푹 묻혀 앉은 카테리나였다.

"놀라라."

흘끗 고개를 돌리면서 오도깝스럽게 눈을 떴다.

"되려 내가 놀랬쇠다. 이렇게 혼자 우두커니 앉었다니."

별로 앉으라는 권고도 없었으나 나는 내 멋대로 옆 의자에 허리를 걸치면서

"조그만 음악회의 단 한 사람의 청중이란 말이죠."

"그래요. 스타호프의 예술을 가장 잘 이해하는 것이 나라면 나니까요."

"한 사람의 청중과 한 사람의 연주자와—대단히 아름다운 음악회요."

"스타호프는 저래 뵈어도 예술가라나요."

"상당히 능한 피아노인 줄을 나두 대강 짐작합니다만."

"우리 단원으로는 아까운 한 사람이에요. 큰 뜻을 가지면서도 기회를 못 잡아서 이렇게 방랑은 하나."

"송곳이 뾰죽하면 어느 때나 염낭을 뚫을 날 있겠죠."

"들으세요. 저 아름다운 터치와 감정의 바른 해석."

카테리나는 말도 채 못 마치고 음악 속에 정신을 빼앗겨 갔다. 곡조는 다시 첫 대문의 모티프로 돌아가 가벼운 리듬이 반복되었다. 어디선가 먼 곳에서 울려오는 것 같은 아련하고 애끊는 정서이다. 파데레프스키 자신의 연주를 레코드에서 늘 들었으나 지금 무대의

연주도 거의 명장의 재조를 좇아 감 직한 것인 듯 느껴졌다. 자세를 바로하고 앉아 엄숙하게 뜯는 그 태도부터가 범인의 것은 아닌 듯 싶었다.

곡조가 끝났을 때 그는 두 사람의 청중을 내려다보며 미소를 띠우고 카테리나는 거기에 대답하는 듯이 박수를 울렸다. 나도 그를 본받아 박수를 한다는 것이 소리가 지나치게 커져서 앙코르인 줄 짐작했는지 스타호프는 또 한 곡조를 시작했다.

"오, 쇼팽! 쇼팽의 왈츠."

카테리나는 뛸 듯이나 기뻐하면서 몸을 흔들었다. 나도 그 곡조를 대강은 짐작하는 터이었으나 쇼팽의 왈츠가 그들에게 그렇게도 큰 기쁨을 주는 것일까.

화려하면서도 슬픈 곡조이다. 동양적인 애수가 구절구절에 넘쳐흐른다.

"폴란드의 음악은 왜 저리도 모두 슬픈고. 파데레프스키도 쇼팽도……."

중얼거린다는 것이 그만 소리를 치게 되었다.

"그래요 슬퍼요. 나라가 슬프니까 음악이 슬픈지 음악이 슬프니까 나라가 슬픈 것인지."

카테리나는 대답하고는 내 귀밑에다가 거의 입속말로

"스타호프도 폴란드 사람이에요."

"오라 그래서……."

그의 음악이 그렇게 슬픈 이치를 터득한 것 같았다.

## 6.

"바르샤바의 국립극장에서 세계적으로 이름 낼 날을 꿈꾼 적이 있었다나요. 한번 동쪽으로 흘러온 후로는 예술도 점점 타락해서 저 모양이 됐죠……. 지금은 바르샤바는커녕 하루 아침에 조국이 없어지지 않았어요. 스타호프의 꿈도 영원히 사라진 셈예요."

"흠……."

"우리 모두가 그렇지만 스타호프의 지난 경력을 생각하면 눈물이 나요."

나는 카테리나의 눈물을 보기를 두려워하는 듯 고개를 무대 편으로 길쭉이 뽑았다. 작은 아침의 음악회는 아직도 끝날 줄 몰랐다.

흥행은 예측대로 대단한 인기여서 첫날부터 관내는 만원의 성황을 이루었다. 영화 《망향》이 시작되었을 때 홀은 빈자리가 없이 차서 문밖에는 만원 사례의 붉은 간판을 내세우고 손님을 거절하는 수밖에는 없었다.

《망향》의 영사 다음이 어트랙션의 시간이었다. 영화가 반쯤 진행되었을 때 일행은 한 사람 두 사람씩 모여들기 시작했다. 무대 옆방에 들어가 행장을 풀고 조급하게 무대화장을 시작하는 패들도 있었으나 거개 더운 김에 홀 안을 질쑥거렸다 복도 의자에 주저 앉았다들 했다. 이바노프는 이리나와 한 짝인 듯 대개 동행하는 눈치였고 관 안에 들어오더니 복도에 놓인 소파에도 나란히 걸터앉았다. 짝이라면 그들은 맞춤인 짝이어서 뚱뚱한 몸집이며 불그스름한 얼굴이며가 남매인 양 비슷하게 보였다. 이리나는 몸집이 건강한 데다가 무뚝뚝하고 말이 적은 것이 도리어 애티가 나고 애잔해 보였다. 항상 번잡하게 말을 거는 것이 이바노프였다. 손바닥으로 부채질하는 시늉을 내면서 나를 보더니 꽃송이같이 입을 연다.

"아 덥다. 현기증이 나면서."

그 무슨 불만같이도 들리기에 나는 내 고장을 변호하려는 듯이

"여름은 더우라는 법이 아니오. 어디나 일반으로."

이바노프는 만만히 휘어들지 않는다.

"그럴 리가 있나. 세상에서 안 더운 곳이 꼭 한 곳 있지. 송화강. 송화강은 아무렴 복더위에도 시원하다나."

"왜 여기도 강이 있다우. 송화강보다 더 맑은 강이. 모두들 나가 헤엄치고 놀고 하는 강이."

지껄이다가 나는 문득 그런 소리가 그에게는 무의미함을 느꼈다. 고향을 그리워하는 나그네에게 딴 고장의 자랑이 무슨 위안이 되랴. 차라리 고향의 회포에 잠기는 편이 그에게는 더 보람 있지 않을까.

"그러니까 고향이 하얼빈이란 말이죠, 송화강 근처라면."

"내 고향은 치타. 학교도 다니다 농사도 짓다 군인으로도 뽑혔다가 지금은 이 노릇. 고향에 가서 살고는 싶으나 전과는 달러 지금은 아주 자미없는 곳이 됐다우. 하얼빈은 이리나의 고향. 고향이래도 이름뿐이지 부모를 다 여읜 곳이 무슨 고향이겠수. 이리나는 고아라우."

듣고 보니 그런지 얼굴을 쳐드는 이리나의 모양이 애처롭다. 허부룩한 머리조차가 돌보아 줄 사람 없는 것이거니 생각하니 쓸쓸해 보인다. 그러나 이리나의 그 허부룩한 머리와 애티 나는 몸집이 쓸

쓸한 것이라면 마리의 호리호리하고 가냘픈 자태는—그것은 대체 쓸쓸한 것이 아니란 말일까. 아힘과 함께 팔을 끼고 들어오는 뒤를 크리긴이 따라 들어온다. 세 사람 가운데서 유독 눈을 끄는 것이 마리였고 앞으로 다가오는 것을 똑똑히 보니 흰 얼굴에 푸른 눈이다. 먼 고향의 하늘 빛인 푸른 눈으로 사람을 바라보는 마리의 자태는 쓸쓸한 것이 아니었던가. 세 사람의 한패가 무대 옆방으로 들어가는 것을 보고 이바노프는

"마리의 아버지는 제정 시대의 육군 소장이었다우. 지금은 외딸을 저렇게 밖으로 버려둘 지경으로 하얼빈 뒷골목에서 답답한 나날을 보내지만 한때는 다 이름을 날리던 사람이라나요."

"그래 아버지를 구하려고 이번에 한몫 새로 끼어 나왔나요."

"아버지까지를 구하다니 자기 한 몸을 살리기가 간신(艱辛)인데…… 아힘도 저래 뵈어도 명문의 집안에 태어난 귀족의 아들이구 크리긴도 한때는 한다하는 군인이었다우."

이리나만이 고아의 외로운 정경이 아니라 듣고 보면 그들 모두가 비슷한 처지였던 것이다. 그런 것을 들을 때 나는 좁던 내 마음의 세계가 조금씩 넓어짐을 깨닫게 되면서 모르던 정회를 그들과 함께 느낄 수 있는 것이었다.

## 7.

"고향은 없어도 고향이 그리워요. 송화강은 이웃사람들과의 단란의 곳이거든요. 얼른 이번 흥행이 끝나고 그곳에 가서 함께들 잠길

날을 생각해요."

그럴 것이라고 나도 이바노프의 감정을 그대로 품을 수 있었다.

영화가 끝나고 어트랙션이 시작되었을 때 홀 안은 조금의 여지도 없이 관객으로 찼고 박수가 파도같이 번거롭게 울렸다. 나도 지난해에 본 후로는 처음이라 두 번째의 기대로 얼마간 흥분에 사로잡히면서 뒤편에 자리를 잡았다. 관주며 안내하는 아이들이며 관내가 총출동으로 들락날락하며 사무실의 동료도 내 옆에 앉아서 호기심에 눈을 똑바로 무대로 보낸다.

빅토르는 단장일 뿐이 아니라 무대에서도 한몫을 보아서 서투른 일어와 괘사스런 몸짓으로 틈틈이 나와서는 관객을 웃겼다. 그의 사회의 역할이 일단으로서는 확실히 중요한 부문으로 짐작되었으나 그만큼 그의 무대에서의 노력은 눈물겨우리만치 필사적이었다. 관객을 웃기고 끊임없는 흥을 돋아 주는 곳에만 그의 생명이 있는 듯 보기에도 딱하리만큼 갖은 노력을 다했다. 우리의 흥미의 대부분도 사실 그에게 걸려 있었다.

피에르는 그의 양친 중에서 어느 편이 독일 사람인지는 모르겠으나 자그마한 몸에는 동양의 피가 더 세게 흐르고 있는 듯 눈매나 코맵시가 부드럽고 연하다. 켜는 바이올린 소리도 부드럽고 가늘어서 애끊는 대문에나 이르면 빅토르는 그의 앞을 막아서면서

"먼 데 둔 아내 생각이 간절해서 바이올린 소리가 이렇게도 구슬프답니다."

하고 괘사를 피워서 관객을 웃기고 피에르의 얼굴을 붉혀 주고 하는 것이었다.

빅토르와 피에르가 어릿광대같이 앞에서 설레는 뒤편에는 밴드의 패가 바른편에서부터 차례차례로 피아노의 스타호프 수풍금의 크리긴 기타의 아힘 북치는 이바노프의 차례로 늘어앉고 무대 복판에 마이크로폰을 세우고 마리와 그라시아가 번갈아로 나와서 노래 부르고 간간이는 크리긴과 아힘이 밴드 좌석에서 빠져나와 노래에 섞어 수풍금과 기타 독주를 했다. 빅토르의 아내인 그라시아는 노래도 춤도 온전하지 못하고 남편 모양으로 무대 위를 부질없이 건들거리는 넌덜꾼이요 마리의 노래도 대단한 것은 아니었으나 가는 목소리로 아리랑을 부른 것은 확실히 장내의 인기를 한꺼번에 가로채게 되어 요란한 갈채로 두 번 세 번 무대 위에 불리우게 되었다. 외국 소녀가 부르는 아리랑 타령이 왜 그리도 마음을 잡아 흔드는지 사실 나도 그 애끓는 곡조에는 눈물이 핑 돌 지경으로 가슴이 벅찼다. 그가 외국의 다른 어떤 노래를 부른대도 그토록 사람의 가슴을 뒤흔들지는 못했으리라고 생각한다. 아리랑 고개로 넘어가는 간들간들한 그의 푸른 눈은 그렇게 흔하게 어디서나 볼 수 없는 쓸쓸한 정감을 북돋우게 했다.

마리의 아리랑은 확실히 한 토막의 성공된 예술이었다.

그러나 그뿐 그에게서 더 신기한 재주는 볼 수 없었고 귀족의 후생인 푸른 눈의 처녀에게는 결국 외국의 그 한 곡조 노래가 단 하나의 준비된 예술인 모양이었다. 여러 번 앙콜을 받고 나오는 그의 모양을 카테리나는 무대 한구석에서 차라리 측은한 눈초리로 바라보는 듯도 했다. 물론 조롱도 아니요 시기도 아니겠지만 그의 냉정한 시선에는 확실히 한 줄기의 불만이 엿보이는 듯하다. 그만큼 카테리나의 무대에서의 노력은 성의 있고 열중된 것이어서 흡사 그 혼자가 일단의 운명을 짊어지고 동행의 체면을 살리기 위해 만신의 힘을 다하고 있음을 알았다. 코사크의 춤 헝가리의 춤을 비롯해서 다채한 의상을 차례차례로 갈아입고 나와서는 거의 무대를 휩쓸어 가려는 듯 열정적으로 각가지의 춤을 추어 댔다. 요란스런 관중의 박수 소리와 함께 스스로의 열정으로 점점 피곤해 가는 모양이 역력히 관객석으로 보여 온다. 참으로 성의 있는 예술가는 카테리나 한 사람이었다.

## 8.

그에게 비기면 이리나는 무대의 허수아비였다. 노래 한 곡조 부르는 법 없이 춤 한 번 추는 법 없이 마치 벽의 꽃인 양 밴드 뒤편 막에 붙어 서서 한 송이의 치장의 역할밖에는 더 하지 않았다. 소년 소녀 미샤와 안나의 한 쌍 역시 대단한 재롱은 피우지 못하고 손을 잡고 탭을 밟는 것이 위태스럽게만 보였다. 그러면 그럴수록 무능한 그들까지를 긁어모아 쓸쓸한 무대를 번거롭게 하려는 그들의 마음씨가 내게는 아프게 흘러오면서 예술의 성과를 떠나서 그들의 속사정에 마음이 부드럽게 되는 것이었다.

한 시간 남짓한 무대가 그렇게도 피곤케 하는지 출연이 끝났을 때 그들의 수고를 말할 겸 무대 옆방을 들어서니 화장을 떤다 의상을 갈아입는다 하면서 볶아치는 그들의 얼굴에는 확실히 피곤의 빛이 보였다. 한 판의 싸움을 하고 난 뒤와도 같을 법 싶었다.

"되서 이 노릇도 못 해 먹겠다, 이젠."

빅토르는 수건으로 이마의 땀을 훔치면서 빙글빙글 겸연쩍게 웃어 보인다. 사십이 넘은 장년 신사의 절구통 같은 목덜미는 불그스름하게 상기되었고 손가락에까지 땀이 내배인 것이 보인다.

"사람을 웃기기가 세상에 얼마나 어려운 노릇이라구요."

"이곳 사람들은 돌부처요 샌님들이래서 좀처럼 웃어 봐야 말이죠."

"그만큼 사람을 웃김은 상당한 예술가가 아니면 못 할 일이요. 나도 허리를 꺾다시피 했소."

내가 빅토르를 위로하고 있는 동안에 아힘은 마리를 스타호프는 카테리나를 각각 추어 주고 위로해 주는 눈치였다. 밤 출연까지에는 여러 시간의 여유가 있었다. 이바노프는 이리나를 데리고 누구보다도 먼저 어디론지 가고 뒤를 이어 빅토르 부처가 거리로 나간 후로는 남은 패들은 자유로운 시간을 어떻게 허비할까 망설이는 눈치였다. 스타호프에게 영화구경을 권했을 때 그는 금시 찬성하고 카테리나와 함께 나를 따라 홀 안에 들어가 알맞은 자리를 잡고 앉았다. 마리아와 아힘도 우리를 본받고 크리긴도 어느 결엔지 우리들의 앞 아힘과 마리의 옆에 앉아 있는 것이었다.

《망향》은 벌써 퍽 많이 나가 알제리의 그 야릇하고 복잡한 거리의 묘사를 거쳐 파리의 여자 개비의 출현의 대목에 이르고 있었다. 개비로 분장한 발랭의 요염한 자태에는 거듭 보아도 다 길을 수 없는 신선한 매력이 넘쳤다. 현실의 모든 것을 잊고 우리들은 개비의 매력으로 정신이 솔렸다. 내게는 그 순간 카테리나의 생각도 없었다. 영화는 미처 숨도 갈아 쉴 새 없는 긴장한 박력을 가지고 차례로 페페와 개비의 상면, 두 사람의 약속, 호텔에서의 개비의 불만, 페페의 초조한 연정, 정부의 질투, 결심한 페페의 출발……의 대목으로 발전하다가 드디어 페페가 우연히 거리에서 개비를 만나는 장면에 이르렀다. 페페는 낙심하던 끝에 문득 만나자 말없는 감격 속에서 그를 이끌고 방에 이른다. 야릇한 방 페페의 정성 준비된 식탁 개비의 호기심 페페의 열정—두 사람의 사랑은 세상에서 제일가는 신기하고도 뜨거운 것이다. 개비의 두 눈은 별같이 탄다…….

그 불타는 화면에서 문득 내 시선을 떼게 한 것은 몇 자리 앞에 앉은 아힘과 마리의 돌연한 거동이었다. 영화에서 감동을 받음인지 별안간 페페와 개비를 모방해서 그들의 열정을 연장시킨 것이다. 충동적으로 몸을 솔리더니 번개같이 얼굴을 대인다. 어둠 속으로도 그 열광적인 자태는 또렷하게 눈에 띄었다. 그 순간 눈을 끌리인 것은 나만이 아닐 듯싶다. 그들은 한참이나 있다가 얼굴을 뗐으나 몸은 그대로 가까웠다. 나는 영화에서는 벌써 마음이 떠서 두 사람만을 쏘아보게 되었다. 변괴는 뒤를 이어 일어났다.

두 사람의 거동을 보고서인지 옆에 앉았던 크리긴은 벌떡 자리에서 일어섰다.

## 9.

무죽거리다가 아힘들을 향해 무어라고 지껄이더니 마리의 손을 잡는 것이었다. 함께 밖으로 나가자는 눈치인 듯했다. 아힘이 대꾸하면서 엉거주춤 자리를 일어서서 실네기를 치다가 관객의 눈을 끌 것을 두려워함인지 주저앉으니까 크리긴도 자리에 앉았다. 앉아서도 오고 가는 말이 한참이나 많은 모양이더니 이윽고 크리긴은 혼자 자리를 일어서서 사잇길을 지나 비틀비틀 밖으로 나가 버렸다. 남은 아힘과 마리는 아까와는 다른 조금 불안한 듯한 기색으로 정신없이 지껄거린다. 마음을 가라앉히기에는 오랜 시간이 걸리는 눈치였다. 크리긴은 다시 안 들어오고 두 사람은 수군거리면서 벌써 영화는 보면 말면 하는 기색이었다.

마리를 사이에 두고 아힘과 크리긴이 은연중에 대립하고 있는 눈치는 벌써 내게는 첫눈에 짐작된 것이었다. 두 사나이는 호리호리한 몸맵시며 신경질로 보이는 기질이며가 흡사해서 마치 형제인 듯한 인상을 준다. 이바노프의 말대로 아힘은 귀족의 후신이요 크리긴은 훌륭한 군인이었었던 관계인지 아힘의 부드럽고 상냥한 데 비겨 크리긴은 그 어디인지 빳빳스럽고 억세인 데가 보이기는 하나 그러나 대체로 비슷한 풍격과 기질이 마리에게 대해서도 같은 정감과 호의를 품게 한 듯하다. 연연한 목소리로 아리랑을 부르던 마리의 온순한 마음씨가 두 사람에 대해서 선명하게 구별되지 못했던 까닭에 두 사람도 얼뺑뺑해서 함께 속을 태우는 듯했으나 아힘과의 사이가 크리긴과보다도 현저하게 기울었던 것도 사실이다. 그것을 눈앞에 보는 크리긴의 심사가 안온할 리는 없어서 두 사람에게 대해서 자연 눈에 모가 서는 것이 국외자인 내게조차 확적히 보였다. 더구나 객지에 나와 헤매이는 몸으로 따뜻한 여자의 정이 몸에 사무쳐서 그리울 것도 사실, 일단이 도착한 날부터 크리긴의 쓸쓸한 자태는 내 눈을 속일 수 없었다. 영화《망향》으로 하여 마음이 불시의 충동을 받았던지 기어코 그 당장에서 두 사람에게 대한 감정이 터졌던 것인 듯하다. 아힘의 태도가 지나쳐 노골적이었던 것만큼 크리긴의 딱한 심정도 추측하기에 족하다.

"사람들두 왜 하필 우리 앞에서 저 처신인구."

그 장면에서 받은 인상이 카테리나에게도 유쾌하지는 않은 듯 확실히 불만스런 어조였다.

"아힘이 너무 햇뚱거리는 것 같어. 좋아 지내는 건 자유지만 멀 하필 보라는드키 크리긴의 앞에서 그럴 것이 있나. 안 보는 데서라면 또 몰라두…… 마리두 철이 좀 없구."

스타호프의 맞장구도 내게는 바른 것으로 들렸다.

"쓸쓸하기야 피차 일반이지. 남의 눈을 자극시킬 법은 없을 텐데……."

마리의 거동이 크리긴만을 찌른 것이 아니라 카테리나 자기의 눈도 자극했다는 듯한 말투이다.

"두구 보지. 저들이 꼭 한 북새 일으키지 않나. 좀 더 삼가지들 않구."

벌써 더 앉았을 경이 없어진 듯 스타호프는 자리를 일어서고 카테리나도 그를 본받았다. 영화에서 흥미가 사라진 지는 벌써 오래였다. 나도 혼자 머무르기가 멋적어 앞에 앉은 아힘과 마리 한 짝만을 남겨 두고 자리를 일어섰다.

관을 나와 본댔자 별로 가야할 신통한 곳도 없는 것 같기에 나는 그들과 더 이야기나 할 기회를 얻을까 해서 앞을 섰다.

"깨끗한 찻집을 아는데 어떠슈들."

"글쎄, 심심도 한데."

스타호프와 카테리나는 선선하게 뒤를 따랐다.

단골로 다니는 '세르팡'이 가까웠고 요행 손님도 뻼했다. 오후의 참 때이라 차와 샌드위치를 분부하고 음악을 주문했다. 낯선 손님들을 대접하려는 듯 차이콥스키의《호도인형》이 흘러왔다. 흰 커튼 사이로 바람이 간들거리고 분의 종려나무 잎새가 숨 쉰다. 두 사람은 조국의 음악 소리에 폭 잠긴 듯 잠시 말을 잊었다. 농민의 춤의 리듬이 흐를 때 스타호프는 차에 설탕을 넣으면서 침착하게 중얼거렸다.

"이번 흥행이 끝나면 난 북으로 갔다가 바로 구라파로 갈는지 모르오."

음악으로 구라파를 생각해 냈다는 말인지 일단의 어수선한 사정에 싫증이 났다는 말인지는 알 수 없으나 고향인 구라파에 대한 애수가 그의 가슴속에 서리어 있을 것은 확실했다. 비록 안 지가 며칠이 안 된다고는 해도 그의 말—보다도 그의 어조는 역시 내게는 섭섭한 것이었다.

"카테리나도 가나요."

스타호프보다는 나는 카테리나 편을 보려고 애썼다.

"글쎄요. 전 어떻게 될는지……."

"카테리나 같은 여자가 얼마든지 있다면 나도 한 번은 구라파를 찾구야 말 것이오."

지껄이고 나는 겸연쩍기도 해서 탁자에 시선을 떨어뜨렸다. 카테리나도 웃음을 머금고 탁자 위를 보았다. 나는 손가락에 찻물을 찍어 가지고 카테리나의 얼굴을 그리고 있었던 것이다. 찻잔 옆에서 그의 아름다운 데생이 역시 웃고 있었다.

## 10.

구라파에 대한 애착을 나는 가령 구라파 사람이 동양에 대해서 품는 것과 같은 그런 단지 이국에 대한 그리움이라는 것보다도 한층 높이 자유에 대한 갈망의 발로라고 해석해 왔다. 문화의 유산의 넉넉한 저축에서 오는 풍족하고 관대한 풍습이야말로 가장 그리운 것의 하나이다. 막상 밟아본다면 그 땅 역시 편벽되고 인색한 곳일는지는 모르나 그러나 영원히 마지막의 좋은 세상은 올 턱 없는 인간 사회에서 얼마간의 편벽됨은 면할 수 없는 사정인 것이요 실제로 밟아 보지 않은 이상 그리운 마음이 삘 수는 없는 것이다. 아무리 고집을 피우고 뻗디뎌도 간에 오늘의 세계는 구석구석이 그 어느 한 곳의 거리도 구라파의 빛을 채색하지 않는 곳이 없으며 현대문명의 발상지인 그곳에 대한 회포는 흡사 고향에 대한 그것과도 같지 않을까. 지금의 내 심정은 구라파로 가고자 하는 스타호프의 회포와도 같은 것, 다 함께 일종 고향에 대한 정임에 틀림없다.

"구라파가 원이오? 그야 카테리나 같은 여자도 많지요. 물론 카테리나는 여기 꼭 한 사람밖에는 없지만."

스타호프는 카테리나에게 대한 존경을 표시하려는 듯 그와 나를 번갈아 보면서 웃는다.

"고향 타령은 왜 이리들 해요. 그러지 안혀도……."

아닌 때 무시로 고향 생각을 되풀이하는 것이 카테리나에게는 도리어 서글픈 노릇인 모양이었다. 외국에서 고향을 말함은 금물이라는 어조이다.

"나는 지금 내 고향 속에 살면서도 또 다른 곳에 고향이 있으려니만 생각되는 건 웬일인지 모르겠소."

내게 이런 실토를 하게 한 것이 역시 그들과 같이 있게 된 그 분위기였다.

그들과의 교제가 내게는 결코 서먹서먹한 것이 아니요 도리어 정붙고 즐거운 노릇이었다. 반드시 호기심과 숭배에서 오는 것이 아니라 그 역 일종 향수의 표현임을 나는 안다. 차이콥스키의 음악은 핏속에 사무쳐 오고 탁자 위에 그린 카테리나의 얼굴이 말라 가면 나는 손가락에 물을 찍어 가장 익숙한 운필로 또다시 그리기 시작하는 것이었다. 확실히 광고지 위에 미레이유 발랭의 얼굴을 그릴 때 이상의 친밀한 감동이었다.

그날 밤 단골집에서 혼자 술을 마시면서도 나는 같은 정서에 잠기며 찻집에서 느낀 회포가 더욱 간절히 솟았다. 취흥에서 오는 감상도 덮쳐서 보통 때보다 감정이 한층 과장되었다. 마치 구라파가 지금 가까운 눈앞에 놓여 있는 듯이 그곳에 감이 가장 쉬운 노릇인 듯이 마음이 알 수 없이 대견했다. 긴하게 와서 술을 따라 주고 정성을 보이는 유라조차도 내 눈에는 심드렁하게 보였다.

"어트랙션이 자미있다죠. 한번 가 봐야겠는데. 미인이 많다는데 더러 좀 데리구 오세요."

"요새 이국 정서 속에 흠뻑 잠겨 있는 셈이지."

"늘 원하던 터에 잘됐군요."

싫은 소리였는지도 모르나 나는 될 수 있는 대로 무관심한 태도를 지녔다. 유라는 나를 존경하고 내 마음의 지향을 오래도록 기다리고 있는 터였다. 내 마음은 그에게로 타오르려 하다가도 냉정한 반성과 원대한 희망을 일깨울 때 다시 식어지면서 유라의 심정을 안타깝게만 만들었다. 범상한 연애를 하다가 범상한 결혼을 하고 그것으로 말미암아 평생을 얽어매고 희생하기에는 내 이상이 허락지 않는다. 유라는 단지 직업이 초라할 뿐이었지 여자로는 출중한 인금이다. 내 값이 그보다 몇 갑절 웃질이라고는 생각지 않는다. 그렇기 때문에 사실 나는 그 유혹을 이기기에 무한한 인내와 노력을 해 온다. 쇼 일행의 출현은 내 마음을 한 번 더 매질하려는 의지의 채찍인 셈이었다. 여러 해 동안 공들여 모은 저금이 수천 원에 가까웠다. 그것이 점점 차 가는 것이 더 없는 기쁨이었고 내 결심을 더욱 죄어 주는 나사였다. 저금을 한정하고 나는 내 길 떠나는 날을 작정할 수 있을 터이니까 말이다.

"술이 과하지 않으세요."

"아, 유쾌하다."

유라야 실망하든지 말든지 그의 심중이야 어찌 되었든지 나는 퍽 유쾌함을 막을 수 없었고 알 수 없는 희망이 취흥과 함께 도도히 가슴을 치밀었다.

## 11.

어트랙션으로 말미암아 낮이나 밤이나 만원이었으나 내게는 변화 없는 같은 연기를 거듭 볼 흥미는 벌써 없었다. 연기에서 오는 흥미는 고사하고 단순한 재조를 가지고 관객을 끌고 나가려는 일행의 무한한 노력이 보기에도 딱했다. 몇 번이고 같은 무대를 보고 그들의 밑천의 바닥을 긁어 내고 그들의 전부를 알아 버린다는 것이 잔인한 것같이만 생각되어서 부질없이 관객석에 앉던 버릇을 삼갔다. 그것이 가난한 그들을 사랑하고 존경하는 도리였던 것이다.

되풀이에서 오는 싫증은 그러나 나보다도 그들 자신이 몇 곱절이나 더 심각하게 느끼는 눈치였다. 신선한 풍미를 갖춘 식탁을 대할 때와 같은 항상 새로워지는 감격을 가지고 무대에 나가는 것이 아니라 깔깔한 모래를 씹으러 억지로 목을 끌려 나가는 셈이었다. 힘써 목소리를 높이고 몸을 너털거리고 웃음을 꾸미면서 그러는 속으로 그 모든 것을 의식하고 헤아림은 얼마나 그들을 피곤하게 할 것인가. 무대에서 뛰어나오면 땀을 흘리고 가슴을 헤치면서 말할 수 없이 노곤하고 싫증이 나는 모양들이었다. 그러나 무대 밖 생활 역시 단조해서 무대에서 받은 그 피곤을 풀어 줄 변화는 흔하게 없었다. 나날의 생활의 연구가 그들에게는 또한 한 가지의 난사인 모양이었다.

이틀이 지난 날 밤, 무대가 끝난 뒤에 나는 스타호프에게서 함께 호텔로 안 가겠느냐는 청을 받았다. 무슨 신기한 수나 있느냐고 물으니까 밤마다 로비에서 심심파적으로 무도회를 연다는 것이었다.

호기심도 없지 않아 나는 사무실 일을 정리하고 그들과 걸음을 같이했다.

일행이 많은지라 호텔에서 방들은 각각 위층의 조그만 것을 차지했으나 밤이 늦은 후의 로비는 거의 그들의 독차지가 되었다. 구석으로 의자를 모니 가운데가 넓게 비었고 맥주들을 마시면서 그들만의 즐거운 한때였다. 축음기에 레코드를 걸고 곡조를 따라 번갈아들 일어섰다. 여자가 네 사람에 사내가 여섯 사람인 까닭에 아무래도 한꺼번에 일제히 일어설 수는 없었고 번번이 짝이 기울었다. 이리나는 대개 이바노프와 일어서고 그라시아는 빅토르와 겯고 하는 속에서 마리가 가장 인기가 높아 개개 한 번씩은 그에게 가서 춤을 비는 지경이었다. 아힘과 크리긴은 거의 경쟁이나 하는 듯 피에르도 그에게로 발이 향하고 빅토르도 간간이 아내 그라시아를 달래 놓고는 마리에게로 손이 갔다. 아힘과 크리긴은 영화관에서 일이 있은 후 내게는 특히 눈에 뜨이게 된 두 사람이었으나 미묘한 신경의 갈등을 감추면서도 다른 눈앞에서는 지극히 평온한 자태를 꾸미려고 애쓰는 것이 속일 수 없었다. 내 눈에 그들보다도 더욱 기괴하게 비치인 것은 빅토르였다. 두 사람 속에 끼어 마리를 상대로 확실히 그도 한몫을 보고 있음을 나는 그날 밤 적확히 깨달을 수 있었다. 아내 그라시아의 빛나는 눈도 벌써 그의 마음의 고삐를 붙들 수는 없는 모양이었다. 마리를 사이에 두고 그들 세 사람의 은근한 마음의 고백은 나를 놀라게도 하고 어지럽게도 했다.

카테리나의 호의로 나는 두어 번이나 그와 서투른 스텝을 밟게 되었다. 무대에서 발레가 훌륭한 만큼 그의 발 맵시는 고와서 나는 도리어 그의 부드럽고 가벼운 몸짓으로 리드를 당하고 있는 셈이었다. 그러기 때문에 스타호프가 내 춤을 비평해서 제법 됐다고 말한 것은 순전히 카테리나의 덕이었던 것이다. 없는 재조에 흥만이 들어서 탱고와 왈츠가 엉기는 바였다. 나는 욕심스럽게 음악이 울릴 때마다 은근히 카테리나의 손이 비기를 바랬다. 세 번째인가 그와 왈츠를 겯고 일어선 때였다. 느릿한 삼박자의 리듬으로 몸이 유쾌하게 요동하기 시작했을 때 문득 카테리나의 등 너머로 수선스런 기색이 들렸다. 음악의 박자는 여전히 변치 않고 흐르건만 좌중의 리듬은 금시 깨뜨러지면서 몸이 뒤틀거리는 것이 벌써 춤의 분위기가 아니요 심상치 않은 변동이 일어나 있음을 알 수 있었다.

## 12.

“염치들을 알게나. 이리 떼와 다를 것이 무언가.”

빅토르가 마리의 손을 나꾸면서 소리를 높인 데서부터 동요가 시작되었다.

“오늘만이 날인가. 그렇게 욕심들을 부리게.”

확실히 아힘과 크리긴에 대한 비난인 모양이었으나 비난이고 뚱딴지고 간에 그의 손에 잡혔던 마리는 밝히 그의 눈앞에서 후리어져 버리지 않았는가. 아힘이 그의 앞에 날쌔게 나서면서 마리와의 사이를 막아 버린 것이다. 빅토르가 허수아비같이 서 있는 동안에 두 사람은 맞붙들고 슬금슬금 움직였다.

“다른 데가 아니라 눈 뽑을 세상이 바로 여기구나.”

빅토르는 어이가 없어서 두 손을 버리고 초점 없는 시선을 하염없이 던졌다.

그러나 그것으로써 자리가 수습된 것이 아니었다. 아힘과 마리가 불과 몇 걸음을 디디지 않았을 때 그들은 크리긴으로 말미암마 같은 봉패(逢敗)를 당하게 되었다. 흡사 아힘이 빅토르에게 했던 것과 같이 크리긴은 별안간 아힘과 마리의 사이에 선듯 들어서면서 두 사람을 갈라 버린 것이었다. 농담도 아니요 장난도 아닌 것은 그의 표정으로 역력히 알 수 있었다. 그가 농으로 하는 것이 아니라면 아힘도 그것을 농으로 받을 리는 없어서 나긋나긋 휘던 몸이 금시 말뚝같이 뻣뻣해지면서 됩데 크리긴의 앞에 막아선 격이 되었다. 마리는 그 서슬에 슬그머니 손을 놓고 옆에 나서게 되었을 때 벌써 세 사람이 두 사람으로 정리되어 그 두 사람의 대립이 선명하게 좌중에 드러나게 되었다. 내가 카테리나의 어깨 너머로 주의하기 시작한 것은 바로 그 장면부터였다. 춤추던 다른 사람들의 몸 자체도 그것을 목격하면서부터 이지러지기 시작했고 나도 서투른 발이 더욱 비틀거려짐을 느꼈다.

이윽고 나는 춤의 자세를 풀면서 카테리나의 손을 놓았고 이바노프와 이리나도 피에르와 그라시아도 각각 떨어지면서 몸을 돌린 것은 아힘과 크리긴 사이에 드디어 복닥질이 일어난 까닭이었다.

"예의를 모르는 자이다."

라는 아힘의 고함에 크리긴도 발끈하면서

"욕심쟁이는 예의로 대할 수 없는 것이야."

고 대거리를 한 것이다.

"욕심쟁이건 무어건 왜 자꾸 남을 귀치않게 굴어."

"뭇사람 앞에서 혼자만 욕심을 부리는 것부터가 예의에 어그러난 것이다."

하며 두어 마디 건네고 받고 하더니 누구 편에선지도 모르게 주먹을 건네자 금시 두 사람은 그 자리로 얼려 붙은 것이었다.

"마리는 우리 단체의 여자이지 한 사람만의 차지는 아닌 것야."

"단체는 단체 사생활은 사생활이지 남의 속일까지가 아랑곳이냐."

"쓸쓸한 외지에서는 서로 겸손해야 하는 것이지 욕심은 결국 이기주의일 뿐이다."

"나는 마리를 사랑한다. 사랑에 무슨 연설이 필요한가."

"나도 마리를 남으로는 생각지 않는다. 내게도 내 이유가 있는 것이다."

한꺼번에 치고 박는 것이 아니다. 피차에 할 말은 다 하면서 번갈아 치고 갚고 하는 싸움이었다. 기운과 결이 비등한 까닭에 쉽사리 끝장이 안 나고 질질 끌 모양이었다. 마리는 그 꼴이 보기 싫은 듯이 의자에 가 주저앉았고 다른 패들도 별로 두 사람을 말리는 법 없이 우줄우줄 섰기도 하고 앉기도 하는 속에서 혼자 약이 올라 설레는 것은 그라시아였다. 결국 두 사람의 싸움으로 되었으나 실상은 남편 빅토르도 그 속에 한몫 끼었던 셈이요 그야말로 장본인이라는 드키 싸움과는 떨어져 남편을 못살게 쑤셔 대는 것이었다.

"부끄러워하시오, 당신도."

마리도 눈앞에 있고 한 터에 감정을 노골적으로 나타내지는 않았으나 은근히 남편을 노리는 두 눈에는 불이 철철 흘렀다.

"조금도 부끄러울 것이 없어."

"한 식구의 어른으로 머리가 허얘 가지고 무슨 꼴이란 말요."

두 패로 갈라지려는 싸움을 보기 민망해서인지 스타호프는 빅토르 부처의 사이를 가르더니 아힘과 크리긴의 팔을 잡아 나꾸었다.

"무슨 꼴들이오. 우리 모두의 수치가 아니오."

## 13.

보이들이 달려오고 카운터에까지 싸움의 기색이 알려진 까닭에 스타호프의 만류함이 차라리 한 기회가 되어 두 사람은 싸움의 흥을 잃어버린 모양이었다. 조그만 사사로운 일로써 뭇사람 앞에서 더구나 동족끼리도 아닌 다른 사람의 눈에까지 그런 꼴을 보이게 된 것을 즉시 뉘우친 눈치였다. 싸움의 흥분이 크지 않았던 것은 아니나 즉시 냉정하게 반성하게 되는 그들의 교양의 정도를 나는 살필 수 있었다. 그러나 뭇시선 앞에서 싸움을 멈추었을 뿐이지 두 사람의 반감이 서로 마음속으로 푸슥푸슥 타들어 가고 있을 것도 사실이었다.

원래 그들의 싸움이 뿌리 깊은 적의에서 오는 것이 아니고 일종 애달픈 향수에서 온 것임이 사실이매 낯설은 곳에서의 근심이 삐지 않는 한 마음이 개운하게 개일 리도 없어 우울의 글거리가 쉽사리 사라지지 않음도 당연한 일일 것이다. 아힘과 크리긴이 각각 방으론지 올라간 후로는 로비의 공기는 쓸쓸한 침묵 속에서 견딜 수 없이 적막한 것이었다. 총중에서도 서성거리는 빅토르의 양은 마치 어린아이와도 같아서 어지러운 신경을 좀처럼 수습하지 못하는 모양이었다. 뚱뚱한 의장부의 체격으로 마음의 중심을 잃고 설렁거리는 모양은 한층 보기 딱했다.

이 밤의 싸움을 계기로 하고 일단에는 확실히 변화가 생기기 시작한 듯하다. 생활의 중추를 빼긴 듯 통일이 없어지고 안정이 잃어졌다. 신경이 곤추선 데다가 울적한 심사까지가 덮쳐서 흡사 병든 기계같이 어긋나고 뒤틀리기 시작하는 것이 보였다.

이튿날 낮 무대 때의 빅토르의 전에 없던 심한 짜증은 전날부터의 심사의 폭발에서 왔음이 명확했다. 소년소녀 미샤와 안나의 무대 솜씨가 물론 처음부터 설핀 것이기는 했으나 그날 유독 빅토르가 어린 그들을 상대로 그렇듯 화를 낼 법은 없었다. 흰 복색을 하고 실크 햇을 쓰고 탭을 추는 미샤의 주위에서 같은 소복을 하고 머리에 리본을 단 안나가 손을 잡고 맴을 돌았다. 가제나 푸른 안색에다가 소복을 하니 한층 애잔하게들 보이면서 무대를 휘돌아치는 가는 다리가 휘춘휘춘 휘이면서 금시 그대로 쓰러질 듯이나 위태스럽게 보였다.

막 옆에 붙어 선 빅토르는 그들에게서 시선을 옮기지 않으며 맥이 풀리려는 그들을 쉴 새 없이 격려하고 편달했다. 요행 쓰러지지 않고 몇 분 동안의 힘찬 연기를 마치고 무대에서 들어가게 되면 그것으로 보고 있는 내게는 큰 성공이라고 느껴졌으나 빅토르의 눈에는 번번이 대단한 불만인 모양이었다. 기어코 두 번째 《주정꾼의 춤》을 추고 옆방으로 들어섰을 때 빅토르는 소리를 높였다.

"너희들은 무대를 놀음터로 아는 모양이지. 그게 춤이냐 장난이냐. 수백 명이 보고 있는 속에서는 한 발자국도 소홀히 해서는 안 된다. 그건 연기가 아니고 놀음이요 장난이야."

마침 나는 그때 방 문간에 서서 아이들의 무대 모양을 잘 보고 있었던 까닭에 빅토르의 꾸지람이 부당한 듯이도 생각되었으나 그는 나를 그다지 주의하는 법도 없이 책망을 계속했다.

"무대에서 장난들을 치라고 너희들을 여기까지 데리고 왔겠니. 어른들의 애쓰는 꼴들이 보이지 않니. 다 같이 힘쓰는 속에서 일단의 생명이 간신히 지탱해 나감을 보지 못할 리 없지."

"그만하면 걔들도 힘껏 최선을 다한 것이 아니요."

보기 민망해 내가 한마디 참견한 것이 빅토르를 더한층 노엽힌 결과가 되었다.

"아니요. 무대를 업수히여긴 것이오. 꾀를 피운 것이오. 의지가지없는 측은한 몸이라고 우리 일단이 추워 올려 준 호의를 잊어버린 것요. 측은하다고 생각하지 않으면 누가 저런 애들을 데리고 다니겠소."

"측은하니까 그만저만하는 것이 좋지 않소."

벨이 울리고 다음 무대의 시작을 고한 까닭에 피에르와 카테리나들이 와서 빅토르를 만류하고 그의 출연을 알렸으나 고집스럽게 버티고서는 요지부동이었다.

"아이들이 불쌍할 뿐 아니라 우리 모두가 불유쾌하지 않소. 어서 그만두시오."

"불유쾌하다면 나같이 불유쾌한 사람이 또 어디 있소. 이까짓 일단쯤 오늘 이 자리로 헤쳐 버려도 좋은 것이오."

미샤가 입술을 물고 뻣뻣이 섰을 때 소녀 안나는 맥이 풀렸는지 무릎이 휘이면서 그 자리에 주저앉았다. 고개를 숙인 품이 눈물을 흘린 모양이었다.

밤 출연 때 미샤와 안나는 빅토르의 시선 앞에서 기를 잃고 더구나 맥을 못 추었다. 미샤는 그래도 사내꽉지라 다구지게 무대를 휘돌아쳤으나 안나는 너무도 겁을 먹은 데다가 몸까지 노곤한 듯 간신히 미샤의 손을 잡고 그의 주위에서 비슬거렸다. 눈에 보이는 이상으로 피곤한 모양이었다. 기어코 그는 그 힘찬 무대를 감당하지 못하게 되었던 것이다.

마지막 막까지 불과 얼마 안 두고 별안간 무대 도중에서 벨이 울리고 막이 내린 듯 관객석의 수런거리는 소리를 듣고 나는 사무실에서 뛰어나갔다. 홀에는 확실히 가벼운 동요가 일어나 있는 눈치였다. 무슨 일인고 하고 홀로 통하는 검은 막을 쳐들었을 때 관객의 한 사람이 마침 자리를 일어서 나오면서

"아이가 쓰러졌어요."

하고 고한다.

막은 내렸고 등불이 켜져 있다.

즉시 나와 무대 옆방으로 가는 복도를 걸어갈 때 마침 뛰어나오는 이바노프와 마주쳤다.

"쓰러졌다니요."

"안나가 무대에서 졸도했어요."

황겁지겁 더듬으며

"포도주를 곧 구할 수 없을까요."

"사 오죠."

이바노프의 걸음을 가로채서 나는 곧 되돌아서 밖으로 뛰어나갔다.

이웃 약국에서 약용 포도주 한 병을 사 들고 무대 옆방으로 뛰어들어갔을 때 안나는 소파 위에 눈을 감은 채로 번듯이 누워 있었다. 안색이 누렇고 입술이 희다. 포도주를 거의 반잔이나 먹여도 간신히 눈을 떴을 뿐이지 금시 퍼들퍼들 소생되지는 않았다. 단순한 빈혈증만은 아닌 듯싶었다.

"의사를 불러 보는 것이 어떻소."

내친걸음에 내가 제의하는 수밖에는 없었다.

## 14.

"글쎄 빈혈증이라면 대개 기운을 차릴 텐데."

이바노프가 대답하면서 손으로 소녀의 골을 짚어 본다. 머리맡에서는 이리나가 앉아서 안나의 작은 손을 잡고 흡사 어머니나 누나처럼 부드러운 말을 걸고 있고 의자에는 미샤만이 앉아 있다. 다음 막이 곧 이어 열린 까닭에 다른 축들은 소녀를 어루만지고 앉았을 수만도 없어서 무대로 몰려 나간 뒤이다. 설레던 방 안이 별안간 비어진 것이 고요하기 짝 없는데 미샤는 말없이 앉았고 이리나는 단 한 사람의 육친같이 소녀를 어루만지고 있고 이바노프는 그 앞에 우두커니 서 있고—그 한순간의 방 안의 포즈가 내게는 그지없이 쓸쓸한 것으로 보였다. 등불이 외롭고 벽에 걸린 각색의 의상들이 그림자같이 괴괴하다. 감상에 젖을까를 두려워해서 나는 의사를 부르러 방을 나왔다. 전화를 건 것이 늦은 밤이라 거의 반 시간이 넘어 밤무대가 다 끝났을 때에야 의사가 왔다. 설레는 속에서 진찰을 마쳤을 때까지도 안나는 쾌한 기색이 없었다.

"빈혈증만이 아니라 감기를 겸한 모양이오. 열이 대단히 높소."

듣고 보니 소녀의 얼굴은 불그스름하게 상기되었고 눈매에 정기가 없다. 손을 쥐어 보니 불덩이같이 달다.

"아직 무언지 확실히 진맥할 수는 없으나 극히 안정하게 해서 하룻밤을 지내 보시오."

"무대 형편도 있고 하니 한시라도 속히 낫게 해야겠소."

"내일이면 증세가 확실히 알려지리다. 그럼 곧 약을 처방해 보내지요."

의사가 나간 뒤 빅토르는 자기 화를 못이기는 듯이 골을 흔들면서 무의미하게 주먹을 부르쥐곤 했다.

"왜 이리 모든 것이 내 뜻을 거실리는고."

누구에겐지도 없이 짜증을 내면서

"아무나 얼른 자동차를 못 불러오는가."

말 없는 속에서들 무대 의상을 갈아입고 차림들을 하고 있는 속에서 이바노프가 한 걸음 먼저 방을 나갔다. 묵묵히들 참으로 그것은 고집스런 침묵이었다. 빅토르가 혼자 견딜 수 없이 약이 오르는 것이었다.

"어린것을 쓸데없이 왜 그리 꾸짖으라우, 누가. 어른들의 허물을 아이들에게 씌울랴구."

그라시아의 말이 채 끝나기도 전에 빅토르는 고함을 쳤다.

"시끄러워."

자동차가 왔을 때 안나를 태우고 이리나가 따라 먼저 호텔로 보내고 나머지 패들은 여전히 말 없는 속에서들 뚜벅뚜벅 영화관을 나갔다.

이튿날 오전 나는 한 묶음의 꽃을 사 들고 호텔을 찾았다. 복도에서 처음으로 만난 피에르에게 안나의 병세를 물으니 고개를 절레절레 흔들며 대단히 근심스런 표정이다.

"밤새도록 열이 사십 도를 내리지 않는구료."

"병명은 진단됐나요."

"의사가 막 다녀간 뒤인데 아마도 말라리아인 모양이오."

"말라리아."

듣고 생각하니 딴은 무더운 여름철이라 감기로부터 학질이 도섬이 첩경일 듯도 하다. 그러나

"그 어린것이 이 복더위에 학질을 앓고 어떻게 견디나요."

남의 일 같지 않게 걱정되었다.

"아무튼 열이 너무 높아요. 몸은 약한 데다가."

피에르의 근심 소리를 들으면서 나는 구름다리를 뛰어올라갔다.

삼층 층계를 올라서 바로 모퉁이 방이 안나의 병실이었다. 열어제친 문으로 서슴지 않고 들어서니 침대에 누워 있는 안나의 옆에 미샤가 앉아 있고 빅토르와 그라시아 부부가 앞에 서서 무엇인지 말다툼하고 있는 눈치였다. 다른 패들은 벌써 영화관으로 가야 할

시간이 임박해 있는 까닭에 아래층 로비에들 모여 있고 빅토르 부부만이 안나의 조처로 그 방에 남아 있었던 모양이었다.

확실히 흥분되어 있는 듯하면서도 빅토르는 내게 침착하게 감사의 말을 던지고 꽃묶음을 받아서 탁자 위에 얹었었다.

"지금 어떻게 했으면 좋을지를 몰라 서성거리고 있는 중이오. 아닌 때 병이 났으니 출연을 계속할 수도 없고 그만둘 수고 없고 참으로 진퇴유곡의 처지요. 오늘 우선 나는 부득이 극장으로 나가야겠으므로 그라시아에게나 병시중을 맡길까 하는 중인데."

"딱하외다."

하면서 의자에 앉는 나를 안나는 침대에서 물끄러미 바라본다. 저녁 햇빛같이 애잔한 시선이다. 하룻밤 동안에 얼굴은 깎은 듯이 핼쑥해지고 밀같이 마알갛다. 나를 보는 그의 눈 속에는 무슨 마음이 숨어 있을까. 아마도 백지같이 흰 마음이리라. 하늘같이 맑은 마음이리라.

"속히 그를 낫게 해 줍소서."

소리를 높여서 효험이 난다면 그러고도 싶은 내 마음이었다. 일단 중에서 왜 하필 잔약한 그가 괴롬의 희생으로 뽑혀졌단 말일까.

"당신은 당신의 허물을 일곱 번 뉘우쳐도 부족해요."

문득 그라시아의 말이 터져 나온 것은 빅토르와의 말다툼의 계속인 모양이었다.

벌써 안나의 병과는 딴 문제로 그라시아의 감정은 남편에게 대해 적지 아니 격해 있는 것이었다.

"지금 이 자리에서 법석을 해야 무슨 소용이 있단 말요. 괜히 시끄럽기만 했지.”

빅토르는 벌써 한 수 접혀서 될 수 있는 대로 말을 피하는 눈치였다.

“법석을 안 하고 될 노릇이오. 결과를 생각해 보시오. 뉘 허물인가를 안다면 당신 맘이 그렇게 편편할 리는 없잖소.”

“허물을 알면 그럼 대체 지금 여기서 어떻게 하란 말요.”

“부끄러워하시오. 백 번 부끄러워하시오. 책임을 진 사람으로서의 체면을 생각하시오.”

무엇이 그다지도 견딜 수 없는지 그라시아는 사람의 앞임을 헤아리지 않고 제 스스로 핏대를 세우는 것이었다.

15.

“그 잘난 계집애 하나 때문에 사족을 못 쓰면서 일단의 통일까지를 잃게 했단 말이오. 결국 어린것까지를 병들게 하구.”

“쓸데없는 소리를 자꾸 늘어놓는다.”

빅토르는 이마를 찌푸리면서 아찔이라는 듯이 손을 터나 그라시아는 여전히 고집스럽다.

“쓸데없긴 왜 쓸데없어요. 그래도 아직 그 맘을 버리지 못하나 부다.”

빅토르는 질색을 하면서 내 앞을 부끄러워함인지 문밖으로 휙 나간다. 그라시아의 눈에는 병인도 아무것도 없는 모양이었다. 찰거머리같이 남편의 뒤를 따라 나가면서 오히려 목소리를 높였다.

"그래도 그 년을 일단에서 안 쫓아낼 테요. 마리를 냉큼 처치하지 못한단 말요. 재조도 아무것도 없는 치마저고리를 이 이상 더 붙여 두겠단 말요."

"시끄럽달밖엔."

그라시아의 발악을 들으면서 나도 미상불 놀랐다. 남편에 대한 장황한 충고가 결국 마리에게 대한 질투에서 나온 것이요, 그것을 그렇게까지 노골적으로 말해 올 때 빅토르뿐이 아니라 국외자인 나까지도 사실 어안이 벙벙해졌다. 남편이나 아내나 그렇게까지 마음이 달뜨고 거칠어들졌던가. 소녀의 병이 내외 싸움까지 불붙이게 되도록 그토록 일단의 평화는 이지러져 버린 것만을 바라보고 있는 동안 문밖 복도에서는 한참 동안이나 부부의 격렬한 말소리가 오고 가는 눈치더니 별안간 툭하며 무엇인지 떨어지는 소리가 났다. 그라시아가 핸드백을 던진 모양이었다. 그토록 그는 냉정한 이지를 잃었던 것이었다.

나는 그들 사이에 끼인 내 처지가 괴로워서 소년과 소녀에게 한껏 부드러운 위안의 말을 남기고는 자리를 일어서는 수밖에는 없었다. 복도에서 으르고 섰는 부부의 앞을 지나기가 겸연했으나 빅토르에게는 그것이 도리어 도움이 된 모양, 그는 시간이 늦었음을 칭탁하고 내 뒤를 따라 내려왔다. 다른 패들은 벌써 나가 버린 뒤였다. 결국 그라시아만을 간호로 남겨 놓고 다들—빅토르까지도 나와 영화관으로 동행하게 되었다. 일상 다변하던 그였만 그날만은 관에 이르기까지 한마디도 말이 없었다.

그날부터 무대는 물론 전에 없이 설핀 것으로 되기 시작했다. 소년소녀의 한 쌍이 빠져서만이 아니라 전체로 단체의 공기가 늦추어지고 긴장이 풀려져서 모든 연기에 성의가 없어진 것이 명확하게 드러나 보였다. 밴드의 반주가 조화의 장단을 잃을 뿐이 아니라 노래를 해도 흥이 적고 춤을 추어도 흥이 줄어져서 흡사 단원 전체가 그 무슨 보이지 않는 요괴에게 사로잡힌 것과도 같았다. 출연을 시작한 지 며칠이 안 되는 때 무대의 계약이 채 끝나지도 못한 도중에서 그들의 의기가 그렇게까지 가라앉은 것이 보기에 딱할 뿐이 아니라 그들을 계약한 관의 입장으로 보아도 불리한 것으로서 그럴 줄은 예측도 못했던 관주는 의외의 변에 실망이 적지 않아서 부질없이 나를 따지고 내게 싫은 소리를 하며 했다. 나로서는 그런 관주의 잔소리를 그대로 일일이 일단에게 전할 수도 없는 터에 중간에서 볶이우느라고 정신이 얼떨떨한 지경이었다. 오월동주로 이 사람 저 사람을 긁어모아서 된 일단의 성질로서 그런 부조화는 처음부터 약속되었다는 것일까. 소녀의 병으로 인해서 그렇게도 급작스런 변화가 온다는 것은 아무래도 괴이하고 뜻밖의 일이었다. 그들을 맞이했을 처음에 일종의 감격과 흥미로 긴장되었던 나도 웬일인지 마음이 설레며 실망을 느끼기 시작했다. 실망은 동정으로도 변하고 서글픔으로도 변했다. 그들 단체의 운명은 마치 그들 한 사람 한 사람의 운명과도 같이 이유 없이 서글프고 애달픈 것이었다. 며칠 전 찻집에서 스타호프들과 함께 들은 차이콥스키의 음악과도 같이 서글픈 것으로 나는 그들을 생각하게 되었다. 일단을 흔들기 시작한 변조와 함께 나의 이 느낌은 더욱 더해 갔다. 반드시 나의 지나친 주관의 채색이 아니라 그들의 그 후락(朽落)한 모양을 보고는 누구

나가 똑같이 느낄 수 있는 인상이었다.

소녀의 병은 날이 지나도 차도가 없었으나 그 뒤를 잇는 듯 그러나 그보다 더 큰 일이 일단에 일어나게 되었다. 이튿날 오후 연기가 끝난 후 일차 호텔에들 갔다가 밤 연기 시간을 대서 다시 영화관으로들 나왔을 때였다. 빅토르는 사무실로 나를 찾아오더니 적지 아니 황당한 어조였다.

"아힘과 마리를 못 보았소."

"왜 또 무슨 변이 있었단 말인가요."

유유한 내 반문을 빅토르는 초조하게 여기면서

"오후부터 두 사람의 자태가 안 보였단 말요. 이때까지 그런 법이 없었는데 저녁 식사에도 참례하지 않고 방에도 없고 그렇다고 지금쯤에 거리를 헤매고 있을 리도 없을 텐데."

## 16.

"그럼 설마—."

"연기 시간까지 더 기다려 보는 것이 어떻소."

"물론 기다려는 보지만 암만 해도 수상하단 말요. 다시는 나타나지 않을 것 같은 예감이 자꾸만 들면서."

아힘과 마리의 두 사람은 밤 연기 시간까지도 물론 나타나지 아니해서 그날 밤 무대는 엉망이었다. 소년소녀의 출연이 없는 데다가 아힘의 기타와 그나마 마리의 아리랑타령이 빠지게 되니 연기의 차례는 흠뻑 줄어지고도 흥 없고 쓸쓸한 것이었다. 남은 단원들이 쓸쓸한 무대를 흥성하게 할 양으로 갖은 애를 다 써야 원체 사람의 수효가 부족함은 어쩌는 수 없는 모양이었다. 관객석 이 구석 저 구석에서 불만의 소리가 들리고 조롱의 고함이 터져 나올 때 단원들은 보기에 딱하리만치 겸연해서 얼굴을 붉히고들 했다. 그 모양으로는 같은 무대를 남은 며칠 동안이라도 옳게 지탱해 나갈 성싶지는 않았다.

그러나 그런 무대 성적보다도 더 긴급한 것이 아힘과 마리 두 사람의 종적이었다. 대체 어디를 갔는고 어떻게 되었는고 해서 아마도 그날 밤이 새도록 일단의 걱정은 삐지 않은 모양이었다. 다음 날 오전 내가 소식을 물으러 호텔로 가기 전에 빅토르는 일찍이 영화관으로 나왔다.

"여기도 물론 소식이 없지요."

"막 호텔로 갈랴던 차였소."

"대체 웬일일 것 같소. 무슨 대책은 없으시오."

"경찰에 수색원을 내 봄이 어떻소."

"창피만 했지 무슨 소용이 있겠소. 어디로 내뺐다면 벌써 수천 리는 갔겠소."

그날 하루도 물론 두 사람은 안 나타났고 그다음 날이 되어도 소식이 없어서 결국 두 사람은 실종한 것으로 단정되었다. 피차의 열정을 억제할 수 없어 어수선한 분위기를 빠져나기 위해 손을 잡고 대담하게 사랑의 줄행랑을 놓은 것이다. 아마도 만주로나 들여 뛰었을 것이다. 수중에 지닌 얼마간의 비용으로써 그 어느 거리에서 두 사람만의 생활을 가질 것이다. 그것이 두 사람에게는 견딜 수 없는 향수에서 벗어나서 장해 많은 사랑을 이루는 단 하나의 방법이었을 것이다. 이 외지로 나오기 전에 두 사람의 사랑이 결정되었던 것이 아니라 낯설은 곳에서 주물리는 동안에 사랑이 익고 불붙었을 것이다. 귀족의 후손이라는 아힘의 기름하고 하이얀 얼굴과 후리후리한 키와 부드러운 표정이 떠오른다. 마리의 푸른 눈과 아리랑을 부를 때의 연연한 자태가 생각난다. 짝이라면 일행 중에서 가장 맞는 짝이다. 마리에게 다른 남자를 배치해 보아도 어색하고 아힘에게 다른 여자를 짝지어 본대도 맞지 않을 듯하다. 두 사람은 용모로 보나 기질로 보나 참으로 자연스럽게 들어맞는 선택을 피차에 한 것이다. 마음의 선택을 한 그들에게는 벌써 외지의 분위기는 견딜 수 없는 것이었고 따라서 당돌한 도피행도 그들로서는 극히 자연스런 일이었을 것이다. 단체에 대한 책임이나 의리 같은 것은 사랑의 필요 앞에서는 사소한 일이었을지도 모른다.

그러나 자연스런 그들의 행위가 반면에 의외로 큰 희생을 요구했으니 그것은 단체에 끼치게 된 불리보다도 참으로 크리긴과 빅토르 두 사람에게 던지게 된 불행이다. 빅토르가 조바심을 하고 안달을 하면서 두 사람의 종적을 찾으러 휘돌아치는 꼴에는 단의 책임자로서의 심정보다도 마리에게 대한 실망과 초조가 드러나 보이는 듯하다. 며칠 전 호텔 병실에서 그의 아내 그라시아가 마리를 냉큼 내쫓아 달라고 고함을 쳤던 것이 그럴 필요조차 없게 제물에 해결이 되어 마리 쪽에서 마치 그 말을 엿듣기나 한 듯이 스스로 해결 짓게 된 것이 신통하다면 신통할까. 그라시아에게는 숨은 만족을 주었을 반면에 빅토르에게는 얼마나 큰 상처를 주었을까는 추측하기에 넉넉하다. 주체스런 몸을 이끌고 휘돌아치는 빅토르의 양이 딱하기 짝 없는 것이었다.

그러나 빅토르보다도 한층 속이 타는 것은 크리긴이 아니었을까. 아힘과 같은 모습이기는 하나 신경질이요 빳빳스런 그의 기질이 애태우고 맞서던 사랑을 빼기고 얼마나 속이 휘둘리었을까. 말하는 법 없이 고함치는 법 없이 더욱 벙어리같이 침묵해 가는 그의 마음속이 얼마나 울가망하고 답답한 것이었을까. 가령 나는 그의 옆을 지나는 길에 무어라고 한마디쯤 말을 걸어 보려는 것이나 첫째 그의 시선을 잡을 수가 없는 것이다. 눈앞을 보지 않고 그 어디인지 먼 데를 보고 있다. 그리고 그 노리고 있는 한 가지 생각에 열중해 있음은 그 우악스런 눈매와 모가 져 보이는 턱의 각도로 짐작할 수 있다. 아마도 마리일 듯한 그 한 가지 환영에 불같이 마음을 빼기고 있는 것이었다.

## 17.

그날은 아침부터 비가 왔다.

나는 비를 무릅쓰고 며칠 번졌던 까닭에 일찍이 꽃을 사 들고 호텔로 안나의 병실을 찾았다.

하루 건너씩 열을 내는 소녀의 병이 아직 쾌하지는 못했으나 그날은 마침 열을 번기는 날이라 침대에 일어나 앉은 그의 얼굴은 괴롬의 빛 없이 개이고 평온한 것이었다. 침대 옆에는 이리나가 앉아 안나와 미샤를 상대로 그림책을 뒤적거리면서 동무하고 있었다. 이리나는 비록 무대의 재조는 없으나 그렇게 아이들을 상대로 하고 있을 때에는 참으로 인자한 어머니나 누나라는 인상을 준다. 소녀는 이리나의 이야기에 정신을 뺏히고 잠시 육신의 괴롬도 잊은 듯했다. 탁자에는 깨끗한 쟁반에 약병들과 과일접시가 놓이고 화병에는 꽃이 새로워서 그날 아침은 별스럽게도 근심 없는 즐거운 병실이라는 느낌이 났다. 다만 창밖에는 가는 비가 추근히 뿌리고 있는 까닭에 방 안이 조금 어두울까 한 것이 건뜻하면 마음을 답답하게 하려고 했다. 그림책을 손가락질하며 설명에 열중하다가도 창밖에 시선을 보낼 때에는 이리나의 가슴속도 흐려지는 듯해서—다시 말하면 그는 그 흐려지는 마음을 바로잡기 위해서 그림책에 일부러 열중해 있는 것이라고도 보면 볼 수 있었다. 창밖은 바로 호텔의 후원으로서 백양나무와 벚나무 잎사귀를 흠빽 적시고 있는 빗발이 회색의 실다발같이 내다보인다.

"마리가 없어져서 쓸쓸들 하지요."

공연한 소리도 아닐 것 같아 위로 겸사 말을 거니 이리나는 창에서 눈을 돌리지 않고 혼잣말같이 중얼거린다.

"우리야 쓸쓸하지만 차라리 잘들 했지요. 더 묵어야 별수 없는 노릇이니."

"무대도 며칠 안 남았는데 그렇게 조급하게들 할 법이 있었나요."

"무대가 끝나도 단체와 같이 있으면 좀체 빠지기 어렵거든요. 뭇사람 속에 끼어 있노라면 옥신각신이 벨 날 있어야지요."

"하긴 사랑에는 용기가 첫째긴 하지만."

"잘들 하구 말구요. 하얼빈에는 마리의 아버지가 있고 아힘에게도 일가붙이가 있으니 거기 가면 활개도 펴고 맘들도 편편할 테니까요."

"부럽단 말입니다."

"사실 부러워요."

창밖 빗발을 통해서 문득 바이올린 소리가 들리기 시작했다. 얕게 가라앉은 으늑한 멜로디가 흡사 나뭇잎 사이에서 솟는 듯이 빗발 속에서 생겨난 듯이 바깥세상과는 완전히 구별되어서 깨끗한 음조 그대로 흘러왔다. 금시 어디선지도 모르게 솟아나온 한 줄의 영감과도 같은 것이었다. 한 줄의 영감같이 티끌 한 점 없이 순수하게 흘러와서는 그대로 마음을 오붓하게 둘러싸는 것이다.

"또《로맨스》— 피에르는 집에서는 저 곡조밖에는 모르나 봐요. 사시장철 켠다는 게《로맨스》."

이리나의 말투는 감동의 어조가 아니라 확실히 불평의 표현이었다. 사실 베토벤의《로맨스》는 가라앉은 마음을 잡아 흔드는 것이었고 늘 듣는 이리나에게는 감동에서 드디어 불평으로 변한 것인 모양이었다.

"《로맨스》는 늘 들어도 왜 저리 구슬픈 것일까요."

"뉘 아나요. 베토벤같이 청승맞은 음악가가 있을까.《로맨스》가 왜 그리 슬퍼야 하는지."

탄식하는 이리나 앞에 더 머무르기도 구접스런 노릇이기에 나는 그만 안나의 앞을 일어섰다. 일변해진 방의 분위기에도 견디기 어려웠던 까닭이다. 음악에 이끌리는 듯이 층 아래로 내려와 로비에 들어섰을 때 창 기슭에 피에르가 서서 바이올린에 정신이 없었다. 곡조는 첫 대문 반복되는 구절에 돌아와 구슬프게 계속되었다. 열어제친 창밖 백양나무에 비는 자꾸 내려 쏟고 날은 무겁고 어둡다. 아힘과 마리 두 사람 빠진 것이 왜 그리도 휑휑한지 나머지 사람들은 거의 다 모여 있건만 자리는 쓸쓸하기 짝 없다. 그 유난스럽게 소슬한 느낌은 모두들 말없이 웅숭그리고 앉은 그 자태에서 오는 것인 듯도 했다. 기어코 빅토르는 벌떡 자리를 일어나더니 피에르를 향해 고함을 쳤다.

"그래도 그만두지 못할까. 그 빌어먹을 놈의 곡조."

그러나 피에르는 못 들은 체 떨리는 활을 쉬지 않았다.

## 18.

내게는 음악이 슬프고 그들의 처지와의 관련이 애달플 뿐 아니라 며칠 안 가 그들과 작별하게 될 것이 서글펐다. 사오일 동안의 그들과의 교제가 비상히 마음에 배는 것이었고 더구나 예측하지 않는 가지가지 불행한 일의 목격이 더욱 그들에게 내 마음을 얽어 놓게 하였다. 사랑의 갈등이니 부부의 싸움이니 소녀의 병이니 아힘들의 실종이니 하는 사건들이 없었던들 나는 다만 색다른 정서의 대상으로서 그들을 볼 뿐이었을 것이나 불행이 뒤를 거듭함을 따라 그들에게 대한 동감이 더욱 솟게 되고 마치 내 자신의 불행이나 당한 것처럼 마음속 깊이 그들의 자태가 새겨지게 되었다. 곡절 많던 그들의 무대도 앞으로 이틀이면 끝나고 따라서 관과의 계약도 끊어지는 것이다. 그들은 또 어디로 근심 많은 연주의 길을 계속할 것인가를 생각하면 이틀 후에 그들과 작별하게 된 것이 한없이 서글퍼진다. 결국 진진하게 한번 이야기하고 놀아 보지도 못하고 어수선한 변화 속에서 흐지부지 헤어진다는 것이 얼마나 경없는 노릇인가. 애끊는 음악 소리를 듣노라니 그들 한 사람 한 사람이 전에 없이 친밀히 생각되면서 다시 한 번씩들 바라다보이는 것이었다.

스타호프와 카테리나 두 사람에게 대한 정이 나머지 사람들에게 대한 그것보다 좀 더 두터웠던 것도 사실이었다. 더도 말고 두 사람에게 대해서라도 내 한껏의 친절을 마지막으로 베풀어서 작별의 기념을 삼을까 해서 나는 두 사람에게 오찬의 초대를 권해 보았다. 동료들의 앞도 있고 한 관계인지 처음에는 사양했으나 거듭 청해 볼 때 그들 역시 내게 대해서는 좀 더 정을 주어 온 터이라 쾌히 대답하고 나와 함께 차 속에 앉았다. 비오는 거리를 밟고 닫는 것도 한 가지 흥이라면 흥이었다. 특히 조선 음식이 소원이라기에 강으로 향한 조출한 요정에 올라 강을 내려다보는 깨끗한 방에 앉게 되었다.

항용 서쪽 사람들은 딴 고장의 음식이나 절차에 대해 보수적이요 배타적인 것이나 두 사람은 모든 것을 신기한 것으로 보며 솔직하게 그대로들 받아들였다. 음식이나 의복이나는 순전히 풍토에서 차이가 생겼을 뿐이지 문화의 높고 낮음이 계관된 바 아닌 듯싶다. 비록 동쪽과 서쪽이 다르기는 하나 그러나 코와 입이 한 모양이듯 모든 음식절차도 그 어디인지 근본적으로 근사한 데가 있는 것이다.

"오체니 브쿠스노(참 맛있군요)!"

"야 볼셰 류블류(나는 이것이 더 좋은데요)……."

두 사람이 수저를 어색하게 쓰면서 찬탄을 마지않음이 반드시 헛말로만 들리지 않아서 내게는 유쾌한 것이었다.

확실히 두 사람은 만족한 것같이 보였고 그 짧은 오찬의 시간은 즐거웠다. 그들에게 동양을 맛보였다는 기쁨이 마치 내가 서양을 맛보았을 때와도 마찬가지로 내게는 뿌리 깊은 것이었다.

식사를 마치니 낮이 조금 지났다. 출연 시간에는 아직도 두어 시간의 여유가 있었던 까닭에 관에 나가기도 이른 것 같아서 우리는 다시 호텔로 차를 몰았다. 문을 들어가 로비로 들어선 때였다. 사람들의 시선이 우리를 원망스럽게 보면서 망간 일어난 사건을 직각시키는 것이었다. 대체 무슨 조화로 어떻게 된 곡절로 단에는 또 거듭 변이 일어난 것이었을까. 이때까지 일어난 변만으로는 부족하다는 것일까. 일단의 운명은 더 기구해야 한단 말일까. 그 무슨 짓궂은 뜻이 있어서 그것이 단의 평화를 심술궂게 자꾸만 뒤흔들려고 하는 것과도 흡사하다.

무슨 이유론지 크리긴이 망간 검속을 당했다는 것이다. 부(府) 고등계에서 두 사람이나 나와서 의사도 잘 소통되지 못한 채 크리긴은 변을 당했고 빅토르도 책임상 따라갔다는 것이었다. 남은 두 사람들은 큰일이나 치고 난 뒤의 한 식구들같이 불안한 얼굴들을 하고 근심스럽게 몰려들 있었다.

돌연한 소식에 나도 미상불 놀라면서 혼자만 자유롭게 거리에 나가 있노라고 그 불행을 당하는 현장에 참례해 있지 못한 것이 미안한 것 같아서 살며시 의자에 가 앉았다.

"대체 무슨 일이었을까."

아무도 대답해 주는 사람은 없다. 다만 일을 당한 것만으로 마음이 가득하고 더 여유가 없다는 듯한 눈치들이었다. 나도 빅토르가 돌아오기 전까지는 그들과 같이 말없이 앉아 있을 수밖에는 없었다.

빅토르가 돌아왔대도 크리긴의 검거의 이유에 관해서는 그 역 아무 수긍할 만한 조목을 밝히지 못하고 온 것이었다.

"무 무슨 혐의랍디까."

궁금해서 감질들을 내나 빅토르는 대답할 바를 모르는 모양이었다.

"무슨 혐의인지 말을 하니 알겠나."

"이유 없이 그럴 법이야 있소."

"전에 코사크병으로 있었던 것이 말썽 되는 눈치인데 우리가 알다시피 그에게 지금 무슨 일을 칠 주변이 있단 말인가."

"코사크병의 장교 노릇을 했던 것이 지금에 와서까지 화 된다. 만주서 번번이 당하던 그 같은 혐의란 말이지."

"만주서 이곳으로 통지를 했나 보데. 행동을 감시하고 주의하라고. 어디를 가나 인젠 꼬리표를 단 죄수지 꼼짝달싹할 수 있는 줄 아나."

"속히 몸이나 받어 내 오지 못했소."

"취조니 무어니 하구 아무래도 며칠 걸릴 눈치야."

"그럼 무 무대는 어떻게 하란 말이구."

"큰일이야."

## 19.

빅토르는 두 손을 벌리면서 눈을 멀거니 뜨는 것이었다. 기운 없는 눈이 이제는 모든 것이 끝나고 마지막 고패에 이르렀다고 말하는 듯하다.

출연시간이 임박해 있는 것이다. 그들의 일은 곧 내 일이요 관의 일이다. 나는 잠자코만 있을 수 없어서 곧 빅토르를 끌고 영화관으로 나갔다. 물론 놀라고 급한 것은 우리보다도 도리어 관주 편이었다. 그는 당장 눈앞의 낮 연기를 어떻게 하노 하고 황겁지겁 설레면서 솔선해서 빅토르와 나와 세 사람이 함께 또 한 번 서를 찾았다. 관주는 거리에서는 옷섶이 꽤 넓은 편이었고 더구나 그 방면과는 밀접한 교섭이 있어서 그의 말이 대단히 소중히 여겨지는 때가 있었으나 그날만은 막무가내요 당국의 뜻은 의외로 완고했다. 영화관에는 벌써 어트랙션의 연기를 기대하는 수천 관객이 차 있어서 그들에의 약속을 저버릴 수 없다는 것을 누누이 관주가 설명해도 헛일이었고 그럼 이틀 동안만 모든 책임을 지고 몸을 맡아 내겠다고 장담을 해도 들어주지 않았다. 관주의 실망은 초조로 변하고 초조는 일단에 대한 분개로 변하는 것이었다.

열 두 사람 단원 중에서 거의 반이, 크리긴까지 도합 다섯 사람이 빠지게 되었으니 아무리 곧추서는 재조가 있다고 하더라도 무대는 계속할 수 없는 것이었다. 춤과 노래는 둘째 치고 첫째 밴드가 성립되지 않는다. 무대는 물론 중지되어서 나는 관주의 이름으로 확성기를 통해 관객들에게 백배 천배 간곡한 사과를 하고 스크린에는 어트랙션 대신에 창고에서 부랴부랴 찾아내 온 낡은 사진을 걸게 되었다. 관객들은 수물거리면서 불평들이 많았으나 사진이 이미 영사되게 되니 차차 가라앉아 갔다. 가라앉지 않는 것은 관주였다. 서에서의 불성공이 원인이 되어서인지 그의 낯빛은 좋지 않고 드디어 일단에 대해서 싫은 소리를 늘어놓기 시작했다.

"이 꼴을 보자고 애초에 당신들과 비싼 약속으로 계약을 했겠소. 작년에 왔을 때에 호평을 받었던 호의로 모든 것을 굽혀서 이번에 특별히 맺은 것이 그래 결국 이 모양이 된단 말요."

"미안하외다. 모든 일이 되지 못할 사정으로 제물에들 일어나게 되니 낸들 어찌 그것을 막어 내겠소. 우리도 사실 작년 요량만 댔던 것이 그만 어쩌다 뜻밖에 뒤틀려지면서 이 결과가 되는구료."

빅토르가 목소리를 부드럽히고 허리를 고분히 해서 거의 빌듯이 하는 것이나 관주의 마음은 즉시로는 풀리지 않았다.

"죽도 아니고 밥도 아니니 수천의 관중을 상대로 하고 있는 나로서 꼴이 됐단 말요. 신용도 신용이려니와 내 체면이 무어란 말요."

"그러게 이렇게 미안해하는 것이 아니요. 올은 대단히 불길한 해였소. 나그네의 길이 언젠들 그다지 행복스러울까만."

빅토르의 하소연이 어떤 것이든지 간에 관주에게는 관주로서의 배짱이 있었던 것이요, 무엇보다도 그는 상인인 것이다. 항상 주판을 머릿속에서 절그럭거리는 장사치인 것이다. 모든 거래에 있어서 이익이 주목인 것이었다.

"그럼 오늘로써 계약이 실상에 있어서 끊어지는 셈이니 약속한 액에서 이틀 분은 탕감해야 할 것이오. 알겠소."

그 말이 옳다는 것인지 야박하다는 것인지 빅토르는 말이 없이 한참이나 관주를 멀거니 바라보는 것이었다.

삼천 원의 약속에서 이틀분을 제하니 이천 원이 채 차지 못했다.

장사하는 사람의 도덕으로서 그렇게 정확함이 물론 당연한 것이겠지만 관주로서는 어트랙션 대신에 묵은 사진을 집어내서 걸게 된 것이니 이익에 있어서는 일단과의 계약 해제로 인해서 받는 손해는 없었다. 일단의 처지를 생각해 줄 아량을 가지려면 가질 수 있는 것이다. 일단으로서도 맡은 일에 대한 보수였으므로 결한 시간에 대해서는 배당을 요구할 처지가 못 되는 것이기는 하나 그러나 단지 수입을 목적으로 하고 외지로 흘러온 그들에게 있어 귀중한 것은 넉넉한 수입의 액수였다. 사실 금고에서 관주가 소절수장(小切手帳)을 집어내서 일금 이천 원을 적어서 빅토르에게 줄 때 그의 얼굴에 실망의 빛이 나타난 것보다도 옆에서 보는 나로서 일종의 섭섭한 느낌을 금할 수 없었다. 단돈 이천 원이 많은 식구를 거느린 그에게 결코 많은 액이 못 될 것이며 만약 그렇게 될 줄을 그가 애초에 예료했던들 그것을 바라고 이 먼 곳까지 나왔을 리도 없었을 것이다.

"이것도 무슨 인연인가 부오. 약소하나마 섭섭하게 생각지 말고 다음 기회에나 또 만날 수 있다면 얼마나 반갑겠소."

관주의 판에 박은 듯한 말을 그다지 반갑게도 여기지 않으며 소절수를 주머니 속에 수습하는 빅토르의 자태가 내 눈 속에 엉겨 붙는 듯도 하다. 이천 원! 며칠 동안 그들의 수고의 값이 이천 원인 것이다. 싸우고 병들고 도망하고 잡히우고—그 수다스런 희생의 값이 이천 원인 것이다. 그 모든 희생을 이천 원에 팔기 위해 그들은 일부러 이곳을 찾은 셈이다. 짧은 동안의 어수선한 일들을 생각할 때 빅토르의 가슴속에는 그 이천 원의 뜻이 얼마나 뼈저리게 맺혀질까가 넉넉히 추측되었다. 빅토르가 사무실을 나갈 때 나는 문득 가슴이 벅차지면서 자리를 벌떡 일어나 그의 뒤를 쫓았다.

"아니 그래 이것으로 모든 것이 끝났단 말요."

"그동안 여러 가지 일이 일어났고 폐가 많었소이다."

"그래 작별이란 말요. 이것으로 작별이란 말요."

"어처구니없게 됐소. 너무도 일이 어그러져서 지금 어쩌면 좋을지 모르겠소. 호텔에 가서 좀 생각을 해 봐야겠소."

사실 그것으로 끝이었다. 계약이 끊어졌고 보수를 받았고—이제 벌써 할 일은 남지 않은 것이다. 극장과도 하직이요 이 고장과도 하직이다. 짐을 싸 가지고 어디든지로 떠나는 것이 그들에게 남겨진 일인 것이다.

우울한 심사에 나는 더 호텔로 그들을 찾지도 않았으나 그날 밤 영화가 끝났을 때 일행들은 짐을 거두러 관으로 왔다. 무대 옆방에서 의상들을 거두어 트렁크 속에 수습한다 화장품 그릇들을 치운다 무대에서 막을 뜯어 건사한다 악기들을 살펴서 넣는다 하면서 며칠 전에 같은 그곳에서 같은 살림을 차려 놓기에 열중했던 그들이 오늘은 그것을 헐고 뜯고 수습하기에 분주하다. 우두커니 서서 그 모양들을 바라보고 있으려니 눈앞이 아찔아찔해지면서 인간의 살림살이라는 것이 한없이 서글픈 것으로 어리었다. 살림살이는 왜 그런고. 그런 것이 살람살이인가. 변하고 불행하고 슬픈 것이 살림살이인가.

"정녕코들 떠난단 말요."

나도 모르게 소리를 지르니 이바노프가 쓸쓸하게 웃어 보인다.

"떠나는 게 우리의 일인가 보오. 왔다 떠났다 왔다 떠났다—풀었다 쌌다 풀었다 쌌다."

"왜 왜 떠난단 말요. 왜 그리 어처구니없이……."

## 20.

나는 감상 속에 잠기게 됨을 극력 경계는 했었으나 가슴이 빠지근해짐을 억제하는 수가 없었다. 아찔아찔한 내 눈앞에 별안간 카테리나가 와 섰다.

"스파시보!"

감사의 말과 함께 내드는 것은 화병이었다. 꽃을 뽑아 버린 빈 병이었다. 그가 처음 왔을 때 사무실로 꽃을 사 들고 와서 내게서 빌려간 그 꽃병이 이제 다시 내 손으로 돌아온 것이다.

"잘 썼어요. 얼마나 방이 생색 있게 빛났던지 몰라요."

그대로 버려두든지 어쩌든지 하지 왜 그렇게 긴하게 꽃병을 들고까지 와서 상하기 쉬운 남의 기억을 일깨워 주는고 하고 나는 카테리나의 목소리를 도리어 얄궂게 듣는 것이었다.

울적한 심사를 이길 수 없어 나는 기어코 밤늦은 거리를 걸어 유라에게로 갔다. 대중없이 취해 집으로 돌아온 것은 거의 새벽이 가까운 때였다. 괴로운 밤이었다. 날이 새어도 골은 여전히 무겁고 아프면서 세상사가 귀치않게만 생각되었다. 나도 이 기회에 저금을 찾아 가지고 어디로든지 내빼 볼까 하는 생각조차 들면서 늦은 걸음으로 집을 나섰다. 관에 이르니 벌써 쇼 일행의 간판은 갈리었고 광고 창에 내놓았던 일행의 사진과 포스터도 뜯어 버린 뒤였다. 새로 봉절될 영화의 스틸이 나붙었고 포스터가 장식되어서 일단의 출연은 벌써 먼 옛날의 기억인 듯 그들의 종적도 냄새조차도 관에서는 사라져 버린 것이었다. 그 변화의 양을 보려니 별안간 가슴이 뭉클해져서 나는 그 길로 바로 호텔로 향했다. 하룻밤 동안에 대체 어떻게들 되었는지 그 짧은 사이가 몹시 궁금했다.

늦은 아침때라서 그랬던지 늘 오붓이들 모여 있던 로비에는 설렁한 속에 이바노프와 스타호프의 자태만이 보였다. 여자들은 방에들 있고 빅토르는 아마도 외출한 모양이었다. 두 사람 다 나를 전에 없이 반기는 품이 그들 역시 작별이 섭섭한 마음에 한결 친밀함을 느낀 모양이었다. 일 없이 피곤함을 느끼면서 나는 권하는 의자에 주저앉았다.

"언제들 떠나시오."

긴 이야기를 하다가 마지막 구절에나 이른 듯한 나지막한 어조여서 그랬던지 대답하는 스타호프도 한참 동안을 두었다.

"언제 떠날지도 의문이오. 뚝 떠나지도 못하게 된 것이 안나의 병은 아직도 완쾌되지 못했고 크리긴마저 저 모양이 됐으니 두 사람을 남겨 두고야 떠나는 도린들 있소."

"진퇴양난이구료."

"빅토르는 또 한 번 사정을 해 볼까 해서 서로 갔는데 웬걸 뜻대로 되겠소."

이바노프가 뒤를 받아서

"크리긴은 크리긴대로 두고라도 아이나 일어났으면 개운치나 않겠소."

“각각 따로따로 떠날 수도 없는 노릇이고 사실 어떻게 했으면 좋을지를 모르는 중이오.”

영화관과의 결말이 났을 뿐이지 단으로서의 정리는 아직 못된 것이다. 떠난다는 것이 뜻뿐이요 사정은 아직도 뒤죽박죽이다. 삐지않는 근심이 차례차례로 그들을 낫자루같이 얽어 놓는 셈이었다. 어떻게 했으면 좋은지는 사실 그들도 나도 아무도 모르는 것이다.

안나를 생각하고 나는 마지막으로 삼층 병실을 찾았다. 거기에도 길 떠날 행장이 정돈되어 있다. 침대 밑에는 커다란 트렁크가 놓여 있고 탁자 위도 말끔하게 건사되어 있다. 정리되지 못한 것은 안나의 병뿐이다. 몇 날 동안 밖날을 못 보고 병원에서만 구느라고 얼굴은 콩나물같이 멀겋다. 침대에서는 일어났으나 걸어앉은 그의 자태가 불면 날 듯이 해까워 보인다. 그와 동무하노라고 그런지 미샤도 홀쭉하게 축이 나 보인다.

그들을 보는 것도 그것이 마지막이라는 것이 웬일인지 거짓말만 같아서 나는 종시 단 한 마디의 알맞은 이별의 말도 못 걸고 방을 나왔다.

다시 로비에 들어섰을 때 스타호프는 방으로 갔는지 종적이 없고 이바노프가 혼자 고개를 숙이고 앉아 내 기척을 모르고 손장난을 하고 있다. 기겁할 듯이 놀란 것은 그의 손에 쥐인 것이 한 자루의 피스톨인 것이다. 나는 뜨끔하면서 쏜살같이 그에게로 달려갔다.

“아니 웬일이오.”

“놀랄 것이 없소. 심심하기에 장난 삼아 만지고 있는 것요.”

“장난에도 분수가 있지.”

"나는 답답할 때 항용 이런 장난을 해요. 이건 내 마지막 위안이거든요. 울울해 못 견딜 때 이것을 생각하면 마음이 가라앉어요. 이 이상 가는 생각은 없으니까요."

죽음을 생각할 때 마음이 되려 위안된다는 그의 말을 나도 알 법하다. 죽음을 생각해서밖에는 사람은 근심을 잊을 수 없는 것이다.

카테리나가 나타나지 않았던들 그는 종시 무기를 수습하지 않았을는지 모른다. 외출을 할 작정인지 화려하게 단장한 카테리나의 자태가 방 가운데 나타났을 때 이바노프는 황급하게 그것을 감추었다. 나도 비로소 마음을 놓았다.

"저금이나 찾어 가지고 나도 짜장 길이나 떠날까."

놀란 마음을 가라앉힐 겸 카테리나의 아름다운 모양을 바라보면서 나는 진심으로 중얼거려 보았다.

《동아일보》, 1939. 11. 29.~12. 28.(1~20회)

# 하얼빈(哈爾濱)

호텔이 키타이스카야의 중심지에 있자 방이 행길 편인 까닭에 창기슭에 의자를 가져가면 바로 눈 아래에 거리가 내려다 보인다. 삼 층 위의 창으로는 사람도 자그마하게 보이고 수레도 단정하게 보이며 모든 풍물이 가뜬가뜬 그 자신 잘 정돈되어 보인다. 그러면서도 쉴새없는 요란한 음향은 어디선지도 없이 한결같이 솟으면서 영원의 연속같이 하루하루를 지배하고 있다. 이른 새벽 침대 속으로 들려오는 우유를 나르는 바퀴 소리에서 시작되는 음향이 점점 우렁차게 커지면서 밤중 삼경을 넘어 다시 이른 새벽으로 이어질 때까지 파도 소리같이 연속되는 것이다. 인간 생활에는 반드시 음향이 필요한 모양이다.

나는 이 삼 층의 전망을 즐겨 해서 방에 머무르고 있는 대부분의 시간을 창가 의자에서 지내기로 했다. 아침 비스듬히 해가 드는 거리에 사람들의 왕래가 차츰차츰 늘어 가려 할 때와 저녁 후 등불 켜진 거리에 막 밤이 시작되려 할 때가 가장 아름다운 때이다. 조각돌을 깔아 놓은 두틀두틀한 길바닥을 지나는 마차와 자동차와 발소리의 뚜벅뚜벅 거친 속에 신선한 기운이 넘쳐 들리고 여자들의 화장한 용모가 선명하게 눈을 끄는 것도 이런 때이다. 그러나 반드시 또렷한 주의와 목적이 없이 다만 하염없이 그 어지럽게 움직이는 그림을 바라보는 것이다. 바라보는 동안에 번번이 슬퍼져 감을 느낀다. 이유를 똑똑히 가리킬 수 없는 근심이 눈시울에 서리어진다. 인간 생활은 또 공연히 근심스러운 것인지도 모른다.

사실 나는 그 근심의 곡절을 따져 낼 수 없는 것이, 그 짧은 여행이 원래 걱정에서 시작된 것이 아니어서 고향에 불행을 두고 떠난 것도 아니요 눈앞에 불행이 놓인 것도 아닌 까닭이다. 마음에 드는 거리를 실컷 보고 입에 맞는 음식을 실컷 먹으면서 흡족할 때까지 소풍을 하면 그만인 것이요 또 그 요량으로 떠났던 여행인 것이나 마음은 반드시 무시로 즐겁지만은 않다. 호텔 아래편 식당에는 늙은 보이의 은근한 시중과 함께 기름진 버터며 러시아 수프이며 풍준한 진미가 준비되어 있는 것이나 그 깨끗한 식탁을 대하면서도 어딘지 없이 마음 한구석이 답답한 것은 웬일일까. 며칠 만에는 식당으로 내려가기조차 귀치않아서 방 보이에게 분부해 늦은 아침식사는 대개 방에서 빵과 커피로 대신하게 되었다. 초인종으로 보이를 불러 그릇을 치우고는 다시 창에 가서 의자에 앉곤 한다. 행길에는 사람들이 훨씬 늘었다. 그 한 사람 한 사람의 가는 길과 목적을 뉘 알 수 있으랴. 나는 키타이스카야 거리를 사랑한다. 사랑하므로 마음에 근심이 솟는 것일까.

"왜 이리도 변해 가는구, 이 거리는. 해마다."

변해 간다는 것이 안타까운 일이 아닐 수 없다는 듯 시선은 초점을 잃고 아득해 간다.

지금 눈 아래의 거리는 사실 벌써 작년 여행에 본 그 거리는 아니다. 각각으로 변하는 인상이 속일 수 없는 자취를 거리에 적어 간다. 오고가는 사람들의 얼굴도 변했거니와 모든 풍물이 적지 않이 달라졌다. 낡고 그윽한 것이 점점 허덕거리며 물러서는 뒷자리에 새것이 부락스럽게 밀려드는 꼴이 손에 잡힐 듯이 알려진다. 이 위대한 교대의 인상으로 말미암아 하얼빈의 애수는 겹겹으로 서리어 가는 것이다.

"나는 이 변화를 보러 해마다 오는 것일까—이 변화를 보러."

혼자 속으로 생각하자는 것이 그만 남에게 들려주는 결과가 되었다—우연히 등 뒤에 나타난 사람이 있었던 까닭이다. 노크를 듣고 보이인 줄만 알고 큇소리를 질렀더니 살며시 들어와 선 것이 뜻밖에도 유우라이다. 돌아다보고 나는 놀랐다.

"왜 놀라세요."

"너무도 의외여서."

"오겠다구 약속하지 않었어요?"

"약속 받은 것은 나두 기억하지만—아무리 약속을 했기로서니."

"말을 어기는 사람인 줄 아세요. 밤까지 별로 일두 없구 해서 일찌감치 나서 봤지요."

"하얼빈의 변화라는 것을 생각하구 있는 중인데—."

하며 다시 창을 향하니 유우라도 의자를 끌어다가 탁자 맞은편에 앉는다.

"어쩌는 수 없는 일이죠. 될 대로 되는 수밖엔요."

철없는 무관심일까. 대담한 체관일까. 표정 없는 순간의 그의 눈이 아름답다. 슬픈 얼굴보다도 평온한 그 얼굴이 얼마나 더 효과적이었을까.

"—보세요. 저 잡동사니의 어수선한 꼴을. 키타이스카야는 이제는 벌써 식민지예요. 모든 것이 꿈결같이 지나가 버렸어요."

유우라는 '판타지아'에서도 으뜸가는 용모였다. 불끈 뜨는 커다란 눈이 간담을 서늘하게 하면서도 어디인지 어린 태가 드러나 보인다. 몸도 작고 팔 다리도 소녀같이 애잔하다.

"폴란드 태생인 어머니의 피를 받어서 그런지 나두 여기서는 외국사람 같은 생각이 난답니다."

새빨간 드레스를 입고 볼에 새까만 점을 붙이고 의자에 앉은 그의 모양은 밤 홀의 분위기와 꼭 어울리건만 그로서 보면 그 자신도 또한 그 홀에서는 한 사람의 이국인이란 말일까. 그렇다고 듣고 보면 딴은 그는 가령 무대 위에서의 노래나 무용이나의 짤막한 연기를 고집스럽게 열심히 바라보는 버릇이 있다. 그럴 때의 그의 자태는 속일 수 없는 한 사람의 이국인의 그것이다. 조금 어색스러우리만치 잠자코 앉아서 무대로 향한 눈동자에 주의보다는 명상을 담고 있는 모양은 참으로 그 자리에서는 서먹서먹하게밖에는 보이지 않았다.

밴드가 울리면 한자리에 앉았던 리이나와 끼고 일어나 춤을 추는 것이 여자끼리라 그런지 부드럽고 익숙하게 보이건만 나와 겯게 되면 그만 발이 걸리고 몸이 끌리면서 주체스럽게 어긋나 버린다. 반드시 내 춤이 어색한 까닭이 아니라 유우라의 심중이 복잡한 탓이려니 생각한다. 복잡한 심서(心緖)로는 주의의 방향을 어거(馭車)할 수 없는 모양이다.

유우라가 잠깐 자리를 비운 새 리이나가 묻지 않는 말로 동무의 비밀의 한 토막으로 들려준 것은 대체 무슨 까닭이었을까.

"유우라는 홀에서 독판 점잖은 척은 해두 실상은—."

"훌륭한 얼굴이 아니오. 기품이 있고 명상적인 것이."

"실상은 작년까지 '니이싸'에 있었다나요. 거리에선 다 알죠."

재빠르게 지껄이는 어조에 날카로운 적의가 번쩍임을 나는 놀랍게 여기며 리이나의 얼굴을 쏘아붙인다. 리이나는 조금도 동하는 기색 없이 담배 연기를 천장으로 뿜어 올린다. 나는 들을 말을 들었는지 안 들을 말을 들었는지 분간할 수 없어—순간의 놀람과는 반대로 마음은 즉시 침착하게 비어 감을 느낀다.

니이싸는 결코 명예롭지 못한 곳이다. 유우라의 몸에 찍혀진 그 지옥의 치욕의 표징은 평생을 가야 벗어질 날이 없을 것이다. 그런 치명상을 몸에 입지 않으면 안 되리만큼 절박했던 것인가.

"판타지아로서는 이같이 불명예로운 일은 없어요—행여나 우리 모두를 유우라와 같은 부류의 여자인 줄 생각들 할까 봐서 겁이 나요."

이런 리이나의 불평이 그로 하여금 유우라의 비밀을 털어놓게 한 것일까. 그의 어세는 의외에도 격하고 세다.

"그러나 리이나와 유우라는 누구보다두 친한 사이가 아니오."

"우정과 신분은 다른 것이니까요. 신분만은 서로 확적히 해 두는 것이 옳지 않겠어요."

카바레는 즐거운 곳만도 아니다. 사람 사람의 가슴속에는 심리의 갈등과 감정의 거래가 거미줄같이 잘게 드리워 그것을 목도하고 경험함은 답답하고 피곤한 일이다. 더욱이 유우라들의 일건에 관해서는 나는 결코 행복된 입장에 서 있다고는 생각할 수 없는 것이다.

유우라가 나 같은 뜬 나그네를 그렇게 수월하게 찾아온 것을 구태여 그의 그런 허름한 신분의 탓이라고까지 생각할 필요는 없었고 다만 약속을 지키자는 그의 교양의 발로라고 여기면 그만이어서 함께 거리에 나왔을 때에도 나는 그와 나란히 선 것을 그다지 부끄러워할 것이 없었다.

키타이스카야를 강 쪽으로 걸어가다가 왼편으로 고부라져 들어간 비교적 한산한 부두구(埠頭區) 일대의 주택지대를 거니는 것이 또한 나의 기쁨의 하나이다. 마당같이 넓은 행길에는 느릅나무의 열이 두 줄로 뻗쳐 있고 양편의 주택은 대개가 보얀 계란빛으로 되어서 침착하고 고요한 뒷골목인 셈이다. 대체 느릅나무와 보얀 집과 교당의 둥그런 지붕과 종소리를 제한다면 하얼빈의 운치로는 남을 것이 무엇일까. 부두구의 가로수 그늘을 지나면서 집 문패의 러시아 문자를 차례차례 서투르게 읽어 가는 것이 아이다운 기쁨을 자아내게 한다. 어느 집이나 넓은 뜰이 딸렸고 나무와 화초가 화려하다. 옥수수와 강낭콩을 심은 뜰도 있어서 어느 고장에서나 전원의 풍경으로는 이에 미치는 것이 없는 모양이다.

“불란서 영사관예요.”

수풀 속에 커다란 이층집이 들여다 보이는 문간에 이르렀을 때 유우라는 나의 주의를 일깨웠다.

규모가 클 뿐이지 집 모양이 사택과 다를 것 없는 것이 흥미를 끈다. 민주주의 문화의 표시인 것일까.

"변한 것은 키타이스카야뿐이 아니라 이 영사관두 어제와는 다르답니다."

"독일과의 싸움에 졌으니까 말이지."

"불국(佛國)과의 연락이 끊어진 까닭에 돈두 안 오구 통신두 맥히구 해서 영사의 가족들은 요새 와선 생활조차 곤란이라나요. 자동차를 팔았느니 지니구 있는 보석까지를 넘겼느니―신문은 가지가지의 소식을 전해요."

"세상은 변하라구 생긴 모양이야."

불란서 영사관을 몇 집 지나 놓고가 또 바로 화란(和蘭) 영사관이다. 규모는 조금 작으나 나뭇가지 사이로 들여다보이는 조촐한 집이 그 구역에서는 제일 단정한 듯하다. 화단에는 새빨간 샐비어가 한창 찬란하게 피어 있다. 그러나 철문에 자물쇠가 걸려 있음은 웬일인가.

"아주 폐쇄해 버렸단 말인가."

"폐쇄한 셈이죠―관원들은 뒤곁 한 간으로 살림을 줄이곤 거의 전 채를 어떤 회사에게 빌려주었다니까요."

"영사관이 셋집이 됐다."

닫혀진 철문 속을 한참이나 물끄러미 바라보다가 나는 유우라와 함께 천천히 그 앞을 떠났다.

머릿속이 아찔해지면서 느릅나무의 푸른 잎새가 눈 속에 엉겨 붙을 듯이 압박해 온다. 수수께끼나 품고 있는 듯 오후의 골목은 고요하다. 깨끗하게 정돈된 행길 위에 우리들의 발소리만이 저벅저벅 울린다.

나는 혼란한 머릿속을 수습하노라고 잠시 침묵을 지키는 수밖에는 없었다. 순간의 착각에서 깨어난 듯이 나는 내 육신이 제대로 멀쩡한 것을 새삼스럽게 신기하게 느낀다. 행길도 수풀도 집들도 제대로 늘어서 있다. 있던 모양대로 그대로 있는 것이다.

“유우라두 혹 그런지—난 가끔가다 현재라는 것에 대해 커다란 놀람과 의혹이 솟군 하는데.”

“현재가 왜 이런가 하구 말이죠.”

유우라도 내 마음속에 떠오르고 있는 생각의 정체를 옳게 살핀 모양이었다.

“가령—이 행길은 왜 반드시 이렇게 났을까—집들은 왜 하필 이런 모양일까—이 거리는 왜 꼭 지금 같은 규모로 세워졌을까—하는 생각…….”

“키타이스카야는 왜 지금같이 변하구 불란서 영사관은 왜 저 모양이 되구 했나 말이죠.”

“더 가까이—손가락은 왜 하필 다섯 가락일꼬. 네 가락이면 어떻구 여섯 가락인들 어떻단 말인구—얼굴에만 두 눈이 박히지 말구 뒤통수에 하나 더 있던들 어떻단 말이구—배꼽이 옆구리에 붙으면 왜 못 쓸까—내 머리는 왜 검구—유우라의 눈은 왜 푸른지…….”

나는 얼마든지 내 의혹의 예를 들 수 있다. 눈에 보이는 것 귀에 들리는 것이 생각하기에 따라서는 내게는 모두 수수께끼인 것이다.

“학자들은 진화의 법칙으로 설명하구 필요의 이치를 따지지만—손가락이 여섯인들 그다지 거추장스럽구 불필요할 것이 무언구. 그따위 옅은 설명보다두 내가 알구 싶은 건 창조의 진의—무슨 까닭으로 하필 현재의 이 우연한 결정이 있게 되었는가—현재가 이미 우연일 때 현재와 다른 우연의 결정을 생각할 수 없을까—내 머리가 노래졌대두 좋은 것이구 이 행길이 남쪽으로 났대두 무방한 것인 걸 다만 우연한 기회로 말미암아 다르게 결정된 까닭에 지금의 이 머리 이 행길로 변한 것이 아닐까—그러기 때문에 지금보다 다른 세상이라는 것을 생각할 수 있는 것이구 생각하지 않고는 견딜 수 없는 것이구…….”

“당신은 무서운 회의주의자예요. 그러니까 언제나 그런 우울한 얼굴을 지니구 있죠.”

“나는 지금 왜 이곳으로 여행을 왔구 유우라는 왜 나와 걷구 있구…….”

“너무 어려운 것을 생각하면 마음이 안타까울 뿐이죠, 괜히. 사람의 힘에 부치는 것을 생각함은 자연에 대한 반역이 아닐까요. 괴로운 마음은 그 반역에 대한 벌이겠죠.”

유우라는 마치 타이르는 듯도 한 부드러운 목소리다.

문득 고개를 드니 먼 맞은편 나무 사이에 교회당의 둥근 지붕이 솟아 보인다. 그 의젓하고 엄숙한 자태는 전지전능자의 위엄을 보이자는 것일까. 지붕 위의 높이 솟은 십자가는 회의주의자인 나를 꾸짖고 있는 것일까.

송화강가로 나가 긴 둑을 걸어 요트구락부에 이르러 덱 팔러(deck

parlour)에 앉으니 넓은 강이 바로 눈 아래에 무연하게 열린다.

팔러에는 식사하는 손님들이 거의 꼭 차 있고 홀 안 무대에서는 벌써 오후 여섯시가 되었는지 밴드의 음악이 흘러나온다. 나는 그 음악을 하얼빈의 큰 사치의 하나라고 아까워한다. 식사하는 사람들이 그 음악을 대단히 여기는 것 같지도 않고 첫째 그것을 이해하고 즐기는 사람이 몇 사람이나 될까. 차이콥스키의 실내악은 개 발에 편자같이 어리석은 군중의 귀를 무의미하게 스치면서 아깝게도 흐른다. 하얼빈은 이런 사치를 도처에서 물같이 흘리고 있다.

보이에게 음식을 분부하고 음악에 귀를 기울이고 있을 때 유우라는 내가 지니고 온 쌍안경으로 강 위와 건너 편 태양도의 구석구석을 샅샅이 정탐하고 있다. 이곳저곳에다 정신없이 초점을 맞추면서 연방 미소를 띤다.

굉장한 것을 발견했다고 히히덕거리며 한 곳을 손가락질하고 쌍안경을 내게 주는 것이나 그의 눈과 내 눈은 시력이 다른 까닭에 나는 내 눈에 맞도록 초점을 다시 조절하지 않으면 안 된다. 눈에 대고 함부로 나사를 돌리노라면 두 개의 렌즈 속에 혹은 태양도의 붉은 지붕이 들어오고 베란다에 나앉은 가족들이 들어오고 물에서 헤엄치는 남녀의 자태도 어리어 온다. 강 위를 닫는 유람선 이층에는 사람들이 빽빽이 붙어 섰고 기슭에 댄 조그만 어선 속에는 평화로운 부부의 자태가 보인다. 남편이 낚시질하는 한편에서 수영복을 입은 아내는 책을 읽고 있다. 책의 작은 활자가 바로 내 손에 쥐어 있는 듯이도 똑똑히 비치어 온다. 아내가 문득 고개를 돌린 것은 남편이 고기를 낚았다고 소리를 친 까닭이다. 뱃전에 흰 고기가 푸득

푸득 뛰면 부부는 미소와 흥분으로 고요하던 뱃속에 한동안 생기가 넘친다. 이 단란의 풍경은 아무리 오래 보아도 싫지 않다. 아마도 이날 강에서는 제일가는 풍경이었으리라.

쌍안경으로 그토록 히히덕거리고 기뻐하던 유우라언만 보이가 날라다가 식탁 위에 늘어놓는 음식 그릇을 보고 그다지 반가워하지 않음은 웬일이었을까.

각각 접시에다가 음식을 놓아 놓고는 포크를 드는 대신 여전히 담배를 피운다. 맥주잔을 권해도 간신히 입술에 대는 정도로 들었다가는 놓는다.

"이런 진미가 입에 맞지 않는다니—이 집 요리는 하얼빈서두 유명하다는데."

혼자만 식도를 움직이기가 미안해서 이렇게 말하면 유우라는

"도모지 식욕이 없답니다."

"담배를 너무 피우니까 그렇지."

"담배를 피워서 식욕이 없는 것이 아니라 식욕이 없으니 담배밖엔 피울 것이 없어요."

카바레에서도 그는 담배가 과했다. 잠시도 쉬지 않고 무시로 연기를 뿜는 것이다. 손가락 끝이 익은 누에같이 노오랗다.

"어서 그른 소리 안 할 테니—음식을 많이 먹구 몸 좀 주의해요. 그 팔목의 꼴이 무어요. 황새같이 가느니."

"몸이 좋아져선 뭘 하게요."

종시 접시에 논아 담은 음식의 반도 못 치우는 그의 식량이다.

팔러를 나와 문간에서 모자를 찾을 때 나는 늙은 보이에게 은전

한 닢을 쥐어 주다가 문득 어디선가 본 얼굴 같아서 고개를 갸웃거리면서 뜰로 내려섰다.

"옳지 스테판 — 어쩌면 저렇게 스테판과 같은 얼굴일까."

그 늙은 보이는 — 이름이 무엇일까, 흔한 이완이나 안톤일까 — 모습이 스테판과 흡사한 것이다. 스테판은 판타지아의 변소를 지키는 늙은 보이이다. 손님의 손에 물을 부어 주고 수건을 빌려주는 보이이다.

하얼빈에는 왜 이다지도 도처에 늙은 보이가 많으며 그들의 얼굴이 또한 비슷비슷한 것인가. 불그스름한 바탕에 주름이 거미줄같이 잡히고 머리카락이 흰 것이 모두가 스테판 같고 이완 같고 안톤과 흡사하지 않은가 — 생각하면서 나는 스테판의 얼굴을 떠올려 보았다. 취한 손님이 비틀비틀 변소에서 나와 수도 앞에 서면 스테판은 빙글빙글 웃으며 가까이 와 컵에 준비해 두었던 물을 손에 끼얹어 주고 손에 들었던 수건을 내민다. 손님이 손을 훔치고 날 때면 다시 빙글빙글 웃으며 얼굴을 똑바로 본다. 그 웃음에는 뜻이 있다. 돈푼을 던져 달라는 것이다. 그렇게 알고 보면 그 웃음을 띤 얼굴이 원숭이같이 교활하고 불쾌하게 여겨지는 것이나 그러나 그렇게 해서 모은 돈이 하룻밤의 그의 필요한 수입이 됨을 생각할 때 미워할 수만도 없는 것이다. 하얼빈의 수많은 보이들 중에서도 스테판같이 천하고 가엾은 사람은 없을 법하다. 내게 그토록 강렬한 인상을 주게 된 것도 그 까닭일지 모른다.

뜰에는 초록이 신선하고 화단이 깨끗해서 제물로 휴게소를 이루었다. 흰 벤치가 놓여 있는 나무 그늘로 가서 유우라와 함께 걸어앉으면서도 나는 스테판의 인상을 떨어 버릴 수가 없다. 스테판을 생각하면 한 가지 미안한 일이 있었던 까닭도 있다.

"난 스테판에게 조그만 죄를 진 게두 같구려."

내 말에 유우라는 내 얼굴을 듬직이 바라보면서

"그날 밤에 팁을 좀 더 못 주었던 것 말이죠. 그 말씀을 벌써 몇 번 되풀이하시는 셈예요. 하룻밤에 한 번 두 번 그만이지 어떻게 번번이야 주겠어요."

"그래두 스테판은 그것을 바라는 표정이던데."

몇 번째 출입이었던지 나는 잔돈이 없었던 까닭에 그의 미소에 대답할 수 없었던 것이다. 지전 한 장을 덥썩 주지 못했던 것은 확실히 나의 인색한 탓이라고 해도 할 수 없는 것이 지전 한 장쯤이 그의 그 은근한 태도에 대해서는 그다지 과하고 불필요한 보수는 아니었을 것이니 말이다. 나는 확실히 지전을 아꼈던 것이다. 없는 잔돈을 찾다가 그만 부끄럽게도 그의 앞을 비슬비슬 물러서는 수밖에는 없었다. 생각할수록 미안한 일이었다.

"암만을 줘두 좋기는 하겠지만 어디 세상에 그렇게 관대한 손님이 있어요."

유우라는 나를 위로하려고 애쓰는 눈치인 듯도 하다. 그러나 그가 전하는 스테판의 신세 이야기는 도리어 더한층 내 마음을 울리게 되었다.

"하긴 스테판은 그렇게 푼푼이 모아서 본국으로 갈 노자를 맨들구 있답니다. 한 푼이래두 더 긴하긴 하죠."

"본국으로."

"그는 소비에트로 가야 하구 가기를 원하고 있어요."

"흐음. 그럼 변소에서 버는 한 푼 한 푼이 십만 리 먼 길을 주름잡는 한 킬로 한 킬로의 찻삯이 된단 말이지."

"그렇게 그는 평생의 꼭 한 가지 그 원을 위해서는 어떤 비굴한 웃음이든지 띠지 않을 수 없어요."

"그럼 난 더 미안한 셈이 되게."

"스테판의 꿈은 먼 곳에 있답니다. 눈앞에는 아무것두 없어요."

(유우라의 꿈은?)

나는 뒤미처 물으려다가 그만 입을 다물고 강을 내다보았다. 누런 탁류가 아득하게 넓고 무수한 배가 혹은 움직이고 혹은 서 있다.

나는 문득—밑도 끝도 없이 문득

(스테판은 혹시나 유우라의 아버지나 아닐까.)

하고 느끼자 공연히 내 스스로 그 당돌한 생각에 놀라면서 고개를 돌려 유우라를 보았다.

역시 강을 바라보고 있던 유우라는 내 거동을 눈치챔인지 얼굴을 돌려 함께 나를 본다. 나는 그의 복잡한 마음속을 그 시선만으로는 읽을 길이 없다. 그는 그 수심스런 눈을 보낼 곳이 없는 듯 다시 강으로 던지면서

"강을 바라보면 저는요—."

들릴락 말락 목소리가 가늘다.

"—언제나 죽구 싶은 생각뿐예요."

"주, 죽다니."

나는 모르는 결에 목소리를 높이면서 황새같이 가는 그의 팔목을

새삼스럽게 바라본다.

"아예 그런 위험한 생각은—."

하면서 생각하니 유우라야말로 나보다도 몇 곱절 윗길 가는 회의주의자였던 것이다. 무시로 담배만을 먹고 식욕이 없고 황새같이 여윈 그는 속으로 죽음을 생각하고 있었던 것이 아닌가.

"죽다니 아예 그런."

거듭 외이는 내 말투는 죽음을 생각함은 되려 사치한 생각이라는 것, 사람은 아무리 발버둥쳐도 사는 수밖에는 도리가 없다는 뜻을 표시하자는 것이었으나 유우라가 받은 뜻은 무엇인지를 알 길이 없다. 그렇다고 다시 죽음을 장황하게 설명함은 내 맡은 일도 아닐 법하다.

"마지막 판에는 언제나 그걸 생각하군 해요. 그것만이 즐거운 일이에요."

내가 내 딴의 생각에 잠겨 있듯 유우라도 역시 그 자신의 생각의 껍질 속에 잠겨 있는 것이다. 그 껍질 속으로는 국외(局外)의 다른 사람은 도저히 비집고 들 길이 없다. 죽음 이외의 무슨 말로 대체 나는 그를 위로할 수 있는 것일까.

팔러에서는 여전히 답답한 음악이 들려오고 강은 저녁빛 속에 점점 흐려 간다. 사람을 싣고 섬으로 건너가는 이층의 유람선이 저무는 속에서는 먼 세상의 것같이 아득하게 보인다.

《문장》, 1940. 10.

# 라오콘의 후예

무덥고 답답한 것은 오히려 참을 수 있다고 하더라도 몰려드는 파리 떼야말로 역물(逆物)이다.

편집 시간을 앞두고 수선스럽고 어지럽고 초조한 편집실의 오후를 파리 떼는 제 세상인 듯 들끓고 있다. 얼굴과 손을 간질이다가는 목탄지(木炭紙) 위에다 불결한 배설을 하고 날아가곤 한다.

(추잡한 방 안이 천재의 있을 환경이 못 되누나.)

삽화가 마란은 시간이 촉박하였음에도 그날 소설에 들어갈 삽화를 아직도 그리지 못한 채 파리와의 싸움에 정신이 없다. 천재로 자처하는 그에게 휘답답한 편집실은 버릇없기 짝 없는 곳이다.

(천재를 괴롭히는 이놈의 추물—이놈의 미물—이놈의 속물…….)

파리채 밑에서 한 마리 두 마리 거꾸러져 책상 위에 볼 동안에 작은 시체의 무더기가 늘어 간다. 마란이 중얼거리는 어투에는 비단 파리 떼만을 가리키는 것이 아니라 은근히 편집실 안에 웅성거리는 천재 아닌 뭇 미물들을 조롱하는 마음도 있다. 국장을 비롯해 과장 부장 주임 기자 사무원 급사 등 흡사 파리 떼만큼이나 흔한 속물들도 마란의 비위에는 파리 떼와 고를 바 없는 평범하고 용렬하고 하잘것없는 존재로밖에는 비치지 않는다—조물주는 무슨 까닭으로 이렇게도 흔한 미물들을 파리 떼와 인간들을 만들었누. 이 흔한 미물들이 죄다 조물주의 똑같은 총애를 바랄 권리가 있단 말인가.

생각하다가 문득 어깨를 으쓱 솟구고 입술을 쫑긋 휘인 것은 그렇게 생각하는 자기 자신은 무엇인가, 똑같은 한 사람의 미물이 아닌가, 미물인 까닭에 아직도 그날의 삽화도 못 그리고 고민하고 있는 것이 아닌가 하고 깨달았기 때문이다.

그러나 이런 깨달음은 전혀 망상임을 뉘우치면서 자기와 주위와는 여전히 엄격하게 구별되어 있음을 그의 천재적인 직관과 자부심이 고집스럽게 주장했다. 삽화를 못 그린 것은 천재적인 고민으로 말미암은 것이다. 무더운 기압 속에서 볶이우면서 파리 떼와 싸우며 초조와 번민 속에 사로잡혀 있음은 천재로 비약하려는 직전의 일순간이 아니던가. 무엇을 어떻게 그렸으면 좋을는지를 몰라 졸지에 막힌 것이 거의 한 시간 동안이나 목탄지 위에 붓끝이 머무른 채 손가락이 탄식하고 흐트러진 머리카락 아래에서 두 눈이 형형히 빛났다. 파리 사냥에 정신을 옮기고 또 반 시간을 지내는 동안에 편집 시간은 자꾸 임박해 오건만 한 획도 운필을 못하고 있는 것이다. 요새 와서 여러 번째의 버릇이었다. 꽉 막힌 답답한 창 안에서 답보하기 시작한 예술이 쉽사리 길을 찾지 못하고 그 안타까운 괴롬을 표현할 도리를 몰라 메마른 영감과 동기 속에서 뼈를 갈면서 꼬빡꼬빡 밤낮을 여위어 온다. 화풀이나 하듯 파리채를 휘두르는 동안에 애꿎은 시체만 책상 위에 늘어 가고 목탄지는 어느 때까지나 백지의 순결을 지키고 있을 즈음 힘차게 쳐든 파리채에 요번에는 커다란 미물이 걸렸다. 등 뒤로 돌아오던 급사가 파리채로 보기 좋게 면상을 얻어맞고 그 별안간의 봉변에 재수 없다는 듯이 눈자위가 돌면서 퉁명스럽게 앞에 나타났다.

"마 선생님 망령이신가요. 저까지 잡으실려구."

"넌 파리보다 낫단 말이지."

빈정대는 한마디가 어린 마음을 노엽히고야 말았다. 급사는 정색하면서 자기 맡은 의무로 어른을 욱박으려 들었다.

"딴소리 말구 얼른 그림이나 주세요. 몇 시나 됐나 시계를 좀 쳐다보시구요."

소년은 여러 해 동안의 신문사 생활로 편집 시간의 엄격하고 가혹함과 그것이 기사를 담당한 사람들의 마음을 얼마나 초조하게 바수는가를 누구보다도 잘 터득하고 있었다. 자기가 던진 독촉의 한마디가 사모하는 화가의 가슴속에 준 효과를 마치 그의 멱살이나 잡은 듯이도 통쾌하게 여기면서 소년은 더욱 지껄인다.

"인쇄부에선 판을 다 짜 놓구 지금은 선생의 삽화만을 기다리는 중예요. 소설은 있어두 그림이 가야죠. 창 빠진 것같이 그 자리만 허옇게 해서 찍을 수두 없는 노릇이구. 직공들의 사정두 좀 살피구 일 분이 바쁘게 신문을 기다리는 수백만 독자의 심중두 생각해 주세야죠."

"허옇게 해서 찍으렴. 너까지 날 귀찮게 구니. 신문이 내겐 원수구 시간이 내겐 지옥이다. 책을 베끼듯 그렇게 술술 되는 그림이 아니야. 너두 파리두 신문두 내겐 죄다 원수야 원수."

제 괴롬을 못 이겨 마란은 기어코 화를 내 버렸다. 의자에서 벌떡 일어서면서 파리채로 금시 급사를 후려갈길 시늉이다. 급사는 그제서는 제 일이 바빠서 사정이나 하듯 겸양하면서 손을 모고 빌 지경이다.

"그만하시구 어서 그려 주세요. 붓을 들구 종이 위에다 단숨에 냉큼 그려 주세요. 아무래도 좋으니 구불구불 몇 줄만 그려 주세요. 시간은 없구 큰일 났어요."

"네겐 아무래두 좋아두 내겐 좋지 않어. 이 답답한 속에서 그림이 되다니. 예술이 그렇게 수월한 것이더냐. 오늘은 그림이 없다. 인쇄부에 가서 그렇게 일러라."

"얼른 그리세요. 삽화를 주세요."

"없달밖엔. 천재를 괴롭히는 이 미물들아."

은혜를 조르는 거지같이 소매에 매어 달리는 급사를 뿌리치고 마란은 편집실을 횡하니 내뺀다. 뒷문을 나서 복도를 걸어 급스럽게 뒤뜰에 내려서는 꼴이란 지옥을 벗어나려는 뜻인 듯도 하다. 해방된 프로메테우스같이 땅을 저벅저벅 밟으며 호흡을 깊게 하면서 활개를 펴 보나 초조한 심사에는 문밖도 답답하다. 하늘이 얕고 공기가 무겁다. 해를 머금은 검은 구름같이 속이 달고 화끈거린다.

오늘은 백화점의 경기구도 뜨지 않고 도회의 허공은 그리다가 버린 수채화같이 흐리멍덩하게 풀어져 있다. 빛과 그림자의 구별을 가지지 못한 건축들은 아름다운 입체감을 잃어버리고 단조한 평면 속에서 표정도 감정도 없이 하품만 하고 있다. 삼라만상이 괴롭고 따분하다.

신문사 뒷문간에 사람들이 둘러싸고 선 것은 아마도 또 무슨 장사치리라. 약장수도 오고 붓장수도 왔다. 어떤 때에는 인삼장수가 와서 메마른 이끼 속에 도라지같이 꼬치꼬치 꼬인 풀뿌리를 헤치면서 사람들을 모았고 때로는 자라장수가 나타나서 산 자라의 옆구리를 찔러 선지를 내서 입술에 묻히면서 부족증(不足症)에는 직효라고 선전하는 것이었다. 뒷문간에는 언제나 이렇게 온전하지 못한 객꾼만이 모여드는 법인 모양이다. 오늘은 또 무슨 장사치인구 하고 마란은 가까이 가서 사람들 틈으로 엿보다가 뜨끔해서 소스라치면서 뒷걸음질 쳤다.

조그만 나무 궤를 안고 선 것은 땅꾼이었다. 궤 속에 한 뭉치가 되어 굼실굼실 늘이고 누운 것은 독사의 한 떼. 삼단같이 흩어지고 서리어서 고개들을 곧추들고 철망 속에서 혀를 널름거리는 꼴은 흡사 세상을 저주하려는 것인 듯 보는 눈에 능글지고 께름칙한 독을 끼얹는다. 이놈의 미물은 대체 무슨 인연으로 아담 때부터 사람의 원수가 되었누. 사람들은 그 흉측한 꼴에 몸서리를 치면서도 둘레둘레 그것을 둘러싸고 보고 섰음은 또 무슨 까닭일꾸. 뭇 시선 앞에서 자랑스럽게 그 한 놈의 목을 손가락으로 옭혀 쥐고 널름거리는 혀를 뽑아 보이는 땅꾼의 심청머리도 또한 알 수 없는 것이다. 사람의 자식이 아니요 뱀의 종족이란 말인가. 그렇게 대담하고 추잡하고 야만스런 그 녀석은.

"이놈의 미물두 결국 내게 영감을 주지는 못하누나. 내 예술을 싹트게 하지는 못하누나. 우리 조상의 원수는 내게두 필경은 원수밖에는 못 되누나."

마란은 외면하고 걸음을 옮기다가 문득 그 미물을 아름답게 노래한 옛 시인을 생각했다. 아롱거리는 등어리를 햇빛에 반짝이면서 풀 속으로 굼시르르 사라지는 뱀의 모양을 찬미한 시인의 심청머리는 또 대체 어떤 것이었던구. 그 능글진 추물의 모양이 시의 세상에서는 아름다울는지 몰라도 그림 속에서 빛날 리는 만무해. 푸르고 붉은 늘메기의 색채라면 또 몰라두 단조로운 회색만의 독사의 꼴이 그림이 될 수는 만만 없는 노릇이야. 아무리 천재기로서니 현대화에 있어서 그 추물을 취급할 수는 없구 말구…….

중얼거리면서 마란은 등 뒤에 점점 뱀의 세상을 멀리했다. 신문사의 돌벽과 흐린 하늘이 앞에 가로놓여 마음은 더욱 초조하다.

그날 그가 그려야 할 소설의 삽화라는 것은 괴로워하는 현대 남녀의 자태였다. 남녀는 피차의 연애만으로 괴로워하는 것이 아니라 두 사람 앞에는 시대가 놓였고 역사가 물결치고 겹겹의 파도가 휩쓸려 와서는 송두리째 육신을 뺏아 가려는 것이었다. 그 위에 두 사람에게는 길어도 길어도 진(盡)할 줄 모르는 안타까운 애욕의 오뇌가 그치지 않는다. 여자는 기어코 주인공 앞에서 흑이냐 백이냐, 좌냐 우냐, 함께 길을 떠나겠느냐 싫으냐—의 초다짐을 하건만, 사내는 아직도 결단을 못하고 육신을 틀면서 번민한다.

그 한 회분의 소설에 있어서 마란은 대면하는 남녀의 풍경을 그릴까 여자의 나체를 그릴까 망설이다가 남자의 얼굴을 그리기로 작정했다. 괴로워하는 얼굴의 표정을 가장 효과적으로 그려서 소설 전체의 표정을 상징하려는 것이었다. 그 계획에 기뻐하면서 붓을 든 것이 종시 뜻대로 이루어지지를 않았다. 자기 자신도 필경은 주인공과 다름없는 현대인의 한 사람이요 괴롬도 같은 것이니 하고 거울을 놓고 자기의 얼굴을 그려 보려고 애썼으나 도무지 운필의 동기가 서지를 않았다. 이마의 주름살을 그려 보아도 어울리지 않고 찌그러진 볼의 선을 그어 보아도 자연스럽지 못하고 다구지게 물고 있는 두 이를 보이려고 하니 그림으로서의 기품이 없어지면서 속되고 천해졌다. 이다지도 내게 천분이 없었던가 지금까지의 자신은 다 어디로 갔는구 하고 반나절이 지나도록 삽화 한 장을 이루지 못한 채 번민 속에서 바시랑거릴 뿐이었다. 무서운 날이었다.

화가 마란에게는 진정 천분이 없는 것도 아니어서 이 몇 해 동안의 그의 업적은 놀라웠고 화단에서의 지위도 지금에는 벌써 선배들을 물리치고 확호한 자리를 차지하게 되었다. 나체를 그릴 때에는 모랭을 연상시키는 힘찬 선과 미끈한 터치로써 신선한 감각을 노렸으나 원래 그가 사숙하고 있는 선배는 고흐인지라 인물화에는 그의 영향이 뚜렷했고 비평가들도 그것을 지적했다. 고흐의 모방자라는 것이 자랑이면 자랑이었지 조금도 부끄럼이 안 되리만치 그는 이를 누구보다도 높게 평가하고 흠모해 왔다. 고흐가 그린 농민의 얼굴같이 개성적이요 성격적인 훌륭한 예술을 남겨 보겠다는 것이 마란의 꼭 하나의 원이었다. 신문사에서 삽화장이로 입에 풀칠은 하고 있을망정 예술가로서의 야심은 누구에게도 밑지지 않았다. 그러게 한 장의 삽화에도 예술의 기품을 담으려고 전력을 다했던 것이다. 그러던 것이 요새 와서는 예술의 지향에 금이 가고 방법에 대한 회의가 생기기 시작하면서 제작의 감흥이 불현듯이 줄어 갔다. 전과 같이 아무런 대상이나가 반드시 충동을 주는 것이 못 되고 주위에 웅성거리고 있는 허다한 괴롬을 표현하기에는 또한 기력이 부쳤다. 결국 자기도 같은 괴롬 속에 빠져 있음을 안 것이요 괴롬 속에서는 괴롬을 표현하기가 난사임을 깨달은 것이다. 그날 소설의 주인공의 표정이 곧 자기의 표정인 까닭에 붓을 대기가 어려웠고 그 자기의 표정이라는 것은 대체 어떤 것인지 자기로서 오히려 선과 주름을 가릴 수 없었다. 영감의 근원은 메마르고 무딘 감동 위에는 먼지가 보얗게 앉게 되었다.

초조와 괴롬이 그날같이 큰 때는 없었다. 새로운 생명을 뱃속에 간직한 산모의 괴롬도 그러한 것일까. 피곤한 신경으로 반나절을 부대끼고 나니 이제는 육신도 마음도 권태 속에 잠겨 객관을 바라보는 눈에는 광채가 없었다. 얕은 하늘을 바라보면서 두 손을 뒤통수에 깍지 끼니 제물에 입이 벌어지며 하품이 날 지경이다.

"그까짓 뱀이 다 무어야. 그따위 미물이 내 예술을 살린다? 천만에 천부당만부당이지. 내 예술이 그렇게 허름하게 탄생할 줄 아냐. 현대의 고흐는 호락호락 붓을 안 든다구 여쭈어라."

중얼거리면서 마란이 별안간 걸음을 빨리한 것은 행여나 급사가 쫓아 나와 자기의 뒤를 따르고 있지나 않을까 생각한 까닭이다. 지금에 있어서 무엇보다도 두려운 것은 조그만 미물 급사의 독촉이었다. 될 수만 있다면 그 하루를 그대로 살며시 급사의 독촉에서 편집의 의무에서 빠져서 모르는 곳에 숨어 있고 싶었다. 예술을 강잉히 뺏으려는 자는 모두 악마로밖에는 보이지 않았다.

"아웅."

하면서 급사가 금시 뒷덜미를 치지나 않을까 겁을 먹으면서 돌아다보지도 않고 휭하니 걸음을 빨리하는 꼴이 자기 스스로도 속으로는 가관으로 여겨졌다. 흡사 꿈속에서 아귀에게 쫓기우는 시늉과도 같았던 까닭이다. 언제까지나 그렇게 쫓겨야 할 것인구.

"으악."

별안간 들리는 날카로운 고함은 쫓아오는 급사의 아웅 소리는 아닌 모양이었다. 너무도 오도깝스런 외마디였던 까닭에 마란은 모르는 결에 문득 걸음을 멈추었다.

"아이구."

두 번째 고함에 마음을 다구지게 먹었던 마란도 뒤를 안 돌아다보는 수가 없었다. 돌아다보고 안 놀라는 수도 없었다.

쫓아오는 줄로만 알았던 급사의—목소리는커녕 자태도 안 보이고 고함은 멀리 뱀을 둘러싸고 섰던 군중 속에서 난 것이었다. 아마도 비상한 일이 일어난 모양, 단정하게 섰던 사람의 테두리가 어지럽게 헤트러졌고 그 속에서 독사의 궤짝을 떨어뜨린 땅꾼은 설설 뱀을 돌면서 기괴한 춤을 추는 것이었다.

"아이구머니 아이구머니."

팔을 흔들며 쩔쩔매는 품이 심상한 춤은 아니었다. 기쁠 때에 추는 춤이 괴로울 때에도 자연스럽게 나오는 것일까. 물끄러미 땅꾼의 양을 바라보다가 마란은 무서운 생각에 이르렀다.

(아니 그럼…….)

급스럽게 가까이 달려갔다가 짜장 뜨끔해 몸서리를 치고 섰다. 참혹한 꼴을 보았다. 땅꾼은 독사에게 손을 물린 것이었다.

"위태위태하더니—독을 가진 물건은 어느 때나 사람을 해하구야 말어."

"주인을 물다니 불측한 즘생 같으니."

사람들은 지껄이면서 땅꾼의 고민하는 양을 물끄러미들 바라볼 뿐 팔다리를 하나씩 거들어 그의 괴롬을 덜어 주는 도리는 없었다. 기쁨은 함께 나눌 수 있어도 괴롬 속에는 한몫 참례할 수 없는 노릇이다. 어떻게 하면 그 자리를 건질 수 있을는지 지혜도 생각도 없이 사람들은 완전히 바보들이었다.

떨어진 궤짝 속에서는 독사들이 그물 사이로 혀를 널름거리는 것이 희생된 주인을 측은히 여김인지 저주함인지 미물의 뜻을 헤아릴 수 없다. 주인을 문 놈은 어떤 놈인구, 필연코 복수의 쾌감에 잠겨 있으려니 하고 마란은 그놈을 찾아내려고 두리번거리나 그놈이 그 놈이어서 분간할 수가 없다. 그놈으로서 보면 사람의 모양 또한 그럴까.

"아이구머니 사람 살리우."

신음 소리에 마란은 뱀에서 시선을 돌려 다시 땅꾼을 바라보았다. 그의 얼굴을 보았다—무서운 얼굴을 보았다. 모르는 결에 주춤하고 몸이 가다듦을 느꼈다. 수선만을 떨고 똑바로 못 보았던 그의 표정을 비로소 보고 우레나 맞은 듯 육신이 울린 것이다.

괴롬의 얼굴이란 이런 것인가. 아픔의 표정이란 이런 것인가. 눈이 까지고 볼이 틀어지고 눈썹이 휘이고 이가 갈리고—이것이 고통의 극치인 것인가.

(흐음. 이것이로구나.)

꿈에서 깨어난 듯이 마란은 홀연히 깨달으면서 깊게 탄식했다.

위대한 새로운 발견이었다. 반생 동안에 처음 얻은 경험이요 받은 감동이었다.

(바로 이것이로구나.)

시저가 애급(埃及)을 정복했을 때에 외쳤다는 '왔다 보았다 이겼다'의 감동도 그러한 것이었던지, 참으로 '이겼다'는 고함과도 흡사했다. 놀람은 어느 결엔지 기쁨과 만족으로 변했다.

(반날 동안 반생 동안 찾던 것을 이제 얻었구나. 비로소 내 예술을 얻었구나. 이것을 그리자. 이 얼굴을 그리자.)

영감의 샘이 금시 하늘에서 그의 몸으로 옮아온 듯 두 눈이 형형히 빛나고 머리카락이 곤추섰다. 흥분으로 말미암아 와들와들 떨리고 어깨가 실룩거려 육신의 중심을 잡을 수가 없다. 내리기 시작한 신장대 모양이다. 거울을 놓고 얼굴을 찡그려 보아도 얻지 못했던 괴롬의 영감을 땅꾼의 얼굴에서 찾았다. 이제야말로 운필의 동기를 확적히 잡았다. 초조와 괴롬은 흩어지고 만족과 법열이 얼굴에 서리어 갔다.

(오늘은 세상에서 제일가는 삽화를 그리리라. 일생일대의 걸작을 그리리라. 라오콘의 조각 이상의 예술을 맨드리라. 발칙한 급사의 독촉을 그림으로 물리치리라. 거만한 편집장의 입을 놀람으로 막어버리리라.)

손에는 어느 결엔지 사생첩이 들려있었고 새로운 페이지 위에 땅꾼의 얼굴이 한 획 두 획 윤곽을 이루어 갔다. 트로이의 라오콘은 적군의 휼계를 간파한 까닭에 뱀에게 물렸건만 땅꾼은 뱀을 팔려다가 뱀에게 물렸다. 수천 년 전의 괴롬이 오늘에 재생되어 마란의 예술을 도울 줄 뉘 알았으랴. 마란의 그림이 라오콘 군상의 조각에 못 미치리라고 누가 말하랴.

(이제서야 내 거울 속을 똑바로 보았구나. 소설의 주인공의 표정을, 내 표정을 똑바로 보았구나. 땅꾼이여. 라오콘의 후손이여. 잠시 내 모델이 되라. 내 그대의 괴롬을 후세에 전하리니 나를 믿으라.)

세기의 고통은 무상의 기쁨으로 변해 지금 마란으로 하여금 모든 것을 잊어버리고 제작에 열중시켰다. 사람들도 비로소 영문을 알고 마란에게로 주의를 보내 왔고 땅꾼도 그의 열정에 감동되어 잠시 몸을 움직이지 않고 정숙하게 그를 향하는 것이었다.

요번에야말로 짜장 그림 독촉을 나왔던 급사도 말을 잊고 그의 옆에 우두커니 서 있었다. 모든 것이 일순 걸작의 탄생을 위해 엄숙한 침묵을 지키고 있는 것이었다.

《문장》, 1941. 2.

# 산협

공재도가 소금을 받아 오던 날 마을 사람들은 그의 자랑스럽고 호기로운 모양을 볼 양으로 마을 위 샛길까지들 줄레줄레 올라갔다. 새참때는 되었을까 젠노리가 지난 후의 깨나른한 육신을 잠시 쉬이고 싶은 생각들도 있었다. 마을이라고는 해도 듬성한 인가가 산허리 군데군데에 헤일 정도로밖에는 들어서지 않은 평퍼짐한 산골이라 이쪽저쪽의 보리밭과 강낭밭에서 흰 그림자들이 희끗희끗 일어서서는 마을 위로 합의나 한 것같이 모여들 갔다.

"소가 두 필에 콩 넉 섬을 실구 갔었겠다. 소곰인들 흐북히 받어 오지 않으리."

"반반으로 바꿔두 두 섬일 테니 소곰 두 섬은 바위보다두 무겁거든. 창말 장에서 언젠가 한번 소곰섬을 져 본 일이 있으니까 말이지만."

"바닷물루 만든다던가. 바다가 멀다 보니 소곰은 비상보다 귀한 걸. 공서방두 해마다 고생이야."

봄이 되면 소금받이의 먼 길을 떠나는 남안리 농군들이 각기 소

등허리에 콩섬을 싣고 마을길에 양양하게들 늘어서는 습관이던 것이 올에는 거반 가까운 읍내에 가서 받아 오기로 한 까닭에 어쩌다 공재도 한 사람이 남아 버렸다. 원주 땅 문막은 서쪽으로 삼백 리나 떨어진 이웃 고을의 나루였다. 양구덤이를 넘고 횡성 벌판을 지나 더딘 소를 몰고는 꼭 나흘의 길이었다. 양구덤이를 넘는 데만도 너끈히 하루가 걸리는 데다가 굼틀굼틀 구불어 들어가는 무인지경의 영(嶺)은 깊고 험준해서 울창한 참나무숲에서는 대낮에도 도적이 났다. 썩은 아름드리나무가 정정히 쓰러져 있는 개울가의 검게 탄 자리는 도적이 소를 잡아먹은 곳이라고 행인들은 무시무시해서 머리털을 솟구면서 수군거렸다. 문막 나룻강가에는 서울서 한강을 거슬러 올라온 소금섬이 첩첩이 쌓여서 산골에서 나온 농군들과의 거래로 복작거리고 떠들썩했다. 대개가 콩과 교환이 되어서 이 상류지방에서 바뀌어진 산과 바다의 산물은 각기 반대의 방향으로 운반되는 것이었다. 흥정이나 잘돼서 후하게 받은 소금짐을 싣고 다시 양구덤이를 무난히 되돌아 넘어 멀리 자기 마을의 산골짝을 바라보게 될 때 재도는 비로소 숨을 길게 뽑았다. 내왕 열흘이나 걸리던 먼 길에서는 번번이 노독을 얻었고 육신이 나른히 피곤해졌다. 소금받이는 수월한 노릇이 아니었다.

강냥밭에서 풀을 뽑고 있던 안증근이 삼촌의 마중을 나가려고 호미를 던지고 골짝으로 내려와 사람들 틈에 끼었을 때에는 산 너머 무이리까지 마중 갔던 재도의 사촌 아우 공재실은 한 걸음 먼저 산길을 뛰어 내려오면서 얼마간 흥분된 낯빛이었다.

“자네들두 놀라리. 내 세상에 원—삼백 리나 되는 문막 길을 가서 재도가 무얼 실어 오는 줄들 아나."

"소 두 필에 산더미 같은 소금바리를 실구 오겠지 별것 실구 오겠나. 소 등어리가 부러져라구 무거운 소금섬으로야 일 년을 먹구두 남겠지."

"두, 두 필이었겠다 확실히. 그 두 필의 소가 한 필이 됐다면 이건 대체 무슨 조화일 건가. 그리구 그 한 필의 잔등에두 무엇이 타구 오는 줄 아나."

"소금섬 대신에 그럼 금항아리나 실구 온단 말인가."

"금항아리? 또 똥항아리래라. 사실 똥 든 항아리를 실구 오는 폭밖에는 더 돼. 열흘 동안이나 왼처를 건들거리구 제일 바쁜 밭일의 고패를 버리구 떠나서 원 그런 놈의 소갈머리라니."

대체 무슨 곡절이길래 재실이 이렇게 설레누 하고들 있는 판에 바로 당자인 재도의 자태가 산길 위에 표연히 나타났다. 음—옳지—들 하고 입을 벌리면서 사람들은 눈알을 굴렸다. 한 필 소의 고삐를 끌고 느실느실 걸어오는 재도의 모양은 자랑스런 것인지 낙심해 하는 것인지 짐작했던 것보다는 의젓한 데다가 끌고 오는 소 허리에는—한 사람의 여인이 타고 있는 것이다. 먼 눈에도 부유스름하게 흰 단정한 자태이다. 가까워 옴에 따라 얼굴 모습이 차차 뚜렷이 드러날 때 사람들은 모르는 결에 수선들거리며 소군소군 지껄이기들 시작했다. 재도는 여인을 위로나 하는 듯 연해 쳐다보면서 무언지 은은히 말을 던지는 꼴이 가깝게 보니 낙심해하는 것이 아니라 역시 자랑스러워해 함을 알 수 있었다. 조그만 소금섬이 여인의 발 아래에 비죽이 내다보인다.

"새로 얻은 색시라나. 사십 중년에 두 번 장가라니 망녕두 분수가 있지, 암만해두 마을 사람을 웃길 증조야."

재실은 좀 여겨들으라는 듯이 좌중을 휘둘러보면서 눈에 핏대를 세우고 빈정거린다.

"그럼, 기어쿠 소원성취네그려, 첩 첩 하구 잠꼬대같이 외이더니. 자식 없는 신세가 돼 보면 무리는 아니렷다. 송 씨의 몸에서나 생긴다면 몰라두 후이 없는 것같이 서운한 일은 없거든."

이렇게 재도의 편을 드는 것은 같은 자식 없는 설움의 강 영감이었으나 그런 심정은 도대체 재실의 비위에는 맞지 않았다.

"지금부터래두 큰댁의 몸에서 늦내이로 생길지두 모르는 일이거니와 첩의 몸에서라구 어김없이 있으리라구는 누가 장담하겠나. 생겼댔자 그게 자라서 한몫을 볼 때까지 애비가 세상에 붙어나 있겠나."

"증근이 너 삼촌댁 하나 더 생겼다구 좋은 모양이지. 너두 올해는 장가들 나이에—네 색시하구 젊은 삼촌댁하구 까딱하면 바뀌 잡을라."

"삼촌댁이구 쥐뿔이구 내 소는 어떻게 된 거야. 남의 황소를 끌구 가드니 지져 먹은 셈인가."

씨름으로는 면내에서 증근을 당하는 사람이 없었다. 단옷날 창말서 열리는 대회에서는 해마다 상에서 빠지는 적이 없었고 지난해에는 황소 한 마리를 탔다고 이름이 군내에 떨쳤다. 그 황소를 빌려 가지고 떠날 때 애걸복걸하던 삼촌이 지금 터무니없이 맨손으로 돌아오는 것이다.

"황소와 색시와 바꿨단 말인가. 그럴 법이. 그게 어떤 황손데. 나와 동무하구 나와 잠자구 내가 타구 하던 것을 갖다가—지금 어디서 내 생각을 하구 있을구."

"이런 말버릇이라니. 삼촌댁을 그렇게 소홀히 여기면 용서가 없어. 소가 다 무어게. 씨름에서 이기면 또 얻을걸. 사내자식이 언제면 지각이 들꾸."

핀잔을 받고 중근은 쑥 들어갈 수밖에는 없었으나 삼촌이 사람들과 지껄지껄하고 있는 동안 슬며시 소 잔등에 눈을 보냈다가 구슬같이 말간 색시의 행동에 그만 마음이 휘황해지면서 눈이 숙어졌다. 저렇게 젊은 색시가 왜 삼촌댁이 되는구 생각하니 이상스런 느낌에 공연히 마음이 송송거려져서 이게 여간한 일이 아니구나, 얼른 삼촌댁에도 일러 주지 않으면 하고 총중을 빠져 나와 단걸음에 집으로 달려갔다.

뒤안 베틀에서 베를 짜고 있던 삼촌댁 송 씨는 곡절을 듣고 뜨끔해 놀라는 눈치더니 금시 범연한 태도로 조카 중근을 듬짓이 내려다 보았다.

"삼촌은 입버릇같이 언제나 나를 둘소 둘소 하고 욕 주드니 그예 계집을 데리고 왔구나. 내가 둘손지 삼촌이 병신인지 뉘 알랴만 나두 자식을 원하는 마음이야 삼촌에게 지겠니. 아무리 속을 태워두 삼신할머니가 종시 원을 들어주지 않는구나. 첩의 몸에서 자식이나 생기는 날이면 나는 이 집을 하직하는 날이야……. 앞대 여자는 인물두 좋다는데."

"그렇게 고운 여자두 세상에 있나 싶어. 달같이 희멀건 게……."

"어디 보구나 올까. 마중 안 나왔다구 또 삼촌께 책을 듣기 전에."

한숨을 지으면서 송 씨가 틀에서 내려서 앞뜰까지 나섰을 때 골방에서 삼을 삼고 앉았던 늙은 시모는 무슨 일이냐고 입을 벙긋벙긋했다. 증근이 큰소리를 질러 곡절을 말해도 귀도 안 들리고 말도 못 번기는 노망한 노파는 안타까워서 손만 휘휘 내저었다.

논길을 걸어 내려오는 행렬을 보고 송 씨는 휘황한 느낌에 눈이 숙어졌다. 소를 탄 색시의 자태는 사람들 위로 우뚝 솟아서 높고 그 발 아래편에 남편과 마을 사람들이 줄레줄레 달려서 누구나가 슬금슬금 색시의 모양을 우러러보는 것이었다. 소 목에 단 방울 소리가 떨렁떨렁 울리는 속으로 사람들의 말소리가 지껄지껄 들리는 것이 흡사 잔칫집 행렬이었다. 내 혼례 때에두 저렇게 야단스럽진 못했겠다 눈을 감구 가마를 탔을 뿐이지 저렇게 자랑스럽지는 못했겠다, 송 씨가 그런 생각에 잠겨 있을 때 증근은 또 제 생각에 잠겨 내가 씨름에서 황소를 타 가지구 돌아올 때두 저렇게 야단스러웠던가 마을의 젊은 축들이 뒤에서 떠들썩하고들 따라왔을 뿐이지 저렇게 의젓하지는 못했던 것 같다—고 작년 일을 생각하고 있었다. 따뜻한 볕을 잠뿍 받으면서 흔들흔들 가까워 오는 색시의 자태를 바로 눈앞에 바라보았을 때 그것이 꿈이 아니고 짜장 생시의 일임을 깨달으면서 송 씨는 아찔해짐을 느꼈다.

이튿날은 잔치라고 마을의 여자란 여자는 죄다 재도의 집에 모여들었다. 인가가 듬성한 마을 어느 구석에 사람이 그렇게도 흔하게 박혔던지 마당과 부엌과 방에 그득들 넘쳤다. 급하게 차리노라고 대단한 잔치도 아니었으나 그래도 국수 그릇과 떡 조각에 기뻐들

하면서 사내들은 탁주잔에 거나해지면서 각시의 평론으로들 왁자지껄했다. 송 씨는 어젯날에 놀람과 탄식은 씻어 버린 듯 범상한 낯으로 부지런히 서둘렀다. 큰댁 앞에서 새각시의 인물을 한정 없이 출 수도 없어서 여자들은 기연미연한 말솜씨로 그 자리를 얼버무려 넘겼다. 저녁 무렵은 되어 외양간에 짚과 멍석을 펴고 신방이 차려질 때까지도 돌아가려고들은 안 하고 외양간 빈지 틈으로 첫날밤의 풍습을 엿볼 양으로 눈알을 굼실굼실 굴리며들 설렜다. 소의 본성을 본받아 잘 낳고 잘 늘라는 뜻이기는 했으나 그 당돌한 첫날밤의 풍습에 색시는 얼굴을 붉히며 서슴거리는 것을 여자들은 부끄럽긴 무에 부끄러워서 소같이 튼튼한 아들을 낳아서 송 씨 일문의 대를 이어야만 장한 일인데라고 우겨서 외양간 안으로 밀어 넣는 것이다. 늙은 신랑이 이도 겸연쩍은 듯이 고개를 숙이고 그 뒤를 따라 들어간 후 빈지를 닫고 나니 사내들은 주춤주춤들 헤어져 혹은 집으로 가고 혹은 다시 사랑으로들 밀렸으나 여자들은 찹찹스럽게 외양간 주위를 빙빙 돌면서 젊었을 시절의 꿈들을 생각해 내서는 벙글벙글 웃고 킬킬거리면서 수선들을 떨었다.

"얼른들 와 좀 봐요. 촛불이 꺼졌어."

"공서방두 복 있는 사람이야. 평생에 두 번씩이나 국수를 먹이구. 그 둘째 각씨는 천하일색이니 죽어서 다시 저런 일색으로 태어난다면 열두 번 죽어두 한이 없겠다."

"여자는 인물보다두 거저 자식내이를 잘 하구야. 큰댁은 왜 색시 때 일색이 아니었나."

"큰댁두 속 무던히 상하겠다. 여식이래두 하나 낳드라면 이런 꼴 안 봤을 것을—어 어디를 갔는지 아까부터 까딱 자태가 안 보이니."

송 씨는 남모르는 결에 집을 나와 뒷골 우물둔치에 와 있었다. 칠성단에 정한 물을 떠 놓고 그 앞에 무릎을 꿇고 요 십 년째 아침 저녁 한 번도 번긴 적이 없는 기도를 올리고 있었다. 눈을 감고 합장하고 정성을 다해 치성을 드리는 단정한 얼굴이 어둠 속에 희끄무레 솟아 보인다.

"아침이나 저녁이나 이 자리에 무릎 꿇고 합장하구 삼신님께 비옵는 건 한 톨의 씨를 이 몸에 줍소사고 인자하신 삼신님께 무릎 꿇고 합장하구 아침이나 저녁이나……."

웅얼웅얼 외이는 목소리는 산속에 울리는 법도 없이 샘을 둘러싸고 있는 키 높은 갈대밭으로 꺼져 들어가면서 그 소리에 화하는 것은 얕은 도랑물 소리뿐이었다. 집안의 요란한 인기척도 밭 건너편에 멀고 금시 어둠 속에 삼신의 자태가 우렷이 나타날 듯도 한 고요한 골짜기였다. 사시나무와 자작나무 잎새도 오늘 밤만은 살랑거리지도 않는다.

"……오늘은 혼인날에 요란히 기뻐하는 속에 내 마음 한층 쓰라리구 어지럽사오니 가엾은 이내 몸에두 여자의 자랑을 줍사 공가에 내 핏줄을 전하게 하도록 합소사구 삼신님께 한결같이……."

모았던 손을 풀고 손바닥을 비비면서 조용조용 일어섰다가는 엎드리면서 단 앞에 절을 한다. 항아리 속에 준비했던 백 낟의 콩알을 한 개씩 헤이면서 백 번의 절을 시작했다. 일어섰다가는 엎드리고 일어섰다가는 엎드리고 하는 그 피곤을 모르는 가벼운 거동이 점점 짙어지는 어둠 속에 사라지고는 나중에는 산신령의 속삭임과도 같은 웅얼웅얼하는 군소리만이 아련히 남았다. 외양간의 첫날밤의 거동보다도 한층 엄숙한 밤 경영이었다.

이렇게 남몰래 마음을 바수는 것은 송 씨 한 사람뿐이 아니라 재도의 종제 재실과 그의 아내 현 씨도 잔칫집 뒷설거지를 대충 마치고 삼밭 하나 사이에 둔 자기들 집으로 돌아왔을 때 처음으로 조용히 자기들의 처지를 돌보게 되었다.

"꼴이 다 틀린걸. 이렇게 될 줄은 몰랐다."

재실은 한숨과 함께 중얼거리면서 일득이 놈은 자는가 하고 아랫방을 내려다보고 어린 외아들이 때아닌 잔치등살에 피곤해 잠들어 있는 것을 보고는 다시 아내에게로 고개를 돌렸다.

"일이야 될 대루 됐지. 철없는 외자식을 양자로 주군 무얼 믿구 살어간단 말요."

"또 덜된 소리. 누가 주구 싶어서 주나. 이 살림 꼬락서니를 생각해 보면 알 일이지."

재실의 심보라는 것은 일득이를 큰집에 양자로 들여보내서 대를 잇게 하고 그 덕에 어려운 살림살이를 고쳐 보자는 것이었다. 부근 일대의 전토와 살림을 독차지하다시피 해서 재도가 마을에서 일등 가는 등급인 데 비기면 근근 집 한 채밖에는 지니지 못하고 몇 자리의 형의 밭을 소작해서 지내가는 재실의 처지는 고달프기 짝 없는 것이었다. 당초부터 그렇게 고달팠던 것이 아니라 조부 때에 분재를 받아 두 대째 온전히 지켜 오던 가산을 재실은 한때의 허랑한 마음으로 읍내에서 노름에 정신을 팔고 창말서 장사를 하느라고 흥청거리다가 밑을 털어 버린 것이었다. 다시 형의 앞에 나타날 면목조차 없었으나 목숨이 원수라 몇 자리의 밭을 얻어 생애를 다시 고쳐 시작하는 수밖에는 없었다. 마음을 갈아 놓았다고는 해도 어려운 살림에 시달리노라니 심사가 흐려지는 때도 많아서 형에게 후손 없는 것을 기회 잡아 외아들 일득을 종가로 들여보낼 계책이었던 것이다.

"형두 당초에는 그 요량으로 있었던 것이 웬 바람인지 알 수가 없어. 인물에 반했는지 원. 소 한 필과 바꿨다니 소금 대신에 계집을 사 온 셈이지. 젊은 대장장이의 여편넨데 그 녀석 소가 탐이 나서 여편네를 팔게 됐다나."

"뭐, 뭐요. 소와 여편네를 바꾸다니. 계집두 계집이지 아무리 살기가 어렵기로 원 세상에 별일두 다 많지."

"후일 시비가 있어두 해서 사내는 쪽지를 다 써 주었다니까 정말두 거짓말두 없어. 대장장이 여편네래두 앞대 여자는 인물이 놀랍거든. 녀석 지금쯤은 필연코 후회가 나렷다."

"숫색시가 아니래두 핏줄만 이으면 그만이야 그만이겠지. 양자를 들이긴 제발 제발 싫다구 하던 판에."

"그래 이 집 꼴은 무어람. 일득이를 준다구 해두 아래 윗집에서 영영 못 보게 될 처지두 아니구 내년 봄에는 창말 사숙에나 읍내 학교에두 넣어야 할 텐데—일 다 틀렸지. 남의 밭을 평생 부치면서야 헤어날 재조 있나."

재실이 밤 패이는 줄을 모르고 궁리해 보아야 하릴없는 노릇, 재도의 속심은 처음부터 빤한 것이었다. 큰댁 몸에서는 벌써부터 그른 줄을 알고 첩의 몸에서라도 자식을 얻어 보겠다고 벼르던 것이 이번 거사로 나타났던 것이다. 만약에 혈통이 끊어지는 일이 있다면 선조에 대해서 다시없는 죄를 지는 셈이 되는 까닭이었다.

조부의 대에 어딘지 북쪽 땅에서 이 산골로 옮아왔을 때에도 아무것도 가지지 못한 맨주먹에 족보 한 권만은 신주같이 위해 가지고 있었었다. 족보의 계도에 의하면 공문일가는 근원을 멀리 중국 창평 땅에 두고 만고의 성인을 그 선조로 받들고 있다고 기록되어 있었다. 기록된 옛 성인의 후손이라는 바람에 마을 사람의 공경과 우대를 한 몸에 모고 부지런히 골짝과 산허리의 땅을 일구기 시작한 것이 자수 성공으로 당대에 수십 일 갈이의 밭과 여러 섬지기의 논을 장만하고 부근 일대의 산까지를 손안에 잡아서 마을에서는 일등가는 거농이 되었다. 한번 일군 가산은 좀해 흔들리지 않아서 두 아들을 낳고 이 고을에서의 삼 대째 재도의 대에 이르게 되매 집안은 더욱 굳어졌다. 불미한 재실만이 두 대째 잘 이어 온 재산을 선친이 없어진 것을 기회로 순식간에 탕진해 버리는 것을 종형 재도는 아픈 마음으로 바라보고 있었다. 아니나 다를까 재실이 알몸으로 마을에 돌아왔을 때에는 전토는 벌써 남의 손에 들어간 후였다. 비위좋게 외아들의 양자봉양을 궁리해 왔으나 재도는 처음부터 마음이 당기지 않았다. 삼 대나 걸려 알뜰히 장만한 토지를 길이길이 다스려 가려면 아무래도 제 핏줄이 필요하다고 생각하고 있었다. 자기 한 몸이 없어진 후 행여나 재산이 다른 사람 손으로 넘어가게 되어 선조의 무덤을 돌보는 자손도 없이 그 제사를 게을리하게 된다면 사람의 자식 된 몸으로서 그보다 죄스러운 일은 없다고 생각하고 있었다. 일정한 땅에 목숨을 박고 그곳을 다스리게 됨은 그것을 다음 대에 물려주자는 뜻이라는 것을 굳게 믿고 있었다. 될 수만 있으면 먼 타관에서 인연을 구해 왔으면 하고 해마다 봄이 되어 소금받이를 떠날 때마다 그 궁리이던 것이 문막 나루터는 산에서 자란 그의 눈을 혹하기에 넉넉했다. 어쩌다가 올에는 바로 그 소원이 이루어진 것이었다.

혼례가 지나 며칠이 되니 새각시는 집일이 익어서 서름서름해 하는 법도 없이 부지런히 일을 거들었다. 부엌에서 큰댁과 나란히 서서 심상하게 지껄거리며 거짓말같이 화목해하는 모양을 남편 재도는 만족스럽게 바라보았다. 시모와 남편을 섬김에 조금도 소홀이 없도록 하려고 하는 조심성스러운 마음씨도 그를 기쁘게 하기에 넉넉했다. 누가 부르기 시작했는지 원줏집이라고 불리우게 되어서 이 칭호는 마을 사람들에게 일종 그리운 느낌을 주었다. 원주는 근방에서는 제일 개화한 읍이었다. 문명의 찌꺼기가 원줏집을 통해서 이 궁벽한 두메에까지 튀어 온 것이다. 원줏집은 세수를 할 때 팥가루 대신에 비누라는 것을 썼고 동그란 갑에 든 향내 나는 분가루는 창말 장에서 파는 매화분 따위는 아니었다. 무명지에는 가느다란 쇠반지를 꼈고 시모의 눈 닿지 않는 곳에 숨어서는 뒤안 같은 데서 흰 권연(卷煙)을 태웠다. 엽초밖에는 모르는 마을 사람들에게 그 향기는 견딜 수 없이 좋아서 사랑에 머슴을 살고 있는 박동이는 중근을 추켜서는 그 하아얀 권연 한 개를 제발 제발 빌곤 했다.

재도의 누이의 아들 안중근은—삼십쯤 되는 산 너머 마을에 출

가했던 누이가 죽은 후 남편마저 그 뒤를 좇아 떠나게 되니 의지가 지 없는 신세에 하는 수 없이 삼촌의 집에 몸을 붙이게 되었다. 가까운 혈육이기는 하나 성이 다른 조카를 내 자식으로 들일 의사는 없었으나 송 씨가 물을 지워 기른 보람이 있어 어느 결엔지 늠름한 장정으로 자라나 머슴과 함께 밭일을 할 때에는 어른 한몫을 넉넉히 보았다. 안씨 문중의 몇 대조이든지 조상에 산속에서 범을 만나 등어리에 발톱자국을 받았을 뿐 맹수의 허리를 안아서 넘어뜨린 장골이 있었다는 이야기를 어릴 때부터 들어온 증근은 자기도 그 장골의 피를 받았거니 하고 팔을 걷어 힘을 꼬나보곤 했다. 어릴 때부터 익어 온 송 씨를 백모라고 부르기는 당연하고 자연스러웠으나 생판 초면인 젊은 원줏집을 향해서는 쑥스러운 생각이 먼저 들면서 아무리 해도 같은 말이 입으로 나오지 않을 뿐더러 자기의 황소와 바꾸어 왔다는 생각을 하면 화가 나는 때조차 있었다. 날이 지날수록 송 씨는 기운을 못 차리면서 진종일 안방에 박혀 있거나 그렇지 않으면 베틀에 올라서 북을 덜거덕거리면서 길쌈내이로 날을 보내곤 했다. 그 쓸쓸한 자태가 증근의 가슴을 에우는 듯도 해서 원줏집 잔소리나 삼촌의 책망을 받을 때마다 백모를 막아 주고 싶은 생각뿐이었다.

어느 날 저녁 무렵 증근이 나뭇짐을 지고 돌아와 보니 부엌에서는 백모와 원줏집이 한바탕 겨루고 있었다. 저녁 준비로 그릇들이 어지럽게 놓인 부엌 바닥에 산발한 머리채를 마주잡고 떠들썩하고 노려댔다. 아침저녁으로 시중을 들러 오는 현 씨는 어쩔 줄을 모르고 서성거리면서 아궁 밖에 기어 나온 불 끄트머리도 건사하지 못하고 일득아, 얼른 가서 삼촌들을 데려오지 못하구 무얼 하니 하며 쉬인 목소리로 어린것을 꾸짖을 뿐이었다. 누가 소처럼 일하랴구 이 두메로 왔다든 넌 종일 베틀에만 올라 엎드리구 있으니 물을 긷구 여물을 끓이구 부엌 설거지를 하구 혼잣손으로 이 큰 살림을 어떻게 보란 말야 하고 윈줏집이 입술을 파랗게 떨면서 소리를 치는 것을 보면 일이 고되다는 불평인 듯싶었다. 호강하자는 첩이드냐 잘난 체 말구 너두 좀 시달려 봐야 두메 맛을 아느니라 나도 놀구만 있는 게 아닌데 일끝마다 남의 맘을 콕콕 찌르는 이 가살이 같으니 하고 백모도 대꾸하면서 한데 얼려서는 함께 나무검불 위에 쓰러졌다. 찬장을 다친 바람에 기명들이 왈그렁 뎅그렁 바닥에 쏟아졌다.

넌이 둘소면서 심술은 고작이지 큰댁이라구 장한 체 나둥그러진 건 너지 누구야 이럴 줄 알았으면 누가 이 산골로 올까 삼백 리나 되는 이 두메산골로. 이 말에 백모는 불같이 발끈 달아서 잇몸에서 피를 뱉으면서 무엇이 어쩌구 어째 또 한 번 지껄여 봐라 또 한 번 그 혓바닥을 빼 버릴 테니 소리소리 지르며 법석을 치기는 했으나 제 분에 못 이겨 제 스스로 탁 터지고야 말았다. 둘소라는 말같이 그에게 아픈 욕은 없었다. 더 싸울 기력도 잃어버리고 자기 설움으로 흑흑 느껴 우는 소리를 듣고 시모가 방문턱까지 기어 나와 그 아닌 꼴들에 놀라 입을 벙긋벙긋 열면서 손을 내저으나 흥분된 두 사람에게는 벌써 어른의 위엄도 헛것이었다. 증근이 쫓아 들어가서 두 사람을 헤쳤을 때에는 널려진 부엌 바닥도 볼만은 했지만 산발하고 옷을 찢고 피를 흘린 두 사람의 꼴은 차마 보기 어려운 것이었다. 현 씨도 덩달아 울면서 코를 훌쩍거렸다.

그날 밤 송 씨의 자태가 없어진 채 늦도록 나타나지 않았다. 원줏집만을 달래고 있던 재도도 비로소 웬일인가 하고 집안은 또 설레기 시작했다. 베틀에도 없고 방앗간에도 없다면 대체 어디로 간 것일까하고 재도와 증근은 물론 재실 부부와 박동이까지도 나서서 초롱에 불을 켜 들고 샘물 둔치부터 뒷산을 더듬어도 안 보인다. 점점 불안해져서 패를 노나 가지고 묘지 근처와 골짝 개울가를 샅샅이 찾아보기로 했다. 증근은 혼자서 어둠 속에 초롱을 휘저으면서 행여나 나뭇가지에 드리운 식은 시체를 만나면 어쩌누 겁을 잔뜩 집어먹고 슬금슬금 통물방앗간 안을 엿보았을 때 깊은 구석 볏섬 앞에 웅크리고 앉은 백모의 모양을 보고 주춤 뒷걸음질을 쳤다. 마음을 다구지게 먹고 달려가 보니 나뭇가지에 목은 안 맸을망정 꼼짝 요동 안 하고 눈을 감은 채 숨결이 가쁜 모양이다. 조그만 항아리가 구르고 독한 간수 냄새가 코를 찔렀다. 소금섬 아래에 받쳐 두었던 항아리의 간수를 먹은 것임을 알고 증근은 끔찍한 짓두 했지 하고 황망히 설레면서 무거운 몸을 일으켜 등에 업고 급히 방앗간을 나왔다. 건너편 뒷산 허리에 번쩍번쩍 움직이는 초롱불들이 보였으나 소리를 지르지 않고 잠자코 논두덩 길을 걷고 있으려니 몸더위로 등어리가 후끈해 오면서 그 무릎 아래에서 이십 년 동안이나 양육을 받아 온 백모를 이제 자기 등어리에 업게 된 것을 생각한즉 이상스런 느낌이 생기면서 알 수 없이 잔자누룩해지는 마음에 엉엉 울고도 싶었다.

"……그게 즈 증근이냐."

밤바람에 얼마간 정신을 차렸는지 백모는 가느다란 목소리로 간신히 지껄였다.

“왜 아직 목숨이 안 끊어졌을까……. 둘소 둘소 하지만 난 둘소가 아니야. 아무 게두 말할 수는 없지만 알구 보면 삼촌이 불용이란다. 무이리 무당이 내게 가만히 뙤어 주었어.”

“아주머니야 왜 나쁘겠수. 원줏집의 소갈머리가 글렀지. 앞대서 왔다구 독판 잘난 척하구 툭하면 쌈을 걸군 하면서.”

“원줏집이 아일 날 줄 아니. 두구 보렴. 삼촌이 불용이야. 다 삼촌의 허물이야. 아무두 그런 줄 모르니 태평이지……. 아이구 가슴이야 배야. 아마두 밸이 끊어졌나 부다. 이렇게 뒤틀릴 젠 으으 으응…….”

“맘을 든든히 잡수세요. 세상이 다 알게 될 일이니.”

간수가 과했던 까닭에 송 씨는 몹시 볶이우고 피를 토하며 자리에 눕게 된 것이 반달가량이 지나니 차차 누그러지는 날씨와 함께 의외에도 속히 늠실하고 일어나게 되었다. 허전허전해는 하면서도 별일 없었던 듯이 시침을 떼고 원줏집과 심상하게 지껄이면서 일을 거드는 품이 또다시 평온한 날로 돌아가는 듯이도 보였으나 뒷동산 밤꽃이 피기 시작할 무렵은 되어 송 씨에게는 이로 쇠약한 몸 걱정이 아니라 한꺼번에 마음을 잡아 흔들고 속을 뒤집히게 하는 일이 생겼다. 어느 결엔지 원줏집이 몸이 무거워진 듯 음식도 잘 받지 아니하고 게욱질만 하면서 자리에 눕는 날이 많아진 것이었다. 설마 그럴 수야 있을까 하고 마음을 태평히 먹고 있었던 것만큼 송 씨는 벼락이나 맞은 듯 정신이 휘둘리우면서 멍하니 한자리에 주저앉아 일어날 기맥조차 없어지는 때가 있었다. 현 씨가 달래면 간신히 일어나서 원망하는 듯이 하늘을 우러러보는 그 초췌한 자태는 차마 볼 수 없어서 재실은 하루는 창말서 용하다는 점쟁이 한 사람을 데리고 왔다. 반백이 된 수염을 드리운 판수는 정한 상 위에 동전을 굴리고 산죽 가지를 놓고 하면서 음성을 판단하고 사주를 풀어 길흉을 점쳤다. 괘가 좋소이다 걱정할 것이 없어 하고 한참 후에 감은 눈을 꿈적거리고 비죽이 웃으면서 결과를 고했다. 길한 날을 받아 동쪽으로 칠십 리를 가 백날 동안 고산치성을 드리면 그날부터 서조(瑞兆)가 있어 옥 같은 동자를 얻는다는 괘외다 길사는 빠를수록 좋은 법이니 하루라도 속히 내 말을 좇으소 판수는 자랑스런 낯으로 수염을 쓰다듬었다. 지금까지 아무 관상쟁이도 사주쟁이도 안 하던 말을 이렇게도 수월하게 쏟아 놓을 제는 필연코 팔자에는 있나부다고 송 씨는 반생 동안 그날같이 반가운 적이 없었다. 판수의 한마디로 순간에 병도 떨어진 듯이 기운이 나면서 기쁜 판에 정성을 다해 판수를 대접했다. 돈 열 냥과 쌀 한 말을 짊어지고 판수는 벙글벙글 하는 낯으로 재실에게 끌려 창말로 돌아갔다.

뜻밖인 길보에 남편인 재도도 반갑지 않지도 않은 듯 여러 가지로 길 떠날 준비를 거든다. 택한 날에는 외양간의 거동도 거른 후 기쁜 낯으로 아내를 떠나보냈다. 동쪽으로 칠십 리를 간 곳에는 이름난 오대산이 있고 그 중허리에 유명한 월정사가 있었다. 석 달분 양식에다 기명과 옷벌까지도 소등에 싣고 증근은 기쁘게 백모를 동무해 떠났다.

송 씨들이 떠난 후 농사가 바쁜 때이라 집안은 어지럽고 복작거리기는 했으나 큰댁과의 옥신각신이 뻔 것만으로도 원줏집은 시원해서 아무 데서나 권연을 푹푹 피우면서 기할 것 없이 내로라고 활개를 폈다. 재실의 한 집안이 죄다 오다시피 해서 일을 거드는 까닭에 부엌일도 송 씨와 으릉대고 있었을 때같이 고된 것은 아니었고 송 씨 앞에서는 어려워하는 현 씨도 원줏집과는 허름한 생각에 뜻을 잘 맞추어 주는 까닭에 모든 것이 탈 없이 되어 나갔다. 단지 밭일이 너무 고돼서 조밭에 풀 뽑기, 삼밭에 손질, 논에 갈 꺾기 등으로 손이 부족해 재도와 박동이는 죽을 지경이었으나 고대하고 있던 증근은 의외에도 빠르게 떠난 지 열흘 만에 돌연히 돌아와서 장정들을 반갑게 했다. 떠날 때보다는 풀이 죽어서 맥이 없어 보임은 필연코 노독의 탓이거니 생각하고 어떻던가 먼 길이라 되지 박동이가 물으면 돌아다보지도 않고 경없는 듯이 딴전을 보는 것이었다.

"산 산 하니 오대산같이 큰 산이 있을까. 아름드리 박달나무와 참나무가 빽빽이 들어서서 낮에두 범이 나올 지경이여. 절에는 불공 온 사람들이 득실득실 끓어서 산속이래두 동네와 진배없구. 스님이 여러 가지로 돌보아 주는 덕으로 방두 한 간 얻구 새벽 첫닭이 울 때 일어나서 새옹에 메를 지어 가지구는 불당에 올라가 부처님 앞에 백 번 절을 한다나. 백 번씩 백 날 백 일 불공을 드린대……. 내가 아는 건 그것뿐이야."

"타관 물 먹드니 너 아주 어른 됐구나. 올 때 진부 장터 봤겠지. 강릉 가는 신작로가 나서 창말보다두 크다는데."

"크구 말구. 신작로는 한없이 곧게 뻗친 위를 우차가 늘어서구 자동차가 하로에두 몇 번씩 달아난다네. 자동차 첨 보구 뜨끔해서 길가에 쓰러졌다네. 돼지같이 새까만 놈이 돼지보다두 빠르게 달아나거든. 우레 같은 소리를 지르면서……. 세상이 넓지. 마당 같은 넓은 길을 걷구 있노라면 이 산골로 다시 돌아올 생각이 없어져. 어디든지 먼 데루 내빼구 싶으면서."

"너 말두 늘구 생각두 엉큼해졌구나. 수작이 아주 어른이야. 어느 결엔지 어른 됐어. 목소리까지 굵어진 것이."

박동이가 어깨를 치는 바람에 정신없이 지껄이던 증근은 주춤하면서 몸을 비틀고 외면한 채 밭 있는 쪽으로 달아났다. 그 뒷모습을 바라보며 정말 녀석이 달라졌어 전에는 저렇게 수줍어하고 어색해하지 않드니 얼굴두 좀 빠진 것이 하고 박동이는 모를 일이라는 듯 고개를 갸웃거렸다.

단오절도 올에는 증근에게는 그다지 신명 나는 것이 아니어서 억지로 끌려 나가 씨름을 해도 해마다 판판이 지우던 적수에게 보기 좋게 넘어가 황소를 타기는커녕 신다리에 멍까지 들었다. 박동이는 그 꼴이 보기 딱해서 제 무릎을 치면서 저런 놈의 꼬락서니 봐라 정신이 번쩍 나게 좀 때려 줄까 부다 하고 홧김에 벌떡 일어서기까지 했다. 이날 증근은 생전 처음으로 장판 술집에 들어가 대중없이 술을 켜고 잠뿍 저물어서야 집으로 돌아왔다. 삼촌 재도가 너 요새 웬일이냐 잔뜩 주렵에 들어 기운을 못 차리는 것이 말 못 할 걱정이나 있느냐고 물어도 대답도 없이 고개를 숙인 채 어두운 길을 더듬어 뒷산으로 올라가 버렸다. 밤새도록 돌아오지 않더니 이튿날 낮쯤은 돼서 햇개만 한 노루새끼 한 마리를 가슴에 부둥켜안고 너슬너슬 내려왔다. 산에서 밤을 새운 것이었다. 한잠을 자려고 싸리나무 수풀 속으로 들어갔을 때 마침 그 자리가 노루 집이어서 놀란 새끼들이 소리를 치면서 껑청껑청 뛰어났다는 것이었다. 어둠 속을 쫓아가서 기어코 한 마리를 잡아 안고 숲속에서 하룻밤을 새웠다는 것이다. 잃어진 새끼를 찾는 어미노루의 울음소리가 밤새도록 골짝에 울렸다고 한다. 증근은 그날부터 뜻밖에 노루새끼로 말미암아 얼마간 기운을 차린 듯 사람의 새끼보다두 귀엽거든 잘 먹여서 기를 테야 하고 외양간 옆에 조그만 울을 꾸민다 싸릿잎을 뜯어다 먹인다 하면서 반나절을 지우곤 했다. 겁을 먹고 비슬비슬하던 노루도 점점 사람을 가리지 않으며 저녁때쯤 되니 싸리도 잘 받아먹게 되었다.

일에서 돌아온 박동이는 그 꼴을 보고 어이없어서 산에서 자는 녀석이 어디 있니 밤새도록 얼마나 걱정을 했게 책망하면서

"씨름에 진 녀석이 노루새낀 무어야. 노루보단 소를 타 오진 못하구. 이까짓 노루새끼를 무엇에 쓰겠게."

"짐승을 다쳤다간 그냥 두지 않을 테다. 네까짓 게 열 번 죽었다 나 봐라. 이렇게 귀엽게 태어날까."

"분이보다두 귀여우냐. 가을에는 잔치를 지내구 임 서방의 사위가 될 녀석이 언제까지나 그렇게 지각없는 짓만 할 테냐. 분이 얼굴을 넌 아직 똑똑히는 못 보았겠다. 여름이 되면 건넛산에 딸기를 따러 갈 테니 밭 이랑에 숨었다가 가만히 여겨 보렴. 첫눈에 홀딱 반할라."

"잔소리 작작해. 분이를 누가 얻는다던. 그렇게 탐나거든 왜 네 색시나 삼으렴."

"두멧놈이 큰소리 한다. 욕심 안 부리면 누가 장하다든. 그렇지

않으면 맘에 드는 사람 따로 생겼니. 너 요새 눈치가 수상하드구나……. 어디 좀 만져 보자. 얼마나 컸나. 언제 색시를 얻게 되겠나."

"이 미친 녀석이. 이놈이 지랄이야."

박동이가 데설데설 웃으면서 희롱 삼아 손을 벌리고 달려드니 증근은 얼굴이 새빨개져 뒤로 물러서면서 금시 울상이었다. 망신 주면 이놈 너 죽일 테다 떨리는 손으로 진정 낫을 쥐어드는 것을 보고는 박동이도 실색해서 이번에는 자기 편에서 되 도망을 쳤다. 살기를 띤 증근이의 눈을 보니 소름이 치고 겁이 났다.

산골의 여름은 빨라서 모가 끝난 후 보리를 걷어 들이고 나니 골짝에는 초목이 울창해지고 산에는 나무가 우거져서 한결 답답하게 되었다. 옥수수 이삭에서는 붉은 수염이 자라고 삼은 사람의 키를 훌쩍 넘게 되어서 마을은 깊은 그림자 속에 잠기고 공씨 일가는 밤나무와 돌배나무 그늘에 왼통 덮일 지경이었다. 장마가 져서 큰물이 난 후로는 볕이 따갑게 쪼이기 시작해서 마을 사람들은 쉴 새 없는 일에 무시로 땀을 철철 흘렸다. 재실은 피곤할 때에는 모든 것이 성가시고 귀치 않아서 밭둑에 하염없이 앉아서는 생각에 잠기곤 했다. 원줏집이 몸이 무겁다면 벌써 일득이에게 소망을 걸 수도 없게 되어서 앞으로의 근 반생 동안을 어떻게 고달프게 지낼 것인구 하고 눈앞이 막막해졌다. 차라리 다 집어치우고 금전판엘 가든지 그렇지 않으면 앞대에 가서 뜬벌이를 하든지 하는 것이 옳겠다고 박동이와 마주앉아서는 한없는 궁리에 잠겼다. 아내 현 씨는 그런 남편의 심중을 헤아릴 까닭도 없어서 큰집에 박혀서는 원줏집과 부산하게 서두를 뿐이었다. 재도는 장마 때 터지는 봇살을 막노라고 덤비다가 흙탕물 속에서 가시를 밟은 것이 덧나 부은 발로 꼼짝 못하고 누워 있던 것이 바쇠를 달궈서 지진다 풀뿌리를 이겨서 바른다 하는 동안에 차차 낫기 시작해 지금에는 일어나 걸어다니게까지 되었다. 달포 동안 방에 번듯이 누워 점점 불러 가는 원줏집의 배를 바라보는 것은 더없는 기쁨이기는 했으나 다시 일어나 근실거리는 두 팔로 몰킨 일을 시작하는 것도 또 없는 기쁨이었다. 밭 속에서 혹은 산위에서 멀리 집 안에 움직이고 있는 아내의 모양을 바라보는 것도 흥겨운 일이었다.

흥이 과해서 하루는 아닌 변이 생기고야 말았다. 수상한 아내의 모양을 보고 황겁지겁 산을 뛰어 내린 것이었다. 건넛산 골짝에 칡넝쿨을 뜯으러 가 있었던 재도에게는 점심이 지나고 사내들은 밭으로 나간 후에 조용한 집 안이 멀리 내려다보였다. 문득 안뜰에 조그만 그림자가 움직이더니 주위를 살피는 듯 슬금슬금 안방으로 들어가는 것을 보고 그것이 박동이인 줄을 알았을 때 뒤켠 조밭에 가 있어야 할 녀석이 아닌 때 무슨 까닭일구 하고 재도는 숨을 죽이고 바라보았다. 한참이나 있다가 박동이가 늠실하고 방에서 나오는 뒤로 원줏집이 권연을 물고 따라 나오는 것을 보고는 재도는 눈이 뒤집힐 듯 노기가 솟아 부르르 육신을 떨면서 지게도 칡넝쿨도 내버린 채 허둥지둥 골짝을 뛰어내렸다.

아내를 믿고 지내 오지 않은 것은 아니었으나 한번 의심하기 시작하니 환장이나 할 듯이 마음이 뒤집히우는 것이었다. 둘이 아무리 방패막이를 해도 마음이 듣지를 않아서 물푸레 나뭇가지로 번갈아 물매를 내리나 아내는 청하길래 적삼을 잡아 매 주고 내친김에 권연을 한 개 주었다는 것 이상으로는 입을 열지 않았다. 나중에는 도리어 짜증을 내면서 이렇게 욕을 받으려면 차라리 고향으로 나가겠노라고 주섬주섬 세간을 거두는 것이었다. 그래도 재도는 노염이 풀리지 않아서 기어코 여물을 써는 작두날에다 박동이의 목을 밀어넣고 다짐을 받을 때 박동이는 비로소 손을 빌고 눈물을 흘리면서 고했다—사실은 그렇게 허물을 지은 듯이 보여서 원줏집에다 억울한 죄를 씌워 그를 집에서 내쫓자는 계책이었다는 것 그 계책에 재도가 옳게 걸려 왔다는 것 그 모든 계책은 재실의 뜻과 지칭에서 나왔다는 것이었다. 재도도 놀랐지만 원줏집도 그런 휼책(譎策) 속에 감쪽같이 옭혀들어 갔음을 알고 어이가 없어서 못된 녀석들 하고 이번에는 박동이를 책하기 시작했다. 재도는 겨우 마음이 가라앉으면서 밤낮 남모를 궁리에만 잠겨 있는 재실이 녀석이니 그럴 법도 하겠다고 박동이를 시켜 곧 불러 보았으나 재실은 그렇게 될 줄을 예료하고서인지 밭에도 집에도 자태가 보이지 않았다.

그날부터 종시 집에 돌아오지 않았다. 아마도 어느 금전판이나 먼 앞대로나 간 것이려니 생각할 수밖에는 없었던 것이 며칠 후 창말로 장 보러 갔다 온 사람 말을 들으면 술집에서 여러 날이나 곤드레만드레 뒹굴고 있더니 깊은 산에 가 치성을 드리고 삼을 찾아보겠다고 하루는 표연히 홍정리 심산으로 들어가겠다는 것이었다. 삼을 캐서 단번에 천금을 쥐자는 생각이지만 그런 바르지 못한 심청머리에 삼신산의 불사약이 그렇게 수월하게 눈에 띌 줄 아나 하고 재도는 도리어 측은히 여겼다. 남편을 잃어버린 현 씨의 설움은 남모르게 커서 개일 줄 모르는 눈자위를 벌겋게 해 가지고는 어린것을 데리고는 큰집에 들어박히다시피 했다. 박동이는 재실의 입바람에 당치 않은 짓을 했던 것이 겸연해서 이도 여러 날 동안이나 창말을 빙빙 돌면서 돌아오지 않는 것을 왕사는 왕사로 하고 바쁠 때 그대로 둘 수만도 없다고 재도가 손수 가서 데려온 까닭에 다시 사랑에서 거처하게 되었다.

이 의외의 변에 누구보다도 놀라고 겁을 먹은 것은 증근이었다. 삼촌이 박동이의 목을 자르겠다고 작두날 아래에 넣고 금시 발로 밟으려던 순간을 생각만 해도 몸서리가 치고 무릎이 떨렸다. 일상 때에 용하기만 하던 삼촌이 그렇게도 담차고 무서운 사람이었던가 싶었다. 견디기 어려운 무더운 날 백낮이면 나무그늘에 쉬이면서 흡사 재실이 하던 것과 같이 하염없이 생각에 잠기곤 했다. 한층 마음이 서글프게 된 것은 하루아침 우리 속에 기르던 노루가 달아났음이다. 길이 들었다고만 여기고 우리 빈지를 빼꼼히 열어 놓은 것이 마당 앞을 어정대는 줄만 알았더니 어느 결엔지 뒷산으로 날쌔게 달아나 버린 것이었다. 울화가 나서 일도 잡히지 않는 동안에 더위도 가고 여름도 지났을 때 월정사에서 송 씨가 돌아왔다. 백일불공의 효험이 있어 석 달이나 되는 무거운 몸으로 나타났다. 증근은 반가운지 두려운지 가슴이 떨리기만 하는 바람에 이날부터 산에서 어두워진 다음에야 내려왔다.

원한을 풀고 돌아온 송 씨의 소문이 마을에 자자해지자 사람들은 창말 판수의 공을 신기하게 여기고 금시에 아들 복을 누리게 된 재도의 팔자를 부러워들 했다. 아들 없음을 누가 한할까 창말 판수에게 점치면 그만인 것을 하고 여자들은 지껄거렸다. 재도는 지금 같아서는 세상에 더 부러운 것이 없어 얼굴에 웃음을 머금고 사람들의 말시답을 하기에 겨를이 없었다. 마당 앞에 서서 터 아래로 골짝까지 뻗친 전토 전토를 바라보면서 자자손손이 그를 잘 다스려 먼 후세까지 일가가 번창해 조상의 이름을 날릴 것을 생각하면 지금 눈을 감아도 한이 없을 듯싶었다. 다시 시작된 두 아내의 옥신각신을 말리기는 남편으로서 두통거리였으나 큰 기쁨 앞에서 그것도 대단한 일은 아니었다. 작은집이 거만하게 배짱을 부리면 큰집도 질 사람이 어디 있느냐는 듯 펀둥펀둥 게으름을 부리면서 앙알거리는 두 사람의 자태를 차라리 대견한 낯으로 바라보는 때도 있었다.

그해 가을은 예년에 없는 풍년이 들어 추수는 어느 때보다도 흡족했다. 마당에는 볏단과 조단의 낟가리가 덤덤이 누른 산을 이루었고 뒤주간에는 잡곡이 그득 재어졌다. 낟이 굵은 콩도 여러 섬이 되어서 내년 봄 소금받이에도 흔하게 싣고 갈 수 있을 것이다. 밤 대추의 과실도 제사에 쓰고도 남으리만치 뜯어 들였고 현 씨는 마을 여자들과 날마다 먼 산에 가서는 서리 맞은 머루 다래 돌배에다 동백을 몇 광주리고 따 왔다. 집 안에는 그 열매 냄새와 함께 잘 익은 오곡 냄새가 후끈후끈 풍기고 두 사람의 아내는 부를 대로 부른 배에 진종일 머루를 먹었다. 반년 동안 신고한 덕이라고는 해도 배를 두드리며 지낼 한가한 겨울이 온 것을 생각할 때 재도는 몸을 흐붓이 적시어 주는 행복감에 마음이 깨나른해짐을 느꼈다. 이 가장 행복스러울 때 불행도 왔다. 그 불행이 오려고 그때까지의 행복이 준비되어 있었던지도 모른다. 어이없는 커다란 불행이 재도에게는 그렇게밖에 여겨지지 않았다. 안온하던 마음이 뒤집힐 듯 번져지면서 한 몸의 불운을 통곡하고 싶었다.

밭에서 남은 좃단을 묶고 있을 때 뒷산에 참새 모는 소리가 요란히 나면서 증근이 숨이 가쁘게 뛰어와서 전하는 말이 웬 타관놈 같은 낮모를 사내가 와서 원줏집과 호락호락 말을 걸고 있다는 것이었다. 그것이 제 아내를 찾으러 문막서 온 대장장이일 줄야 꿈에나 알았으랴. 마당으로 내려와 행장을 한 그 젊은 사내를 물끄러미 바라보는 동안에 재도의 안색은 푸르게 질리면서 입까지 더듬어졌다.

"당신두 놀라겠지만 처를 찾으러 왔소이다. 공연한 짓을 하구 얼마나 뉘우쳤는지. 동네를 안 대 준 까닭에 이곳을 찾느라구 큰 고생을 했소. 문막을 떠난 지가 한 달이 넘었는데 군내를 구석구석 모조리 들칠 수밖엔 있어야죠."

"지금 새삼스럽게 그 그게 무슨 소린가. 사람들 보구 있는 속에서 작정한 일이 아닌가."

"소와 사람을 바꾸다니 그럴 데가 세상에 어디 있겠수. 사람들한테서 내가 얼마나 욕을 받구 조롱을 받었는지 소는 그 뒤 얼마 안가 죽었구. 값을 치러 드리죠. 장만해 가지구 왔으니."

"쪽지는 무엇 때문에 썼나. 지장까지 도두라지게 찍구. 여기 다 있어. 재판소엘 가두 누가 옳은가 뻔한 일이야."

"그땐 여편네와 싸운 후라 내가 환장했었어유. 바른 정신으로야 누가 지장을 찍겠수."

"지금 와서 될 말인가. 반년 동안이나 한집에서 같이 산 사람을 지금 와서."

"아무래두 데려가야겠어요. 우리끼리 정하기 어려우면 여편네더러 정하라구 그러죠. 되로 가든지 여기 있든지."

사내는 자신 있는 듯이 여자 편을 보았으나 지난날의 아내는 반드시 그 뜻을 받아들이려고 하는 것도 아니었다. 변변치 못하고 게으른 대장장이에게 시집가 몇 해 동안에 맛본 신고란 이루 헤아릴 수 없었다. 그렇다고 그 자리에서 재도에게 두말 없이 몸을 맡길 수도 없는 노릇. 그도 난처한 경우에 서게 되어 그 의외의 변에 재도와 함께 안색이 푸르게 질리우고 벙어리같이 입이 열리지 않았다.

"나두 차차 자식 생각두 나구요. 내 자식 내 얻어 가는 데야 무슨 말 있겠수. 제 핏줄이야 아문들 어떻게 한단 말요."

"누 누구 자식이라구. 농이냐 진정이냐. 괜히 더 노닥거리다간 큰 일 날라."

"거짓말인 줄 아시우. 쪽지를 쓸 때엔 벌써 두 달째 됐을 때라우. 아이 어미에게 물어보시우. 어디 ─ 나 같은 죄인은 천하에 없어요."

"머 멋이라구. 머 대체 그게. 놈이……."

재도는 금시에 피가 용솟음치며 앞뒤 분별을 잃고 사내의 옷섶을 쥐어 잡는 동안에 원줏집은 고개를 숙인 채 한마디도 없이 안으로 뛰어들어가 버렸다. 이게 대체 무슨 일이란 말인구 하고 재도는 사내를 때려눕힐 기력도 없이 제 스스로 그 자리에 쓰러질 듯도 했다. 모든 것이 꿈이었구나 하고 미칠 듯이 마음이 뒤집혔다.

등신같이 허전허전한 몸으로 이튿날 사내와 함께 창말로 재판을 갔으나 주재소에서도 면소에서도 낡은 쪽지를 펴 들고 두 사람을 바라볼 뿐 그 괴이한 사건을 쉽사리는 마르지 못했다. 한 사람의 아내를 누구에게 돌려보냄이 옳을지 바른 재판을 하기가 어려웠다. 고개를 갸웃거리면서 반나절을 궁리해도 좋은 판결이 안 나서 두 사람은 실망할 뿐이었다. 급작히 결말이 나지 않을 듯함을 알고 대장장이는 창말에 숙사를 정하고 날마다 조르러 오기 시작했다. 재도는 기운을 못 차리고 살고 있는 성싶지도 않았다. 송 씨에게만 희망을 걸기로 하고 아이는 단념한다고 해도 한번 맺어진 원줏집과의 인연을 끊기는 몸을 에는 것보다도 아픈 일이었다. 원줏집도 같은 느낌 같은 생각이었으나 자식의 권리를 주장하는 전 남편에 대한 의리도 있고 해서 한숨만 짓고 있는 동안에 사내의 위협이 날로 급해짐을 어쩌는 수 없어 잠시 몸을 풀 때까지 창말에서 사내와 함께 지내기로 했다. 방 한 간을 빌려서 궁색한 대로 조그만 살림을 차리게 되었다. 아내의 뜻이라면 하는 수 없는 노릇이라고 재도는 잠자코 있는 수밖에는 없었으나 저러다 몸이나 푼 후엔 그대로 눌러 술장수를 하지 않나 두구 보게 사내두 벌써 고향으로 나가기가 싫다구 창말에 눌러 있을 작정인 모양인데 하고들 사람들의 수군거리는 것을 듣고는 치가 떨려서 견딜 수 없었다. 원줏집이 창말로 떠나는 날 그래도 그동안 정이 든 현 씨는 작별의 눈물을 흘리고 박동이도 논둑까지 걸어 나오면서 왜 이리 사람 일이 변하는고 싶어서 눈시울이 뜨거워졌다. 삽시간에 일어난 변화를 생각하고 재도는 세상일 알 수 없다고 스며드는 가을바람에 목이 메어졌다. 흡족한 추수도 넓은 전토도 지금엔 그다지 마음을 즐겁히는 것이 못 되었다. 비인 방에 앉으니 장부답지 못하게 눈물이 솟았다.

그러나 그것으로도 부족한 듯 재도에게는 참으로 가을바람은 살을 에는 듯 모질었고 몸과 마음을 한꺼번에 쓰러 눕힐 날이 기다리고 있었다. 내 몸의 서글픔을 깨닫고 견질 수 없는 쓰라림에 통곡하게 될 날이 기다리고 있었다.

원줏집이 간 후 집안이 쓸쓸해지고 손도 부족해진 탓으로 재도는 증근에게 봄부터 말이 있던 임 서방의 딸 분이를 짝지어 주려고 했으나 증근은 고집스럽게 사절하면서 종시 말을 안 듣는 것이었다. 겨울 동안 매사냥도 하고 창애로 꿩이나 족제비를 잡아서 농사보다도 사냥으로 살아가는 임 서방은 고달픈 살림살이에서 한 사람이라도 좋으니 얼른 식구를 떨어 버렸으면 하는 생각으로 함 속에는 단벌의 치마 저고리까지 준비해 주어 가지고 잔칫날만 기다리고 있었던 것이 증근의 고집스런 반대를 알고 적지 아니 황당해했다. 분이가 낙망해서 딴짓이나 하지 않을까 괜한 걱정까지 얻어 가지고 아내와 마주 앉으면 밤낮으로 그 이야기뿐이었다. 증근이만큼 장골이고 민첩하고 무슨 일을 시키든지 한몫을 옳게 보는 총각은 마을에는 없었다. 왜 싫단 말이냐 네 주제엔 과하단다 바느질은 물론 길쌈으로도 마을에서 분이를 당하는 처녀가 없는데, 재도도 임 서방에게 말을 주었던 터에 좀 황당해서 조카를 책망해도 증근은 여전히 소귀에 경 읽기였다. 밤에 사랑에 아무도 놀러 오는 사람이 없고 박동이와 단 둘이 마주 앉아서 새끼를 꼴 때 증근은 문득 손을 쉬이고는 재실아저씨는 지금 어디 가 있을까 동삼 한 뿌리만 캐면 그 한 대로 돈벼락을 맞으렷다 나두 아무 데나 가 봤으면 마당같이 넓은 신작로가 그립구나 동으로 가면 강릉이요 서으로 가면 서울인데 아무 데두 좋으니 가구 싶어 하면서 중얼거렸다. 너 재실이같이 내빨 작정이구나 그래서 분이두 안 얻겠단 말이지. 박동이가 가늠을 보면 증근은 그렇다고도 그렇지 않다고도 말하지 않고 멍하니 잠자코만 있었다. 그럴 때의 그 근심을 띤 부드러운 눈동자에 박동이는 말할 수 없는 감동을 받으면서 그렇게 고운 눈은 지금까지 본 적이 없었던 것같이 느껴졌다.

임 서방이 사윗감으로 증근을 원하는 이유가 또 하나 있었다. 사냥의 재주가 자기도 못 미치게 놀라웠던 까닭이었다. 같은 눈 속에 창애를 고여 놓을 때에도 증근에게는 남모를 특수한 묘리가 있는 듯 모이를 다는 법이며 창애를 묻는 법이며 꿩이 흔하게 내릴 듯한 자리를 견양대는 법을 임 서방은 오랜 경험으로도 알아낼 수가 없었다. 해마다 잡아들이는 꿩의 수효는 임 서방보다도 훨씬 많았다. 증근은 그것을 장에서 팔아다가는 한겨울 동안 모으면 도야지 한 마리 살 값이 되었다. 그런 증근에게 자기의 묘리까지도 가르쳐 주어 그 고장에서 제일가는 사냥꾼을 만들겠다는 것이 임 서방의 원이었다. 그해 겨울만 해도 증근은 뜻밖에 큰 사냥을 해서 임 서방을 놀랬을 뿐 아니라 마을 사람들을 탄복시키게 되었다. 홍정리로 넘어가는 산비탈에 함정을 파고 커다란 곰 한 마리를 잡은 것이었다. 홍정리 산골에서 곰이 간간이 산을 넘어와서는 밭곡식을 짓무지르고 가는 것을 알면서도 창말서 포수가 몰이꾼을 데리고 와도 한 번도 옳게 쏘지는 못했다. 증근은 여러 날이 걸려 거의 우물깊이나 되는 함정을 파고 그 뒤에 검불을 덮어 두었을 뿐으로 그 사나운 짐승을 여반장으로 잡은 것이었다. 곰 다니는 길을 잘 살펴 두었던 것이요 함정 위에는 옥수수 이삭을 묶어서 달았다. 실족을 한 짐승은 깊은 함정 속에서 밤새도록 구슬프게 울었다. 아침에 증근은 사람을 데리고 커다란 돌을 함정 속에 굴려 떨어뜨려서 짐승의 한 목숨을 끊었다. 마을은 그날 개력이나 한 듯이 요란하게 떠들썩들 했다. 죽은 짐승을 끌어내 집 마당까지 들어왔을 때 십 리나 되는 무이리 꼭대기에서까지 농군들이 몰려왔다. 조상에 범과 싸워서 이긴 장사가 있었다더니 그 후손은 곰을 잡았구나 하면서들 반나절을 요란들이었다. 곰은 당일로 창말 소장사가 사다가 도수장에서 헤쳐 본 결과 커다란 웅담이 나왔다고 증근은 거의 소 한 필 값을 받았다. 곰 한 마리 잡는 편이 일 년 농사 짓기보다도 낫다고 남안리 젊은 축들은 부러워들 했다.

증근의 자태가 사라진 것은 그날부터였다. 흥정이 잘됐으니 성애술 한턱 쓰라고들 졸라도 그날만은 한 모금도 술을 안 먹고 눈이 희끗희끗 날리는 장판을 오르내리면서 집으로 갈 생각은 안 하더니 그 길로 사라져 버렸다. 여러 날이 지나도 안 돌아왔다. 기어코 내뺐구나 신작로로 나서 필연코 강릉이나 서울로 갔으렷다. 박동이는 마치 기다리고 있던 당연한 일이 온 것같이 별반 놀라지도 않고 맥이 없어 보였다. 오랫동안 궁리하고 있었던 계획이요 그 때문에 이것저것 준비하고 있는 눈치도 박동이는 대강 눈치채고 있었다. 곰을 잡아서 노자를 만든 것이 좋은 기회가 되었을 뿐이다. 곰을 못 잡았다면 아마도 꿩사냥이 끝날 때까지 기다렸을 것이다. 박동이는 사랑에서의 가지가지의 이야기와 눈치를 생각해 내면서 그렇다고는 해도 어릴 때부터 정들여 온 마을을 왜 지금 와서 버리지 않으면 안 되었을까 남 모르는 사정이 있으련만 거기에 대해서는 까딱 한

마디도 못 들었음이 한 되게 여겨졌다.

송 씨는 방 안에 누운 채로 증근의 실종에 대해서는 한마디도 말이 없었다. 남편이 사연을 말하면서 무엇을 걱정하고 무엇이 불만이고 무엇 때문에 집이 싫어졌는지 도대체 알 수가 없다고 의심쩍어 할 때 송 씨는 얼굴빛도 동하지 않고 묵묵히 벽쪽으로 돌아눕더니 괴로운 듯 신음하면서 옷소매에 얼굴을 묻어 버렸다. 오대산에서 돌아왔을 때부터 그렇게 경없어 하고 수심이 있어 보였는데 알 수 없는 일이야 혹시나 눈치채지 못했느냐고 나다분히 곱씹어 말하는 것이 귀치않은지 송 씨는 벌떡 자리를 차고 일어나서는 일도 없는데 부엌으로 나가 버렸다. 그런 아내의 거동조차 알 수 없는 것이어서 제기 집안이 모두 이렇게 화를 내구 틀어지니 다 내 죄란 말인가 하고 재도 자신까지 화를 내는 것이었다.

겨울도 마저 가 그해가 저물려 할 때 원줏집은 창말 한간 셋방에서 여식을 낳았다. 재도는 그다지 감동도 보이지는 않았으나 그래도 산모의 수고를 생각하고는 쌀과 미역을 지고 가서 위로하기를 잊지 않았다. 변변치 못한 대장장이는 별반 벌이도 없이 허송세월하노라고 나날의 양식조차 걱정이 되어서 재도의 베푸는 것을 사양하려고도 하지 않았다. 이 꼴이다가는 짜장 이제 술장사나 하는 수밖엔 없으렷다 하고 재도는 원줏집의 신세가 가여워졌다. 이제는 벌써 큰댁의 몸에밖에는 희망을 걸 데가 없었다. 무어니 무어니 해도 조강지처만이 나를 저버리지 않누나 하고 느지막이 깨닫게 되었으나 그 깨달음조차 자기를 저버릴 줄이야 어찌 알았으랴.

원줏집보다는 석 달이 떨어져 다음 해 춘삼월 날씨가 활짝 풀리기 시작했을 때 송 씨도 몸을 풀었다. 창말 판수가 장담한 것같이 옥 같은 동자였다. 이날 재도는 아랫마을 강 영감 집에서 암소가 새끼를 낳는다는 바람에 불리어 가 있었다. 이해 소금받이에는 그 집 소를 빌려갈 작정이었다. 박동이가 달려와서 고하는 바람에 소를 돌볼 겨를도 없이 집으로 뛰어갔다. 햇볕이 짜링짜링 쪼이는 첫참 때는 되었을 때 갓난애의 목소리라고는 할 수 없는 굵은 울음소리가 마당 안에 가득히 넘쳐 흘렀다. 모이를 쪼던 수탉들이 시뻘건 맨드라미를 곧추세우고 그 울음소리에 귀를 기울이고 있는 듯도 한 정경이었다. 대강 손 익음이 있는 현 씨가 산모 옆에서 몽실몽실한 발가둥이를 기저귀에 받아 내는 한편 부엌에서는 노망한 늙은 어머니가 벙글벙글 웃으면서 서투른 솜씨로 불을 때면서 미역국을 끓이고 있었다. 중년을 잡아서의 초산인지라 아내는 정신을 잃은 듯이 짚단 위에 나른히 누워 있었으나 현 씨의 말에 의하면 초산인 푼수로는 비교적 수월해서 모체에는 별 탈이 없다는 것이었다. 아이가 이렇게 크구야 잘 익은 박덩이 한 개의 무게는 되니. 현 씨의 말에 재도는 저절로 얼굴이 벌어졌다. 애비보다 열 곱 윗길이다 동네에서 제일가는 장골이 되렷다 기쁘겠다고 충충대는 바람에 웬일인지 거짓말 같은데 이렇게 끔찍한 복이 정말일까 하늘에서 떨어진 것같이 지금 와서 이런 복덩어리가 굴러들다니 꼭 거짓말만 같아 하고 재도는 아이같이 지껄였다. 경사든 날에 쓸데없는 말을 하는 법이 아니라우 정말이구 말구 요런 몽실몽실한 애기가 요게 왜 정말 핏줄이 아니겠수 불공을 드린 효험이 있어서 삼신할머니가 주신 거지 받은 이상은 정성껏 공들여 길러야만 해. 현 씨는 익숙한 말씨로 일러 듣기면서 삼신께 바치는 삼신주머니라고 흰 무명자루에 정미 한 되를 넣어서는 벽 구석에 걸어 두었다.

재도는 늦게 얻은 그 외아들을 만득이라고 이름 짓고 마을로 돌아다니면서 자랑스럽게 외이곤 했다. 강 영감들의 지시로 하루는 사랑에 사람들을 청하고 득남턱을 차렸다. 도야지까지 잡고 혼례 때 잔치에 밑지지 않게 놀랍다고 얼굴들을 불그레 물들여 가지고 칭찬들이 놀라웠다. 글줄이나 읽은 축들은 적선지가에 필유여경이라고 외이면서 칭송을 하면 재도는 마음이 흡족해서 짜장 앞으로는 경사도 더러는 있어야 할 때라고 독판 착한 사람인 양 스스로 느껴졌다. 그러나 그런 기쁨도 삽시간에 꺼지고 무서운 날이 닥쳐 왔다.

사월이 되니 재도는 문막으로 소금받이를 떠나려고 빌려온 소를 걸려도 보고 섬에 콩도 되넣고 하면서 문득 원줏집을 생각해 보곤 하는 때였다. 산후 한 달이 되어 간신히 일어나 앉게 된 아내가 어느 날 무엇을 생각했는지 또 간수를 먹은 것이었다. 일상 때에 늘 걱정스러워하던 태도와 두 번째의 그 과격한 거동으로 재도는 비로소 심상치 않은 아내의 괴롬을 살피고 문득 무서운 고비에 생각이 이르렀다. 그러나 그것을 밝혀 볼 겨를도 없이 겨우 달이 넘은 아이가 돌연히 목숨을 잃었다. 아내가 다시 소생되어 난 것쯤으로는 채울 수 없는 커다란 상처를 주었다. 그 하루살이 같은 목숨을 받은 내 자식을 바라보고 한편 겨우 한 달로써 어미로서의 생애를 마치고도 그다지 슬퍼하는 양이 없이 차라리 개운해하는 듯이 누워 있는 아내를 바라보는 동안에 재도에게는 어찌된 서슬엔지 문득 한 가지 무서운 의혹이 솟아올랐다. 어미가 말하는 것같이 정말 병으로 급히 목숨을 버린 것일까 하는 밑도 끝도 없는 당돌한 생각이 솟자 그 자리로 슬픔도 사라지면서 무서운 느낌에 소름이 쪽 끼치면서 정신없이 방을 뛰어나와 버렸다. 그 무서운 것에 다치지 말자는 요량이었다. 다쳤다가는 그 자리로 목숨이 막혀 쓰러질 것도 같았다. 소등어리에 콩섬을 싣고 그 길로 문막을 향해 마을을 떠났다. 어느 해와도 다름없는 같은 차림이기는 했으나 지난 한 해 동안의 번거로운 변동을 치르고 난 오늘의 심중은 찢어질 듯이 아팠다. 한시도 참고 있을 수가 없는 까닭에 길을 뚝 떠난 것이다. 다른 해와 다름없이 올에도 또 소금을 받아 가지고 돌아올 것인가—재도 자신에게도 그것은 모를 일이었다.

"무슨 까닭으로 올엔 이렇게 담 떨어지는 일만 생길까. 꼭 십년감수는 했어—이 집은 대체 어떻게 된단 말인구. 사내꼬치라군 없는 이 집은……. 일찍이 애비래두 돌아왔으면 좋으련만."

방에 송 씨와 단 둘이 남게 된 현 씨는 거듭 당하는 괴변에 등골수라도 얻어맞은 듯 혼몽한 정신에 입을 벌리기도 성가셨다.

"내가 얼른 죽어야 끝장이 나련만 이 목숨이 왜 이리두 질긴지 끊어지지 않는구료. 지금 와선 목숨이 원수 같어."

송 씨는 혼잣말같이 중얼거리고는 동서의 손목을 꼭 쥐면서 애끊는 눈으로 그를 바라본다.

"……우리끼리니 말이지만—동세, 세상에 나같이 악독한 년은 없다우……. 동세가 들으면 이 자리에서 기급을 하구 쓰러질 것 같어서 말할 수가 없구료."

현 씨도 윗동서의 손을 같이 뿌듯이 잡으면서 말하지 않아도 다

안다는 듯도 한 침착한 낯으로

"쓸데없는 말은 지껄이지 않는 것이 좋을지 몰라. 내 생각하구 있는 것과 같을는지두 모르니깐."

"……동세. 저 자식은 잘 죽었다우. 세상에 이 집 가장같이 불쌍한 사람은 없어……. 저 자식은—저 자식은 남편의 자식이 아니었어."

"그만둬요. 말하지 않어두 다 안다니깐—증근이 내뺀 곡절이며 머며 다 알어요."

"알구 있었수, 동세. 불륜의 씨로 가장을 기쁘게 할래두 소용이 없나 부. 팔자에 없는 건 어쩌는 수 없나 봐. 난 죄 많은 계집이오. 왜 얼른 벼락이 떨어져 이 목숨을 차 가지 않는지 이상해 죽겠구료. 그렇게 되기만을 기다리구 있는데……."

말하다 말고 쓰러져 탁 터져 버렸다. 현 씨도 젖어 오는 눈썹을 꾹 짜면서 동서의 애꿎은 팔자에 가슴이 휘답답해 왔다.

소를 몰고 뒤도 돌아보지 않고 소금받이를 떠난 재도의 심중에 편적인 무서운 생각도 이와 같은 것이었을까. 아내의 입으로 굳이 듣지 않아도 다 느끼고 있었던 까닭에 더 파묻지도 않고 황망히 집을 버리고 마을을 떠난 것이었을까.

며칠이 되어 재도의 소문이 마을에 퍼지자 젊은 축들은 모여서서

"올에두 작년처럼 또 소 잔등에 젊은 색시를 얻어 실구 올까."

"그 성품으로 다시 이 마을에 발을 들여놓을 줄 아나. 근본 있는 가문이드니 단지 하나 후손이 없는 탓으로 재도두 고생이 자심해."

"그럼 그 집은 대체 어떻게 된단 말유. 알뜰히 장만한 밭과 산과

소 돼지는 다 어떻게 된단 말유.”

하고들 남의 일 같지 않게 궁금해하는 것이었다.

《춘추》, 1941. 5.

# 풀잎[1]

—시인 월트 휘트먼을 가졌음은 인류의 행복이다

## 1.

"세상에 기적이라는 게 있다면 요 며칠 동안의 제 생활의 변화를 두구 한 말 같어요. 이 끔찍한 변화를 기적이라구밖엔 머라구 하겠어요."

부드러운 목소리가 어딘지 먼 하늘에서나 흘러오는 듯 삼라만상과 구별되어 귓속에 스며든다.

준보는 고개를 돌리나 먹 같은 어둠 속에서는 그의 표정조차 분간할 수 없다. 얼굴이 달덩어리같이 훤하고 쌍꺼풀 진 눈이 포도알같이 맑은 것을 며칠 동안의 인상으로 그려려니 짐작할 뿐이다. 실과 사귄 지 불과 한 주일이 넘을락 말락 할 때다.

---

1 원문에는 불규칙적으로 구절 구절 사이에 반점이 삽입되어 있다. 아마 운문의 효과를 고려한 듯하나 가독성을 위해 본문에서는 대부분 생략했다. 자세한 사항은 원전 『조선춘추사』(1942. 1.) 참조.

"그건 꼭 내가 하구 싶은 말요. 지금 신비 속에 살구 있는 것만 같어요. 이런 날이 있을 줄을 생각이나 해 봤겠수. 행복은 불행이 그렇듯 아무 예고두 없이 벼락으로 닥쳐오는 모양이죠."

"되래 걱정돼요. 불행이 뒤를 잇지 않을까 하는—그만큼 행복스러워요."

"행복이구 불행이구 사람의 뜻 하나에 달렸지. 누가 무엇이 우리들을 어떻게 할 수 있단 말요. 사람의 의지같이 무서운 게 세상에 없는데."

"그 말이 제게 안심과 용기를 줘요. 웬일인지 자꾸만 겁이 났어요. 날과 밤이 너무두 아름다워요. 모든 게 요새는 꼭 우리 둘만을 위해서 마련돼 있는 것만 같구먼요."

방공 연습이 시작된 지 여러 날이 거듭되어 밤이면 거리는 등화관제로 어둠 속에 닫혔다. 몇 날의 밤의 소요를 계속하는 두 사람은 외딴 골목을 골라 걸으면서 단원들의 고함을 들을 때 마음의 거슬리는 것이 없지는 않았으나 평생의 중대한 시기에 서 있는 준보에게는 그 정도의 사생활의 특권쯤은 그다지 망발이 아니리라고 생각되었다. 하물며 낮 동안에 일터에서 백성으로서의 직책과 의무를 다 했다면야 그만큼의 밤의 시간은 자유로워도 좋을 법했다.

아내를 잃은 지 채 일 년을 채우지 못했으나 그 한 해 동안의 적막이 준보에게는 지난 반생의 어느 때보다도 크고 쓰라린 것이었다. 사랑 속에 있으면서 때때로 느끼는 적막감은 오히려 사치한 감정이요, 사랑을 잃었을 때 비로소 사람은 사랑이라는 것이 단순한 추상적인 용어가 아님을 절실히 느끼게 된다. 야심이며 희망이며 청춘의 모든 욕망을 가리고 밭치고 걸러서 마지막으로 쳇바퀴 속에 남는 것이 역시 사랑임을 새삼스럽게 느낀 듯도 했다. 준보에게 사랑이 없는 것은 아니었다. 쉴 새 없이 뒤를 이어 그 무엇이 앞에 나타나고 생활 속에 숨어들기는 했으나 그 전부가 반드시 사랑이라고만도 할 수는 없었다. 사랑으로까지 발전하기 전에 선 채로 끝나 버린 적도 있었고 단순한 감상적인 경우도 있었고 또 일시의 허물에 지나지 않는 때도 있었다. 동무들이 그를 염복가라고 부러워하는 그런 의미의 행복감의 연속 속에서 살아왔다고는 생각되지 않았다. 아내를 잃은 후만 해도 지난날의 어느 때보다도 인물들은 가장 많이 나타나서 그 짧은 일 년이 다른 때의 십 년 맞잡이는 되게 풍성풍성은 했으나 마음속을 파고드는 한 줄기 쇠사슬 같은 쓸쓸한 심사는 어쩌는 수 없었다. 현재의 만족감 이상으로 가 버린 아내에게 대한 슬픔과 뉘우침이 큰 까닭이었다. 결국 준보는 그를 둘러싼 화려하고 다채하게 장식된 분위기 속에서 단 한 사람 아내를 사랑해 왔다고 할까. 비늘구름 같은 자자부레한 꿈의 조각들을 허다하게 가슴속에 가지면서도 단 하나 아내에게 사랑을 길러 오고 북돋아 왔음을 아내를 잃은 후에야 비로소 자각하게 된 셈이다. 아내의 추억 속에서 남은 반생을 살아야겠다는 순교자다운 경건한 마음을 먹어 본 적도 없지는 않았으나, 준보의 체질과 기질로는 필경은 당치 않은 일만 같아서 역시 다음 숙명을 기다리는 희망이 그 어디인지 마음 한 귀퉁이를 흐르고 있었다. 사랑을 얻는 것도 잃는 것도 다 같이 하나의 숙명적인 인연이다. 아내를 대신할 만한 정성과 열정이 아무 때나 작정된 때에 반드시 차려져 오려니 하는 기대가 없다면, 사실 살인적인 그 한 해의 고독은 견디어 올 수 없었을는지도 모른다. 헐어진 가정을 쌓아서 새로운 생활을 설계해야 하고 고독을 다스려서 보다 높은 사업을 이루어야 함이 인간 경영에 주어진 영원한 과제인 까닭이다. 자멸의 길을 버리고 창조의 길을 찾아야 함이 인류의 행복을 가져오는 까닭이다.

다음 숙명을 준보는 실에게서 발견했다고 생각했다. 너무도 빠르고 이른 발견인지는 모르나 발견이란 원래 그렇게 당돌하고 돌발적인 것이다. 실 이전에 나타난 뭇 인물 중에서 숙명의 대상을 보지 못하고 띄엄띄엄 몇 고비를 넘어가서 하필 실에게서 그것을 찾아낸 것도 숙명의 숙명된 까닭일 듯싶었다. 애써 말한다면 간 아내가 가졌던 인상의 그 어떤 향기를 그에게서 맡은 까닭이라고나 할까. 그 어디인지 구석구석 방불한 곳이 있어서 그것이 모르는 결에 준보의 마음을 끌어당긴 모양이었다. 불과 며칠에 감정이 통하고 정서가 합하고 생각과 취미가 맞음을 알았다. 걸려드는 피차의 걸음이 무섭게도 빨랐다. 순라잡이의 순라같이 왈칵 서로 부딪쳐서 이마가 맞닿았을 때 깜짝들 놀라면서 그 며칠 동안의 순식간의 변화를 기적이니 신비니 하고들 느끼는 수밖에는 없었던 것이다. 두 사람에게 다 기적이요, 신비요, 꿈이요—사랑이란 그런 것인지도 모른다.

"세상에서 꼭 한 사람 제일 존경할 수 있는 분을 찾자는 것이 오늘까지의 저의 노력이었어요. 복잡하다면 복잡할까, 지난날은 제겐 오늘 이 목표에 이르기까지의 오랜 방랑 생활이었다구두 할 수 있어요. 그 방랑이 오늘 끝났어요. 선생을 만나자 생애가 새로 시작됐어요."

"당신같이 날 존경하는 사람두 난 드물게 봤소. 세상 사람들은 흔히 서로 좋다는 말만들을 하는데, 그 위에 존경할 수 있다는 것은 사랑에 한층 빛을 더하는 것이라구 생각해요."

공회당 앞 언덕길을 몇 차례나 오르내리며 지척을 분간할 수 없는 어두운 거리를 눈앞에 짐작만 하면서도 두 사람의 마음속은 점점 밝아 가고 빛나 갔다. 사랑의 길은 의논하지 않아도 제물에 옳게 찾아진다. 그렇게 해서 두 사람이 며칠 동안에 찾아낸 길은 지도에도 오르지 않았을, 지금까지 걸어 본 적도 없던 여러 갈래의 숨은 길이었다. 좁은 골목을 들어서 주택지대를 올라서니 바로 서기산 뒷턱이었다. 아직 낙엽지지 않은 나무들이 기름길 양편에 늘어서서 어두운 속에서 한층 으슥하고 깊은 느낌을 준다. 산 위 주택에서 새어나오는 한 줄기의 창의 등불이 두 사람의 마음을 상징하는 듯 따뜻하고 포근하다.

"커다란 한이 있어요. 왜 선생을 더 일찍이 못 만났던가 하는. 제일 처음 만난 어른이 선생이었더면 얼마나 더 행복스러웠겠어요. 지난날의 상처를 생각하면 몸에 소름이 돋군 해요."

나무 그늘 아래에 이르자 실은 준보에게서 팔을 뽑고 몸을 떼면서 가늘게 한숨을 쉬는 것이 들렸다. 준보도 대강 말의 뜻을 짐작할 수 있어서 그 역 자기의 상처에 손이 닿는 것도 같은 일종의 야릇한 감정이 솟았다.

"난 그런 소리 듣기를 좋아하지 않는데. 괜히 다 아문 허물을 다시 따짝거릴 필요가 있을까."

"좋아하시든 안 하시든 한 번은 모든 것 다 들어 주세야죠. 무지의 행복을 저두 잘 알어요. 그러나 정작 필요한 건 지식을 거친 이해와 달관이 아닐까요."

"과거를 말한다면 피차일반이지. 누군 샘 속에서 솟아 나온 동잔가요."

"선생님이 그렇게 이해하시는 것과 똑같이야 어디 세상이 봐요. 항상 오해와 악의를 더 많이 준비해 가지고 있는 세상인데요."

"무엇이 귀에 들리든 지금의 내 열정을 지울 힘이 없음을 장담해 두 좋아요. 난 거저 이 열정만을 가지구 모든 것과 항거해 볼라구 해요."

그러나 실은 조심조심 한 꺼풀씩 자기의 과거를 벗기기 시작했다. 시련이나 받는 선량한 교도와도 같이 준보는 마음을 다구지게 먹고 굳은 몸을 약간 떨고 있었다.

실은 열아홉 살까지의 명예롭지 못한 직업시대의 사정을 말하고 다음 세 사람의 이름을 들면서 각각 세 경우를 이야기했다. 대략 거리의 소문으로 스쳐 들은 재료를 좀 더 자세히 고백한 것이었으나 준보는 침착한 태도에도 불구하고 그것을 듣는 동안 커다란 용기가 필요했다. 실업가와 문학청년과 사회주의자의 세 사람이 다 같이 실의 애정을 요구한 것은 인간으로서의 특권인 것이니 누가 만류할 수 있었으랴만, 다만 슬프다면 준보가 그들보다 뒤져서 실을 알게 된 사실이었을까. 깊은 원시림 속에 아무도 모르게 맺힌 한 송이의 과실을 누가 원하지 않으랴만 세상은 도대체 복잡하다, 번거로운 곳이다. 원시림 속의 과실이 어느 때까지나 눈에 안 뜨이고 몸을 마칠 리는 없는 것이다. 준보에게 필요한 것은 열정과 용기였다. 용기—지금까지 그는 사랑에 이것이 필요한 것임을 모르고 지내 왔다. 오늘 그것을 알아야 할 날이 온 것이다. 그의 인생은 한 테두리 몫을 더한 셈이다.

“생각하면 울구만 싶어요. 왜 하필 인생이 그렇게 시작됐을까요.”

실은 짜장 울려는 듯 나무 그늘 속으로 뛰어들더니 나무에 등을 기대고 고요히 섰다. 준보가 가까이 갔을 때 왈칵 몸을 던져 오면서 코를 마셨다. 쥐이는 손이 몹시 차다.

“불쾌하셨으면 용서하셔요—그러나 실상 지난 그것들은 아무것두 아니었어요. 사랑이 이렇다는 것은 오늘이야 처음 알았어요. 전 아무두 사랑하진 않었어요. 오늘, 나서 처음으로 사랑을 알었어요. 이 말을 믿어 주셔요.”

“걱정할 게 없어요. 오늘의 당신을 사랑했지, 누가 지난 경력을 사랑했나요. 오늘의 그 얼굴과 교양과 취미를 사랑하고 인격을 존중히 하는 것이지 누가 지난날을 캐자는 것인가요.”

“인제 세상이 둘의 새를 알고 펄쩍들 뛰구, 와글와글 끓으면 어떻게 하시겠어요. 그땐 제가 싫어지겠죠.”

“사랑두 세상 눈치 봐가면서 해야 되나. 세상을 좀 멸시하면선 못 살어가나. 난 남의 비위만 맞추면서 사는 사람이 못 되는데.”

실은 슬픈 속에서도 얼마간 마음이 놓이고 용기를 회복했는지 준보의 뜻대로 다시 팔을 겯고 길을 더듬어 내렸다. 거리는 여전히 어두우나 공습해제의 틈을 타서 등불이 군데군데 비치어 약간 훤해졌다가는 다시 어두워지곤 했다. 흡사 두 사람의 마음속같이 한결같지 못한 밤이었다.

"내가 지금 사랑하는 게 음악가 이외의 무엇이란 말요. 동경 가서 공부하는 음악 학도를 사랑하는 것이지 지난 이력이 내게 아랑곳이란 말요. 원래 당신이 내 앞에 나타날 때 그런 자격 이외의 무엇으로 나타났게."

여학교가 있고 기숙사가 있고 교회당이 있고 병원이 있는 조용한 둔덕 골목길을 들어섰을 때, 준보는 실의 심정을 좀 더 즐겁게 나꾸어 보고 싶었다.

"이 알량한 음악가. 괜히 온전한 음악가로 여기셨다가 되려 실망이나 마셔요."

"날 처음에 유혹해 낼 때 음악의 이름을 빌지 않구 어쨌소. 《토스카》를 들으러 오라구 전화가 왔을 때 내가 얼마나 놀란 줄 아우."

준보가 웃는 바람에 실도 따라서 웃게 되어 그 웃음으로 말미암아 엉겼던 마음이 활짝 풀려지는 것도 같았다. 여학교 기숙사에서인지 문득 피아노 소리가 들려온 것도 그 한때의 호흡을 맞추어 주는 셈이 되어서 개어 가는 두 사람의 감정의 반주인 양 싶었다. 마음의 거리와 같이 몸의 거리도 밤의 힘을 빌어 가까울 대로 가까웠다.

《토스카》와 《라 보엠》과 《마담 버터플라이》 등의 가극의 신판을 새로 구했으니 들으러 오지 않겠느냐는 뜻의 전화를 실에게서 받던 날, 준보는 의외의 소식에 당황해서 반날 동안 그 생각으로 머릿속이 가득 차 있었다. 그때까지 실을 만난 것이 서너 번, 그의 부드럽고 밝은 인상을 가슴속에 간직해 두었을 뿐이던 준보에게는 문득 한 줄기의 당돌한 직각이 솟으면서 그것이 마음을 억세게 지배하게 되었다. 전화를 건 것은 아무 편이래도 좋은 것이다. 두 사람의 준비된 감정에 불을 지른 것이 실이었다는 것이 조금 자겁한 준보에게 되려 용기를 주는 결과가 되었던 것이다.

실의 형이 경영해 나가는 찻집 한구석에서 그날 밤 두 사람은 가극의 신판을 듣는 것이 아니라 음악과는 먼 이야기에 정신이 없었다.

"다따가 전화를 걸어서 놀라셨죠. 동료들은 머라구 그러지들 않어요? 학교래서 그런지 전화 걸기가 거북했어요. 여자가 먼저 덜렁덜렁 나서는 걸 두렵다구 생각하시지 않었어요?"

"기뻤죠. 제가 못 거는 걸 먼저 걸어 주셔서. 물론 놀라기두 하구요."

"어쩌면 그렇게 한 번두 가게에 안 내려오셨어요. 속으로 얼마나 은근히 기다렸게요. 뵌 지 한 달이 넘었거든요. 전 그래두 행여나 먼저 전화 주시지나 않나 하구 생각하구 있었죠—그 바람에 동경두 이렇게 늦었어요. 내일 떠난다, 모레 떠난다, 별러만 오면서 여름 휴가로 나왔다가 늦은 가을까지, 이게 무슨 꼴인지 모르겠어요."

"오라 참, 동경 가서 공부하시는 학생이죠. 음악공부쯤 아무 데선 못하나요."

"음악공부쯤 그만두면 어떤가요—하구는 못 물으셔요."

"그럴 용기와 결심이 준비됐다면야."

"경우에 따러선요."

다음 날 호텔에서 만찬을 같이한 것을 시초로 이곳저곳에서 식사를 함께 하는 날이 늘어 갔다. 하루저녁 실은 처음 선사로 책 한 권을 가지고 왔다. 도스토옙스카야 부인이 기록한 『남편 도스토옙스키의 회상』이었다. 준보는 아직 읽지 못한 그 책의 뜻을 여러 가지로 짐작하다가 그들 부부의 사이의 이해가 컸고 남편에게 대한 부인의 사랑이 깊었다는 실의 설명을 들으면서 그 선물의 의미를 대강 알아채었다. 한편 실의 문학적 교양에 준보는 차차 눈을 굴리기 시작했다.

"선생님의 소설 대개 다 읽었어요. 제 마음의 세상이 얼마나 넓어졌는지 모르겠어요. 생활 감정두 꼭 제 비위에 맞구요. 유레니, 관야니, 미란, 세란, 단주, 일마, 나아자, 운파, 애라—인물들의 모습이 지금 눈앞에 선히 떠올라요."

"그런 변변치 못한 이름들을 기억하지 말구 좀 더 고전 속의 중요한 인물들을 알어 두는 편이 뜻있지 않을까요."

"중요한 인물들이라는 게 머예요. 베아트리체니 헬렌이니 햄릿이니 그레첸이니…… 왜 하필 그런 인물들만이 중요한가요. 제게는 어쩐지 일마니 미란이니 운파니 하는 이름들이 더 가깝고 친밀하게 들려오는데요."

"어쩌면 그렇게 고전문학에 횅하단 말요. 음악가가 아니구 문학가인 것처럼. 그럼 하나 물을까요. 알리사, 알리사는 어때요? 비위에 맞어요, 안 맞어요?"

"멘탈 테스튼가요. 알리사—난 매운 여자는 좋아하지 않어요. 아마도 지드의 인물들 중에서 제일 싫은 것이 알리사일까 봐요."

"그럼 쇼샤는? 마담 쇼샤."

"토마스 만 말이죠? 마담 쇼샤는 아마두 알리사와는 대차적인 인물일 것예요. 좀 허랑한 데가 있기는 하나 알리사보다야 훨씬 인간적이죠—그럼 문학 시험은 이만하세요. 그러다 제 짧은 밑천이 봉이 빠지겠어요."

"나를 점점 놀래게만 하자는 셈이지, 고전에서 현대문학까지 그렇게 통달할 줄야 어찌 알었겠수. 문학을 안다는 게 인간으로서 얼마나 중요한 일인지 모르는데. 문학을 알구 모르는 건 하늘과 땅만큼이나 차가 있는데."

"너무 지나치게 평가하셨다 괜히 점점 실망이나 마세요. 그저 애써 공부할 작정이에요. 제겐 욕심이 많답니다. 뭐든지 알구 싶어요. 선생님과 어울릴 수 있을 정도의 교양을 가지구 싶어요."

실의 결심을 장하다 생각하며 그의 철저한 마음의 준비에 준보는 짜장 놀라는 수밖에는 없었다.

## 2.

아내를 잃었을 뿐이 아니라 가지가지의 불행을 겪은 묵은 집을 떠나려고 벼른 지 오래이던 준보는 마침 이때를 전후해서 교외의 새집으로 이사를 하게 되었다. 새집에서는 마음도 갈아지고 생활도 새로워지리라는 기대가 모르는 결에 그를 재촉했던 것이다.

대충 정돈이 되고 마음을 잡기 시작했을 때 비로소 실은 카네이션의 꽃묶음을 들고 찾아왔다. 층계로 된 포치를 올라서 도어를 열고 마루방에 들어왔을 때 코트를 벗어서 의자에 걸치더니,

"꼭 아파트의 방 같어요. 이렇게 넓고 높은 게—."

벽에 걸린 액 속의 데생을 쳐다보고 책장의 책들을 훑어보면서 속히 의자에 걸어앉을 염은 안 하고 책상 위 화병을 찾아서는 서슴

지 않고 새풀과 단풍가지를 뽑아내더니 대신 파라핀지에 싸 가지고 온 카네이션을 꽂았다.

"꽃가게에 새로 나왔게 사 가지구 왔어요. 좋아하세요? 전 이 흰 것과 붉은 것과 분홍빛의 각각 그 뜻을 안답니다. 흰 것은 — 난 애정에 살구 있어요구. 붉은 것은 — 난 당신의 사랑을 믿어요. 분홍은 — 난 당신을 열렬히 사랑해요."

준보가 부엌에 나가 포트에 커피를 달여 들고 들어오려니 실은 피아노 앞에 앉아 악보 없이 쇼팽의 《야상곡》인지를 울리고 있는 중이었다. 오랫동안 적막하던 검은 기계체가 오래간만에 우렁찬 음향으로 방 안을 화려하게 장식했다. 음악 속에서 비로소 책들도 그림도 꽃도 생기를 띠고 기쁨에 젖어 있는 듯싶었다. 그러나 실은 음악에서도 곧 물러나서 의자를 갈아 앉으면서

"황송해요. 손수 이렇게 끓여 가지구 오실 법이 있나요. 내일부터라두 와서 거들어 드리구 싶어요. 그럴 수만 있다면 얼마나 좋겠어요."

"불편은 하나 독신자의 특권을 좀 더 향락해 보는 것두 좋을 것 같어서요."

"애기들은 다 어쩌구 있어요? 주미와 — 수미와, 언제인가 부인 잡지에 실린 가족사진으로 기억했었어요. 얼마나 쓸쓸들 하겠어요."

"저쪽 방에서 잘들 놀구 잘들 공부하구 하죠. 쓸쓸한 속에서 그 애들두 배우는 게 많을 것예요. 자라서 독립할 때 누구보다두 굳센 사람 되겠죠."

"아버지의 사랑두 크시겠지만 얼른 따뜻한 어머니의 애정 속에서

어항 속의 금붕어같이 흐뭇하게 젖어 살어야죠. 남의 일 같지만 않게 가엾어서 못 견디겠어요."

유리잔에 그득 담은 커피를 마시면서 실의 커다란 눈동자는 다시 희망에 빛나기 시작했다.

"다음번에 올 적엔 빠터를 갖다 드릴게요. 미국 선교사들이 들어갈 때 팔고 가는 걸 여남은 파운드 사 둔 게 있어요. 두 파운드들이 커다란 통이 아직두 대여섯 개 언니의 집 냉장고 속에 있다나요. 갖다 드릴게 문덕문덕 많이 발러 잡수셔요. 얼른 저만큼 살이 붙게요."

"난 원래 살이 붙지 말라는 마련인 것 같은데."

"두구 보세요. 제가 꼭 살찌게 해 드릴게. 치밀한 일과표를 짜구 합리적인 생활 설계를 세우거든요. 음식과 운동과 오락과 공부와—과학적인 방법 아래에서 성공하지 않을 리가 없어요. 불과 일 년이 못 가 이렇게 되게 해 드릴게요."

두 손으로 커다란 테두리를 짜면서 과장된 형용을 하는 것이 준보에게는 더없이 신시어(sincere)하게 들려서 마음을 울렸다. 진심으로 건강을 걱정해 줌같이 알뜰한 사랑의 표현이 없다. 실의 정성을 준보는 말끝마다 잡으면서 거기에 정비례해서 깊어 가는 스스로의 애정을 느끼는 것이었다. 준보가 피아노 앞에 앉아서 바이엘 교칙본을 펴 놓고 간단한 곡조를 울릴 때 실이 뒤로 돌아와서 등 너머로 고음부를 짚으니 곡조는 듀엣을 이루어서 곱절의 우렁찬 화음으로 울렸다. 간단한 곡조의 듀엣은 아름다운 것이다. 간단하므로 서툴므로 아름다운지도 모른다. 준보의 목덜미에 실은 따뜻한 숨을 부으면서 준보가 밟는 페달에 맞추어 행복감을 호흡하였다.

"절 왜 좋아하세요? 어디가 좋아서 사랑하세요?"

사랑하는 사람끼리는 의례히 이 어리석은 질문을 되풀이하는 법인가 보다.

"음악을 하니까! 문학을 공부하므로? 왜 좋으세요. 말씀해 보세요."

"거저 좋은 것이지 사랑에 이유와 조건이 무에 있겠수. 실례의 말이지만 누가 그리 알량한 음악가구 끔찍한 문학가라구 여기는데요. 그런 모든 것을 떠나서 단지 인간으로서 사랑할 수 있는 것이죠."

"물론 저두 그 말이 듣구 싶었어요. 문학을 좋아하지 않는다구 절 좋아하지 않으셨다면 — 생각만 해두 무서운 일예요."

"나를 사랑하는 덴 그럼 조건이 있었수? 글줄이나 쓴다구? 학교에서 어학마디나 가르친다구?"

"제게두 마찬가지로. 소설가가 아니라두 좋았구 교수가 아니래두 상관없구 — 아니 들에서 밭가는 지애비였던들 제 맘이 움직이지 않었겠어요? 그야 서로 교수구 소설가구 음악가구 문학소녀구 한 것이 보다 좋기는 하지만 그렇지 않단들 왜 사랑이 없었겠어요. 조건두 이유두 없구 거저 맹목적인 것 — 그런 것만이 참사랑이라구 생각해요. 조금 낡은 투지만요. 조건은 사랑이 있은 후에 천천히 오는 문제가 아닐까요."

"또 한 가지 알아 두어야 할 것은 — 난 가난하다는 것. 지금두 가난하지만 앞으로두 커다란 유산이 굴러들 가망이 지금 같어선 엷다는 것. 따라서 세속적인 뜻으로 당신을 행복하게 하기는 어려우리라는 것."

"제가 사치와 호사를 원한다면 벌써 제 한 몸 처치했지, 왜 이때 이날까지 기다리구 있었겠어요. 제 나이가 발써 사분지 일 세기를 잡아먹었는데요. 이래 뵈어두 제게두 이상두 있고 안목두 보통 사람과는 다르답니다. 조건 조건 하시니 선생께 요구하는 조건이 꼭 한 가지 있다면 그건 — 언제까지든지 절 사랑해 줍소서 하는 것. 결코 한눈을 파시지 말구 평생 저만을 생각해 주셔야 할 것예요."

"그야 물론이지, 그까짓 게 다 조건인가. 한눈을 팔다니 누가 그렇게 장난꾼이랍디까."

"말 마세요. 거리의 소문으로 죄다 알구 있어요. 대단한 염복가시라구요. 그러나 전 그걸 그리 슬피하진 않어요. 이왕이면 여자에게두 인기가 있는 것이 좋죠. 출출거리구 평생에 연애 한 번두 못 차려지는 그런 사내라는 건 생각만 해두 진저리가 나요. 실례지만 한 가지 물을게 노여워 마시구 대답해 주세요 —."

악보의 페이지를 번기니 다음 곡조는 알레그로다. 그 빠른 멜로디를 내기에 분주해서 두 사람의 마음은 반은 음악 속에 뻿기어 들어갔다.

" — 로테와의 관계는 어떻게 하겠어요? 그 유명한 병오생의 로테 말예요. 말끔히 청산되셨나요?"

이미 거리에 소문까지 흘리게 된 사건이라면 준보도 반드시 뜨끔해 할 것은 없었다. 사실 그 일건을 생각할 때나 말할 때 준보는 벌써 충분히 침착한 태도를 지닐 수 있었던 것이다.

"로테라면 내가 베르테르인 셈이게요. 그러나 실상은 그와 반대리다. 차라리 내가 베르테르의 불행을 가질 수 있었다면 더 행복스러웠으리라구 생각해요. 너무두 어려운 경우였어요. 그렇다구 고르디우스의 마디를 끊을 알렉산더의 장검두 가지지 못했었구, 그러는 동안에 차차 그의 성격의 결함을 발견하게 된 것은 차라리 다행이었죠. 사람이 너무 거세구 사교라면 조석두 잊어버리구 정신없이 허둥거린단 말예요. 슬퍼서 울었다던 날, 금시 버얼겋게 화장을 하구 옷을 갈아입구 사내들과 마주 앉어 노닥거리는 걸 예의라구 생각하는 버릇—그 한 가지 경우로 나는 그를 철저히 멸시할 수 있었어요. 조선의 가난한 집에 태어났으면서두 마치 구라파의 복판에나 살구 있는 듯이 착각하구 그걸 교양이요, 예의라구 생각하는 그 그릇된 태도, 그것이 내 맘을 차차 식혀 주었어요. 대단히 행복스런 결말이라구 할 수 있죠. 짜장 베르테르의 설움을 가졌드라면 어떡할 뻔 했게요."

"제발 전 그렇지 않었으면요. 병오생이 아니니까 염려는 없어두요—그러나 성격두 사랑으로 정복할 수 있는 것이 아닐까요."

"정복했다구 생각하는 건 착오일 때가 많어요. 선천적인 근성이라는 건 아무것에두 굴하는 법 없이 언제나 한번은 정직한 자태를 나타내는 것이니까요."

"그러길 잘했죠. 안 그랬드라면 제 존재가 말살을 당했게요."

질투의 감정을 아직은 채곡채곡 포개서 가슴속에 간직해 두었는지 어쨌는지 비교적 담박한 실의 태도였다.

"또 하나 묻겠어요. 동경에 있는 여류화가, 그에게선 요새두 편지가 오나요? 이것두 거리에서 소문으로 들었습니다만."

흡사 하나씩 하나씩 대답을 밝혀 가는 학동의 방법과도 다르다. 준보에게는 교사로서의 엄정한 태도를 요구하는 셈이었다.

간 아내의 후배인 그 화가는 준보가 불행을 당하자 우연히 편지를 띄우기 시작한 것이 드디어 대단한 정성과 애정을 먹과 종이에 부탁해서 보내 오게 된 것이었다. 같은 여학교의 선배인 아내에게 대한 흠모와 존경이 그대로 준보에게로 고삐를 돌린 셈이었다. 준보는 편지와 사진만을 받았을 뿐, 아직 접해 보지 못한 그 새로운 인격을 머릿속에 그려 보면서 일종 야릇하고 안타까운 심사였다. 편지에 나타난 인품과 교양과 열정으로만은 전 인격의 인상을 옳게 잡기 어려웠던 까닭이다. 한 줄기 어렴풋한 꿈과 희망을 주고받으면서 이상스런 사귐이 근 반년 동안 계속해 왔건만 직접 감각의 문을 통하지 못한 그 가상적인 사랑은 두 사람 사이에 바다와 강산의 먼 거리를 두고는 종시 활활 타오르지 못한 채 조금의 발전도 없이 침체되고 있었던 것이다. 한여름 동안 공을 들여 제작한 작품을 가을에 제전(帝展)에 출품했다가 낙선은 됐으나 그다지 낙담은 하고 있지 않는다는 소식을 전해 온 것을 일기로 하고 웬일인지 편지가 금시 딸꾹질을 시작한 것처럼 끊어지기 시작했다. 준보가 실과의 교섭을 가지게 된 것이 바로 이 무렵을 전후해서였다.

"우리들의 소문을 들었는지 어쨌는지 요새는 도모지 소식이 없어요. 하긴 하나씩 하나씩 제물에 해결되어 가는 것이 편한 노릇이긴 하지만."

"어떤 분예요? 사진과 편지 언제 한번 뵈여 주세요. 고우시겠지. 저보담 젊구 지저분한 과거두 없을 테구."

"언젠가의 편지엔 고향과 가정과 현재의 형편 이야기를 하군 반생 동안 적어 온 일기가 참회의 연속이라구 했었으니 원 무슨 뜻이었던지. 남의 지내 온 날을 자기가 아니고야 누가 똑바로 알겠수. 사람의 가슴속같이 복잡하구 신비로운 것이 없는데."

"제가 만약 나타나지 않었드라면 그이와 맺게 됐겠죠. 똑바로 말씀하세요. 그러구 보면 모든 게 거저 인연만 같어요."

"결말이 어떻게 됐을지를 누가 알겠수. 사람은 앞일을 아무것두 헤아릴 수는 없는데 사랑에 먼 거리같이 금물은 없다구 생각해요. 모르는 동안에 금시 눈앞에 무엇이 일어나 있는지 알 길이 있어야죠. 가을에 이곳까지 스케치 여행을 나오겠다구 벼르던 그에게 행여나 불길한 변이나 일어나지 않었으면 하구 원해요."

"그림과 음악과—어느 편을 더 좋아하세요? 음악을 좋아하시는 건 알어두 그림두 좋아하시죠? 그렇죠?"

"머요, 그건 게정이란 말요? 실이두 게정을 부릴 줄 아나. 실이—실리(silly)—바보. 바보두 그런 쓸데없는 감정의 노예가 되나."

실은 문득 피아노를 멈추더니 그 자세대로 준보의 등에 왈칵 전신을 의지해 버리고 말았다. 준보는 앞으로 쓰러지려는 몸을 바로 세우고 어깨너머로 넘어온 실의 두 손을 잡았다.

"다 잊어버려 주세요. 저 이외의 것은 죄다 이 머릿속에서 지워 주세요. 저의 꼭 하나 바라는 조건이 그것예요. 자 약속하세요—앞으론 평생 한눈을 팔지 않겠다구. 저만을 생각하겠다구."

## 3.

사랑은 왜 두 사람만의 뜻과 주장으로써 족한 것이 못 될까. 두 사람 사이에 세상이라는 쓸데없고 귀치않은 협잡물이 끼어들어옴을 알았을 때, 준보는 움칫해지며 불쾌한 느낌이 전신을 스쳐 흘렀다.

실과 약속을 한 지 불과 며칠을 넘지 않아 준보는 친구 윤벽도의 방문을 받은 순간 직각적으로 신경을 건드리는 것이 있었다.

"자네 요새 무엇을 하구 있었나. 거리는 자네들 소문으로 왼통 발끈 뒤집혔으니."

기쁜 때나 슬픈 때나 신변에서 가장 가까이 돌면서 허물없는 사귐을 맺어 오는 그 친우의 말이라면 대개는 귀를 기울여 오는 사이였건만 이번 경우만은 웬일인지 그 첫마디가 벌써 준보의 마음에 섬짓하게 울려오는 것이었다.

"뭣 말인가. 우리들의 사랑 말인가."

"사랑은 다 머야. 신중하게 사람을 가려 가면서 사랑을 하든지 어쨌든지 하지, 사람이 왜 그리 자기 몸을 애낄 줄을 모르나. 옥 씨의 집안이 어떻구 과거가 어떤 줄이나 알구서 그러나."

"알구 말구. 아니까 더욱 사랑하게 됐네. 자넨 집안과 과거만을 알었지, 본인의 인격과 교양과 기품은 모르는 모양이지. 나는 과거를 사랑하는 것이 아니라 현재의 인격을 사랑하는 것이네. 풍부한 교양에 접하면 자네쯤은 땅을 치구 부끄러워해야 하리."

준보는 웬일인지 버럭 항거하고 싶은 생각이 솟아 어세를 높여

보았다.

“말하는 꼴이 벌써 새가 깊어진 모양 같네만, 자네 생각만 옳다구 하지 말구 세상의 의견에두 한 번은 귀를 기울여 봐야 하잖겠나. 결혼까지 간단 말을 듣구 나두 놀랐네만, 거리에서 만나는 동무마다 한 사람이나 찬성하는 이가 있을 줄 아나. 다들 입들을 벌리구 입맛을 다실 뿐이지. 자네는 예술가니까 독창 정신을 실생활에두 살려서 상식을 무시하구 남 안 하는 괴이한 짓두 해 보구 때로는 괜히 속세에 반항두 하구 싶은 충동을 느끼는 줄은 짐작하네만, 평생의 중대한 일을 그렇게 경솔히 작정해서야 쓰겠나.”

“소태를 먹어두 제 멋인데 왜 남의 일을 가지구 걱정들을 하라나. 도대체 난 세상의 말이라는 걸 일종의 저널리즘이라구밖엔 생각하지 않네. 자넨 진정으로 나를 위해서 걱정하는 줄을 아네마는 자네가 거리에서 만나는 열 사람이면 열 사람이 다 결국은 경박한 가십쟁이밖에는 못 된단 말야. 부질없이 남의 말하기 좋아하구 농하기 좋아하구 헐기 좋아하는 저널리스트 이상의 무엇인 줄 아나. 실없는 그것들의 말을 일일이 들어선 할 수 있나. 파리 떼같이 와글와글 끓게 내버려 두는 수밖엔. 아무 말이 귀에 들려와두 뜨끔하지 않네.”

“자네들이 그만큼 유명하다는 걸 알어야 되네. 자네나 옥 씨나 구석쟁이에 숨어 있는 사람이라면 세상에서 문제나 삼겠나. 화젯거리가 될 만하니까 화제를 삼는 것이 아닌가. 따라서 자네의 책임두 성립되는 것이네. 사회에 이름이 있다는 건 발써 개인의 자유 행동에 그만큼 구속을 받구 책임을 져야 한다는 것야. 개인만의 개인이 아니구 사회를 위한 개인이야. 사실 자네를 애끼는 건 나 혼자만이 아니

네. 어떤 동무는 심지어 휼계를 써서 자네들의 연애를 방해하자구까지 하네만, 얘숙하다구 여기지 말구 그런 우정을 고맙게 받어 보게."

벽도는 준보에게 입을 열 기회와 여유를 주지 않고 혼자만 앞을 이어 갔다.

"자네네 학교 학생들에게 자네 인기를 떠보지 않었겠나. 어학만의 강의를 받기가 아까워서 자네에게 수신의 교수까지를 청하겠다구 교장과 교섭 중이라네. 그렇듯 자네를 존경하는 제자들의 기대두 저버려서야 되겠나. 여러 가지로 자네 책임은 크단 말이야."

"자네두 문학을 한다는 사람이 생각이 왜 그리두 범용하구 옹색한가. 사랑엔 인물 차별과 지경이 없다는 걸 실물로 교육할 수 있다면 얼마나 더 인간적인 교육이 될 수 있다는 건 생각해 보지 못하나. 한 사람의 인물에 대한 소문과 진실이 얼마나 다르다는 것, 사람은 누구나 일반이라는 것, 사랑은 자유롭다는 것, 행복은 주위 사람들의 시비에두 불구하구 당사자들의 의지로 창조할 수 있다는 것—이 많은 교훈을 난 말없이 다만 한 번의 행동으로써 만 사람에게 가르칠 수 있는 것이네. 학생들은 흔연히 이 교육을 받을 것이요 그 인간적인 영향과 효과두 백 권의 수신서를 읽는 것보다 나으리. 자네들의 상식 이상으로 이것은 참으로 건전한 생각이라는 걸 알어두게. 그리구 자네 내일부터 문학을 그만두게나. 문학은 인간 되자구 하는 것이지 심심파적으로 숭상하는 건 아니니까."

"자네의 귀에 아무리 경을 읽어야 소용 있겠나. 발써 굴레를 씌울 수 없는 뛰어난 말이니. 그럼 어서 행복될 도리나 설계하게나. 행여나 장래래두 내게 와 왜 그때 더 말려 주지 않았던구 하구 뉘우치지나 말구."

준보의 굳은 결의에는 벽도도 하는 수 없이 한 수 꿀려 활을 거두는 것이었다. 충고는커녕 되려 톡톡히 설교를 받은 셈이 되어 얼떨떨한 심사를 금할 수 없는 모양이었다.

"다시 이 일엔 더 참견 말구 거리에서 쓸데없이 번설을 하구 노닥거리는 녀석이 있거든 그 비굴한 얼굴을 바라보면서 자네두 행여나 그런 유가 아닐꾸 하구 반성하구 슬퍼해 보게나."

그러나 벽도가 그 자리에서 그렇게 만만히 꿀렸다고 생각한 것은 준보의 오산이었다. 한 수, 두 수 동무를 생각하는 그의 애정은 깊어서 충고의 손은 실에게까지 뻗혔던 것이었다. 다음날 밤 준보가 가게 이층에서 실을 만났을 때 웃음을 잊은 얼굴에 커다란 눈이 깜박거리지도 않고 동그랗게 노염을 품고 있었다.

"아이 분해."

혀를 차면서 윗입술이 갸웃이 빼뚤어지는 것이었다.

"어제 벽도 씨가 제게 와서 무어란 줄 아세요?"

"벽도가? 흠 적극적 활동을 시작한 모양이군."

"이 땅의 예술가 준보 죽이지 말라구요. 준보는 한 사람의 차지가 아니구 사회에 소속한 사람이라구요. 어이구 무서운 소리. 누가 선생을 후려 차가지구 먼 세상으로 내뺀단 말인가요. 제게로 오신다구 글 한 줄 못 쓰게 되구 세상에서 매장을 당한단 말인가요. 모든 책임을 제게만 씌운단 말예요. 대체 그이가 무엇이게 우리들 일에 그렇게 발 벗구 나서는 것일까요."

"근본은 착하구 정직한 사람인데 진정으로 생각해 준다는 것이 말이 원체 투박스러워서 그런 인상을 주게 되나 부우. 그래 머라구 대답했수?"

"다짜고짜로 그 말인데 대답을 어떻게 해요. 거저 멍하니 입만 벌리구 있었죠. 선생의 건강이 염려되는데 각별히 내조의 공을 이룰 자신이 있느냐는 둥 제가 편지를 전문학교 교수보다두 잘 쓴다구 선생이 칭찬하셨다는데 그 정도의 교양에 안심해서는 안 된다는 둥 별별 말이 많었어요. 거저 저 하나 죽일 사람 됐죠. 거리에서 건둥거리는 보통 여자로밖엔 알어주지 않는 것이 분해 못 견디겠어요."

"편지 잘 쓰는 건 잘 쓰는 거지 실력에두 에누리가 있을까. 이름만 전문학교 선생이랍시구 사실 편지 한 장 옳게 못 쓰는 위인이 얼마나 많게. 웬일인지 난 그런 떳떳지 못한 조그만 사회적 사실에 대해서두 노여워지면서 항의하구 싶은 생각이 솟군 해요. 편지의 실력뿐이 아니라 당신이 일상 쓰는 말에 대해서두 그 아름다운 용어와 발음을 효과 있게 살리랴구 비상한 주의와 노력을 하는 것을 난 무엇보다두 높게 평가하랴구 해요. 내가 간혹 이상스런 형용사를 쓸 때 그것을 곧 되물어 가지구 기억하랴구 하는 기특한 생각—세상 사람이 소홀히 여기구 주의할 줄도 모르는 그런 조그만 각오에서부터 나날이 아름다운 생활은 창조되어 나간다구 생각해요. 벽도가 무어라구 하든지 간에 충분한 자신을 가져두 좋아요."

"일들두 없지, 왜들 남의 일에 간섭인지 모르겠어요. 거 보셔요. 세상이 시끄러우리라구 걱정했더니 아니나 다를까요."

준보의 위로로 실은 자신과 용기를 회복해 우울한 속에서 다시 웃음을 머금고 어느 날보다도 도리어 즐거운 밤이었으나 외부의 간섭은 그것으로 끝난 것은 아니었다. 거리의 소문은 해와 악의 테두리를 겹겹으로 더해서 두 사람을 둘러싸고 시끄러운 포위진을 각각으로 조여들었다. 몇 날이 건너지 못해 실은 한층 흥분된 표정으로 준보의 방문을 두드렸다. 커다란 눈이 깜박거리지 않고 조그만 입이 침묵하면서 잠시는 가제 온 신부같이 의자에 잠자코만 있었다.

"……오늘 길에서 옛날 동무 명주를 만났더니 또 그 소리를 하겠나요. 남편에게서 들었다는데 자기들 총중에선 죄다들 알구 화젯거리가 됐대요. 그 남편은 벽도 씨에게서 들었다나요. 왜 그리 번설들일까요."

"놀랄 것두 없잖우. 세상이 한꺼번에 발끈 뒤집힌대두 이제야 겁날 것이 없는데."

"말이 우습잖어요. 제가 일반에게 그런 인상을 줘 뵈는지 너무 사치하니까 가정생활에 부적당하리라구요. 오래오래 원만하기를 기대하기가 어려우리라구요. 자기들보다두 몇 곱절 더 생각하구 각오를 가진 줄은 모르구 웬 아랑곳인지들 모르겠어요. 자기들보다 못한 사람인 줄만 아나 부죠."

"이 기회에 애무하게 남을 발가벗겨 놓구 멋대로들 난도질을 하는 모양이지."

"외딴 섬에나 가 살구 싶어요. 이렇게 시끄러울 줄 몰랐어요."

"불유쾌한 세상이구 귀찮은 인심이야. 우리 시나 한 줄 읽을까."

준보는 뒤숭숭한 잡념을 떨쳐 버리려는 듯 쇄락하게 자리를 일어서서 실의 손을 이끌고 책장 앞으로 갔다.

"맘이 성가실 때는 시를 읽는 게 첫째라우. 난 벌써 여러 해째 그

습관을 지켜 오는데 세상에 시인같이 정직하구 착한 종족이 있을까. 그 외엔 모두 악한이요 도적인 것만 같어요. 시인의 목소리만이 성경과 같이 사람을 바로 인도하구 위로해 주거든요. 무얼 읽을까. 하이네? 셸리? 예이츠?"

책꽂이를 한 층 한 층 손가락으로 더듬더니 두둑한 책 한 권을 뽑아냈다.

"월먼[2]은 어때요. 오래간만에 월먼을 읽어 볼까요. 예이츠들과는 다른 의미로 좋은 시인이죠. 그는 한 계급의 시인이 아니라 전 인류의 시인예요. 아무와두 친하게 이야기하구 똑같이 사랑하는 가장 허물없는 스승이에요. 월먼—인류가 아마두 예수 다음에 영원히 기억해야 할 꼭 하나의 이름이 이것예요. 나는 그를 읽을 때 용기가 솟구 희망이 회복되군 해요."

"고요한 목소리로 한 구절 읽으셔요. 눈을 감구 들어 볼게요."

준보가 앉은 의자 발밑에 실은 그대로 주저앉으면서 준보의 무릎에 손바닥을 놓고 그 위에 사붓이 얼굴을 얹었다. 준보가 야트막한 목소리로 천천히 임의의 구절구절을 낭독하기 시작할 때, 실은 짜장 눈을 감고 시의 세상 속으로 이끌려 들어가는 것이었다.

태양이 그대를 버리지 않는 한 나는 그대를 버리지 않겠노라.
파도가 그대를 위해서 춤추기를 거절하고 나뭇잎이 그대를
위해서 속살거리기를 거절하지 않는 동안.

---

2 '월트 휘트먼'의 줄임말로 당시에 일관성 있게 쓰고 있는 것으로 보인다.

내 노래도 그대를 위해서 춤추고 속살거리기를 거절하지 않겠노라.

나는 그대에게 한 가지 약속을 하노라—그대가 나를 만났기에 적당한 준비를 하기를 나는 요구하노라.
내가 올 때까지 성한 사람 되어 있기를 요구하노라.

그때까지 그대가 나를 잊지 않도록 나는 뜻 깊은 눈초리로 그대에게 인사하노라.

"좋아요. 참 좋아요. 저를 위해서 쓴 것만 같어요. 어머니보다두 인자해요. 태양이 그대를 버리지 않는 한 나는 그대를 버리지 않겠노라. 저두 월먼을 좀 더 일찍 알었더면 더 행복스러웠을 것을요."

실은 얼굴을 벙긋이 들고 준보를 쳐다보면서 입안에 그득 젖을 머금은 어린아이와도 같이 행복스런 얼굴이었다. 준보는 실의 머리 위에 한 손을 얹고 페이지를 들척거렸다.

"월먼을 가지게 된 것은 인류의 행복예요. 가십만을 일삼는 거리의 소소리패들에게 월먼을 읽혀 드렸으면 얼마나 좋을까요."

여인, 앉은 여인, 걷는 여인—혹은 늙고 혹은 젊고
젊은이는 아름다우나—늙은이는 젊은이보다 더 아름다워라.

"그의 눈에는 모든 것이 다 아름답구 고르구 평등하고 사랑스럽지, 하나나 추하구 밉구 차별진 것이 있나요. 예수같이 인자하구 바다같이 관대해요. 또 한 수 여자를 노래한 것—."

> 나는 여성의 시인이며 동시에 남성의 시인이니라.
> 나는 말하노라. 여자 됨은 남자 됨과 같이 위대한 것이라고.
> 또 말하노라. 남자의 어머니 됨같이 위대한 것은 없노라고.

"더 읽으서요. 자꾸자꾸 읽으서요. 종일 들어두 싫지 않겠어요. 밥같이 암만 먹어두 싫지 않겠어요. 속세의 번거로움을 떨쳐 버리구 월먼 한 권만을 가지구 단 둘이 어딘지 모를 먼 고장에 가서 살 수 있다면 오죽이나 좋을까요."

하면서 한숨 짓는 실의 목소리는 그대로가 한 구절의 시를 읽는 것과도 흡사했다.

> 영웅이 이름을 날린대도 장군이 승전을 한대도 나는 그들을 부러워하지 않았노라.
> 대통령이 의자에 앉은 것도 부호가 큰 저택에 있는 것도 내게는 부럽지 않았노라.
> 그러나 사랑하는 사람들의 우정을 들을 때 평생 동안 곤란과 비방 속에서도 오래오래 변함없이
> 젊을 때에나 늙을 때에나 절조를 지키고 애정에 넘치고 충실했다는 것을 들을 때 그때 나는 머리를 숙이고 생각하노라.
> 부러워서 못 견디면서 황급히 그 자리를 떠나노라.

낭독이 끝난 후까지도 실은 얼굴을 들려고 하지 않고 같은 자세로 무릎 위에 엎드리고 있는 것을 준보는 감동에 젖어 있는 것이거니만 생각한 것이 문득 머리를 드는 서슬에 눈에 어리운 눈물자국을 보고 가슴이 짜릿해졌다.

"왜 운단 말요."

책을 놓고 두 손으로 무릎 사이에 얼굴을 받들어 끄니, 실은 아이와도 같은 무심한 눈동자로 멍하니 준보를 쳐다본다.

"너무두 행복스러워서요. 월먼의 시두 좋거니와 이렇게 선생님과 마조 앉아 시를 읽게 된 것이 얼마나 행복스러운지 아마두 한평생의 추억거리가 될 것예요. 세상에 가지가지 행복두 많겠지만 여기에 지나는 행복이 또 있을 것 같지는 않어요. 자꾸 울구만 싶어요."

하면서 다시 글썽글썽 눈물이 새로워지는 것을 보고는, 준보는 거의 충동적으로 그의 얼굴을 가까이 잡아끌었다.

"이 행복감을 고이고이 길러서 언제까지든지 끌고 나갑시다. 세상의 장해가 아무리 크다구 하드래두 용감스럽게 그것을 뛰어넘어 갑시다. 그것이 꼭 하나 우리의 작정된 길이니까요."

손등으로 눈물을 훔치는 사랑하는 사람의 자태란 얼마나 아름다운 것이었던가.

## 4.

민주빈의 등장은 윤벽도의 그것과는 스스로 성질이 달라서 준보들의 마음속에 한 줄기의 빛을 던졌다고 하면 던졌을까.

신문의 지방판의 기사를 맡아 쓰고 있는 주빈은 그 직책의 성질과 준보들의 일건을 누구보다도 먼저 알고 있을 처지에 있으면서도 까딱 그 눈치를 보이지 않는 것은 은근한 그의 성격의 탓이라고 할까.

"하긴 나두 사실 첨엔 놀랐어요. 형이 그렇게 대담한 줄은 몰랐거든요. 그야 문학을 일삼으시니까 생각이 남보다는 다르시겠지만, 결혼을 한대두 거저 무난하구 순결한 경우를 택하신 줄 알었지, 이렇게 문제의 파도 속에 즐겨서 뛰어드실 줄은 몰랐어요."

주빈은 준보의 눈치를 보면서 신중하게 입을 열었다.

"순결이란 대체 무어요. 마음을 떠나서 순결만의 순결을 찾음은 뜻 없는 일이라구 생각해요. 참으로 훌륭한 마음 앞에는 몸의 희생쯤 문제가 아닐 것예요. 벽도의 말을 들으면 모두들 반대라는데."

"전 반드시 그렇지두 않습니다만. 모든 문제 다 깔아 버리구 아름다운 이와 결혼한다는 다만 그 조건만으로두 좋지 않어요? 사람에겐 기질의 타입이 있다구 생각하는데, 가령 벽도 군과 나와는 전연 대차적인 입장에 있는 것 같구 가깝다면 아마 내가 형과는 제일 근사한 타입일 것예요. 연애니 결혼이니 하는 것두 결국은 그 성격의 타입이 작정하는 것이 아닐까요. 옥 씨만 한 인물과 미모라면 다른 조건 다 희생해두 좋구 말구요. 그 점에서 난 찬성이구 형의 그 자유로운 심정과 태도에 여러가지로 반성 되구 줏대 없는 내 마음에 매질해 보군 했어요. 막상 내가 그런 경우에 처했다면 혹시 주저했을는지두 모르니까요. 마음의 자유대로 행동할 수 있구 행동해서 조금두 꺼리지 않는다는 것이 여간 장하구 존경할 만한 일이 아니에요."

"형은 그렇게 말해두 대부분의 세상 사람들은 존경은커녕 얼마나 비웃는지 몰라요. 결국 난 세상을 아직두 퍽 야만스런 곳이라구 생각해요. 참으로 정직한 판단이 없이 편견과 말썽으로 부화뇌동하구 경솔하게 떠들썩하는 그런 버릇이 있어요. 세상이 그렇게 우매하다는 것과 내가 내 뜻을 존중히 하는 것과는 물론 별 문제이지만."

준보는 주빈의 이해에 대해서 이렇게 대답하고 바로 며칠 전에 겪은 조그만 변을 문득 생각해 내면서 그것을 붙여 말하고 싶었다.

—준보는 벌써 거리낄 것 없이 실과 함께 거리를 걷고 교외로 산보도 나가는 것이었으나 그날 늦은 오후의 영화를 보고 관을 나오는 때였다.

빽빽이 쏟아지는 인총 사이에 피곤한 몸을 맡기고 제물에 행길로 밀려 나와 골목을 벗어났을 즈음 두 사람은 어느 결엔지 뭇 시선의 대상이 되어 있음을 몰랐다. 그 많은 총중에서 왜 하필 유독 그들만이 무대 위의 배우같이 사람들의 눈을 끌었을까를 생각하면 불쾌하기 짝 없는 것이었으나 문득 귀 익은 발음 소리를 듣고 비로소 정신을 차린 두 사람이었다. 뒤편에서 웅얼웅얼 자기들의 이름을 외이는 것임을 알았다. 목소리는 점점 커지더니 드디어 또렷이 들릴 정도로 가까워졌다.

"아나, 저기 준보와 옥실이라네."

확실히 그렇게 들렸다. 그러나 그 자리로 경망하게 고개를 돌릴 수도 없어 모르는 체하고 걸어가는 동안에 그들의 회화는 두 사람을 둘러쌀 지경으로 요란해졌다.

"인전 제법 대담들 하지. 내로라구 보라는드키 끼구들 다니니."

"대담한지 철면핀지 모르겠네. 허구 많은 경우 다 두구 왜들 하필 세상을 이렇게 떠들석하게 해 놀꾸."

"남이야 아무러거나 말거나 왜들 떠들썩들 하라나. 떠들썩하는 편이 어리석지, 남이야 아무 멋을 부리건 말건."

두 사람을 옹호하는 듯하면서도 기실 악질의 야유인 것을 쉽사리 느낄 수 있었다.

"옥실이와 준보가 결혼을 할 테면 하랬지 뭐가 어떻게 됐단 말인가. 음악가와 소설가이기로서니 그렇게 법석들을 할 법이야 있나."

두 사람의 이름을 커다랗게 외치면서 옆을 스치는 후리후리한 청년을 옆눈으로 보았을 때 준보는 문득 피가 용솟음치면서 눈이 화끈 달았다. 청년도 흘끗 두 사람을 곁눈질하더니 즉시 자기들끼리만의 의미를 가진 복잡한 미소를 띠었다.

"다정다한한 남녀들이라 미상불 부럽기두 해. 세상을 한번 요란하게 하는 것두 자랑스런 일이 아닌가."

조롱과 야유에 넘치는 그 말에 준보는 드디어 견딜 수 없어서

"버릇없는 것들."

하고 몸을 불끈 솟구었으나 실이 민첩하게 팔을 붙들어 끌면서

"참으세요. 그들에게두 말의 자유가 있잖아요. 우리에게 행동의 자유가 있듯이."

하고 도리어 길옆으로 피해 서는 동안에 소소리패는 여전히 고개를 흘끗들 거리면서 두 사람을 스쳐 지나고 말았다.

이상스러운 것은, 준보는 순간 눈앞이 화끈 다는 듯하더니 웬일

인지 금시 노염이 풀리면서 실의 손목을 꽉 쥐게 된 것이었다. 그의 유유한 마음씨에 감동하고 냉정한 이지에 경의를 표하고 싶었던 것이다. 실의 원만한 인격으로 말미암아 그 시각으로 외부의 수난쯤은 솔곳이 잊어버리게 된 것을 준보는 더없이 행복스런 것으로 여겼다. 실과의 행복 앞에서는 버릇없는 후리후리한 청년도 세상의 야유도 조롱도 그림자가 흐려지면서 먼 곳으로 비슬비슬 멀어지는 것이었다—.

주빈은 가느다란 눈 가장자리에 주름을 잡으면서 그 조그만 에피소드를 듣고 나더니

"그러나 세상이란 완고한 것 같다가두 실상은 의외로 무른 것예요. 결국 가장 세인 것은 개인의 의지라구 생각해요. 거저 내 뜻대로 나가는 것—그것이 제일 좋은 방법이요 훌륭한 태도죠. 청년들에게 야유를 당한 후에 즉시 사랑의 행복을 느낀 것을 생각해 봐요. 그 행복 이상으로 값나갈 무엇이 세상에 있겠나를."

"의논한 법두 없구 내 일 나 혼자 처리하려구 하는데 모두 괜히 한몫씩 참여하려구들 드는구료. 끝까지 세상과 싸워 볼 작정이에요. 필경 누가 못 배겨나나 보게."

"하긴 벽도 군은 서울로 원병을 청하러 갔다나요. 혼자 힘으론 부치니깐 서울의 동무를 죄다 역설해서 일대 반대 운동을 일으키겠다구. 샅바끈을 단단히 졸라매셔요. 괜히 까딱하다 넘어지지 말게요."

또 새로운 소식에 준보는 귀가 뜨이면서 주빈의 괴덕스런 목소리로 자연 웃음이 터져 나왔다.

"벽도두 열정가야. 동무를 진정으로 위한다면 그만 뱀은 있어야

지. 세상은 재미있는걸, 점점 재미있어 가는걸. 사람들은 이 맛에 사는 것이 아닐까."

주빈이 전한 말이 헛소리가 아님은 그가 다녀간 지 이틀 만에 준보는 서울서 온 의외의 편지 한 장을 받게 된 것이었다. 준보가 기왕부터 알고 있는 한 사람의 직업여성으로부터 온 충고의 편지였으니 그것이 벽도의 원병운동의 제일착의 첫 소리였던 셈이다. 아마도 벽도가 술을 먹으러 가서 비분한 장광설을 한 결과, 사연을 듣게 된 그가 동감 찬성하고 드디어 편지를 띄운 것이라고 추측되었다. 서면은 대단한 달필로 여러 장을 들여서 준보의 생각이 미흡하고 행동이 그릇되었음을 지적한 것이었다.

현재의 쓸쓸한 심경을 살필 수는 있지만 평생의 중대사를 어떻게 그렇게 소홀히 작정하느냐—소중한 몸을 애낄 줄 모르구 왜 그리 천하게 굴리느냐—당신 마음을 그토록 댕긴 그 여자의 매력을 미워해야 할는지 존경해야 할는지 모르겠다. 동무들이 대단히 걱정하는 걸 민망해서 볼 수 없다. 이 자리로래두 뛰어가서 만류하구 싶으나 먼 길에 그럴 수두 없으니 두 번 세 번 신중히 생각해서 처리해라…….

대강 이런 뜻의 걱정을 적는데 웬일인지 황겁지겁 설렌 듯한 그의 자태가 눈앞에 보여 오는 것 같아서 준보는 픽 웃어 버렸다.

"괜히들 설레누나. 공연히 필요 이상으로 안달들이구나. 세상이 금시 뒤집힌 거나 같이."

준보야말로 그 원래의 간섭을 미워해야 할는지, 존경해야 할는지 모르면서 반천리 길이나 일부러 가서 겨우 그런 졸병을 통해서 첫

화살을 보내게 한 벽도의 수고가 또 한 번 생각났다. 편지를 그대로 꾸깃꾸깃해서 휴지통에 넣으려다가 준보는 문득 돌려 생각하고 다시 편지를 곱게 펴 들었다.

"이대로 두었다가 실에게 보이자. 그의 감회가 어떤지 누구의 태도가 더 의젓한지 달어나 보자."

## 5.

편지를 보고 실은 그다지 분개도 하지 않고 도리어 허물없는 웃음을 띠었다.

"글두 명문이구 글씨두 잘 썼구. 그러나 웬 아랑곳일까 주제넘게. 그 여자의 매력이라니 다 무어야 망칙하게."

웃은 것은 마음으로부터 웃은 것은 아니었다. 역시 한 줄기 섭섭한 감정이 그의 눈썹 위에 흐르고 있음을 보고 준보는 그런 것을 보인 것이 뉘우쳐도 졌다.

"자꾸만 이렇게 반대들이 일어나면 필경은 곰곰이 반성하시구 제가 싫어지겠죠. 아무리 굳은 마음인들 왜 주위의 지배를 안 받겠어요."

"쓸데없는 소리 또 한다. 그러라구 편지를 뵈었던가. 그 자리로 찢어 버리구 안 뵈일 수두 있었는데."

"이대로 솔곳이 죽구만 싶어요. 행복스런 동안에 죽어 버리는 것이 제일 아름다울 것 같어요. 앞으로 또 무엇이 올까를 생각하면 진저리가 나요."

"되려 고소해하는 것들 많게. 그것들 보기 싫어서두 오래 살어야 하잖우. 소문두 한때지 언제까지나 남을 좇아오겠수. 맘을 크게 담차게 먹어요."

준보도 사실 가끔 마음의 평온함을 잃곤 했으나 실의 앞에서는 또 의젓하게 그를 격려하고 위로하는 입장에 서지 않으면 안 되었다. 월먼의 시집을 찾아내서 다시 읽기도 하고, 서투른 피아노의 합주를 하기도 하고, 말없이 의자에 앉고 실은 그 무릎 아래에 앉아서 손을 마주잡고 어느 때까지나 그 소박한 행복감에 잠기기도 했다.

거리의 소문은 언제면 완전히 꺼져 버리려는지 주일이 거듭되고 달이 넘어도 조그만 도전과 걱정거리는 빼지 않았다. 준보가 학교에서 별안간 요란스럽게 울리는 수화기를 잡으면 면목은 있으나 그다지 귀 익지 않은 여자의 목소리가 두 사람의 사건을 비웃는 듯 야유해 왔고, 거리에서 간혹 동무들과 술좌석을 같이하면 입술을 비죽들 거리면서 누구나 한 촉의 화살을 준보에게 던지려고 대기하고 있는 것이었다. 그들을 둘러싸고 있는 그런 험악하고 적의에 넘치고 있는 분위기 속에서 마음은 도리어 단련되고 굳어져 가는 것도 사실이었다. 누가 못 견디나 보자 하는 앙심이 생기면서 사면초가의 외로운 속에서 끝까지 항거해 보려는 결의가 솟을 뿐이었다.

보라는드키 떳떳이 거리를 다니고 교외를 소요하는 심정 속에도 그런 대항 의식이 숨어 있다고도 하지 않을 수 없었다. 고집스럽게 바라들 보고 빈정거리는 사람들의 시선들을 목석같이 무시해 버리고 두 사람은 두 사람만의 길을 꼿꼿이 걸었다. 두 사람만의 세계를 그렇게 성벽같이 주위 구별해서 지키면서 그것으로써 도리어 밖 세상까지 또 지배하려고 함은 행복스런 일이었다. 그 성벽 속에서는 단 두 사람만의 세계이므로 사랑과 이해는 한층 굳어져 가고 밖 세상을 지배하려 함에는 커다란 자랑과 교만이 상반하는 까닭이었다. 내 몸의 실력이 충실할 때 밖에 대해 교만함은 유쾌한 일이다. 그 내면에서 솟아 나오는 유쾌한 느낌을 지우고 보충하려는 것이었다.

산속 길을 걸으며 낙엽을 밟고 강을 굽어보고 짙어 가는 가을을 관상할 때, 실은 다시 장래의 생활 설계를 치밀하게 세웠다. 하루에 몇 시간씩 책 읽고 음악 연습하고 아해들을 지도하겠다는 것, 찻그릇은 어떤 것을 쓰고 요리는 어떻게 만들겠다는 것까지를 찬찬히 계획했다. 그렇게 희망에 넘치는 실의 얼굴은 또 어느 때보다도 빛나고 아름다운 것이었다.

"세상이 정 시끄럽구 말썽이거든 우리 촌에 나가 염소나 기르구 닭이나 쳐요, 네?"

실의 이런 제의도 또한 기특하고 아름다운 것이다. 여자의 포부와 각오가 항상 더 원대하고 굳은 것일까.

"좋구 말구. 속세에 그렇게 연연해 할 것두 없는데 남은 반생을 차라리 전원의 목가 속에서 살 수 있다면 그 역 좋구 말구요."

"소와 돼지까지를 기를 수 있다면 더욱 좋겠어요. 일 년 먹을 햄을 맨들어 두구 소는 젖을 짜구요. 소가 잘 되면 빠터 제조업을 시작해두 좋죠. 집에서 손수 빠터를 맨들어 먹을 수 있는 처지—전 이걸 인간생활의 최대의 이상이라구 생각하구 있어요."

"어디 이상을 실현해 봅시다그려. 과히 어렵지 않다면야."

가랑잎이 발아래에 요란스럽게 울리는 수풀 사이에서 헌출한 나뭇가지 너머로 푸른 강물을 내려다보고 그 너머 마을의 인가들을 세이면서 전원의 명상에 잠김은, 그것이 실현되든 안 되든 단지 그것만으로도 행복스러웠다.

초가을부터 시작된 두 사람의 사이는 두어 달을 지나는 동안에 모든 장해를 넘어 더욱 깊어 가서 흡사 시절의 걸음과 발을 맞추려는 듯도 했다. 시절이 깊어 가면 갈수록에 영혼들도 맑아 가고 그 열정을 가다듬어 갔다. 날이 으슬으슬해 가고 공기가 차 감을 따라 산속을 거니는 날이 적어지고 방 속에서 꿈과 설계에 빠지는 날이 늘어 갔다. 첫서리가 허옇게 내려 땅을 덮은 날 실은 조금 조급하게 설렜다.

"정신없이 늑장을 대구 있누라고 이 옷 주제 좀 보세요. 거리에선 벌써들 겨울옷들을 입기 시작했는데 아직두 이게 첫가을의 차림 아녜요. 옷벌이란 옷벌은 전부 동경에 두었거든요. 얼른 가서 첫째, 옷을 가져와야겠어요."

"그렇소. 지금 남은 일은 꼭 한 가지밖엔 없소—얼른 동경 들어가서 짐을 가지구 나올 것."

"참으로 무서운 변화예요. 다시 들어가 공부를 계속할 줄 알었지, 누가 짐을 꾸리게 될 줄 알었던가요. 여름휴가로 나왔다가 꼭 두 달 동안에 이 기적이 오구 말었어요."

"되려 섭섭한 것두 같죠. 커다란 변화란 아무리 그것이 행복된 것이래두 한 줄기 섭섭한 느낌을 주는 법인데."

"짐이 좀 많어요. 피아노, 축음기, 의장, 침대, 옷, 레코드, 책. 옮게 꾸려서 부치려면 아마두 두 주일은 걸릴 것예요. 두 주일 동안 안녕

하시구 그리구— 한눈파시지 마세요."

언제나 그것이 걱정인 모양이었다. 준보는 번번이 그것을 대답하기가 실없어서 눈에 웃음을 머금고 실의 귓불을 지긋이 끌어당겼다.

"이 걱정쟁이 같으니 누굴 칠면조나 카멜레온으로 아나 부다."

"저 없는 동안에 모두들 충충대서 마음을 변하게 하문 어떻게 해요. 정말 걱정예요. 전 그렇게 되면 죽을걸요 뭘."

"어서 내 염려 말구 당신 마음의 고삐나 든든히 잡아 둬요. 행여나 대중없이 놓여나지나 말게."

"인전 그만둬요 그런 소리. 듣기만 해두 소름이 끼쳐요."

지난 두 달 동안의 변화와 수많은 굴곡을— 행복과 불행의 가지가지 반성하면서 벌써 그것이 과거가 되고 추억이 된 것이 신기해서 견딜 수 없었다. 뭇 인물들의 왕래와 미묘한 인심까지를 아울러 생각할 때 두 사람이 꾸며 놓은 그 조그만 한 폭의 역사가 또한 인간생활의 장한 한 페이지로 여겨졌다. 그 한 폭을 주초(柱礎)로 하고 앞날의 발전이 훤하게 내다보이는 것이 두 사람의 마음을 한량없이 밝게 해 주었다. 스스로의 운명을 스스로들 개척해 가는 용기 앞에는 하나의 확호한 결정이 있을 뿐이었다. 미래에 속하되 미래가 아닌 결정이었다.

삼한이 풀리고 사온이 시작되는 날, 드디어 실은 동경으로 길을 떠나게 되었다.

날마다 학교로 오는 전화가 그날은 특별히 아침 일찍이 왔다.

"오늘 떠나게 될는지두 모르겠어요. 안녕히 계셔요."

실은 역에서 보냄을 받기를 좋아하지 않는 성질에 떠나는 날짜의 결정을 언제나 확적히 작정하지 않고 흐려 오던 것이었다. 세상에 작별같이 마음 성가신 일이 없어서 역에서 마주 보고 눈들을 붉히면 도저히 떠날 용기가 생기지 않는다는 것이었다. 언제나 떠나게 되면 말없이 가만히 떠나겠다고 하던 것을 생각하고 그날 아침 전화로 준보는 혹시 이날이 아닌가 설레면서 물었다.

"몇 시에 떠난단 말요? 몇 시에?"

"모르겠어요. 떠날지 안 떠날지 모르겠어요. 아해들 데리구 얼마나 고생하시겠어요. 제발 몸 주의하세요. 병원에 자조 다니시구 많이 잡수시구요. 제발 제발 건강하세요."

열 번, 백 번 듣는 이 몸에 대한 주의가 번번이 마음을 울리는 것이었다. 조급하게 차 시간을 거듭 묻고 되물었으나 종시 대답이 없이 전화는 끊어졌다.

떠나도 필연코 밤이려니 생각하고 준보는 학교를 일찍이 나와 그를 보낼 약간의 준비를 갖추어 가지고 저녁 무렵은 되어 가게로 전화를 거니 그의 언니의 대답이 이미 세 시 차로 떠났다는 것이었다. 준보는 한참이나 우두커니 서서 실망이 컸으나 생각하면 실의 말마따나 그 편이 되려 성가시지 않고 개운하거니 하고 마음을 눅여도 보았다.

밤에 가게로 내려가니 언니는 금시 장난을 하고 난 아이같이 빙그레 웃으면서 말했다.

"기어코 가만히 떠나고 말었어요. 그 애 성질이 원래 그래요. 여럿이 나가면 결국 울구불구 해서 못 떠나구 만답니다. 잠시 적적은 하시겠으나 그동안 건강하실 테니 되려 안심이라구 기뻐두 해요.

서울 가서 제 심부름을 보군 바로 동경 들어가기로 했어요. 서울서나 동경서 장거리 전화를 걸겠다구요."

"이젠 전화나 기다리는 수밖엔요. 무사하게나 다녀온다면 더 바랄 것이 없죠. 날짜의 길흉을 몹시 가리더니 오늘이 그럼 대안(大安)날인가요."

"그렇답니다. 삼벽대안이에요. 이것 보셔요."

하면서 가리키는 벽의 괘력을 바라보니 조그만 글자가 그렇게 짐작되었다.

"떠나두 대안, 돌아와두 대안, 대안날 제발 무사태평하구 만사형통하소서."

축원의 말을 마음속에 외이면서 준보는 두 주일 동안 만나지 못할 실의 자태를 머릿속에 떠올려 보았다. 달덩어리같이 훤한 얼굴과 포도알같이 맑은 눈이 분명하게 뚜렷이 떠올랐다. 맑은 목소리가 아울러 귀에 울려왔다.

"……제발 몸 주의하세요. 병원에 자조 다니시구 많이 잡수시구요. 제발 제발 건강하세요."

실의 육체와 영혼의 한 방울 한 방울이 한 점 빈틈없이 준보의 속에 그대로 살아 있었다. 준보는 그것을 마음과 육체를 가지고 역력히 느끼는 것이었다.

《춘추》, 1942. 1.

# 일요일

잡지사에서 부탁 온 지 두 달이 되는 소설 원고를 마지막 기일이 한 주일이나 넘은 그날에야 겨우 끝마쳐 가지고 준보는 집을 나왔다. 칠십 매를 쓰기에 근 열흘이 걸렸다. 그의 집필의 속력으로는 빠른 편도 늦은 편도 아니었으나 전날 밤은 자정이 넘도록 책상 앞에 앉았었고 그날은 새벽부터 오정 때까지 꼬박 원고지와 마주 대하고 앉아서야 이루어진 성과였다. 그런 노력의 뒷마침이라 두툼한 원고를 들고 오후는 되어서 집을 나설 때 미상불 만족과 기쁨이 가슴에 넘쳤다. 손수 그것을 가지고 우편국으로 향하게 된 것도 시각을 다투는 편집자의 초려를 생각하는 한편 그런 만족감에서 온 것이었다. 더욱이 그날은 일요일이다. 일요일의 한가한 오후를 거리에서 지내고 싶은 생각도 없지 않았던 것이다.

십일월이 마지막 가는 날이언만 날씨는 푸근해서 외투가 휘답답할 지경이다. 땅은 질고 전차는 만원이다. 시민들은 언제나 일요일의 가치를 잊지들은 않는다. 평일을 바쁘게 지냈든, 놀면서 지냈든, 일요일에는 일요일대로의 휴양의 습관을 가짐이 시민생활의 특권이라는 듯도 하다. 치장들도 하고 어딘지 없이 즐거운 표정들로 각각 마음먹은 방향으로 향한다. 전차 속의 공기가 불결하고 포도 위의 군중이 답답하다고 해도 그것은 아무의 허물도 아닌 것이다. 준보는 관대한 심정으로 차 속 한구석에서 원고를 펴 들고 있었다. 붓을 떼자마자 가지고 나온 까닭에 추고는커녕 다시 읽어 보지도 못했던 것이다. 촉박한 시간의 탓으로 까다로운 그의 성미로서도 어쩌는 수 없는 노릇이었다. 체면 불고하고 한 손에 붓을 쥔 채 더듬어 내려 썼다.

연애의 일건을 적은 소설이었다. 두 사람의 연애에 대해 세상이 얼마나 무지하고 부질없는 번설을 일삼았던가, 그런 상식과 악의에 대한 항의, 사랑의 자유의지의 옹호—그것이 이야기의 테마였다. 어지러운 소문과 비방에도 불구하고 두 사람의 뜻은 더욱 굳어가서 드디어 결혼을 결의하게 되었다는 것. 여주인공이 잠시 여행을 떠나게 되었을 때 마치 육체의 일부분을 베어나 내는 듯 남주인공의 마음은 피가 돋아날 지경으로 아팠다는 것을 장식 없이 순박하게 기록한 한 편이었다. 세상에 사랑을 표현하는 맘은 천 마디 만 마디 되고 준보는 기왕에 사랑의 소설을 많이도 써 왔지만 그 한 편같이 진실한 것은 드물었다고 스스로 생각했다. 그런 문학적인 자신이 그날의 만족을 한 겹 더해 준 것도 사실이었다.

국에서 서류 우편으로 원고를 부치고 나니 무거운 짐이나 내려놓은 듯 마음은 상쾌하다. 다음 일이 생길 때까지 당분간 편하게 쉬고 조바심을 안 해도 좋다는 기대가 한꺼번에 마음을 풀어 준 것이다. 가벼운 마음에 거리는 어느 때보다도 즐거운 것으로 보인다. 땅 위에 벌어진 잔치이다. 그 어디서인지 횃불이 타오르고 웃음소리가 터져 오르는 것이 들리는 듯도 하다.

혼잡한 네거리의 표정은 화려하고 야단스럽다. 잔치에 초대를 받은 사람들은 감정을 치장하고 그 분위기에 맞추어 걸음도 가볍다. 오늘 이 지구의 제전에 먼 하늘에서는 축하의 사절을 보내렴인지 구름 사이로 푸르게 개인 얼굴을 빼꼼히 기웃거리고 있다. 준보도 초대객의 한 사람인 양 밝은 표정으로 사람들 속에 휩쓸린다. 사랑의 소설을 쓰고 사람들의 감정을 헤아릴 수 있는 그야말로 누구보다도 가장 즐거운 한 사람일지 모른다. 사람들의 그 기쁨의 비밀의 열쇠나 잡은 듯이 자랑스런 표정이었다.

꽃가게에는 온실에서 베어 온 시절의 꽃들—카네이션, 튤립, 난초, 금잔화의 묶음과 동백꽃의 아름이 봄같이 피어 있다. 꽃묶음은 그대로 일요일의 상징이다. 꽃가게는 잔칫날 만국기를 단 장식쟁이다.

영화관은 사람들의 인기를 끌어 잔치마당의 특별관이라고 할까. 그 훈훈하고 어두운 굴속은 꿈을 배는 보금자리이다. 현실과 꿈의 야릇한 국경선을 헤매이면서 사람들은 버얼겋게 상기되어 문을 밀치고 드나든다.

이날 유난히도 복작거리는 백화점은 여흥의 추첨장이라고 함이 옳을 듯싶다. 여자들의 인기를 독점한 듯 치장한 그들의 뿜는 향기가 가게 안에 욱욱히 넘친다. 준보에게는 그들이 모두 아름답고 신선해 보인다. 세상 인류의 반을 차지하고 있는 이 반쪽들은 남은 반쪽들의 한평생의 가장 큰 희망의 대상으로 조물주가 작정해 놓은 모양이다. 희망과 포부와 야심과 광명의 근원을 이 반쪽에게서 찾도록 마련해 놓은 듯하다. 각각 한 사람씩을 잡아서 그 작정된 반쪽들을 서로 찾아내면 그만인 것이나 그릇된 숙명의 희롱으로 말미암아 간간이 비극이 꾸며지곤 한다. 준보가 아내를 잃은 지 이미 일 년이 된다. 어쩌다 이 비극의 제비를 뽑게 된 그에게는 일시 세상에서 태양이 없어져 버린 듯 온실의 보일러가 꺼져 버린 듯 커다란 고독과 적막이 엄습해 왔었다. 그러나 사람은 비극으로 말미암아 자멸되지 않으려면 그것을 정복하는 수밖에는 없다. 각각 반쪽을 찾아내는 순라잡기에서 상대자를 잘못 잡아서 생긴 비극이라면 필연코 예정된 배필은 또 달리 있을 것이 아닐까. 그 예정된 판도라를 마음속에 그리면서 두 눈을 싸매운 채 한정 없는 인생의 순라잡기를 계속하는 수밖에는 없었다. 아내를 동반했을 때에는 거리의 여자들이 거의 무의미한 것으로 대수롭지 않게 보이던 준보였만 이제 외로운 눈에 그들은 새로운 뜻을 가지고 등장하는 것이었다. 인간생활의 마지막의 성스러운 표식을 한 몸에 감춘 듯 보이는 화려한 그들 앞에서 자랑스럽고 교만하던 준보도 초라하고 스산한 심정을 어쩌는 수 없었다. 다부지게 마음을 벋디뎌 보아야 흡사 꽃밭에 선 거지와도 같아서 한 몸의 외로움이 돌려다 보일 뿐이다. 백화점은 꽃밭이었다. 준보는 욱욱한 파도 속에서 몸을 헤어 내면서 전신의 감각과 감정을 한때 찬란하게 장식해 보는 것이었다.

이 카니발의 자극에서 벗어나서 준보는 찻집에서 피난처를 발견한다. 조용한 가게 안은 잔칫날의 사교실이다. 웅성웅성하는 말소리와 노을 같은 담배연기에 섞여 야트막한 실내악이 방 안의 분위기에다 독특한 한 가지의 성격을 준다. 그 성격 속에 화해 들어가는 동안에 준보는 차차 꽃다발같이 열렸던 관능의 문이 조개같이 움츠러들어가고 그 대신 정신의 문이 열리기 시작함을 느낀다. 음악은 정신의 문을 열어 주는 신기한 요술쟁이다. 마음속에 조그만 우주의 신비를 자유자재로 계시해 보이는 기막힌 요술쟁이다. 땅 위의 생활에서 판도라의 다음가는 행복은 음악이라고 준보는 생각한다. 모차르트와 베토벤의 천재는 바로 조물주의 천재에 버금가는 것이다. 음악은 참으로 잔칫날의 반주로는 행복되고 즐거운 것이다.

잔칫상의 초대를 준보는 가장 점잖은 자리로 받아야 한다. 호텔로 전화를 걸어 식사의 준비를 분부해 놓고 찻집에서 아무나 자리에 마주 앉을 동무 한 사람을 잡아내면 그만이었다.

"자네 무얼 제일 진미로 생각하나."

"무엇일꾸, 제일 먹구 싶은 것. 오래간만에—빠터, 그래 빠터나 먹었으면 하네. 가짜 말구 진짜 말야. 모두가 가짜의 세상이니 원."

"진짜 빠터를 대는 곳은 한군데밖에 없다네."

호텔의 식탁은 희고 정결하다. 꽃묶음이 놓이고 상 옆에 등대하고 섰는 깨끗한 여급사—이건 또 하나의 덤이요 우수리인 꽃이다. 알맞은 절차와 예의—이건 일요일의 또 하나의 덤이요 우수리인 행복이다.

포도주와 빵과—이 두 가지의 만찬의 원소 위에 수프와 고기와 과실과 차가 더함은 열두 제자의 절도 위에 현대의 행복을 더함이다. 준보들은 확실히 옛사람들의 희생의 행복보다도 현대적인 문화의 혜택 속에 사는 보다 행복된 후손들이다. 오늘 일요일의 행복은 호텔의 식탁에서 그 마지막 봉우리에 다다른 셈이다. 오찬으로는 늦을 정도의 이른 만찬의 식탁에서 그 차려진 반날의 절차를 준보는 즐겁게 생각하는 것이었다. 자주 거리에 나오지 않는 그에게 사실 그 하루는 특별히 신선한 인상과 즐거운 감동을 주려고 마련된 것과도 같았다.

"빵과 포도주로 예수의 살과 피를 상징할 줄만을 알었지 옛사람들은 빠터로 지방과 비계를 상징할 줄은 몰랐나 부지, 활동의 연료요 원동력인 비계를. 난 빠터를 먹을 때같이 행복을 느끼는 때는 없네. 구라파 문명의 진짬 맛이 여기에 있단 말야."

동무도 그날의 만찬에는 적이 만족해하는 눈치였다. 소태를 씹어 머금은 것같이 일상 쓴 표정을 하고 있는 시니컬한 그 동무로서는 가장 솔직한 고백이었다. 세상의 어둠 속박에는 보고 살아오지 못한 듯한 그에게까지 일요일의 행복을 나눈 것이 준보의 만족을 두겹으로 더했다.

"행복이라는 건 — 아무렴 빠터를 먹을 때 자네 얼굴의 주름살이 펴지는 걸 보면 사실 행복이라는 건 바로 그것인가 하네."

"사탕을 먹을 때의 어린애의 표정을 주의해 본 일이 있나. 그것이 행복의 표정이라는 것일세."

"우유를 입안에 가뜩 머금을 때—모짜르트의 소나타를 들을 때—하늘의 비늘구름을 우러러볼 때—아름다운 이의 시선을 받을 때—청 받은 소설 원고를 다 썼을 때—이런 것이 행복이라면 난 어느 날보다도 오늘 그 모든 행복을 한꺼번에 맛본 듯두 하네."

"개혁가가 단두대에 오를 때 — 예수가 십자가에 오를 때 — 그런 것은 행복이 아닐까.”

“맙소서. 오늘은 땅 위의 행복을 말하는 날이네. 정신주의자들의 가시덤불의 행복은 내 알 바 아니야.”

“아름다운 것을 잃을 때의 불행 — 나두 사실 반생 동안 그 수많은 불행으로 얼굴의 표정까지 이렇게 되고 말았네만 오늘 자네의 이런 행복의 날에도 내겐 또 한 가지 불행이 기다리구 있다네.”

동무는 식탁의 행복에서 문뜩 그날의 현실로 돌아가면서 소태를 씹어 머금은 것 같은 일상의 쓴 표정을 회복했다.

“주검을 당할 때같이 맘 성가신 일은 없는데, 왜 사랑과 함께 죽음이 마련됐는지 모를 노릇이야. 난 오늘 주검을 기다리구 있다네. 좀 이따가 내게로 올 주검을 맞이해야 된단 말야.”

“기어쿠 자넨 나까지 불행 속으로 끌고 들어가고야 말 작정인가. 왜 하필 오늘 이 식탁에서 그런 불길한 소리를 해야 한단 말인가. 주, 주검이라니 무슨 주검을 맞이한단 말인가.”

준보는 찻숟가락을 접시 위에 내던지면서 적지 아니 불유쾌한 어조였다. 하루의 행복이 동무의 그 한마디로 금시 사라지는 것과도 같았다. 사랑의 소설을 끝마치고 거리의 행복에 잠겼던 그의 마음에 다시 우울의 그림자가 덮치기 시작했던 것이다. 가혹한 운명의 장난같이 그것은 모르는 결에 왔다.

“연이라면 자네두 암직한 미인으로 이름 높은 음악가가 있잖었나. 동경서 돌연히 세상을 떠나서 그 주검이 오늘 이곳에 도착된다네. 나두 그것을 맞으러 나가야 할 사람의 하나란 말야.”

연을 사모해서 동경으로 유학을 떠난 사람은 열 손가락에도 남았다. 연은 땅 위의 태양이었다. 가까이 가서는 스스로 몸을 태워 버리는 것이 사람들의 작정된 운명이었다. 수많은 희생을 요구한 태양은 스스로 자멸할 때가 왔던 것이다. 아름다운 것은 꺼지는 법 — 꺼지는 것만을 아름다운 것으로 작정해 놓은 제우스의 당초부터의 법칙이었던 것이다.

동무도 연을 사모해 온 사람들 중의 하나였던가 혹은 자진하고 혹은 실성해지고 혹은 도망가고 한 중에서 동무는 그 태양체를 멀리다 두고 오로지 한 줄기의 고요한 심회를 돋구어 온 것이었을까. 그는 주검을 맞이하려 함을 고요히 말하면서 그것이 도착하기까지의 시간을 호텔에서 준보와 같이 지우고 있는 것이다. 그의 슬픔도 그와 같이 고요한 것이었던가.

"앞으로 몇 시간만 있으면 아름다운 주검을 실은 검은 수레가 바로 이 앞길을 고요히 지날 테구 나두 그 뒤를 따르는 한 사람이 될 것일세."

"자넨 결국 자네 할 말을 다 한 셈이지. 나의 오늘 하루를 완전히 밟어 버리구 부서 놓았단 말이지. 하필 자네를 고른 것이 오늘의 내 불찰이구 불행이었었네. 어서 주검이든지 무엇이든지 맞으러 가게나. 자 오늘 자네와는 작별이네. 행복의 파괴자 불길한 그림자."

준보는 동무를 버려둔 채 휭하니 호텔을 나섰다. 흡사 뒤를 쫓는 불행의 마수에서 몸을 빼치려고 하는 것과 같은 시늉이었다. 식탁 위의 진미도 꽃도 여급사도 등 뒤에 멀어졌다. 동무가 말한 몇 시간 후에 그 앞길을 지날 검은 수레가 눈앞에 보여 오는 것 같아서 몸서리를 치면서 호텔 앞을 잰걸음으로 떠났다.

가 버린 아내의 기억이 새삼스럽게 마음을 점령하기 시작하면서 그 하루의 거리의 현실은 벌써 먼 옛일같이 멀어져 가는 것이었다. 가장 아픈 상처인 아내의 기억을 들치우는 것같이 무서운 노릇은 없어서 일상에 조심하고 주의해 오던 것이 그 우연한 시간에 동무의 말로 말미암아 다시 소생될 때 마음은 도로 저리기 시작했다. 저리기 시작하는 마음에 즐겁던 하루의 인상은 종적 없이 사라져 가는 것이었다. 만찬의 기쁨도 음악의 신비도 백화점의 관능도 꽃묶음의 사치도 한꺼번에 줄달음질 치면서 비누거품같이도 허무하게 꺼져 버리는 것이었다.

두 달 장간을 병석에 누웠던 아내는 마지막 시기에는 병원 침대에서 호흡조차 곤란해 갔다. 산소 탱크를 여러 통씩 침대맡에 세우고 그 신선한 기체를 호흡시킨다고 했댔자 단 돌에 한 방울 물만큼의 효과도 없었다. 가슴을 뜯으며 안타까워하는 동안에 육체의 조직은 각각으로 변해 갔다. 운명한 후 육체는 한때 말간 밀같이 참으로 아름다웠다. 초조도 괴롬도 불안도 없이 고요한 안식이었다. 그것이 죽음이라는 것이었다. 영혼은 금시 어디로 도망해 버렸는지 남겨진 육체만이 흰 관속에서 어두운 무덤 속에서 영원한 절대의 어둠 속에서 차차 해체되고 분해될 것을 생각할 때 준보는 무딘 쇠몽둥이로 오장육부를 푹, 푹, 찔리우는 것 같아서 그 아프고 마비된 감각 속에서는 아무것도 헤아릴 수가 없었다. 왜 그런 마련인구—생명과 함께 왜 반드시 죽음이 있어야 하는구—그 허무한 죽음 앞에서 이 현실이란 대체 무엇인구—현실과 죽음과 어느 편이 참이구 어느 편이 거짓인구—아무것도 알 수가 없었다. 진정으로 나사로의 기적을 믿어 보려고 아내의 차디찬 몸 앞에 우두커니 앉아 보았으나 참혹하게도 가혹하게도 기적은 종시 일어나지 않았다. 어두운 날을 둘러싸고 일월성신의 운행만이 전날과 같이 계속될 뿐이었다. 발버둥을 치고 통곡을 해 보아야 까딱 동하지 않는 무심하고 냉정한 우주의 운행이었다.

이때부터 준보에게는 우주의 운행에 대한 커다란 불신이 생기기 시작했으나 너무도 위대한 우주의 의지 앞에 그 불신쯤은 아무 주장도 가지지 못하는 하잘것없는 것이었다. 그러면 그럴수록 한 줄기의 회의는 여전히 날카롭게 솟아올랐다. 아내는 대체 어디로 간 것일까. 아내와 동무의 애인 연이와 그들 이전에 현실을 버린 수많은 영혼들은 대체 어디로 간 것일까. 그들만이 꾸미고 있는 또 하나의 세상이라는 것이 있지 않을까. 이 현실의 등 뒤에 커다란 제이세계라는 것을 생각하는 것이 왜 그른 것일까. 그렇다면 현실의 세계는 그 제이세계의 단순한 껍질에 지나지 않는 것일까. 지금 가령 지구의 표피를 한 꺼풀 살며시 벗겨서 드러내 버린다면 그 뒤에 무엇이 남을 것인가. 광막한 황무지에 여전히 사랑이며 야심이며 만족이며 행복이며 하는 것이 남을 것인가. 잔칫날같이 번화한 거리의 행복이—꽃묶음이, 백화점의 관능이, 음악의 신비가, 만찬의 기쁨이 남을 것인가. 그렇다면 이런 것들은 대체 무엇하자는 것인가. 얼마나 허무하고 하잘것없는 것인가. 지구의 제전은 허공 위에 널쪽을 깔고 그 위에서 위태한 춤을 추는 광대의 놀음과 무엇이 다르단 말인가. 인생이란 너무도 속절없고 어처구니없고 애숙한 것이다. 무엇을 믿고 무엇에 의지하고 무엇을 위해서 살아갈 수 있으며 살아

가야 할 것이랴.

준보는 사실 아내와 함께 자기도 세상을 버렸으면 하고 생각해 본 적이 한두 번이 아니었다. 사랑 없는 생활은 너무도 견디기 어려운 것이었고 고독은 엄청나게 정신을 메말리우는 것이었다. 고독은 사람을 귀족으로 만드는 것이 아니라 거지로 만들었다. 쓸쓸하고 초라한 거지의 신세로 살아서는 무슨 일을 칠 수 있을꾸 생각되었다. 잠들 때에나 잠을 깰 때 눈물이 자꾸만 줄줄 흘러서 베개를 적시는 것은 세상에서 단 한 사람 자기 혼자만이 아는 노릇이었다. 목청을 놓아서 울려도 넉넉히 울 수 있는 노릇이었다. 우유를 따뜻하게 데울 때에나 커피 냄새를 맡을 때 문득 아내의 생각이 나면서 목이 막혀 느끼곤 한다. 두 번 다시 결코 해도 달도 볼 수 없는 아내의 처지를 생각할 때, 지구가 여전히 돌고 세상일이 여전히 진행되어 나가는 것이 알 수 없는 노릇이었다. 불측하고 교만하고 이상스런 일이었다. 가는 날 오는 날 아내가 부활되는 기적은 일어나지 않고 막막한 고독만이 허무한 운행만이 남을 뿐이었다.

이날은 또 하루 그런 쓰라린 적막심을 품고 준보는 집으로 향하게 되었다. 모처럼 즐겁게 시작된 날이 우연한 실마리로 인해 불행한 추억 속으로 뒷걸음질 쳐 들어가서 일껏 느끼기 시작한 행복감이 산산이 부서져 버렸다. 이제 되걸어 나가는 거리는 몇 시간 전 들어올 때와는 판이한 인상을 가지고 비치기 시작했다. 아내의 추억과 연이의 죽음 앞에서 거리는 응당 엄숙하고 경건해야 할 것이다. 잔치가 끝난 뒷마당가의 너저분히 어지러운 행길은 허분허분하고 쓸쓸하다. 이 거리의 껍질을 다시 한 꺼풀 살며시 벗겨 놓는다면 참으로 얼마나 더 쓸쓸한 것인가. 준보는 마음속으로 그 쓸쓸함을 족히 느끼는 것이었다.

차 속 사람들은 화장이 지워지고 웃음을 잃었고 포도 위 걸음에는 어딘지 없이 풀이 빠져 보인다. 하늘은 흐려 눈이라도 내릴 듯 어둡고 답답하다—일요일의 오전과 오후는 성격이 이렇게도 달라졌다. 사랑의 소설로 시작된 오전은 우울한 불행의 오후로서 끝나려는 것이었다.

밤은 조용하고 괴괴하다.

준보는 방에 불을 지피고 아이들을 데리고 책상 앞에 앉았다.

마루방 난로에 불을 피우고 음악을 돌릴까 하다가 별안간 기온이 내리며 방이 추워질 것 같아서 온돌에 불을 때기로 했다.

따뜻한 방바닥에 몸을 붙이고 어린것들과 동무하고 앉으니 평화로운 마음에 한 줄기 고요한 빛이 솟기 시작했다. 예측하지 않았던 이것은 또 하나 다른 행복이었다.

풍로에 우유를 끓여서 사탕을 넣고 어린것이 그것을 입안에 머금는 그 행복스런 표정을 살피노라니 준보의 마음에도 점점 그 따뜻한 감정이 옮아오기 시작했다.

아이들은 신통하게도 간 엄마를 찾아서 보깨지 않는 것이 준보에게는 큰 도움이었다. 준보는 도리어 자기가 눈물을 흘리게 될 때 아이들에게 들키울까 겁이 나서 외면하고 살며시 눈을 훔치고 한숨을 죽이는 때가 많았다.

우유들을 마시고 나더니 그림책을 들척거리고 색종이와 가위를 내서 수공을 시작하고 하는 것이었다.

밝은 등불 아래에서 재깔거리는 그 무심한 양을 바라보면서 책상 앞에 우두커니 앉아 있는 준보에게는 낮에 거리에서 느낀 것과는 또 다른 행복감이 유연히 솟아올랐다. 어른의 세상의 행복이 아니라 아이들 세상의 행복이었다. 어린 혼들의 자라 가는 기쁨을 바라보는 데서 오는 맑은 행복감이었다. 흠 없고 무욕하고 깨끗한 행복감이었다. 어느 결엔지 마음이 따뜻하게 녹아지면서 차차 그 어린 세상 속에 화해 들어감을 느꼈다.

(옳지 이것을 쓰자. 아이들의 소설을 쓰자. 어린것들의 자라는 양을 그리자.)

책상 위에는 원고지와 펜이 놓였다. 때 묻지 않은 하아얀 원고지가 등불을 받아 눈같이 희고 눈부시다. 그 깨끗한 처녀지 위에 적을 어린 소설을 생각하면서 준보의 심경도 그 종이와 같이 맑아 갔다.

(일요일의 임무는 또 한 가지 남았던 것이다—어린 세상을 그리는 것이다. 인류에 희망을 두고 다른 행복을 약속할 것이다.)

아침에 사랑의 소설을 쓴 준보는 이제 또 다른 행복을 인류에게 선사하려고 잉크병 속에 펜을 잠북 담갔다. 흰 원고지 위에 까맣게 적히울 이야기를 기대하면서 등불은 교교히 빛나고 있다.

조용한 밤 적막 속에 어린것들의 재깔거리는 소리만이 동화 속에서나 우러나오는 듯 영롱하게 울리는 것이었다.

(1940. 12. 8.)

《삼천리》, 1942. 1.

# 서한

반장님. 나는 내일이면 이 반을, 즉 이 동리를 떠나려는 사람입니다. 다른 구역으로 이사를 가서 다른 반 속에 또 편입되려는 것이오나 웬일인지 애석의 정 없이는 이 반을 떠날 수가 없게 됐습니다. 반에서 해 온 여러 가지 행사도 행사려니와 반장님의 가지가지의 자태가 마음속에 새겨져서 잊혀지지 않습니다. 이웃 사람들과 노나 온 정리보다도 무엇보다도 영감이 보여 준 여러 가지의 심정이 내게는 더 인상 깊게 치부되었습니다. 내가 겪어 온 인생 경험과 접해 온 뭇 인물들 중에서 영감은 퍽도 인상적인 한 사람인 것입니다. 언제든지 아마도 눈앞에 선하게 떠오를 그럴 분이었습니다. 영감이라고 부르면 반장님은 언제나 펄쩍 뛰면서 내가 벌써 무슨 영감이냐고 항의를 하셨으나 누런 국민복과 국방 모자의 덕으로 몸맵시가 얼마간 훤출은 해 보이나 모자만 벗으면 희끄무레한 깨소곰 머리에 이마의 깊은 주름살 하며 영감이시구 말구 어디 갈 데 있나요. 반에서 제일가는 어른이기는 하나 영감님쯤은 한구석에 모셔 두든지 하지 왜 하필 반장으로 만들었는지 어떤 때는 사실 딱하게 여겨지는 적도 있었습니다. 달마다 쌀 사는 전표가 나왔다 수건과 고무신 배급표가 나왔다 하면서 쪽지를 가지고 집집으로 부산하게 돌아다니시는 모양이라든지, 정회비(町會費)를 냅시다 헌금을 합시다 하면서 조금 점적하게 치부장을 뒤적거리는 자태라든지를 볼 때 우리들 젊은 축의 눈에는 웬일인지 그저 미안하게만 여겨지는 것이었습니다. 영감을 대신해서 그런 잡무를 거들어 드렸으면 하는 생각인들 왜 없었겠습니까. 국방모를 비스듬히 뒤로 넘겨 젖히고 관자놀이에 땀을 줄줄 흘리며 돋보기 너머로 장부를 들여다보면서 연필 끝에 침을 묻히는 그 자태가 눈물겹고도 또 한편 이상스러이도 정답게 마음을 당기는 것입니다. 언제인가 철물을 징수하러 오셨을 때 유기도 좋고 쇠붙이도 좋으니 무엇이든지 한 점씩 바치라고 권유한 후 뒤주나 부엌에서 양푼이 나온다 주발이 나온다 숟가락이 나온다 하면 영감은 그 선선한 주부의 손덤치를 바라보면서 빙그레 웃음을 띠고 값으로 약간의 보수가 나온답니다 하며 종이쪽지에 이름을 적어 그릇에 붙이던 그때의 그 자태가 웬일인지 마음속에서 좀체 사라지지 않습니다. 허리를 엉거주춤 굽히고 부대 속에 모아 넣은 그릇의 무게를 두 손으로 나꾸어 보며 무얼 내라 무얼 바치라 해서 반원들에게 미안은 하나 요것두 국가의 한 때 어려운 고비랍니다 내 맡은 일이 결코 수월치는 않어요 얼마나 마음을 바수고 애를 쓰는지는 아무두 모르죠 하고 그때에야 처음으로 직책의 어려움을 실토하는 것을 들을 때 나도 비로소 영감의 진심에 부딪친 것 같아서 어느 때보다도 다른 일종의 정이 흐름을 느꼈던 것입니다. 무거운 부대를 어깨에 짊어지고 비틀비틀 문간을 걸어 나가던 뒷모양이 지금도 눈앞에 선합니다. 참으로 그 수월치 않은 직책이 영감에게는 과해요. 어떻게 했으면 영감의 수고를 좀 덜어 드릴까 젊은 축들에게 그 직책을 노늘 수 있을까 하고 생각해 본 것이 한두 번이 아니었습니다.

지난 겨울부터 왜 야경돌이가 시작되지 않았습니까. 우리 반은 반원이 적은 까닭에 한 달에 거의 두 번씩이나 차례가 돌아왔습니다. 차례 된 날 저녁이면 영감의 자제님이 뛰어와서는 오늘 밤 누구와 누구와 누구가 차례랍니다 몇 시까지 합숙으로 모여 주셔요 하고 고하고 야경패를 놓고 갑니다. 나는 겨울 내내 몸이 불편해서 야기를 기(忌)하고 더운 방에서 몸을 무시로 지져야 하는 까닭에 오륙 차나 되는 야경돌이에 결국 한 번도 참가하지는 못하고 대신 인부를 사서 대 왔습니다만 인부의 비용으로 일 원 오십 전인가를 내면 자제님은 고맙습니다고 그것을 받아 가지고는 뛰어가는 것입니다. 들으니 그런 때마다 매양 자제님이 대신 인부로 나서서 밤 열한 시로부터 새벽 다섯 시까지의 긴 동안을 번갈아로 돌았다구요. 영감과 자제님의 두 부자가 외투와 방한모와 장화로 몸을 단속하고 눈을 밟으면서 골목에서 골목으로 목자를 딱딱 울리며 의좋게 나란히 서서 다녔을 광경이 보지는 못했건만 넉넉히 상상됩니다. 내가 못 나간 날 밤 담 밑에서 목자 소리가 들리기 시작하면 나는 곧 귀가 번쩍 뜨이며 에이키 이게 두 부자님의 출동이시리라 느끼면서 웬 일인지 긴장되는 것이었습니다. 긴장은 곧 풀리면서 미소가 떠오르고 마음이 일종 설명하기 어려운 애정의 아지랑이 속에 누그러집니다. 밀레의 《안젤루스》 속에 고여 있는 그런 애정이 부자님의 광경

속에 흘러 있으려니 짐작되면서 내 스스로의 즐거움을 금할 수 없었습니다. 목자의 소리는 어떤 때에는 규칙적으로 딱 딱 딱딱딱 딱딱 딱딱딱 하고 들리다가도 별안간 불규칙하게 어지러워지면서 딱딱 딱딱딱 딱딱딱딱 하다가 빗나가기 시작하면 딱딱딱딱딱딱딱딱 하고 무한한 연속음을 계속하는 것이었습니다. 이것은 틀림없이 자제님의 장난일 것이라고 생각하면서 영감님의 앞에서 아버지의 사랑을 충분히 믿는 나머지 마음을 놓고 해롱거리는 허물없는 자태가 눈앞에 보여 오는 듯도 했습니다. 그런 귀여운 자제를 둔 영감님의 심중이 얼마나 대견할까. 그러므로 겨울의 추위도 그 애정 앞에서는 아무것도 아니려니 느껴지면서 두 분의 그 수고로운 고행의 자태가 한없이 거룩한 것으로 여겨지는 것이었습니다. 귀여운 자제라고 해도 벌써 이십을 넘은 장대한 청년이요 머리를 갈라 넘기고 잘 어울리는 국민복을 입은 늠름한 젊은이인 것이나 아버지의 앞에서는 역시 어리고 귀여운 아들임에는 틀림없는 것입니다. 우리 구역은 좀 유축이라 그런지 개를 기르는 집이 많아서 밤낮으로 사람의 그림자가 근처에 어른거릴 때마다 개 짖는 소리가 뒤를 이어 동리를 떠들어 갈 듯이 요란한 것이나 야경을 돌 때에는 웬일인지 목자 소리가 바로 가까이 들려도 개들은 짖기는커녕 숨을 죽인 듯이 고요히 자며 몸 하나 바삭거리지 않는다지요. 대문 안 개 우리 위에다 목자를 바싹 갖다 대고 일부러 딱딱 울려 보아도 개는 숨결 하나 크게 쉬지 않더라고 하면서 거 조화가 들었어 개들두 야경의 뜻을 아는 모양이야 하구 영감님이 말씀하시지 않았습니까. 내 생각 같아서는 야경의 뜻을 알아서라는 것보다도 개들 역시 부자님의 그믐밤의 단란의 애정을 느껴서인 것 같습니다. 그 불규칙한 목자 울리는 소리에 속임 없이 애정이 짙게 흐르는 것이며 그것을 누군들 느끼지 않겠습니까. 느끼고 그 따스한 애정 앞에 가만히 고개 숙이고 누워 있을 것입니다. 내 경우가 역시 그러했으니까 말입니다.

그 귀여운 자제님이 언제인가 아버지에게 대어들고 발작을 썼다는 이야기를 듣고 나는 허리를 꺾었습니다. 이십을 넘은 청년이니 그런 생각도 왜 없었겠습니까만 사연이 사연이라 나는 며칠 동안 그 생각으로 사실 웃음을 금치 못했습니다. 얼른 장가를 들여 달라고 아버지를 졸랐다면요. 내가 지금 무엇을 모르는 척하겠습니까. 조금이라도 우습게 여기거나 허물하기는커녕 한 줄기의 애정을 가지지 않고는 그 유머러스한 사건을 생각해 낼 수가 없는 것입니다. 아무렴 자제님 장가도 들여야 하구 말구요. 영감님이 국민학교 교장 시대에 알뜰히 모아서 불려 온 그것을 밑천 삼아 앞거리에다 구멍가가(假家)나 하나 벌이고 살아갔으면 하는 것이 자제님의 원이라는데 그러하면 아무래도 아울러 장가까지를 들여서 따로 살림을 차리는 것이 편할 것이고 자제님이 그렇게 조르고 재촉하는 것도 그 까닭이라고 생각되는데 이웃집 진주와의 사이는 왜 또 파담(破談)이 되었는지 사실 나도 자제님 못지않게 그 일이 섭섭하게 여겨지는 것입니다. 인물이며 재주가 그만하면 규수감으로 훌륭하지 어디가 빠지길래 영감님이 마다고 무르셨는지 모를 노릇입니다. 내 생각이 이럴 제는 한동안 진주에게 혹했던 자제의 마음이야 오죽했겠습니까. 지난 가을이었다던가 어느 쨰링쨰링 볕 나는 날 영감님이 잘 익은 고추를 한 자루 따 가지고 그것을 널러 지붕 위로 올라갔었다구요. 기왓장 위에 자리를 펴고 새빨간 고추를 널고 유쾌한 판에 가슴을 헤치고 뜰아래를 굽어보고는 유유히 내려오려고 지붕 기슭에 이르니 올라갈 때 놓였던 사다리가 간데없이 없어진 것입니다. 두리번거리는 동안에 처마 아래에 문득 자제가 나타나더니 지붕 위 아버지를 올려다보고 하는 말이 아버지 얼른 장가 안 들여 줄 테에요 아버지만 장가들면 그만이구 이 자식은 어느 때까지나 홀몸으로 지내란 말예요 언제 들여 줄 테에요 언제 언제—였다구요. 누가 안 들여 준다니 다 연분과 때가 있는 것이지 무시로 그렇게 졸라만 대면 색시가 금시 하늘에서 떨어진단 말이냐. 아버지가 타일러도 무가내하 자제는 목소리를 높이면서 언제든지 연분이니 때니 하구 속여만 오면서 그럼 진주는 왜 물리쳤어요 어디가 부족해서 하고 대어듭니다. 인물만 반드름하면 쓰는 줄 아니 집안두 보구 문벌두 보구 모든 것이 합당해야 되는 거지 하면 자제는 진주의 집안이 어디가 빠져요 그만하면 됐지 누가 명문의 딸을 얻겠다나요 하고 항역(抗逆)을 하려 들었습니다. 너 진주의 행실머리를 아니 네 귀에만 안 들어갔지 동리에서는 소문이 자자하드라—아마도 이것은 아버지가 안 하실 말을 하신 것 같습니다. 자제는 발끈 화를 내면서 진주의 행실이 어때요 왜 괜히 애매한 사람을 헐었다가는 용서하지 않을 테에요 나는 이 손가락을 깨물어서래두 진주의 행실이 깨끗한 것을 보증할 테에요 하고는 사다리를 주나 봐라 어디 내려올 재조 있거든 내려와 보죠 하며 처마 밑에서 사다리를 희롱하면서 심술을 피우는 것이 아니겠습니까. 아 저 녀석 봐라 사다리를 가져오너라 얼른 사다리를 갖다 놓아라 소리를 쳐도 들을 리가 없습니다. 남의 말은 안 들어주면서 누가 사다리를 갖다놓아요. 어서 오늘 밤은 지붕 위에서 새 봐요 자제는 더욱 기를 뽑고 야단입니다. 그래두 냉큼 사다리를 못 갖다 놓겠니 날이 저물었는데 이게 무슨 꼴이며 동리 사람들이 모두들 쳐다보누나—이 자리로 즉시 진주와의 사이를 바로잡아 주어야 망정이지 그렇지 않으랴거든 어서 하늘 아래에서 밤을 새세요—내려가서 천천히 얘기 하자꾸나 진주구 무어구 지붕 위에서야 어쩐단 말이냐—내려 왔다 또 까먹을랴구요 안 돼요 안 되죠. 자제가 비슬비슬 그 자리를 물러서 가니 아버지는 짜장 등이 달아서 기왓장 위에서 발을 구르며 저런 불효막심한 자식 같으니 하고 소리를 쳐야 벌써 소귀에 경입니다. 부엌에서 일하던 어머니가 뜰 앞으로 나와 그 꼴을 보았으나 이 역 귀한 외아들의 기에 눌려 아버지를 도와주는 수가 없게 됐습니다. 도리어 꼴좋다 자식 하나 못 휘어내는 애비의 꼴이라니 하는 조롱을 듣고는 아버지는 상을 잔뜩 찌푸렸는지 벙글벙글 웃는지 헤아리기 어려운 표정을 짓더니 홧김에 자리에 펴 논 새빨간 고추 한 개를 집어 문덕 깨문 것입니다. 가뜩이나 약이 오른 판에 약이 오를 대로 오른 고추의 맛이 어떻겠습니까. 입안이 쓰릿하고 얼굴이 화끈 달면서 전신이 금시 능지를 당해 찢어지는 것 같습니다. 영감님도 원 그럴 줄을 모르셨던지 황급한 판에 지붕 위에서 펄펄 뛰면서 아이구 매워 아이구 매워 하며 맴을 도는 것입니다. 물을 다구 얼른 물을 떠올려라 하고 외쳐도 어머니와 아들은 졸지에 어쩔 줄들을 모르고 멍하니 쳐다만 보고 있습니다. 물을 안 떠올리니 너희들 모자가 사람을 죽이랴는 작정이야 그래두 냉큼 물을 안 떠올려 고래고래 소리를 치니 자제는 되려 그 양을 쳐다보고 벙글벙글 웃다가 나중에는 손뼉을 치며 몸을 흔들어 대는 것입니다. 어머니 역시 벙글벙글 웃어 대니 아버지는 요번에는 짜장 노염을 품고 오냐 내가 못 내려갈 줄 아니 사다리가 없으면 못 내려갈 줄 아니 하며 지붕 기슭을 이곳저곳 밟아 보고 살펴보는 것입니다. 어쩌자는 요량인고 하고 모자가 쳐다보고 있을 때 아버지는 한편 기슭에 이르더니 두 눈을 꾹 감고 전신에 힘과 용기를 다하는 것이 아니었습니까. 자제가 그제서야 겨우 기맥을 알고 아버지 가만 계세요 조금만 참으세요 외치면서 달려갔으나 그때에는 벌써 아버지는 지붕에서 뜰로 뛰어 내려온 뒤였습니다. 아이쿠 하는 소리와 풀석 주저앉는 소리가 한꺼번에 났습니다. 모자가 기겁을 할 듯이 놀라서 달려가니 아버지는 꿍꿍 소리를 내면서 한참이나 웅크리고 있습니다. 다리를 꺾지 않고 허리를 삐지 않은 것이 참으로 다행이었지요. 팔과 신다리에 약간의 상처를 받았을 뿐이라는 것이 그날 운수가 얼마나 좋았다는 좌증인지 모릅니다. 자제가 비로소 겁을 먹고 아버지 용서하세요 차후에는 다시 그럴 법 있겠습니까 하고 절하며 빌 때 영감님의 마음도 저으기 누그러졌더라구요. 이웃 사람들이 몰려와서 반장님 대체 이게 무슨 사연이냐고 물을 때쯤에는 영감님은 자리를 툭툭 털고 일어서면서 다시 벙글벙글 웃음을 머금고 젊은 때 생각만 하고 뜀을 뛰어 봤지요. 그땐 오죽이나 깨끗했어야죠 이만한 지붕쯤은 여반장으로 펄펄 뛰어내렸거든요 하며 절름절름 다리를 끌면서 방으로 들어가셨다지요. 그래도 신다리의 상처가 풀릴 때까지는 근 보름 동안이나 누워 계셨고 그동안의 자제의 효성과 간호가 극진했다는 소식까지를 들었습니다.

이 요절할 부자님의 에피소드는 깊이 내 마음속에 새겨져서 영감님이나 자제를 생각할 때마다 가장 먼저 머릿속에 떠오르게 되었습니다. 떠오르면 금시 웃음이 새로 터져 나오면서 허리가 휘어집니다. 커다란 애정의 감동이 없이는 나는 이 이야기를 생각할 수가 없습니다. 생각할 때마다 길어도 길어도 진하는 법 없는 애정의 샘이 솟곤 합니다. 참으로 내게 좋은 기억을 선사해 주신 셈이 됐습니다. 세상의 무슨 이야기인들 이 이상으로 나를 감동시켰겠습니까. 이 반을 떠난 후라도 오래오래 마음속에서 잊혀질 리는 없습니다. 영감님들의 자태를 선하게 눈앞에 떠올리며 나는 언제든지 이 이야기를 생각할 것입니다.

지난달 방공 연습이 있었을 때의 영감님들의 눈물겨운 노력을 아울러 생각하면 두 부자님 사이의 애정이라는 것을 나는 세상에서도 진귀하고 야릇한 것으로 여기게 됐습니다. 영감님은 소방 반장이고 자제는 전령으로 뽑혔었습니다. 열흘 동안이나 계속되는 연습에 그날은 마침 우리 반의 개별 연습의 날이었습니다. 적국 비행기가 북쪽으로부터 이십 기, 편대 이천 미터의 높이로 내습해 와서 동리 복판 골목에다 소이탄을 떨어뜨려 그것이 집 있는 편으로 연소될 염려가 있다는 가상 아래에서 연습은 시작되었습니다. 낮을 지난 때이라 각각 집에서는 부녀들이 복색을 달리하고 머리에 수건을 쓰고 나와 기다리고들 있었습니다. 가상한 시간이 오자 드디어 소이탄이 떨어졌습니다. 카바이드로 소이탄을 대신해 골목길에는 아닌 때 조그만 화재가 일어났습니다. 소방 반장인 영감님이 메가폰으로 호령하고 지휘하며 휘돌아치는 속으로 부녀들은 각각 한 대야씩의 모래와 물을 준비해 들고 혹은 멱서리를 펴 들고 수선거리고 있었습니다. 전령인 자제는 불이 꺼진 후의 전말을 본부에 보고해야 하는 임무를 띠고 역시 한몫 불 끄는 일을 거들어야 합니다. 소이탄의 불은 불을 뿌리는 까닭에 그 불꽃을 끄려면 먼저 모래를 끼얹고 그 뒤에 멱서리를 푹 씌워야 하는 것임을 아직도 그런 지식이 철저하지 못해서 그날 기어코 그 희극이 일어났습니다만 한 분의 여인이 타오르는 불 위에다 모래 대신에 한 대야의 물을 끼얹은 것입니다. 영감님이 기겁을 하면서 메가폰으로 소리를 치며 그 앞으로 달리다가 무엇에 미끄러졌던지 바로 타오르는 불 위에 보기 좋게 쓰러졌던 것이 아닙니까. 그 모양이 우스워 모두들 연습의 정신은 잊어버리고 모르는 결에 깔깔들 웃어 버렸습니다. 그러나 웬일인지 영감은 불에서 몸을 쉽사리 일으키지 못하는 것입니다. 초조히들 보고 있는 속으로 불쑥 나타난 것이 전령의 임무를 띤 자제가 아니었겠습니까. 부리나케 영감의 팔을 잡아 밖으로 나꾸어 끌려다가 어찌된 서슬엔지 자제마저 그 자리에 쓰러진 것입니다. 바로 영감을 안고 그 위에 쓰러진 두 분의 꼴이 어찌도 그리 우스웠던지 연습이구 무어구 골목 안이 온통 깔깔깔깔 앙천대소하며 떠들썩했었습니다. 그 장면을 한층 더 우습게 한 것은 등대하고 섰던 부녀들이 어쩔 줄을 모르고 황겁질겁 들고 섰던 모래와 물을 불 위에 끼얹는다는 것이 결국 두 부자의 위에 끼얹게 된 것입니다.

모래와 물을 뒤집어쓰고 나둥그러진 두 분의 꼴이 민망하다느니보다도 얼마나 우스웠던지는 나도 그날 목격을 했기 때문에 잘 알고 있는 것입니다. 영감이 지붕에서 떨어졌을 때의 이야기는 말로

만 들었던 것이나 이번 일은 두 눈으로 어김없이 보았던 까닭에 나 역시 그 자리에서 얼마나 껄껄댔는지 모르겠습니다. 두 분의 모양이 단지 우습다느니보다는 웬일인지 눈물겨워서 가슴을 죄이는 것이었습니다. 두 분 사이에 자별한 애정을 볼 수 있는 까닭입니다. 유다른 애정을 볼 수 있는 까닭입니다. 그날의 소이탄 연습은 그 한 토막의 희극이 있었던 까닭에 한층의 효과와 성공을 거두게 되었습니다만 동리 사람들도 아마 모두 같은 정답고 좋은 인상을 받아 가지고들 돌아갔을 것입니다.

영감님들의 그런 관계와 이런 모든 장면과 일들을 생각할수록에 나는 영감님과 이 반에 대한 애착을 금할 수가 없으며 이곳을 떠나려는 이제 한 줄기의 애틋한 정리가 가슴속에 피어오르는 것을 어쩌는 수 없습니다. 내 인생 속에 들어온 반장님과의 교섭은 확실히 내 반생의 경험 내용을 풍부히 해 주었으며 앞으로의 인생에 대해서 또한 가르침을 드리웠을 것도 사실입니다. 나는 이 반에서의 얼마 안 되는 짧은 생활에 있어서 좋은 것을 많이 얻어 가지고 떠나게 되었습니다. 모두 반장님의 덕인 것입니다. 다른 반에를 들어간들 그 이상의 그만한 재미가 지천으로 굴러 있을 성싶지는 않습니다. 반장님의 경우는 이야기해서 사람들에게 그 무엇을 끼쳐 줄 수도 있을 것 같습니다. 그럼 반장님 내내 안녕하십시오. 반을 위해서 수고를 다하시는 양을 때때로 생각하며 반장님의 앞날이 길기를 축수하겠습니다.

(5. 1.)

《조광》, 1942. 6.

# 만보(萬甫)

## 1.

도수장께를 들어오다 만보는 기어코 지게를 벗어 던지고 밭고랑으로 뛰어들어가 허리를 풀었다. 보거나 말거나 태연한 자세로 담배를 집어내 불을 붙였다. 섬은 바소쿠리의 곱절이 든다. 공복에 두 섬의 거름을 들까지 나르고 나니 배도 어지간히 들어갔다. 만보는 면에서도 제일가는 장골이다. 장정의 반나절 일을 식전에 해 버리는 버릇이었다.

아침 기운이 산들하다. 도랑 건너 과목(果木)은 물이 오른다. 자줏빛으로 무르고 녹았고 보리밭에는 푸른 이랑이 줄줄이 뻗쳤다. 봉긋이 솟은 검은 흙이 발을 떠받드는 것 같다. 무겁던 것이 한결 개운하다. 자취 없이 녹아 흐르는 연기와 같이 몸도 녹아 버릴 것 같다. 하루 동안의 그 어느 때보다도 시원하고 즐거운 한때였다. 그 어느 때보다도 구수한 담배 맛이었다.

한 개가 거의 다 탈 때까지 웅크리고 앉았으려니 별안간 난데없는 흙덩이가 뒷덜미에 떨어졌다. 발꿈치를 간지르는 개미만큼도 그의 마음을 건드리지는 못하였으나 이어서 일어난 웃음소리가 비로소 그의 주의를 끌었다. 그렇다고 그 자리를 급스럽게 일어나는 것이 아니다. 눈썹 하나 안 움직이고 유장하게 앉아 있음은 일반이다. 누구인가. 말소리를 기다릴 뿐이다. 또 한 덩이 흙이 튀어 오더니 걱실걱실한 목소리가 났다.

"재수 텄다. 꼭두 아침부터 이건 걸물인데."

박 회계원임을 알고도 만보는 꿈쩍도 하는 법 없이 담뱃불을 신발 끝에 문질렀다. 회계원은 어느 틈엔지 꾀바르게 앞으로 돌아와 껄껄 웃으면서 호탕스럽게 소리를 친다.

"버릇없는 망나니."

빙그레 웃으면서 몸을 일으키는 것을 한 걸음 다가서며 놀람 반 웃음 반으로 경탄의 소리를 자아낸다.

"백두산 전나무만 한걸."

만보는 픽 웃으며 바지를 올리고 몸을 단속하고 나서 비로소 대꾸할 여유를 보였다.

"왜 장가 들여 주려나."

"들기도 들어야겠어. 삼십을 넘은 총각이란 보기도 흉측스러운 걸."

만보의 농을 됩데 이용하여

"선심만 쓴다면야 장가도 어렵지 않지."

교묘하게 가늠 보아 노총각의 마음을 떠본다.

"선거 말인가."

만보는 만보로서 민첩하게 회계원의 뱃심을 알아채인 것이다.

"어떤가. 한몫 거들어만 준다면 퇴내네."

말줄을 얻은 듯이 회계원은 은근히 슬금슬금 잡아 나꾼다.

"술집으로 요릿집으로— 그야말로 독벼락 맞을 결세."

"면장 될 생각이 바짝 나나 부다. 면장이 조합장으로 뽑히면 그 뒷자리에 들어서자는 배짱이지."

"그야 나중 얘기이지만 어떤가 생각 있나."

"도시 미친놈들이지. 허수아비 같은 조합장을 바라는 놈이나 두 패로 나누어 그 놈을 부축하는 놈들이나 어리석긴 일반. 어느 때라구 이 바쁜 철에 떼를 지어서 술집으로 요릿집으로 돌아다닌단 말이야."

"밭일 말이지. 그건 염려 없네. 윤 직장(職長)께 말해서 나흘 동안만 자네를 빌기로 작정됐으니까. 이렇게 된 바에야 기운이 첫짼데 기운으로야 자네만 한 사람이 어데 있나."

"내야 어느 편을 들고 어느 편을 안 들 수 있나. 실상인즉 종화 편에서도 부탁이 있었기에 말이네."

"그러게 자네 소원이 무엇인가. 한 팔 걷어 준다면 무엇이든지 소원을 들어줌세."

"내 소원을—."

"저녁에 남도집에서 만나세그려."

시계를 내보더니 출근시간이 바쁜 듯이 박 회계원은 걷기 시작하였다. 거뿐한 지게를 걸머지고 뒤를 따르는 만보에게 걸으면서 띄엄띄엄 선거의 형세를 말하였으나 만보는 심드렁한 듯도 하고 마음이 당기는 듯도 하였다.

금융 조합장 김종화는 삼 년의 만기퇴직을 앞두고 이어 그 자리에 눌러앉을 생각이었다. 면장 자리가 오래지 못함을 알고 최 면장이 후보로 나서게 된 때부터 싸움은 터졌다. 남문패는 최 면장을 세우고 서면패는 김종화를 받들어 거리와 마을은 은연중 두 패로 나누어 재선거날을 앞두고 경쟁이 심하여 갔다. 조합장을 선거할 조합 총대는 사십 명가량이다. 처음부터 양편으로 갈리어 태도가 선명한 총대의 수효는 피차 상반하므로 나머지의 총대의 지향이 결국 선거의 운명을 결정할 계제에 이르렀다. 그 얼뻥뻥한 총대를 뺏기에 싸움의 목표가 걸려 있다. 권고와 설명만으로는 총대의 심중을 확실히 잡을 수 없었다. 서편패가 단말로 꾀어 놓으면 남문패가 괴로운 조건으로 당겨 버리고 남문패가 술로 사 놓으면 서편패는 더 나은 미끼로 뺏어 버리곤 하여 피차의 꾀에는 한정이 없었으나 그러면 그럴수록 총대의 마음이 대체 어느 편으로 기울어질까가 전연 안개 속의 일이어서 도리어 의심 초조 시기는 구름같이 일어나 싸움은 얼크러져 어둠 속의 매작질로 변하였다. 이 수단 저 수단을 쓰다 못해 이윽고 맹랑한 일이 일어났다. 궁한 끝이라 술책도 헤벌어지고 드러나게 되었다. 총대를 모아다가 두게 되었다. 수족과 마음의 자유를 잃은 총대로서는 허울 좋은 허수아비 격에 지나지 못하였으나 다따가 산협에서 끌려 나온 그들에게 아침저녁으로 대접받는 진미와 술잔과 호강이 괴이치는 않은 것이었다. 마음에 걸리는 것이 있다면 바쁜 시절이라 농사 걱정뿐이었다. 이런 술책이 어느 편에서부터 시작되었는지도 모르게 두 편이 다 그 속에 휩쓸려 선거 운동은 어지럽게만 되었다. 총대 수효의 평균이 깨뜨러져 세력이 기울어졌을 때 이번에는 별수 없이 간직한 총대의 약탈전이 시작되었다. 떼를 지어서는 밤중에 뒷방에 몰려들어 잠자는 총대를 신짝같이 빼아 오곤 하게 되었다.

최 면장 편의 괴수는 박 회계원이었다. 남문의 소소리패를 모아 진을 다졌으나 워낙 강적인 김종화 편에는 한 수 휘는 형세였다. 김종화는 군내의 거농으로 한편 자본을 부어 갖가지의 장사를 경영하는 터이므로 잡화상의 치호, 양주소 주헌, 정미소 히수는 한 떼가 되어 종화의 팔다리 노릇을 하였다. 승벽이 세고 단결이 굳은 데다 무엇보다도 비용이 풍성하여 거래가 쉽고 윤택 있음이 도무지 남문패의 따르지 못할 바였다. 맞서려던 면장은 빚 위에 빚을 내게 되었으니 황새걸음을 따르려다가 다리가 찢어질 지경이었다. 그렇게 되니 거의 취중의 일같이 분별없이 허둥지둥하여 바른 정신의 소행은 아니었다.

그런 판이라 제일 탐탁히 여겨지는 것은 기운이었다. 이치도 설명도 아무것도 없이 우격으로 총대의 몸뚱아리를 빼어 옴에는 마지막 수단인 부락스러운 힘이 첫째다. 돈에 한 수 꿀리는 면장은 그 점에 더 많이 생각을 이루었다. 박 회계원이 만보를 꾀였음에는 물론 등 뒤에 면장의 뜻이 움직여 있었다.

만보는 산에 나무하러 간 길에 노루를 산 채로 잡는 장골이었다. 벼 한 섬쯤은 별로 애쓰지 않고 들 수 있다. 단오마다 시민 운동회에서는 씨름에 판판이 일등이었다. 해마다 탄 소가 늘어서 웬만한 재산을 이루었다. 윤 직장 집에 근 십 년이나 머슴으로 있으면서 알뜰히 번 것과 합치면 새살림을 벌리기에 넉넉하였다. 하루라도 속히 장가를 들어 살림날 궁리를 할 뿐이었다. 박 회계원에게서 청을 받았을 때 만보는 바쁜 때에 미친 짓이라고 생각하였으나 윤 직장의 승낙이 있었다는 소리에 마음이 쏠리지 않음도 아니었다. 남도집에서 만나자는 것도 반가운 말이었다. 비취가 그의 마음을 당긴지는 오래였다. 그러나 감히 말 붙일 계제가 없었던 것이다. 비취는 박 회계원과 좋은 사이였고 멀지 않아 후실로 들이리라는 소문까지 있었다. 박 회계원과 남도집에 가기는 제물맞춤이라고 생각되었다.

## 2.

세 순배째 들어오니 못하는 술에 만보는 관자놀이가 후끈거렸다. 주는 잔을 감춰 버릴 줄도 모르고 고지식하게 알뜰히 받아 마신 것이 꾀 없는 것이었는지도 모른다. 비취의 얼굴이 반달같이 동그랗게 떠올라 보인다.

"사양 말게. 얼근해야 기운도 나지 맨숭한 정신으로 싸움이 되나."

박 회계원은 뒤를 이어 거듭 잔을 권한다.

"승패는 오늘 밤에 달렸네. 기운 바짝 내 주게."

손에 받은 잔을 만보는 떨어뜨렸다. 회계원의 말은 한 귀로 흘리며 비취를 바라보기에 정신이 빠졌던 것이다.

산속에 들어가 문득 부딪치는 한 포기의 자작나무와도 같이 흰 바탕에 새까만 머리 쪽이 제비날개같이 곱다. 손안에 넣고 희롱하면 털고양이같이 부드러울 것 같다. 그 얼굴 그 모습에 어느 모가 부족해서 하필 술집으로 팔려 다닐까. 그의 몸속은 사람 아닌 무슨 귀한 것으로 가뜩 채워져 있을 성싶다. 그의 조그만 입에서 선녀의 말 아닌 사람의 말이 굴러 나옴이 이상하다. 따뜻한 아침 황소를 타고 김이 무럭무럭 나는 들로 나갈 때 세상에는 푹신한 황소 등어리같이 좋은 것은 없으리라고 생각하였으나 비취는 그 황소보다도 더 좋고 마음을 당기는 것임을 알았다. 어글어글한 눈방울에 기름이 흐르고 입술이 방끗 벌어짐을 볼 때 만보의 오장은 나뭇잎같이 나붓나붓 흔들렸다.

"자네 마음이 너긋해 보이니 다행이네."

회계원은 능갈치게 웃으며 다시 잔을 권하고 눈짓하니 비취는 가뜩 부어 잔을 채운다.

"오늘 밤이 사생결단이야. 계책대로만 가면 선거에 이기네. 놈들이 설마 우리의 꾀야 알 수가 있겠나."

교묘하게 낌새 보아 그날 밤 계책을 말한다. 만보의 멀건 취안에는 경 읽는 소리만큼도 대수롭지 않게 들렸다. 눈과 마음은 한결같이 비취에게로만 쏠리는 까닭이다.

서편패가 총대 두 사람을 데리고 은밀히 온천놀이를 떠났음을 감쪽같이 알아냈다. 밤늦게 돌아올 그들의 앞길을 가로막아 총대 두 명을 중간치기로 뺏자는 것이었다. 동구 밖 어구 숲속에 숨었다가 별안간 엄습하여 알째로 뺏어 내면 뒤에 숨었던 다른 한패가 부축하여 모르는 집에 갖다 감추는 것이다. 그편의 앞장은 아마도 중구일 법한데 중구쯤은 만보에게는 조족지혈이라는 추측이었다. 조합

선거의 돈놀이는 아직도 법에 작정이 없는 까닭에 경찰에서도 이번 운동에는 손찌검이 없다는 것을 회계원은 덧붙여 말하고 나서

"사람 둘쯤이야 자네겐 나무 한 단 쳐드는 폭밖에는 안 될걸세."

은근히 구슬린다.

"그까짓 것야 염려 있으랴만."

만보는 처음으로 입을 열고 호담스럽게 장담하고

"결국 자네 말뿐일세그려."

어수룩하게 속아 넘지는 않는다는 것이었다.

"그럴 리 있나. 소원을 들어 보세."

회계원은 속을 뽑히운 듯해서 급스럽게 느물뜨리면서

"일만 되고 보면 무언들 아끼겠나."

데설데설 웃는다.

"비위 좋게 일 될 때를 기다리란 말이야. 안 되면 그만이구."

"한번 언약하였는데 그 말은 왜. 대체 얼마면 좋겠나."

술상 밑에 손을 넣고 손가락을 꼽아 보인다. 다섯까지 꼽았다.

"누가 돈을 바란단 말인가."

"그럼 도야지 한 마리 사 줌세."

"일반이지."

"설마 소 한 마리 탐난단 말이 아니겠지."

"그런 게 아니라."

"……."

비취가 마침 술을 가지러 나가는 틈을 타서 만보는 겨우 수줍게 벙글벙글 웃음을 띠우며 그쪽을 바라본다.

"비취 말인가."

회계원은 민첩하게 만보의 눈치를 살폈다.

"소나 도야지는 다 일없어."

만보의 뜻이 확실함을 알고 순간 얼굴빛이 변하여 회계원은 한참이나 말문이 막혔다.

"다른 사람이면 안 되겠나. 꼭 비취가 소원인가."

"비취 아니면 자네에게 말할 것 있겠나."

회계원은 몸이 확 달았다. 모욕을 당한 듯도 하다. 그러나 즉시 얼굴빛을 풀며 괴로운 웃음을 보였다.

"그럼 어데 후려 보게나. 당사자 간의 뜻이지 내로서야 할 수 있는 노릇인가. 암탉을 후리는 것은 수탉의 재주니까."

넓은 염량을 보이기는 하였으나 가슴이 섬찟하다.

"나중에 아무 말 없으렷다."

다지는 말에 회계원은 괴로운 오장이 뒤흔들리는 것 같다.

"재조껏 해 보게나."

속 빈 웃음을 억지로 데설데설 웃으며 술을 가지고 들어오는 비취를 떫은 표정으로 바라보는 수밖에는 없었다.

"우리 문단에서 가장 사랑을 받고 아끼움을 받고 있던 이효석이 타계로 간 지 벌써 일 년이 지났다. 생시에 그와 더불어 정을 나누고 문학을 이야기하던 벗들이 한자리에 모여 추억회도 열었으나 우리는 무엇보다도 그의 작품을 애독하는 것으로써 그를 더 추도(追悼)할 수 있을 것이다. 이 유고는 완결(完結)되지 못한 것이나, 그의 일생이 역시 그러한 것과 우연한 인연도 있는 것 같아 또한 뜻있는 일이라 믿고 싶는다. 이 소설에서도 그의 유달리 빛나는 재조와 향기는 우리에게 사랑도 일으키거니와 슬픔도 자아낸다."(원주)

《춘추》, 1943. 7.

# 장편소설

# 화분

## 1.

오월을 잡아들면 온통 녹음 속에 싸여 집 안은 푸른 동산으로 변한다. 삼십 평에 남는 뜰 안에 나무와 화초가 무르녹을 뿐 아니라 사면 벽을 둘러싼 담쟁이로 해서 붉은 벽돌 굴뚝만을 남겨 놓고 집 전체가 새파란 치장으로 나타난다. 모습부터가 보통 문화주택과는 달라 남쪽을 향해 엇비슷하게 선 방향이며 현관 앞으로 비스듬히 뻗친 차양이며 그 차양을 고이고 있는 푸른 기둥이며—모든 자태가 거리에서는 볼 수 없는 마치 피서지 산비탈에 외따로 서 있는 사치한 산장의 모양이다. 현관 앞에 선 사시나무와 자작나무도 깊은 산속의 것이라면 뜰을 십자로 갈라 놓은 하아얀 기름길도 바로 산장의 것이다. 생명력의 표징인 듯도 한 담쟁이는 창 기슭을 더듬어 오르고 현관을 둘러싸고 발그스름한 햇순이 집 안까지를 엿보게 되는—온전한 집이라기보다는 풀 속에 풀로 결어 놓은 한 채의 초막이라는 감이 있다.

원체 집들이 듬성한 주택지대인지라 초목 속에 싸인 그 푸른집은 이웃과는 동떨어지게 조용하고 한적하게 보인다. 한편으로 도회의 거리를 멀리 바라볼 뿐 뒤와 옆으로 모란봉의 가까운 자태가 솟아 울창한 산기슭에 달이나 비낄 때에는 그곳이 도회의 한 귀퉁이가 아니라 짜장 산속의 한 모퉁이인 듯한 느낌이 난다. 이웃 사람들은 그 조용한 한 채를 다만 '푸른집'이라고 생각할 뿐 뜰 안에 어른거리는 사람의 그림자를 보는 때조차 드물다. 수풀과 나무와 화초로 뜰 안이 그렇게 어지러운 것도 하기는 자연의 운치를 사랑하려는 주인의 마음씨에서 나온 것이 아니라 사실인즉 그것을 멀끔하게 거두고 정리할 만한 사람이 집 안에 없는 까닭이었다. 애잔한 여자들의 손만으로는 삼십 평의 뜰을 다스릴 수는 없었다. 세란은 그래도 한 집의 주인답게 집 안을 구석구석 돌볼 때가 있기는 하나 꽃한 포기 옳게 옮겨 심지 못하는 주제며 동생 미란을 불러내 오나 가제 여학교를 마치고 나온 귀여운 응석둥이는 풀을 뽑기보다는 언니와 나란히 서서 자작나무 아래로 거닐기를 즐겨 한다. 부엌일을 맡아 보는 나어린 옥녀까지를 동원시킨다고 해도 세 사람의 여자만의 식구로는 근 백 평의 집을 건사하기에 힘이 부쳤다.

여자들만의 나라에 남자라고는 남편 현마와 그의 제하(除下) 단주가 그림자를 나타낼 뿐이나 현마는 남편이라고는 해도 큰댁이 시내에 있는 까닭에 그편이 주장이 되고 하루건너만큼씩이나 나오게 되던 것이 요새 와서는 단주와 함께 영화회사를 시작하면서부터 분주한 판에 그것도 뜨는 날이 많았다. 세란이 애초에 현마를 졸라 집을 장만할 때에 큰댁과 멀리 떨어진 숨은 곳에 자리를 잡자는 생각으로 그 집을 손에 넣은 것이었으나 요새 와서는 한적한 판에 차라리 시내에다 조촐한 몇 칸 집을 샀었더면 생각하게 되었다. 남편을 무시로 독차지하고 있을 수 없는 외로운 집에서 두 식구를 데리고 가장 노릇을 하려니 아쉽고 허전한 때가 많다. 풀은 우거질 대로 우거지고 현관 기둥이며 창 기슭이며 나뭇가지에는 거미가 겹겹으로 그물을 드리워서 마치 폐가인 양 부지런히 줄을 쓸어 버려도 왕거미는 씨가 지지 않는다. 담쟁이 속 돌벽 위로는 다람쥐가 밤낮으로 농간을 부리며 오르내리는 눈치다. 불과 백 평의 세상 안에서도 여왕 노릇을 하기가 얼마나 힘든가를 생각하며 뜰을 거니는 세란은 모르는 결에 자꾸 얼굴에 와 걸리는 거미줄을 주체스럽게 쥐어뜯지 않으면 안 된다.

개나리가 지더니 찔레꽃 봉오리가 연지같이 진하게 맺혔고 라일락이 만발했다. 몇 포기 안 되건만 덤불을 이루어서 송이송이 붕그런 자색 꽃방치가 풍준한 향기를 휘날리고 있다. 라일락 향기는 유난스럽게 진하고 세어서 한 포기 덤불의 향기가 집 구석구석에 배어 뒤꼍에서나 방 안에서까지도 가장 가까운 곳에서 흘러오듯 코끝에 찰락거린다. 따뜻한 햇볕같이 땅 구석구석에 젖어드는 봄 향기—그것이 라일락 향기이다. 덤불 옆에 서서 파 줄기같이 밋밋하게 살찐 찔레순 껍질을 벗기는 미란의 자태를 나뭇가지 사이로 바라보면서 세란은 느린 걸음으로 기름길을 거닌다. 철없는 아이로만 보고 있던 미란의 육체의 변화에 요새 차차 놀라게 되었던 것이다. 여학교를 마친 것이 마치 아이의 세상을 졸업해 버린 셈인 듯 이 봄을 잡아들면서부터 애잔하던 팔다리가 볼 동안에 늘어나고 어깻죽지와 허리가 활짝 펴지면서 어른의 체격을 갖추어 왔다. 큰 발견이나 한 듯 세란은 동생의 급작스런 발육에 놀라며 동생이라는 느낌보다도 이제는 한 사람의 동무를 대하는 듯한 느낌이 솟기 시작했다. 어른과 아이의 구별이 없어지고 어른과 어른의 대등한 대립이 시작된 듯한—두 사람의 세상의 문이 한데 합쳐서 무엇이든지 숨김없이 터놓고 말할 수 있는 듯한 그런 급격한 변화를 느끼기 시작했던 것이다. 치마 아래를 뻗친 찔레순같이 밋밋한 동생의 다리를 탐스러운 것으로 바라보면서 꽃덤불 쪽으로 가까이 갈 때 미란은 흘끗 세란을 바라보고 괴덕스럽게 꽃방치를 잡아 흔드는—그 희멀건 얼굴이 꽃다발같이 향기롭다.

"무슨 냄새 같을까. 언니."

"백합 냄새 같지."

"무엇 말인데."

격에 맞지 않는 대답을 우습게 여기면서 형의 얼굴을 쏘아붙인다.

"네 얼굴 말야."

"괴덕만 부리네. 누가 얼굴 말인가 라일락 말이지."

가까이 온 형의 얼굴을 꽃송이를 휘어 가볍게 갈기며

"장미 냄새 같잖우."

"글쎄."

"꿀 냄새두 같구."

"냄새두 잘은 맡어."

"사향 냄새두 나구."

"수다스럽다……."

형은 꽃봉오리 하나를 뜯어서 코끝에 대이면서

"바로 말하면 라일락 냄새는 몸 냄새라나, 잘 익은 살 냄새라나. 갖은 비밀을 다 가진 몸 냄새……. 알겠니."

"언니가 수다스럽지 누가 수다스러우."

찔레순을 꺾으면 푸른 진이 빠지지 돋아난다. 그 진을 손가락 끝에 묻혀서 풀 장난을 하는 미란의 팔을 세란은 문득 휘어잡았다.

"아깝다. 이 고운 몸을 날도적한테 뺏길 생각을 하면."

"망령이 났나 봐."

"무르녹은 봉오리가 하룻밤 비에 활짝 피어 버린다는 게 슬픈 일이란다."

"아저씨가 며칠 안 오드니 실성해진 모양이지."

"결국 단주가 날도적이 될 테지……. 선머슴 호박이 떨어졌어."

"단주와 누가 어쩌나."

"다 안단다. 멀쑥하게 빠진 위인이 여간내기가 아니거든. 회사에서 아저씨 눈에 바짝 들어서 집에까지 붙이게 된 모양인데 위인이 아저씨보다 한길 위야. 됩데 코 떼우지 않나 보지."

"쾌활은 해두 점잖어요."

"점잖은 개 부뚜막에 오른단다—벌써 올랐는지두 모르지."

"몰라요."

팔을 징긋이 꼬집히어 미란은 펄쩍 뛰면서 꼬집힌 자리를 매만지면서 찔레 덤불로 옮겨 간다.

"점잖게 언니 행세 좀 해요. 괴덕만 부리지 말구."

"언니 행세보다두 동무 행세를 해야겠다. 말같이 자란 걸 꾸짖을 수나 있나. 사람이 자라면 누구나 동무, 이젠 동무같이 얘기하구 싸우구 하게 되잖나 보지……. 어서 목욕하구 몸단장이나 하려므나. 단주가 올 날이야. 성큼성큼 뛰어들기 전에."

"아저씨 기다리기가 천추 같지……. 내 찔레나 꺾어 줄게 잠자쿠서 있어요."

나무장미 아래에 웅크리고 앉아서 포기 속을 들추기 시작한다. 풀 냄새와 흙 냄새가 후끈 흘러오면서 미란은 진귀한 것을 찾는 기쁨에 눈망울이 별같이 빛난다.

"찔레 가시 조심해라."

"그까짓 가시쯤."

"찔리어서 법석 말구."

"찔리우긴 왜."

장담을 하고 풀 속에 팔을 넘큼 넣던 미란은 금시에 기급을 할 듯이

"에그머니나!"

뒤로 나둥그라졌다. 손을 번개같이 입에 대고 토끼같이 움츠린 모양을 보고 세란은 싱글싱글 웃음을 띤다.

"그것 봐. 누가 아니래."

미란은 황겁질겁 일어나서 형의 곁으로 몸을 솔린다. 부르르 떨리는 것을 형은 괴이히 여기며

"야단두. 범에게 쫓긴 듯이."

"뱀이야."

"무엇."

세란도 주춤하면서 몸에 소름이 쪽 돋았다.

"찔레를 꺾으랴는데 굼틀하고 손을 스치잖아요."

세란은 몸을 으쓱하면서 미란의 팔을 붙든다.

"저것 봐요. 저것."

"에그머니!"

찔레포기 저편으로 늠실 기어가는 뱀을 보고는 두 사람은 바싹 얼싸안으면서 뒤로 물러간다. 두어 자 길이는 되는 늘메기였다. 푸른 바탕에 붉은 점을 아롱거리면서 풀 속으로 해서 기름길을 타고 판장 밑으로 사라지는 것이 놀라는 꼴들을 비웃는 듯 유유하고 능글진 것이었다. 아롱거리는 모양이 눈 속에 배어들 지경으로 선명한 인상을 주었다.

"놀라기두 해라."

"십년감수는 했어."

미란은 화가 나는 듯 돌멩이를 집어 올려 판장 밑으로 던졌으나 뱀의 종적은 씻은 듯이 사라진 뒤였다.

"찔레순 아예 꺾어 먹을 게 아니구나."

세란은 한 번 더 몸을 으쓱 떨면서 미란의 손을 끌고 기름길을 걷기 시작했다.

"괴덕부리는 바람에 이 변이지."

"집 안에 뱀까지 꼬이니 맘 놓고 산본들 하겠니."

"방에까지 기어들지 않을까. 위험해라."

세란은 아직도 떨리는 동생의 팔을 꼭 쥐다가 문득 얼굴을 바라보고

"안색이 푸르다. 톡톡히 놀란 모양이구나."

걱정되는 마음에 부리나케 데리고 들어가서는 옥녀에게 목욕물을 가늠 보여 목욕실에 먼저 들여보냈다.

부엌 옆으로 거의 두 평가량이나 차지하고 창으로는 이웃집 붉은 지붕과 먼 산을 바라볼 수 있는 목욕실이 자매에게는 집 안에서도 즐거운 곳의 하나였다. 기쁠 때에는 물론이어니와 슬플 때에나 노여운 때에도 그 속에 뛰어들어 시간을 보내노라면 마음이 풀려 버리는 그 맛을 그들같이 즐겨 하는 사람도 드물 듯하다. 죽을 것이 옥녀여서 목욕물을 끓이는 것이 부엌일 중에서도 가장 큰 시중이었다. 이틀돌이로 데우는 것이나 세란들의 요구에 따라서는 아닌 때 금시에라도 물을 대고 불을 지펴야 하고 바깥주인 현마가 올 때에는 부랴부랴 또 한바탕 난리가 난다. 불이나 안 들일 때에는 아궁앞에 웅크리고 앉아서 서리우는 연기로 눈물을 흘려 가며 그런 고생은 없으나 주인들이 하고 난 끝의 목욕물이 차례 올 것을 생각하면 불평도 없어지고 세란들의 목욕하는 자태를 창으로 엿보는 것도 즐거운 것의 하나였다. 지금도 옥녀는 한가한 틈을 타서 잠깐 부엌일을 멈추고 철벅거리는 미란의 자태를 창밖에 서서 물끄러미 들여다보면서 그 고운 살결을 탐내고 있는 것이다. 보얗게 서리운 안개 속에 움직이는 처녀의 자태는 배추단같이 멀쑥하면서도 물고기같이 퍼들퍼들하다. 봉곳한 팔이며 앵두알 같은 젖꼭지가 그대로 보기는 아까운, 뛰어들어가서 만져라도 보고 싶은 것이다. 자기가 만약 사내라면 그 신다리를 독수리같이 물어뜯고야 말걸, 망간 북새들을 친 찔레나무 아래 뱀이 마음 있던 짐승이라면 그 고운 팔다리를 그대로 두지는 않았을 것을 생각하면서 아무리 들여다보아도 귀중한 보물같이 싫어지지 않는다.

미란이 나간 후에 뒤를 이어 세란의 몸이 나타나는 것이 보였다. 같은 모습이기는 하나 팽팽한 처녀의 몸과는 달라 함박꽃같이 활짝 피어난 허벅진 한 송이다. 목욕실 안이 꽉 차며 금시에 서리었던 김이 젖어드는 듯도 하다. 무슨 복을 가지면 사람이 저렇게도 곱게 태어날 수 있을까—황홀한 정신으로 확실히 꿈속에 잠겨 있을 때에 세란의 목소리가 창밖으로 새어 나왔다.

"아니 이게 무슨 물이야. 물감을 풀었니."

옥녀는 냉큼 일어서서 창께로 가까이 갔다. 손을 대기 전에 창은 안에서 열렸다.

"목욕물이 아니라 왼통 오미자 화채니 어떻게 된 노릇이야. 좀 들어와 봐요."

영문을 몰라 옥녀는 사잇문을 열고 목욕실에 뛰어올랐다. 흰 대리석 목욕탕 안의 물이 짜장 오미자 화채인 양 불그스름하게 물들어 있다. 자옥하게 서리었던 물김이 말끔하게 걷힌 후이라 흰 도가니 안에 고인 물이 유리잔 안의 술과도 같이 깨끗하고 선명한 빛깔을 띠이고 있지 않은가.

"수돗물이 망령을 피웠나요."

옥녀는 사실 곡절을 몰라 주인의 얼굴을 물끄러미 쳐다볼 뿐이다.

"대체 무슨 조화야. 수돗물두 성하구 물감두 안 풀었다면."

"지금 망간 작은아씨가 다녀 나갔을 뿐인데요."

"작은아씨가 별안간 살을 베였단 말이냐. 귀신이 곡할 노릇이지."

세란은 말을 그치자 자기의 던진 그 한마디가 도로 귀로 흘러들면서 문득 한 가지 생각이 솟아올랐다.

"—아니 이게 그래 피야. 끔찍두 해라."

옥녀를 더 족칠 것 없이 급하게 목욕실을 나가 버리더니 방에서 미란과의 말소리가 수군수군 들린다. 희롱하는 소리와 웃음소리가 간간이 높게 흘러온다. 미란은 허약한 기력에 벌써 자리에 누운 듯 대답하는 소리만이 들릴까 말까 하다.

"오미자 화채가 아니구 그러니 이게 모두……."

옥녀는 목욕물을 한 움큼씩 움켜서는 손가락 사이로 흘리면서 미란의 몸의 다달이 정해 논 날수를 속으로 따져 보았다. 조금 일찍 온 듯하나 아마도 뱀에게 놀란 탓인 듯하다. 뱀의 독이 무서운 것을 깨달으며 그 화챗물 속에 그대로 뛰어들까 어쩔까를 생각하려니 별안간 부끄럼이 왈칵 오면서 옥녀는 고개를 숙여 버렸다.

"망칙해라."

방에서는 자매의 목소리가 자별스럽게도 은은히 흘러온다.

세란들 자매의 사이같이 정다운 것이 다시 있다면 그것은 현마와 단주의 사이다. 세란과 미란이 자매간이면서도 가장 친한 동무의 사이라면 현마와 단주는 동무의 사이면서도 형제 이상의 정이 두 사람을 얽었다. 십여 년이나 연소한 단주를 사실 현마는 동생을 대하는 이상의 정으로 사랑해 온다. 영화사에 있을 때에나 거리에 나올 때에나 두 사람의 그림자는 떨어지는 법이 없으며 무엇을 이야기하는지 말소리가 그치는 적이 없다.

"오늘은 약속이 있었지."

"교외 말씀이죠."

"싫은가."

"나가구 말구요."

성큼성큼 손가방을 들고 앞서는 단주를 보고는 빙그레 미소를 띠며 오늘 저녁은 교외에서 먹을 양으로 사를 나서는 현마였다.

"교외 집 맘에 드나."

"담쟁이 우거지구 라일락이 피구—아름다운 동산예요. 그러게 맘이 이렇게 뛰놀죠."

"라일락 때문인가—누굴 속일랴구."

"속이다뇨."

"또 한 가지 맘 뛰놀게 하는 것."

"……."

"미란 말이야."

얼굴을 발갛게 물들이는 소년의 자태—그는 미란보다도 못지않게 미목이 수려하다.

"고와요. 무어라구 할까요, 마치—옛적 비너스 같은."

"미란이 비너스라면 단주는 무얼꼬—아도니스. 신화 속의 미소년 아도니스—그게 단주야."

다시 얼굴을 물들이는 단주를 그림같이 아름다운 것으로 생각하면서 현마는 지나는 택시를 잡아 세우고 운전수가 문을 열고 기다릴 때 문득 무슨 마음이 내켜선지 단주의 몸을 달롱 안아서는 차 속에 앉히는 것이다. 세란의 몸을 장난삼아 몰래 들어보는 적이 있었으나 그 세란의 몸보다도 부드럽고 해깟운 단주의 몸이다. 이어 성큼 뛰어들어가서 단주의 몸을 거의 욱박을 듯이 주저앉는 현마의 모양은 마치 어린 양을 채 가는 독수리의 시늉과도 같고 미소년 아도니스를 후려 가는 페르세우스나 플루토의 모습일 듯도 하다. 짐승같이 육중한 현마와 아름다운 단주와의 대립되는 인상은 삼십대와 이십대의 차이도 아니요 이십 관과 십오 관의 체중의 차이도 아니요 사랑을 하고 사랑을 받는 괴이한 애정관계에서 오는 것이었다. 두 사람의 자태는 형제의 그것도 아니요 주인과 종의 그것도 아니요 참으로 사랑하는 사람끼리의 모양이었다. 현마는 사실 마음속으로 은근히 세란과 단주를 달아 보고는 어느 편이 더 무거운가를 주저하는 때가 많았으며 그 감정을 스스로 괴이히 여기곤 한다.

소설가가 되느니 영화 감독이 되느니 하면서 거리에서 펀둥거리는 단주를 현마가 당초에 주워 올린 동기부터가 그의 용모에 혹한 까닭이었다. 이십 세를 잡아들락 말락 한 예쁘장한 얼굴에 머리를 길러 내린 나어린 보헤미안의 꼴이 알 수 없이 마음을 당겨 현마는 그날로 그를 데려다가 몸을 가꾸고 치장을 갈아서 멀끔한 딴사람을 만들어 놓았다. 집도 절도 없고 또렷한 내일의 요량도 없던 불결하고 궁축스럽던 보헤미안이 하루아침에 말쑥한 미소년 아도니스로 새로 태어난 셈이었다. 그다지 놀라운 천재를 감추고 있지는 않았으나 숙성한 만큼 쓸모도 있으려니 생각하고 영화사 비서 격의 일을 맡겨서는 옆 책상에 앉히기로 했다. 영화사라고 해야 당초부터가 현마의 취미에서 시작된 사업으로서 영화 제작은 아직 앞일이고 주로 배급의 일을 하는 것이었으나 단주로서는 그런 호박은 없는 것이 빌딩 삼 층 홋홋한 한 간 사무실에서 기껏 하는 일이래야 현마가 맡기는 영화 잡지의 기사를 번역하거나 그렇지 않으면 여배우의 사진을 가위로 속속들이로 오려서는 사무실 벽에다가 어지럽게 붙여 놓는 일쯤이었고 그 외로는 현마와 거리를 걸으며 점심을 먹으며 차를 마시며 배급 교섭을 하며 할 때에 그림자같이 현마의 옆에 붙어서 혹은 단장(短杖) 노릇을 하고 혹은 한 송이의 꽃 노릇을 하면 그만이었다. 아파트의 한 간을 구해 가지고 유숙하게 된 때부터 현마는 거의 밤마다 찾아와서는 별일 없으면서도 이야기하고 놀고 하다가는 늦어서야 돌아가거나 그렇지 않으면 한 침대에서 같이 밤을 새우거나 했다. 참으로 한 송이의 꽃을 대하듯 현마는 신화 속의 미소년 같은 단주를 정신없이 바라보는 것이었다.

발이 한동안 뜨게 되자 세란은 하루는 현마의 옷섶을 바툼하게 쥐어 잡고는 불 같은 샘이었다.

"어서 대요. 요새 밖에 꼭 무에 생겼죠. 그렇지 않구야……."

"예쁜 비서 하나를 두었지."

"무에 어째요. 이렇게 는질거리구 말하기요. 어떤 년이야 그래 그 비서가."

"법석을 말어요. 그렇게 속이 편편치 않다면 내 내일 보여 주지 않으리."

"보긴 누가 보재. 웨 이리 얼렁거려요."

신다리를 꼬집히우고 현마는 펄쩍 뛰면서

"그래두 봐야 알 테니 내일 두구 봐요. 얼마나 놀라운가."

펄펄 뛰는 세란을 간신히 가라앉히고 이튿날 단주를 데리고 나갔을 때 세란은 어제와는 다른 의미로 사실 놀라기는 했다.

"딴은 예쁘기는 해."

단주를 면대해 놓고 나오는 말이었다.

"비서라길래 난 또 어떤 비둘기를 후려냈누 했더니 이런 미남자 비서야."

세란과 미란은 동물원에나 간 듯 염치없이 단주를 바라보았다.

"이런 비서라면 집에두 종종 데리구 와요. 말동무두 없는 외딴곳에 버려둘 두구 혼자만 밖에서 좋은 수 보지 말구요."

"자네 맘에 들면 가끔 오게나."

현마의 권고를 옆 귀로 들으면서 단주도 그들에게 밑지지 않을 정도로 세란과 미란을 자별스럽게 바라보는 것이었다.

"사내의 맘같이 모를 게 있을까."

세란은 중얼거리며 현마의 마음을 한없이 이상한 것으로 여겼다. 원래 다정한 현마의 욕심에 여자를 차례차례로 사랑해 가는 심지는 그래도 이해하기 쉬우나 알 수 없는 선머슴을 주워 올려서는 애정을 나누고 정신을 뺍히우고 하는 그의 마음이 마치 바닷속의 욕심 많은 짐승같이도 생각되면서 괴이한 감정이 솟았다.

"바다가 즘생이라면 현마는 그 바다야."

이렇게 남편을 비판하면서—그렇다고 단주에게 대해서 게염을 느끼는 것이 아니라 커다란 호기심이 솟으면서 싱글싱글 그를 바라보는 것이었다.

단주로서는 그것이 처음이었으나 즐겁고 아름다운 인상에 그날을 실마리로 현마와 함께 자연 걸음이 잦기 시작했다. 아파트와 영화사와의 사이에서 현마 단 한 사람과 같이 생각하고 살고 날을 지우던 그에게 의외에도 신선하고 푸른 딴 세상이 열린 셈이었다. 초목이 우거진 뜰 속에서의 세란과 미란의 자태는 흡사 이야기 속에서 들은 도원의 경치였다. 세란의 인상도 찬란한 것이었으나 미란의 존재는 보물같이 진귀한 것으로 보였다. 이런 행복스런 처지에서 오히려 자기를 구하는 현마의 마음은 얼마나 야릇한 것인가. 바다같이 넓은 그 마음속 한편 구석을 헤엄치고 있을 자기의 꼴을 생각할 때 문뜩 부끄러운 생각조차 들었다. 그러나 현마로서는 그 여자들만의 세상 속에 난데없는 단주를 한몫 끼워 넣고는 조금도 부자연과 위험을 느끼지 않는 것은 그의 눈으로 볼 때에는 세란이나 단주나 같은 행렬 속에 서는 까닭이었다. 한방에서 세란과 이야기할 때의 감정이나 아파트에서 단주와 이야기할 때의 감정이나 매일반인 까닭이었다. 다른 것이 있다면 미란에게 대한 감정뿐이었다. 처제 미란에게 대한 감정은 물론 아내 세란에게 대한 감정과는 스스로 달라야 하겠으므로 현마의 흥미는 미란과 단주에게 걸려 있었다. 위험하다느니보다는 아름다운 것으로 두 사람을 바라보았다. 단주를 교외의 집으로 이끌 때 반드시 두 사람의 제목이 머릿속에 떠오른다.

(비너스와 아도니스—.)

지금도 차 속에서 현마는 거의 단주를 안을 듯한 자세를 지니면서 말을 잇는다.

"미란 때문에 그렇게 맘이 뛰노는 게지. 날 속일 수는 없어—비너스와 아도니스의 사랑은 신화 속에서두 아름답지 않았나."

"미란을 보면 겁이 나요. 들었던 유리잔이 금시에 깨뜨러질 듯한 위태위태한 생각이 들면서."

"조심들 해야 돼. 괜히 그 유리잔 깨뜨리지 않도록들……."

교외로 나와 주택 밖에서 자동차 소리가 울릴 때 뜰로 미란을 놀라게 한 뱀 뒤 탐지를 나왔던 옥녀는 마치 판장 밖 차 속에서나 본 듯 안으로 향해 소리를 치면서 설렌다.

"나으리들 오셨어요."

현마와 단주가 뜰 안에 들어와 라일락 가지를 휘어들 잡았을 때 세란은 신을 끌고 현관을 나섰다.

"행차 길보다 더 야단스러우니."

무인도에서 사람을 만난 듯 세란에게도 그들이 언제든지 반가웠다. 한마디의 게정은 입버릇같이 나간다.

"스틱 뽀이나 데리구 건들건들—."

하다가 세란은 싱글싱글 웃는 단주를 바라보며 닦아 올린 용모며 빈틈없는 옷맵시에 마음이 끌린다.

"꽃 병풍 앞에 선 신랑 같네."

라일락 앞에 웃고 섰는 그들을 이렇게 형용하는 수밖에는 없었다. 꽃 앞에 선 미란을 아름다운 것으로 여겼으나 그만 못지않게 아름다운 것이 단주임을 느끼며 천상의 한 쌍이 아닌가 생각하려니 부러운 마음이 솟는다.

"봄이 별 데 있는 게 아니라 바로 여기에 있군."

단주는 활개를 펴면서 뜰 구석구석을 나뭇가지와 풀잎을 빛나는 눈으로 바라본다. 봄은 거리에 있는 것이 아니요 아파트에나 사무실에 있는 것이 아니요 참으로 그 뜰 안에—푸른 세상 속에 있는 뜻이 한 방울 한 방울의 피 속에 스며드는 듯도 하다. 현마도 봄기운을 깊게 마셔 들이면서 라일락을 한 송이 꺾어 들고는

"미란은 웬일인구."

하고 세란의 뒤를 따라 현관 앞을 향한다.

"뱀을 보구 놀랐다나요."

"찔레 사냥만 하니 그렇지."

"기급을 하구 덜덜거리구 떨드니."

"놀라는 바람에 또 몇 치는 자랐겠군. 찔레순같이 키만 자꾸 자라면서. 첫 뱀은 복이라는데 올 복은 미란이 독차지할 모양인가."

"또 아는 소리. 당신 말하는 복이라는 건 언제나 미치광이의 복."

현관 옆 대청에는 붉은 주단을 편 데다가 창을 덮는 담쟁이의 푸른 그림자가 어울려 화려한 조화를 띠었다. 의자며 소파며 사치한 세간들이 모두 자매의 호사스런 취미에서 나온 것이다. 단주가 창기슭에 자리를 잡고 선물로 가져온 《봄노래》의 레코드를 축음기에 걸었을 때 부드러운 그 봄 소리에 불리운 듯 미란이 비로소 대청으로 나왔다. 나들이옷에다 곱게 단장을 하고—수선을 떨던 아까의 그가 아닌 초초한 자태이다.

"찔레 사냥만 하다가 싸지."

"아저씨 발목이나 물리셨더면."

현마의 농을 곧잘 받는 미란.

"처녀아이가 집에서 번둥번둥—뱀과 동무할 수밖엔."

"그러게 어서 공부나 더 시켜 줘요. 음악가가 되든지 여배우가 되

든지 하게.”

“음악가나 여배운 아무나 되는 줄 아나 부다. 그 주제넘은 꼴 누가 보게.”

“별사람 있나요. 왜 안 돼요.”

“정신이 좀 들었나 부지. 속이 살았을 젠.”

세란이 말을 가로채 가지고는 비죽이 웃으면서

“뱀이나 뱀뿐인가. 오늘 망신은 얼마나 했는데.”

현마와 단주를 바라보니 미란은 제발 살려 달라는 듯이 언니의 팔을 꼬집는다.

“애걸을 하면 누가 잠자쿠 있을까 봐.”

“입만 열었다간 경쳐요.”

현마나 가만히 있었더면 좋았을 것을 궁금한 판에

“망신이라니 먼데.”

세란을 재촉하는 것이다.

“머겠나 생각 좀 해 봐요.”

미란이 얼굴을 홍도같이 붉히면서 억센 손아귀로 입을 와 막는 까닭에 세란은 뒤로 쓰러질 지경이다.

“망신은 톡톡히 한 모양인데.”

현마가 부채질하는 바람에 세란이 미란의 손을 밀치면서 기어코 입을 열었다.

“목욕실에를 좀 들어가 봐요. 목욕물이 무슨 꼴이 됐나.”

“몰라요.”

미란이 발끈 짜증을 낸댔자 세란의 마지막 마디는 벌써 입을 새어 나온 뒤였다.

"왼통 오미자 화채니."

"어쩌란 죽이란."

미란은 전신이 화끈 달면서 그도 모르는 결에 언니의 볼을 불이 나게 갈기고는 방을 뛰어나갔다.

껄껄껄껄 허리를 꺾는 현마의 웃음소리를 듣자 쥐구멍이라도 찾고 싶은 마음에 구두를 찾아 신고는 현관 밀창을 드르렁 열었다.

"봉변을 시켜두 분수가 있지. 다시 들어오나 봐라."

세란이 악의로 한 것은 아닌 줄을 알면서도 현마와 단주 앞에서의 무안을 생각하면 귓불이 불같이 달면서 도저히 한자리에 앉아 있을 수는 없었다. 분풀이로 며칠이든지 언니의 옆을 떠나서 담(膽)을 떼어 주고 싶은 생각이 치밀었다. 뒤도 안 돌아보면서 대문 쪽으로 기름길을 걸었다.

한바탕 웃어 대던 방 안에서도 나뭇가지 사이를 뾰로통해서 나가는 미란의 자태를 바라보고는 그의 태도가 심상하지 않음을 깨달으며

"미란!"

"미란아!"

부부가 목소리를 높여서 부르나 들은 척 만 척 그림자는 대문 밖으로 사라진다. 그제서야 현마는 황당해서 방을 뛰어나가 대문 빈지를 붙들었으나 노기가 등등한 귀여운 그림자는 거의 쏜살같이 행길 저편으로 멀어진다.

"단주 자네 쫓아가 보게. 행여나 무슨 일 없도록 달래서 데려와야

해.”

현마는 뛰어들어와서는 단주를 잡아 일으키는 수밖에는 없었다. 황겁질겁 문밖으로 뛰어나가는 단주를 보고서야 겨우 마음을 놓았다.

“처녀의 맘이란 만만치 않은걸.”

“모처럼 저녁 준비까지 해 놓은 것이 이 분란이네.”

세란은 입맛을 다시면서 적적한 판에 《봄노래》를 다시 되거는 수밖에는 없었다.

“……고양이 앞에 고깃덩이를 던진 셈이지. 아무리 급한들 단주를 왜 추길까. 변은 생기구야 말걸.”

“아닌 걱정을 다—.”

현마는 아내의 걱정을 쓸데없는 것으로 대꾸하다가 문득

“글쎄.”

하고도 생각해 본다.

“그렇지 않구. 노엽긴 했겠지만 실상은 이렇게 되기를 은근히 바랐는지 뉘 아우. 다 자란 아이의 맘이란 엉큼한 겐데. 어른들이 됩데 한 수 걸리지 않았나 보지. 밖으로 밖으로 뻗어나가는 힘을 휘어잡을 수가 있수. 제 스스로 제 힘에 복받쳐서 울구 불구 아닌 때 화를 내구 하는 판에.”

“봄의 힘인가. 무엇에든지 거역하라구—근실거리는 몸으로 마구 문을 뚫고 도망질을 치라구 봄이 충동질하는 모양인가.”

“그래 어쩔 작정이오.”

세란은 성큼 현마의 무릎 위로 옮겨 앉으면서 바른팔로 목을 둘

러 안고

“—자기들끼리는 결혼을 하게 되리라구 생각들 하구 있는 눈친데.”

“일부러 결혼을 시킬 필요야 있나. 되는 대로 버려 두구 볼 일이지.”

“그러다 짜장 고삐 없는 말같이 뛰어나가면 더 야단이게.”

“그건 그때 일. 난 결혼은 찬성치 않아.”

“하긴 나두 반대지만.”

두 사람은 각각 자기들만의 이유로 단주와 미란의 결혼을 꺼려하는 것이나 그 이유는 피차의 마음속 깊이 간직되어서 그들 스스로도 그 당장에 집어내서 말할 수 없는 것이었다.

“고독이 얼마나 쓸쓸한 것인지 알기나 하구 그러우.”

바른손으로 현마의 볼을 꺼들면서 몸을 구른다.

“쓸쓸하거든 귀족같이 점잖게 잠자쿠만 있지.”

“귀족두 아무것두 다 싫여요. 요새 같아서는 단 하로를 혼자 지내기 괴로워요.”

“것두 봄의 힘인가.”

“몰라요.”

현마의 힘을 마음속으로 은근히 바라면서 세란은 그의 얼굴을 자기의 얼굴로 덮어 버린다.

“탐정인가 뒤를 쫓게.”

“달래서 데려오라는 분부이니.”

"언제까지 종노릇할 작정인구."

"……종노릇이랬다."

종이란 말이 사실 단주의 가슴속을 따끔하게 호볐다. 주택지대를 벗어나서 큰 거리에 나왔을 때 미란의 꽁무니를 잡은 것이나 노기가 풀리지 않은 마음에 미란의 태도는 쌀쌀하다.

"왜 어른들한테 매여만 지내란 법인가. 우리에겐 우리의 차지가 있겠지."

"지금 종노릇밖엔 할 게 더 무어게."

"종노릇하는 동안 온전한 사람 구실 하나 보지."

"그럼 어떡허면 모면한단 말요. 어떻게 하면—."

결국 한 전차를 타고 시가로 들어와서는 약속이나 한 듯 말 없는 동안에 백화점 앞에서 또 같이 내려 버렸다. 미란은 조금 두려운 마음을 가지고 단주는 '종'이란 말을 방성(放聲)하면서 승강기를 타고 사층 식당에 이른 것도 역시 말없는 속에서였다. 창 기슭에 자리를 잡고 저녁을 시키고 났을 때 미란은 비로소 미소를 띠면서 단주에게 한마디 올가미를 지워 본다.

"어디 재주가 있거든 날 붙들어서 데려가지. 그렇게 소락소락 끌려 가나 보게. 제 아무리 장한 게 와두 내 맘을 휘지는 못할걸."

창밖으로는 바로 눈 아래로 거리와 맞은편에 강이 내려다보인다. 강 건너로는 벌판이 깔렸고 섬 속에는 수목이 우거졌다. 황혼 속에 저물어 가는 느릿한 강산을 바라보던 단주는 문득 강 건너 먼 산 위로 먹같이 피어오르는 검은 구름을 새삼스럽게 발견한 듯 시선을 사방으로 휘두를 때 온 누리가 어느 결엔지 컴컴한 그림자 속으로

휩싸여 들어가고 있음을 알았다. 순식간에 강산이 묵화 속에 있는 듯 흐렸고 거리 위 허공 또한 괴괴하게 어두워 간다.

"비가 오려나."

중얼거려 볼 때 역시 밖을 내다보고 있던 미란도 같은 느낌 속에서 한 가지의 발견을 하고 단주의 주의를 끌었다.

"저 만수대 쪽을 봐요. 측후소에 기가 올랐죠."

강 왼편으로 한 킬로쯤 떨어진 언덕 위를 더듬으면서 단주는 측후소 지붕 위에 팔딱거리는 조그만 깃폭을 아련히 알아맞힌다.

"확실히 붉은 기지."

"폭풍경보예요."

"별안간 날씨가 사나와졌나."

"소낙비나 오랴구."

"차라리 한바탕 쏟아졌으면—."

막연한 기대와 불안 속에서 저녁을 먹으면서 미란은 한 잔 커피에도 도무지 구미가 돌지 않는다. 식사를 마쳤을 때까지도 흐린 천지는 무죽거릴 뿐이지 빗방울 듣는 기색조차 없다. 한결같이 무거운 공기가 용기를 주지 않을 뿐 아니라 그렇다고 달리는 마음을 속박하지도 않는다.

"어떻게 할까."

산속으로 원족을 나온 어린 학생이 어느 길을 취할지 몰라서 망설이는—그런 그들의 눈동자다. 아직 비도 안 오는데 부랴부랴 교외 집으로 돌아갈 것은 없고 그렇다고 그 외 또 갈 곳이 어디인가—하는 그들의 태도이다.

저녁 등불이 와서 식당 안이 환해지고 음악 소리가 들려올 때 단주는 한 가지 계시나 받은 듯 눈망울을 빛냈다.

"나두 실상 종노릇은 싫어. 오늘두 미란을 붙들어 가려는 것이 내 본의는 아니거든. 그까짓 한번 심술을 피우구 혼들을 뽑아 볼까."

"누가 아니래."

"나만 따라와요."

용감한 병사같이 앞잡이를 서서 결국 찾은 곳이 영화관이었다. 명화의 밤이란 굉장한 선전에 눈을 홀리운 것이나 사실 고전영화《실낙원》의 한 편은 두 사람의 혼을 송두리째 뽑을 지경이었다. 검소하면서도 찬란한 화면이 폭 좁은 막 위에 꽉 차면서 어두운 홀 안을 완전히 지배하고 있었다. 낙원에서의 아담과 이브의 생활—각각 월계나무 잎으로 앞을 가리운 그들의 자태가 해면같이 시선을 빨아들여 미란은 정신없이 몸을 앞으로 쏠리우다가도 그래도 부끄러운 마음에 문득 자세를 바로잡으며 어두운 주위를 휘둘러보곤 했다. 악마가 뱀으로 변신하고 낙원으로 숨어드는 장면에서는 문득 집 뜰에서 본 뱀 생각을 하고 섬짓해지면서 얼마나 흉측스런 짐승인가를 느끼며 뜰에서 뱀을 본 자기의 자태가 바로 낙원의 이브였던 듯한 생각이 들며 몸서리를 쳤다. 유혹의 장면을 보아 나가는 동안에 한 가지 의문이 가슴속에 서리우기 시작했다. 금단의 과실을 먹었다는 것이 무슨 뜻인가. 여간한 허물이 아니기 때문에 금했을 터인데 아무리 유혹이 컸다고 하더라도 얼마나한 용기로 그 천법을 범하게 된 것인가. 그 무서운 공포와 불안을 두 사람은 어떻게 정복한 것일까. 허물을 범하는 첫 순간의 용기를 두 사람은 대체 어떻게 얻은 것일까―하는 의문이었다. 아담과 이브는 얼마나 용감한 사람들인가. 뒷일이 어떻게 되든지 간에 그 무서운 율법을 거역하고 깨뜨리지 않았나. 어떻게 하면 대체 용기를 얻을 수 있는 것일까. 이 커다란 의문의 벽에 부딪치자 단주와 미란은 그만 머릿속이 혼란해지면서 다음 장면들이 부질없이 눈앞을 어지럽힐 뿐이었다. 그 가장 중대한 의문을 해석하지 못하고는 벌써 그 다음부터의 이야기는 두 사람에게는 무의미한 것이었다.

안타까운 마음에 몸을 궁싯거리며 머리를 흔들며 앉았노라니 문득 영사기의 기계 소리 아닌 요란한 소리가 연속적으로 들려왔다.

"비가 아닐까."

정신을 가다듬고 들으려니 사실 그것은 영화관 지붕을 후려치는 빗소리였다.

"기어코 폭풍운가."

험악하던 날씨가 일을 친 모양이었다. 미란은 그 요란한 소리와 요동하는 생각으로 영화에서는 정신을 돌리고 황겁한 마음에 자리를 일어섰다. 단주도 따라서 어둠을 헤치고 문께로 나왔다. 문밖 거리 위에 조록같이 쏟아지는 빗발과 바람길을 바라볼 때 혼란과 공포가 머릿속에 일며 단주는 두말없이 미란을 끌고 등대하고 섰는 자동차 속으로 뛰어들어갔다.

어디로 가야 되나―가 문제가 아니었다. 비를 피하고 마음을 가다듬을 곳을 찾으면 좋았다. 단주는 엉겁결에 운전수에게 아파트를 분부했다. 물속을 헤엄치는 고기같이 빗속을 헤엄쳐서 아파트에 이르러 방에 뛰어들었을 때 미란은 비로소 왜 집에를 안 가고 이곳으로 왔을까 하는 염려가 솟으며 의자에 풀썩 주저앉아 아직도 혼란한 정신에 알지 못할 꿈의 나라로 온 듯한 착각을 떨칠 수 없었다.

처음 보는 방 안—서너 평가량밖에는 안 되는 좁은 방 안에 침대며 의자며 의걸이며 탁자 위에 널려진 찻그릇들이며가 어수선한 속에서도 독특한 배치로 놓여 있는 것이 미란에게는 일종 신기한 느낌을 일으켰다. 벽에는 여배우들의 그림과 나체화가 함부로 붙었고 잡지와 책들이 구석구석에 널려졌고 병의 꽃은 거의 시들어 가고 반쯤 열린 트렁크에서는 되고 말고 담은 옷가지가 엿보이는—그 모든 어지러운 모양 속에서 미란은 단주의 마음속을 헤쳐 본 듯, 겉으로는 단정하면서도 기실은 보헤미안이요 방랑성을 띤 단주의 성미를 그 방 안의 어지러운 치장이 그대로 표시하고 있는 것이 아니던가—겉은 가다듬었어도 속은 정리하지 못하고 있는 단주의 마음을. 정리되지 못한 그 방 안 공기에서 미란은 문득 현마의 냄새를 맡는 듯하며 침대와 의자에서 현마의 지배를 받는 수밖에는 없었고 그 지배를 벗어나려고 버둥거리는 단주의 꼴이 눈앞에 선해지면서 어지러운 방 안의 모양이 바로 발버둥치는 단주의 반항의 마음의 표현인 것 같고 요란한 폭풍우의 그 밤 방 안은 한층 그 효과를 더하고 있는 듯도 하다.

"……측후소 오후 구 시 반 발표—밤으로부터 새벽까지 폭풍우가 엄습합니다. 경계구역은 제일구 동남부, 제이구 해안부. 동남부는 더욱 심하겠고 바람의 시속은 약 이십 미터로서 큰 나뭇가지를 흔들만 합니다. 특별히 경계하시기 바랍니다……."

라디오의 기상특보가 요란하게 울려 나올 때 미란은 몸을 죄이면서 지금 밖 거리를 온통 휩쓸고 있을 폭풍우의 세력을 느끼자 여러 가지 걱정으로 조바심이 되며 아닌 때 단주의 방에는 왜 침입하게 되었을까, 자기가 침입함으로 현마의 냄새를 방에서 물리치자는 셈일까—하는 생각이 솟는 것이었다. 가슴이 설레고 몸이 떨리기 시작한다.

같은 생각에 사로잡힌 단주도 떨리는 마음에 머리를 흩뜨리고 달려가 라디오의 스위치를 돌려 기상특보의 요란한 소리를 꺼 버렸으나 이번에는 대신 음악이 들리기 시작한다. 교향악이다. '전원교향악'임이 차차 알려진다.

"거기두 폭풍우구료."

제4악장 폭풍우의 대목이었다. 벌판을 엄습하는 빗소리. 바람 소리. 새라는 새는 모두 수풀 속 둥우리 속에 숨어 버리고 꽃과 풀들이 쏟아지는 빗발에 물매를 맞는다. 도랑은 순식간에 물이 불어 콸콸 콸 풀밭으로 넘쳐흐르고 더욱 모질어 가는 빗발은 바위라도 무너뜨릴 듯. 빗소리 바람 소리 우렛소리—벌판을 온통 떠 가려는 듯도 한 우렛소리…… 우르르르—교향악의 세상에서만이 아니라 어느덧 문밖 세상에도 우렛소리가 섞여진 듯하다. 점점 높아 가며 천지를 둘러 뺍을 듯…… 우르르—우르르르릉—탕.

뜨끔하면서 몸이 움츠러든 것은 우렛소리가 창 기슭을 탕! 하고 울린 까닭보다도 별안간 그 우렛소리와 함께 방 안 등불이 꺼진 까닭이었다.

"에그머니!"

미란이 고함을 치면서 침대 위로 달려왔을 때에는 단주도 이미 놀란 가슴으로 침대 구석에 웅크리고 앉은 때였다. 정전인 듯 불 꺼진 어두운 방 안을 우렛소리와 음악 소리가 한데 합쳐서 쓸어 가는 듯도 하다. 어둠과 음향이 마치 무거운 바위같이 방 안에 꽉 차서 육체를 누른다. 일순 방 안이 환해진 것은 번갯불이 창을 뚫고 비추어 든 것이다. 귀화같이 처참한 푸른 불빛이 그 어느 곳에 벼락이라도 뿌리고 굴러 온 듯 방 구석구석에 널름거릴 때 단주와 미란은 간잎이 서늘해지면서 침대 위 요 속으로 숨어드는 수밖에는 없었다. 방 안에서 그 속이 가장 안전한 탓이었을까. 어떻든 요 속에서는 몸을 금방 태워 버릴 듯도 한 무서운 번갯불을 면할 수는 있었다. 땅속을 파고든 두 마리 두더지 모양으로 얼굴을 묻고 있을 때 두 몸은 더워지면서 머릿속은 더욱 혼란해 갔다. 일 초가 백 년 같고 백 년이 일 초 같고—무더운 체온이 서리운 요 속 세상은 혼돈의 세상이다. 불안과 공포와—우레와 번개에 대한 그것이 아니라 이제는 요 속 세상의 그것이었다. 몸이 떨리고 가슴이 두근거리고—우레와 번개를 한 몸에 간직한 셈이다. 어지럽고 무섭다!

(용기를 줍소사.)

마음속으로 빌어 보나 옆에 누운 미란의 몸 자체가 번갯불같이 두려운 것으로 생각되면서 손가락 하나 어쩌지 못하는 단주이다. 거룩한 선물 거룩한 술잔—외람히 범할 수 없는 것 천벌이 내릴 것도 같이 어지럽고 무섭다!

단주는 벌떡 요를 들고 침대를 뛰어내렸다. 우렛소리와 음악 소리는 여전하다. 어둠 속을 더듬어 책상 서랍 속에서 위스키 병을 찾아냈다.

“무서울 때엔 이것이 제일이라나.”

두어 잔 들이키고는 미란에게도 권한다. 어둠 속에서 잔을 받아 마시고는 다시 요를 썼을 때 몸은 더한층 달고 가슴은 더욱 뛴다. 웬일인지 도리어 맑아만 가는 정신에 단주는 용기는커녕 겁을 먹을 뿐이었다.

(어리석은 작자여,《실낙원》에서 왜 그것을 가르치지 않았던구.)

문득 아까 본 영화 생각이 나며 아담과 이브는 어떻게 해서 그 용기를 얻었던고 하는 의문이 다시 솟기 시작했다.《실낙원》의 작자는 왜 그 가장 중요하고 신비로운 수수께끼를 풀어 주지 않았던가. 누구에게서 이 용기를 배우면 옳은 것인가. 악마여 나타나라. 악마의 힘이 부치거든 조물주의 힘이 나타나라. 망설이는 마음은 안타깝고 떨릴 뿐.

두어 발 되는 도랑—물도 깊지 않고 언덕도 험하지 않아 단걸음에 건너뛰면 족히 뛰겠건만 막상 뛸 수 없는 것이다. 눈 꾹 감고 이를 악물고—한순간의 용기가 있으면 족한 것이나 그것이 오지 않는 것이다. 언제인가 한 개의 계란을 손아귀에 쥐고 깨뜨리려다 깨뜨리지 못한 단주였다. 눈 꾹 감고 주먹을 꾹 쥐면 달삭 깨뜨러지련만 종시 두려운 생각에 눈 꾹 감고 주먹을 꾹 쥐지 못한 그였다. 즐기지 않는 담배 연기를 입안에 한 모금 머금고 꿀꺽 삼켜 보려면서도 아직 한 번도 그것을 해 보지 못한 그였다. 연기를 삼킨 순간 정신이 핑 돌며 그 자리에 쓰러져 버리지나 않을까 하는 공포가 솟는 까닭이었다. 어떻게 하면 그 담배 연기를 마시고 계란을 깨뜨리고 도랑을 건너뛸 것인가. 어떻게 하면 그 순간의 용기를 얻을 수 있을 것인가…….

요란하던 폭풍우는 어느덧 조금 잦아든 듯 번갯불과 우렛소리도 짐짓해지고 빗소리도 덜한 듯하다. 라디오의 '전원교향악'도 폭풍우의 대문은 벌써 지나 개인 전원의 풍경이 시작된 지 오래이다. 시냇물이 졸졸대고 무지개가 서고 이슬이 듣고 새들이 노래하며—평화로운 전원의 정서가 넘쳐흐른다. 그렇건만 요 속에는 아직도 폭풍우의 공포가 서리운 채로 두 사람의 마음은 한결같이 두려움에 떨며 어느 때까지나 계란 못 깨뜨리고 도랑 못 건너뛰고 망설이고만 있는 것이었다.

새벽 잠자리 이불 속에서 홀연히 단잠을 깬 세란은 걱정되는 마음에 현마를 찔러 본다.

"이 애들이 웬일일까. 밖에서 밤을 새우다니."

"밤새도록 비가 온 모양인데."

잠꼬대같이 곤한 목소리를 내다가 현마도 정신이 들면서

"—아무리 비에 맥혔기로서니."

벌떡 일어난다.

"그것 봐요. 고양이 앞에 고깃덩이라니까. 단주를 왜 쫓아 보낼꾸."

세란도 자리 위에 상반신을 일으킨다.

"이렇게 될 줄 알았나."

"봄 아니요. 기회만을 엿보는 선머슴들을."

"그래두 설마."

"단주를 너무 믿지 말아요. 여간내기가 아닌데. 믿는 도끼에 발 찍는다구."

"그야 일을 저즐렀다면 피차의 허물이지. 옳구 그른 편이 있나."

"멀쩡한 미란의 몸만 다쳐 봐요. 괜히 당신 허물일 테니."

"대체 어디로 갔을까."

현마는 확실히 자기의 허물임을 느끼면서 이불을 차고 일어나서 담배를 피워 문다.

간밤의 세란과의 찬란한 기억이 부끄럽게 눈앞을 스치면서 그것도 오늘 아침의 불찰을 일으킨 한 원인인 듯 뉘우쳐진다.

"하로강아지가 범 무서운 줄이나 아우."

"행여나—."

현마는 치미는 불안을 느끼면서 방을 나가 현관문을 열었다.

간밤의 모진 폭풍우도 꿈 속의 일이었던 듯 개인 아침은 맑고 고요하다. 모래를 편 기름길은 벌써 비를 잊은 듯 보독하고 풀잎에 맺힌 빗방울은 이슬인 듯 맑다. 나뭇잎에서 우수수 듣는 방울방울도 차차 밝아 가는 푸른 하늘 아래에서는 구슬 알로밖에는 보이지 않는다. 신을 끌고 풀 사이를 거닐매 현마는 하룻밤 봄비라는 것이 얼마나 무폭(無暴)한 것인가를 느끼면서 라일락 포기 앞에 와 섰을 때 참으로 어처구니없게 하룻밤 사이에 그 찬란하던 어제 날의 꽃이 고스란히 떨어져 있음을 발견했다. 자줏빛 꽃방울들이 근처에 지천으로 떨어져 향기도 종적 없이 사라졌고 나무에는 꽃방치만이 드레드레 남아서—그러나 비에 씻기운 잎들은 지난날보다는 한층 파들파들하게 피어나 신선한 기운을 보이고 있다. 잎 하나를 뜯어 입술에 물고 꽃향기 다음에 오는 신선한 기운이라는 것을 생각하면서 대문께로 향할 때 고요한 주택지대에 이른 자동차 소리가 나더니 앞 행길에 와 머무른다.

대문 빈지를 열었을 때 차에서 내려서 문을 들어오는 것은 미란이었다. 나갈 때 그대로의 치장으로—조금 피곤한 듯 고개를 숙이고 화장이 벗어져서 향기는 없어졌으나 도리어 그 어디인지 퍼들퍼들하게 보이는—마치 라일락의 모양 그대로 나타난 것이다.

"처녀 꼴 좋다. 어디를 밤새껏 쏘다니다가 이제서야……. 집에서 걱정들을 얼마나 했게."

반드시 책망하는 것도 아닌 부드러운 어조를 던졌을 때 미란은 전같이 현마를 똑바로 쏘아보는 법도 없이 약간의 피곤한 빛을 보이면서 이슬에 젖든 말든 풀포기를 헤치면서 종종걸음으로 현관을 향하는 것이었다.

## 2.

그날부터 세란에게는 이상한 역할이 시작되었다. 어제까지는 가장 가까웠던 미란이 오늘에는 가장 멀어진 것 같고 그의 육체는 모나리자의 표정같이 알지 못할 수수께끼로 변했다. 하나의 비밀을 가지게 된 미란의 자태가 세란의 호기심을 완전히 흡수하며 그 비밀의 내용을 밝히지 않고는 견딜 수 없는 충동이 마음을 사로잡는다.

(짜장 그럴까. 그렇지 않을까.)

의심이 바늘 끝같이 가슴속을 따짝거리면서 한시도 동생의 몸에서 눈이 떨어지지 않는다.

"내게 확실히 말 못 할 것이 있지. 그야 형제간이라구 다 말할 수 있는 법 아니지만."

"아무리 그래두 언니 속이는 건 없어요."

"속이건 말건—내가 무언 모를 줄 알구."

"제발 그렇게 쏘아붙이지 말아요. 흡사 탐정의 눈초리 같으니."

미란은 이 며칠 동안의 언니의 눈을 사실 싫은 것으로 여겨 왔다. 지금 얼굴을 매만져 주면서도 자기가 눈을 감고 있는 동안 얼마나 자기의 몸을 샅샅이 살피고 있을까를 생각하면 께름하기 짝이 없다. 도대체 오늘 다따가 계란 화장법을 권한 것부터가 그런 심산에서 나온 것이 아니었을까. 얼굴의 주름살을 펴는 데 직효가 있다는 계란 화장법을 세란은 오래전부터 계속해 오는 터이다. 아직 주름살 걱정을 할 것 없는 미란에게 오늘 그것을 굳이 권해 지금 무릎 위에 미란을 눕히고 얼굴 위에다가 온통 겹겹으로 계란 풀칠을 해 주는 것이 도시 그런 뜻에서 나온 것이 아니었을까. 번듯이 누워 얼굴을 드러내 놓고 주무르는 대로 맡기고 있는 자기 꼴이 어리석은 것같이도 생각되며 얼굴 구석구석에 와 닿는 언니의 손가락이 거미나 그리마의 발같이 느껴지면서 전신의 신경이 선득선득 곤서는 것이다.

"……닭을 본 일이 있지 왜. 울 아래 한 자웅을."

무슨 소리를 또 하려나 하고 미란은 얼굴이 근실거린다. 계란을 한 덕지 바르고는 속히 마르도록 부채질을 하는 까닭에 얼굴 살은 삽시간에 팽팽하게 죄어들면서 근실근실 가려워진다.

"아이들이 닭싸움이라구 겁을 먹구 뛰어드는 바람에 나두 처음엔 싸움인 줄만 알지 않았겠니. 두 마리가 고함을 치구 법석을 하는 걸 보면 정말 싸움이나 하는 것 같더라. 사랑은 싸움―평범한 말이나 사랑은 싸움이란다."

뿌덕뿌덕 마른 얼굴 살이 활같이 바짝 당겨져서 힘줄 하나 움직여지지 않고 계란 흘러내린 귓불이 근실거릴 따름이다. 성을 낼래야 웃을래야―얼굴 살이 문창호지같이 팽팽한 것이다.

"수탉이라는 것이 워낙 부락스러워서 암놈만 가엾거든. 날개를 푸득이구 거역을 해 봐야 헛일이구 고생고생 욕을 당하구야 마는 걸. 사랑이 아니구 싸움. 지배를 받구 모욕을 받는 것이 암탉의 운명인지두 모르지."

마른 얼굴에다가 이번에는 노른자위를 바르기 시작한다. 얼굴이 선득 차지면서―비로소 긴장이 풀리며 제 살 같은 감각을 회복해 간다. 떴던 눈을 다시 감았을 때 세란은 언제까지나 말을 이어 간다.

"……무어라구 할까―흡사 가위에 눌린 격. 꼼짝 달싹 못하고 겁만 먹구 있는 동안에 지내 가는 소낙비같이 휩쓸어 가지구 달아나는―."

무릎 위에 누운 미란의 찬란한 육체를 환상하면서 세란은 제 스스로의 흥분을 못 이겨 얼굴이 우렷이 달아 간다. 그 아름다운 육체가 과연 이미 가위에 눌리운 것일까 어떤 것일까 하는 의혹이 불같이 치민다. 단순한 호기심인지 그렇지 않으면 단주를 두고 나오는 질투인지 자기 스스로도 알 수 없는 허황한 충동이었다.

"최면술을 걸라는 생각이지만―괜히 헛수고하세요."

눈을 뜨고 언니를 쳐다볼 때 상기된 얼굴에 빛나는 눈으로 내려누르는 품이 흡사 꿈속에서 보는 가위 같은 생각이 들면서 미란은 겁이 버럭 난다.

"걱정하기보다두 낳기가 쉽다구 처음엔 겁이 나두 ―."

징긋이 욱박어 드는 언니의 얼굴에 소름이 치면서 미란은 벌떡 몸을 일으킨다.

"언니 하는 소리가 도모지 내 귀엔 경 읽는 소리예요."

"그러게 솔직하게 실토를 하라니까."

"없어요."

화를 내면서 수선스럽게 문을 열고 목욕실로 세수를 하러 들어가는 미란의 뒷모양을 보고는 세란은 사실 처녀의 마음을 믿어야 옳은지 안 믿어야 옳은지를 분간할 수 없었다. 헐하게 믿어 버리기에는 너무도 미묘한 처녀의 마음인 것이요 믿지 않기에는 너무도 가엾은 어제까지의 순진하던 동생인 것이다. 흑인지 백인지 하룻밤 사이의 변화조차도 알 수 없는 미묘한 자연의 조화를 세란은 야속히 여기면서 머릿속이 혼란해만 간다.

부엌에서는 사과 삶는 냄새가 흘러오며 사과밀(meal)이 거의 되어가는 모양이었다. 세란은 유난스럽게 사과밀을 즐겨 해서 옥녀의 알뜰한 솜씨로 삐는 때가 없었다. 유리 접시에 담긴 식은 사과밀이 차와 함께 방에 날라 왔을 때 세란은 장난의 심사를 아직도 버리지 못하고 또 다른 꾀를 생각해 낸다. 미란의 접시에 초를 두어 방울 쳐서는 탁자 위에 살며시 올려놓은 것이다. 요량으로는 미란의 신경을 시험하자는 것이었다. 어리석다고는 생각하면서도 오늘의 자기의 마음은 자기로도 헤아릴 수 없는 세란이었다.

목욕실에서 나온 미란은 식탁 앞에 주저앉자 목이 마른 김에 익은 사과 조각을 한 입 넙적 물었다가 금시에 낯을 찡그리며

"무슨 놈의 사과밀이 이 모양이야. 돌배두 아니구."

접시 위에 게우며 들었던 포크를 던져 버린다.

"옥녀야. 너 이러기냐."

죽을 것이 옥녀이나 그러나 옥녀가 달려오기 전에 세란이 가로채서

"사과 맛이 원래 단 것이라드냐. 이가 곱고 눈이 감겨질수록 좋은 것이지."

"언니 장난이구먼."

화를 내면서 경대 앞에 다가앉으며 화장 병을 함부로 손찌검한다. 거울에 비치인 얼굴이 계란의 덕으로 종이같이 팽팽하고 윤택이 흐르기는 했으나 석류알같이 불그스름하게 물들어 있는 것도 사실이었다.

같은 때 세기 영화사 사무실에서도 현마는 세란과 거의 같은 역할을 단주에게 대해서 하고 있었다. 책상 맞은편 단주를 바라보면서 현마는 문초나 하는 듯이 엄하다가도 목소리가 금시 부드러워지곤 한다.

"행여나 무슨 일이 있을까 해서 데려오란 것이지 같이 영화 구경을 하구 아파트에서 밤을 지내랬나."

"비 뻼을 하러 간 것이죠."

"폭풍우의 밤이란 일상 위험한 것이거든."

"무사했으면 그만이죠."

"무섭지들 않었단 말이야."

"무섭기에 가만히들만 있었죠. 심호흡을 해 봐두 위스키를 먹어 봐두 손바닥에 땀이 나면서 몸이 덜덜 떨리는걸요. 도랑을 잘못 건너뛰다가 언덕을 채 디디지 못하구 종아리를 상하구 물에나 빠지면 어쩌나 하는 걱정이 가슴을 누르면서 손가락 하나 움직일 수 있어야죠. 밤새도록 잠 한숨 오지 않구……."

비유 속에서 거짓 없는 진실을 들을 수는 있었으나 그러나 하룻밤 사이에도 몇 치씩을 자라는 소년의 마음을 그 자리에서 믿는 것도 어리석은 일이라고 현마에게는 생각되었다.

(요새 아이들은 숙성하고 엉큼해서 속을 좀체 알 수가 있어야지.)

솜털이 아니고 까마잡잡하게 자라나는 풋수염을 단주의 코 아래에 보면서 현마는 신기한 생각이 들며 볼 동안에 자라 가는 것이 문득 두려워도 진다. 어느 결엔지 자라서 어른이 되어서는 어른의 악덕을 배우고 우주의 비밀을 샅샅이 알고야 마는 그 인생의 생장의 법칙이 두려워지는 것이다. 그 어느 특출한 한 사람만이 장구히 그 세상을 차지하는 것이 아니요 차례차례로 대를 이어 가고 꼬리를 물어 가는 그 자연의 법칙에 현마는 오늘 알 수 없는 일종의 질투조차 느끼게 되었다. 단주들이 자기의 세상을 뺏고 들어앉게 될 때 자기는 벌써 그 자유롭던 세상을 하직하고 물러서지 않으면 안 되는 그 운명적인 신세를 깨달음에서 오는 두려움이요 질투인 것일까. 도랑을 사이에 두고 겁만 먹고 손에 땀을 흘렸다고는 하나 도랑을 건너뛰는 것은 순간의 서슬이다. 약차하면 숙성한 단주가 그날 밤을 경계로 감쪽같이 국경선을 넘어 이미 이 나라에 한 발을 들여놓은 것이나 아닐까—하는 의혹이 그 두려움과 질투 속에서 여전히 솟는다.

담배를 뽑아서 피우면서 단주에게도 권하니 그도 제법 익숙한 손맵시로 불을 붙여서는 입에 문다. 연기가 코와 입에서 새어 나기 시작한다. 두 사람 입에서 나오는 자색 연기가 흡사 산골짝에서 도롱뇽이 뿜는 안개같이 볼 동안에 방 안에 차지며 공기를 흐려 버린다.

구석 책상에 일 없이 앉아 있는 어린 여급사 애영의 눈에는 연기를 뿜는 두 사람의 자태가 신기하게만 보인다. 쓰고 떫은 담배라는 것을 왜들 피울까. 담배를 피워야만 어른된 표징이 나고 어른된 체면을 갖출 수가 있는 것일까. 어린 마음에 의혹이 솟으며 차라리 어른이 못 되면 못 되었지 제 아무리 귀한 것을 준대도 자기는 담배를 먹게 되지 않을 것을 생각하며 유난스럽게 단주에게로 눈이 간다. 손가락 사이에 흰 궐련을 날씬하게 든 맵시며 입술에다가 주제넘게 비스듬히 무는 격식이 제법 어른 이상으로 능란한 것이면서도 먹는 품이 현마같이 흡족하고 대담하지 못하고 겨우 입안에 연기를 한 모금 머금어서는 멋지게 흡연을 하는 법도 없이 그대로 뿜어 버릴 뿐이다. 겁이 나는 탓일까. 그렇다면 아직도 애숭이요 현마 같은 어른이 못 되는 것일까. 모양만이 어른이지 실속은 아직도 아이인 것일까. 의심하면서 보고 있는 동안에 단주는 별안간 재채기를 하면서 쿨룩쿨룩 기침을 짓기 시작하는 것이 아닌가. 어른 흉내를 내서 흡연을 하다가 개낀 것이다. 눈물을 흘리고 허리를 구부리면서 책상 앞에서 어쩔 줄 모르고 설레는 것을 보고는 애영은 모르는 결에 웃음이 터져 나오며 깔깔깔깔 허리가 꺾여진다.

"지실치두 못하게 웬 연기에 개껴서 이 야단이야."

현마도 데설데설 웃으며 조롱하는 듯이 그 꼴을 바라보는 것이나 단주는 아마도 호되게 개낀 듯이 체면도 눈치도 없이 법석을 대며 좀체 기침이 멎지 않았다. 처음에는 싸다고 생각하던 애영도 그 괴로워하는 꼴을 보고는 차차 동갑을 대할 때의 가엾은 생각이 솟았다.

단주와 미란을 대하는 현마와 세란의 태도가 지나쳐 되고 까다로웠던 탓인지도 모른다. 책망했다가 달랬다가 마치 탐정 같은 눈초리로 밤낮으로 노리우고서야 마음이 편할 리도 없었거니와 그 귀치않은 눈치 속에서 단주와 미란은 말 없는 동안에 자유의 나라를 구하게 되고 반역의 마음을 기르게 되어서 드디어 그 계획을 세웠던지 모른다. 허물없는 숲 속을 쑤셔 불을 질러 놓은 셈이었다. 계획이 발각되었을 때 현마와 세란은 크게 놀라며 처음으로 불찰을 느끼기 시작했다—.

며칠 지난 때였다. 현마는 새로 배급해야 할 영화의 선택 선전 등의 일로 별안간 분주해져서 그날은 거의 아침부터 오후까지 움직이지 않고 사무실 책상에 붙어 있었다. 아침에 잠깐 나왔다가 간 후로는 낮이 지난 때까지 얼굴을 보이지 않는 단주의 태도가 그날만은 현마에게도 수상스럽게 여겨졌다. 침착을 잃고 서먹서먹해 하다가 볼 일이 있다고 다시 나가서는 급한 일이 많건만 안 돌아오는 것을 의아해하고 있을 때에 세란에게서 전화가 오기를 아침에 집을 나간 미란이 아직도 돌아오지 않으니 혹 사무실에나 들르지 않았느냐는 질문이었다. 현마는 의혹이 덜컥 나며 뒤미처 아파트에 전화를 걸었으나 단주가 없을 뿐 아니라 사무원의 대답이 행장을 차리고 트렁크를 들고 방을 나간 지가 벌써 두어 시간이나 되었다는 것이었다. 뜨끔해지면서 기어코 또 일들을 치나 보다 하고 기차 시간표를 훑어보나 임박한 차 시간은 없다. 궁금한 마음에 자리에 앉아 있을 수도 없어 가지가지 궁리에 잠기면서 거리로 나갔다.

그날 오전 단주가 사무실을 다녀서 아파트로 돌아갔을 때 방에는 미란이 기다리고 있었다. 행장이래야 그닷한 것이 없었으나 두 사람은 한 짝의 트렁크 속에 필요한 것을 주섬주섬 넣기 시작했다. 약속은 여러 날 전에 된 것이었고 그렇게 된 마음의 시초는 이미 폭풍우의 밤부터 시작되었다. 그날 밤의 두려운 마음 차지 못하는 마음을 현재의 피차의 환경의 탓으로 여기고 그 환경의 굴레를 벗어나서 자유로운 나라를 구하고 그 속에서 인생의 문을 열었으면 하는 생각이 두 사람 마음속에 똑같이 싹텄던 것이다. 안타깝고 두려운 마음이 두 번째 반역으로 변한 셈이다. 수풀 속 으늑한 그림자 속에 사랑의 보금자리를 찾는 한 자웅의 산새와 같이 두 사람만의 안온한 사랑의 자리를 찾자는 것이다. 인생의 첫 문은 그렇듯 두 사람에게는 무섭고 어려운 고패인 모양이었다. 할 바를 몰라 몸들이 무겁고 머릿속이 탁하고 알 수 없이 조금들 슬프고 그러면서도 신경이 날카로워진 그들에게 있어서 한 트렁크 속에 두 사람의 세간을 주섬주섬 수습하는 것이 여간 범상한 일이 아니고 신성하고 경건한 경영인 듯—그렇게 그들의 그날의 자태들은 유쾌하고 명랑하다느니보다도 무겁고 침통한 것이었다. 세간이래야 급한 판에 알뜰하게 갖출 수는 없었고 몇 벌의 옷가지와 화장품과 공동으로 쓸 수 있는 책권과 거울 등속이었다. 공동으로 쓸 수 있는 것이라면 이 외에도 가령 속잠방이 같은 것—잠방이는 양말이나 구두와는 달라서 눈에 띄지 않는 것이라 공동으로 쓴댔자 무방한 비밀인 것이다. 단 한 짝의 트렁크라 될 수 있는 대로 공동으로 쓸 것을 넣는 것이 피차의 공덕이었다.

"이것두 넣을까."

미란은 지녔던 돈지갑까지를 트렁크 속에 던진다. 여행권을 사고 난 나머지의 노자가 들어 있는 그 지갑도 말하자면 두 사람 공동의 것이라고 할 수 있는 것이 미란은 말할 것도 없이 그 비용의 전부를 세란의 핸드백 속에서 들쳐 낸 것이요 단주는 현마의 품속에서 찾아낸 것으로 결국은 한 줄기에서 나온 같은 돈인 까닭이다. 단주는 현마를 의지하고 미란은 세란을 의지하고 그 세란은 다시 현마에게 붙어서 결국 집안의 세 사람이 모두 현마라는 커다란 나무줄기를 토대로 해서 뻗어 오르고 자라나는 셈이 아니던가. 그 현마의 넓은 나무 그림자 속에 숨어서 조그만 계획들이 있고 비밀이 있고 음모가 생겨 나가는 것이 아니던가. 그들 네 사람이 꾸미고 있는 그 한 폭 나무의 그림자와 분위기라는 것은 세상에서도 야릇하고 신비로운 것이었다.

행장이 되였을 때 단주와 미란은 아파트를 나와 마치 산보나 하듯 느릿한 걸음걸이로 백화점을 향했다. 백화점 아래층에 투어리스트 뷰로가 있는 것이요 이미 동경으로 가는 항공권을 산 그들은 거기서 비행장으로 가는 자동차를 타면 그만인 것이었다. 시간의 여유를 이용해서 살 것을 더 갖추고 식당에서 식사를 마친 후 비행장으로 향한 것은 떠날 시간이 거의 임박해서였다. 기차 편을 버리고 하필 비행 편을 고른 것은 젊은 모험심에서 나온 것이었다. 동방비행—처음에는 그 엄청난 생각에 눈이 돌았으나 이미 모험의 첫걸음을 내디딘 그들에게는 그것이 금시 신기한 자극으로 여겨지면서 자기들의 그 기발하고 천재적인 착상이 얼마나 평범한 세상 사람들을 놀래며 현마와 세란의 눈을 감쪽같이 속일 수가 있을까를 생각할 때 두려움과 흥분과 자랑으로 마음속이 그득 차지는 것이었다. 비행기를 타고 하늘에 오름은 확실히 흡연을 하는 이상의 대담한 용기를 필요로 하는 것이니 만약 동방비행에 성공만 한다면 두 사람이 지금껏 두려워하고 주저해 오던 인생의 문도 손쉽게 열 수 있으리라는 짐작이 의식의 등 뒤에 숨어 있는 것도 사실이었다. 비행장에 이르러 벌판 한구석에 서서 때마침 신경(新京)에서 날아오는 여객기의 은빛 날개를 우러러볼 때 두 사람의 가슴속은 알 수 없이 술렁거렸다.

거리로 나온 현마는 웬만한 찻집과 두 사람이 감직한 곳을 몇 군데 들추고는 그 길로 정거장에 나갔으나 그림자가 보일 리는 만무했다. 식당에 들어가 차를 청해 놓고는 아득한 생각에 잠겨 있을 때 맞은편 벽에 걸린 항공 우편의 포스터가 눈을 끌었다. 창공을 날아가는 비행기의 그림이 신선한 생각을 일으키며 홀연히 한 가지 생각을 뙤어 주자 아까 사무실 단주의 책상 서랍 속에서 집어낸 여행

시간표가 또한 바로 항공편의 페이지를 가리키고 있었던 것이 아울러 기억 속에 소생되면서 그 두 가지의 부합이 현마에게 한 줄기 광명을 주었다. 차를 먹은 둥 만 둥 뛰어나가 시간표를 살피니 동방비행의 시간이 바로 임박해 있는 것이다. 두 말 없이 택시로 비행장을 향했다. 일종의 영감이라고 할까. 눈앞을 도망치는 한 자웅의 노루라도 추격하는 듯 알 수 없는 흥분으로 가슴속이 차졌다.

비행기가 착륙한 것과 현마의 자동차가 비행장에 닿은 것이 같은 시각이었다. 차창으로 막 와 닿는 비행기의 모양과 잔디 위에 서 있는 사람들의 조그만 그림자를 현마가 내다보고 있을 때 단주와 미란은 잔디를 밟으면서 요란한 폭음을 남기며 눈앞에 굴러 와 서는 비행기의 육중한 체대를 바라보고 있었다. 수선을 피우는 프로펠러는 씨근덕거리는 동물 같다. 아니 비행기 전체가 혼을 가진 짐승임이 완연하다. 옛날 시인이 곤어(鯤魚)라는 고기와 붕(鵬)새라는 위대한 새를 상상하고 그 크기가 각각 수천 리가 된다고 허풍을 떨었으나 별것 아니다. 지금 눈앞의 기계체가 바로 그 붕새임을 느끼면서 수천 리를 날아오고 수천 리를 날아갈 그 기계 새가 좀 있으면 자기들을 후려 채 가지고 갈 것을 생각할 때 신기한 감격이 생기면서 한편 무시무시한 모험의 감정이 전신을 스치고 흘렀다. 등 뒤에 현마가 나타난 것이 바로 그런 때였다.

어깨를 스치어 뒤를 돌아다보고 단주는 깜짝 놀랐다. 우뚝 나타나 선 현마의 자태에 미란도 기급을 할 듯 몸이 움츠러듦을 느끼면서 돌아섰다. 바로 어깨 위로 유들유들한 얼굴을 들고 서 있는 현마의 꼴은 순라잡기를 할 때에 어느 결엔지 나타난 술래의 모양같이 혼을 뽑는다.

"놀랐지."

목석같이 서 있는 두 사람을 두 팔에 안을 듯 다가서면서 현마는 싱글싱글 웃는다.

"세상에서 나를 속이진 못해. 눈치가 귀신 같거든."

두 사람은 할 말을 모르고 우두커니 바라볼 뿐이다.

"이럴 법이 있나. 어른들의 승낙두 안 맡구 제 맘대로들."

현마는 엄한 얼굴을 지녀도 보았다가 다시 누그러지면서 그들의 안색을 살핀다.

"사람이 졌을 때엔 어떻게 하드라. 이긴 사람의 명령대로 좇아야 겠다."

아직까지도 마음이 살아 있고 꿋꿋한 것은 그래도 미란이었다.

"지긴 누가 져요. 여기서 이렇게 들켰다구 아주 진 줄 아나요. 천만에요."

"뽐을 내 보면 뭣해. 손안에 든 쥔 걸. 공연한 수고를 끼치지 말구 솔곳이 투구를 벗구 칼을 버리는 법야."

꾸짖으려면 톡톡히 꾸짖어서 단속을 하는 법이 아니라 긴급한 때라도 미란들에게 대해서는 항상 이렇게 웃음 반 농 반으로 누그러지게 구슬려 오는 현마였다. 새삼스럽게 정색을 하고 위엄을 보이려고 해도 벌써 그른 것이 수염은 온전히 끄들리우고 있었던 것이다.

"귀치않은 집에는 안 들어갈 작정이에요. 이왕 나선 걸음에 바람이래두 쐬여야지. 언니와 아저씨 집이지 왜 우리들 집인가요."

미란이 무심히 던진 '우리들'이라는 대명사에 현마는 귀가 번쩍 뜨이면서 위험하다는 생각이 불현듯이 돌자 두 사람의 팔을 잡아 낚으며 뒷걸음질을 친다.

"엉큼한 소리 말구 내 분부대로 좇으라니까."

현마는 비로소 소리를 높이면서 두 사람을 끌고 사무실로 들어갔다.

이유와 사연을 말하고 표를 무르려고 할 때 밖에서는 비행기의 발동 소리가 요란하게 들린다. 미란은 발을 구르며 안타까워하나 어쩌는 수 없는 잡힌 몸이다. 별수 없이 표는 물리우고 여객기는 두 사람의 낙오자를 대수롭지 않게 무시해 버리고 쏜살같이 달아나 버린다. 그 무례한 태도를 창으로 내다볼 때 단주는 인생의 굴레에서 밀리어 떨어진 듯한 모욕을 느끼면서 화가 버럭 나는 것이었다.

"자유를 이렇게 속박해요. 권리를 짓밟구……. 창피해 못 견디겠네."

"자유는 무슨 자유야 주제넘게. 미성년에겐 아직 그런 권리 없어."

현마는 맹랑한 단주를 핀잔을 주고 팔들을 끌고 밖으로 나왔다. 미란은 팔을 끌리우면서도 몸을 흔들며 어린아이 모양으로 투정을 부린다.

"답답하게 가두구는 바람두 못 쏘이게 하니."

"바람을 쏘이려거든 다음 기회는 없나 왜. 꼭 비행기가 맛이라면 내 태워 주지 않으리. 다음번 동경 갈 때……."

뾰로통하게 삐친 미란과 얼굴에 심술의 빛을 가득 담고 게정을 부리는 단주와를 데리고 자동차 안에 앉았을 때 현마는 비로소 안심이 되면서 가슴이 놓였다. 인생의 낙제생들을 떨어 버리고 홀로 자랑스럽게 날아난 여객기는 어느덧 하늘 멀리 멀어진다. 그것을 쫓으려는 듯 자동차도 내닫기 시작했으나 단주와 미란에게는 여객기가 자동차의 거리가 벌써 만 리 길이나 되는 듯 생각되면서 그 위대한 붕새는 아직 자기들로서는 다칠 수 없는 엄격한 영물같이만 보이는 것이다.

인생의 문을 열 계획을 세우다가 뜻을 이루지 못하고 낙오해 버린 두 사람은 일단 반역하고 나온 집으로 다시 끌려 들어가는 수밖에는 없었으나 그 일건을 실마리로 이상한 관계가 생기게 되었다.

흥분되어 있는 두 사람의 마음을 식히고 가라앉히기 위해서는 당분간 두 사람의 사이를 갈라서 서로 멀리하고 접촉이 없도록 경계하자는 것이 현마와 세란 부부의 일치된 의견이었다. 그렇지 않아도 맞갖지 않아서 짓부득이 트집을 쓰는 두 사람이 그렇게 수월하게 언니들의 계획에 좇을 리는 만무하므로 피차의 마음이나 가라앉거든 가까운 장래에 결혼을 승낙해 주겠다는 약속을 미끼 삼아 달래는 것이었으나 어떻든 두 사람의 마음을 어느 정도까지 설복시켜서 자기들의 뜻에 좇게 했을 때 공교롭게도 현마의 동경행의 일건이 생긴 것이었다. 새로이 봉절(封切)할 영화의 교섭의 용무가 일어난 까닭으로 현마의 여행이 긴급히 필요해진 것이다. 그것이 우연히 미란들에게 대한 계책과도 일치되어서 두 사람을 당분간 가르기에는 마침한 기회라는 것이 현마와 세란의 의견이었다. 미란의 마음이 더욱 달뜬 것 같으니 바람을 쐬어 주고 구경도 시킬 겸 현마가 맡아서 데리고 떠나고 남은 세란 혼자만의 집을 지켜 주고 동무를 해 줄 겸 단주는 아파트를 비우고 교외의 집으로 나와 있게 하자는 것이 또한 부부의 선후 없는 똑같은 희망이었던 것이다. 전날 비행장에서 가까운 기회에 소풍을 시켜 주리라고 달랜 미란을 현마가 휴대하게 된 것은 거리낄 것 없는 자연스러운 일이었거니와 여자들만 남게 된 빈집을 사내붙이인 단주가 세란의 동무를 해서 지켜 주게 된 것도 극히 자연스러운 일이었던 것이다. 부부도 물론 그닷한 생각과 주저가 없이 그것을 의논하고 결정한 것은 거의 그 당장의 일이었다. 단주와 미란 두 사람의 편으로 보면 어른들의 작정하는 일이니 좋고 싫고가 없이 그대로 좇아야 하는 것이요 당초에 계획했던 반역도 수포로 돌아가고 또다시 어른들의 굴레 속에 매이게 되는 것이었으나—이번에는 야릇하게도 그 어른들의 굴레 속에서 각각 인생의 걸음을 재촉하고 주름잡는 결과가 되는 것이었다.

처음에는 찌뿌둥하던 미란도 막상 가벼운 행장을 차리고 나섰을 때에는 처음으로 긴 여행을 하게 되는 기쁨으로 유쾌하게 덜렁거리게 되었다.

"그렇게 차리구 둘이 나선 건 똑 무엇 같을까."

세란의 웃음을 받아 가지고

"무엇 같긴 무엇 같어요. 아저씨와 동생 같지."

"아저씨와 조카딸은 아니구—얘기 속에 흔히 있는."

"망칙해라. 조카딸은 왜 조카딸예요. 그렇게 층이 저 뵈나요."

"무난하게 사장과 비서라구 해 두지. 다른 사람이 봐두 숭허물 없게."

현마의 판단을 조롱하는 듯 세란은 미란을 바라보며

“얘 비서같이 성가신 자리는 없다더라. 사장의 비위를 늘 맞춰야 하구 마음을 주면서두 속으론 쉴 새 없이 경계해야 하구.”

결국 그 자리는 모두들 허물없는 웃음으로 돌리고 한 대의 자동차에 두 사람 두 사람씩 네 사람이 앉아서는 현마들을 보내려 비행장으로 향할 때 네 사람의 마음은 다 각각 제 계획에 즐거웠다. 세란의 옆에 앉은 단주며 현마의 옆에 앉은 미란이며가 지난날의 안타까운 감정은 어느 결엔지 청산해 버린 듯 이제는 벌써 새 옷들을 입고 어른들의 손에 끌려 구경을 떠나는 아이들같이 개운하고 심드렁해 보였다. 참으로 아이들답게 금시 주의의 목표가 변하고 관심의 방향이 변해 버리는지도 모른다. 아이들이란 그렇게 어처구니없는 것인지도 모른다.

비행장에 다다라 날아날 준비를 하고 섰는 여객기 앞에 이르렀을 때 미란은 문득 전날의 생각이 나면서도 그때의 알 수 없던 불안과 공포와는 다른 일종의 든든한 마음이 솟았다. 동방비행의 발명이 그때에는 한없이 천재적이고 기발하고 두려운 것으로 여겨졌었으나 이제 아저씨와 함께 그 앞에 섰으려니 날개를 푸득이는 그 위대한 붕새도 가장 익숙하고 범상하고 친밀한 것으로 보이면서 그때에 모욕을 받고 낙오를 당한 것쯤은 별반 분하게 여겨지지도 않는다. 현마에게 의지하는 마음이 단주와 모험을 꾀했을 때 이상으로 오늘의 매력을 가져옴은 사실이었다. 현마의 뒤를 따라 날개를 밟고 새 가슴속에 몸을 간직했을 때에는 전날의 패배의 슬픈 기억은커녕 새로운 용기와 흥분이 솟으면서 전신의 피가 신선하게 수물거렸다.

밖에 세란과 같이 서서 미란의 자태를 우러러보는 단주는 어떻게 되다가 자기가 앉아야 할 자리에 현마가 대신 앉게 되었나 싶으면서 삽시간의 변화에 정신이 휘둘리며 한 줄기 섭섭한 감정이 없지는 않았으나 이 역 옆에 서 있는 세란을 생각할 때 든든한 마음이 생기면서 알 수 없는 의지하는 생각으로 섭섭한 감정쯤은 말살하지 못할 배 아니었다. 무엇보다도 세란은 낙오된 꼴을 가엾게 여겨 주는 듯 부드러운 시선으로 자기를 싸 주는 것이 아니었던가. 미란의 물고기같이 파들파들한―그러므로 물고기같이 싸늘한 감각과 애정에 비겨서 세란의 그것은 따뜻하고 크고 너그러운 어머니의 정으로 신변에 흘러오는 것이었다. 미란과 현마는 그들 한패 우리는 또 우리끼리 한패가 아니냐고 그의 부드러운 눈이 속살거리는 것도 같았다. 그토록 두 사람은 밀접하게 서서 집에 남는 사람으로서의 동정을 주고 받는 사이였다. 사실 발동소리가 나면서 여객기가 막 움직이기 시작한 순간 작별의 손을 저으면서 아래를 내려다보는 현마에게는 어깨를 같이하고 나란히 서 있는 단주와 아내 두 사람의 사이가 너무도 밀접해 보이면서 문득―단주가 서 있는 자리가 바로 자기가 서 있을 자리라는 생각이 들며 자기 대신으로 들어선 단주의 꼴이 일순 자기 자신으로 보여 저것이 짜장 부부가 아닌가―하는 착각이 번개같이 등줄기를 쳤다. 이 돌연히 엄습한 당돌하고 무서운 착각은 땅 위를 떠나 몸이 하늘 위로 높이 솟을 때까지도 그의 골속을 휑하니 뒤흔드는 것이었다.

현마와 미란을 하늘 밖까지 떠나보내고 나니 세란은 짐을 벗은 듯 마음이 놓이며 그래도 얼마간 울가망해 하는 단주를 한마디 달래 주어야 할 책무를 느낀다.

"누가 일을 저지르라나 이렇게 되게. 잠자쿠 가만히만 있었으면야 장차는 결혼도 시켜 주구 뜻대로 이루어 주지 않었으리. 어려운 줄 모르구 선불리 나서다가 이 꼴이 됐지. 어서 당분간 다 잊어버리구 마음이나 잡을 도리 생각할 수밖엔."

다시 거리로 들어갈 때 차 속에서 여전히 잠자코만 있는 것을 보면 어깨라도 치면서 정신을 일깨워 주지 않을 수 없었다.

"과즉 열흘 동안이니 마음 풀어 버리구—그까짓 사내대장부가 무얼 꼬물꼬물 그래."

사내대장부라는 말에 단주는 미상불 정신이 뜨여지면서 세란을 비스듬히 내려다보며 가슴을 펴 보았다. 세란쯤은 넉넉히 정복할 수 있을 듯 숨었던 새로운 용기를 얻은 듯도 하다. 사실 차를 내려 나란히 서서 걸을 때 비록 몸은 가느나 키는 큰 단주는 세란의 목 위를 훨씬 솟아 그 비교에서 오는 일종의 늠름한 우월감이 의식 속에 솟기 시작하며 그 우월감이 전에 없던 한 가지 태도를 지니게 했다. 벌써 아이가 아니고 어른이요 어른이 여자를 동반했다는 의식이 은연중에 그런 태도를 가지게 한 것이었다.

식당에 마주 앉아 식사를 할 때나 백화점에 나란히 서서 흥정을 할 때나 사람들은 그들 두 사람의 사이를 무엇으로 여겼을까. 부부로 보았을까, 형제로 보았을까. 부부라기에는 나이의 동이 뜨나 형제라기에는 사이가 지나쳐 자별스럽고 허랑해서 판단에 애썼을 것이 확실하다. 그 길로 영화사에 들렀을 때 세란은 주인 없는 사장 의자에 덜석 앉아서는 호락호락 서랍을 들치며 책상 위를 살피고 하면서 단주에게서 여사장이라는 칭호를 듣다가 문득 여사장이 격에 맞지 않는다고 그 자리를 단주에게 사양하고 자기는 단주의 자리를 차지해도 본다.

"그래두 사내붙이가 다르긴 달러. 그 자리에 앉으니 제법 사장감인데."

현마의 자리에 앉은 단주의 자태가 제 자리에 앉았던 단주와는 다르게 일종의 위엄을 띤 것을 세란은 보며 그에게도 결국 남편의 자리를 주면 별수 없이 남편같이 보이게 되는 요술을 신기한 것으로 여겼다. 두 사람의 수다스러운 변덕을 옆에서 바라보는 여급사 애영에게도 오늘의 단주의 자태는 전에 없이 어른다운 것으로 보이는 것이었다. 현마가 아직 사(社)에 나오지 않을 때 단주 혼자만이 있을 적에 그는 흔히 현마의 안락의자에 앉아서는 몸을 좌우로 틀었다 문서를 들척거렸다 하면서 애영에게 차를 가져오라고 하는 소리를 지르기가 일쑤여서 그 되지 않은 아이다운 모양에 애영은 웃음이 터지곤 했으나 그 어느 때보다도 오늘의 그의 자태에는 의젓하고 그럴듯한 데가 보였다. 세란이 그와 마주앉게 되어 그 젊은 자태와의 대조에서 오는 인상일까 하고 생각하면서 두 사람을 찬찬히 바라보는 것이었다.

집에서도 같은 격식이 시작되었다. 현마 없는 뒷자리가 완전히 단주의 것이 되었다. 한 집에 밖주인의 권리를 위해서 있게 되는 모든 설비와 범절이 별수 없이 잠깐 동안 주인의 뒷자리를 물려받게 된 그의 차지가 되게 된 것은 자연한 형세였다. 현마의 본을 받아 목욕실에 제일 먼저 들어가는 것도 단주였고 목욕을 하고 나와서

갈아입은 잠자리옷도 현마의 것이었다. 식탁에서도 현마의 자리, 대청에서도 현마의 자리 — 그대로가 바로 단주의 자리였다.

"잠깐 동안이래두 집을 지켜 주는 가장이니 가장 대접은 해 줘야지. 가장은 가장이래두 지킴이라는 것을 잊어서는 안 돼. 말하자면 의장병(儀仗兵)이라는 것 —."

식후의 시간을 대청에서 쉴 때 현마의 의자에 앉은 단주를 경계하는 듯도 한 세란의 말투였다.

"좋게 말하니까 의장병이지 실속은 노예란 말이죠."

단주의 대꾸를 세란은 무시하며

"암. 실상 주인은 나니까 내 명령대로 좇는 것이 노예의 직분이거든."

"맙소서."

단주에게는 현마의 자리가 주체스럽게 여겨지면서 생각은 멀리 창밖 어두워 가는 하늘로 달렸다.

"미란은 벌써 동경 땅을 밟고 지금쯤은 여관방에서 잠시 고향 생각에 잠겼으렷다."

"고향 생각은 왜. 좋아라구 날뛰면서 벌써 극장 구경을 안 떠났으리. 남은 패보다는 항상 떠난 패가 더 즐겁거든."

"그럴까."

"그렇지 않구 우리같이 이렇게 쑥스럽구 점직할까. 뽑다 뽑다 재수 없는 제비만 차례졌지."

정신을 차리고 용기를 내라는 듯이 세란은 일어서서 축음기에 레코드를 걸고 나서는

"춤이나 가르쳐 줄까. 사내가 춤 못 추는 것같이 치욕은 없어."

단주의 앞에 와서 손을 잡아끈다. 레코드에서는 가벼운 트로트가 흘러나왔다. 차차 높아지는 마음의 율동을 느끼면서 단주는 세란의 손을 손에 받으면서 자리를 일어섰다.

마침 식후의 차를 날라 가지고 들어온 옥녀에게는 두 사람의 모양이 신기한 것으로 보였다. 주인이 집을 떠난 후로는 별안간 집안의 공기가 일변된 듯이 느껴졌다.

현마가 세란과 부부라면 단주는 반드시 미란과 짝이 되어야 옳고 그편이 한결 눈에 익고 자연스럽게 보이던 것이 이상스럽게도 그 짝들이 어그러졌을 때 옥녀에게는 일종 어색한 느낌이 왔던 것이다. 현마의 뒷자리에 들어앉게 된 단주의 꼴이 주제넘으면서도 회뚱회뚱 약해 보이며 전체로 집안의 풍속이 뒤틀리고 젊어져 보였다. 세란은 현마와도 춤을 추며 야단들을 치지 않은 바는 아니었으나 이제 그 춤의 상대자가 아무도 없는 빈방에서 단주 혼자임을 볼 때 아무래도 괴이한 생각이 들지 않을 수 없었다. 부부도 아니요 형제도 아닌 떳떳하고 의젓하지 못한 관계—그가 막 들어왔을 때에 마치 그 무엇을 훔치다가 들켜서 움출한 때와도 같은 두 사람의 태도를 보고서는 더욱 그런 생각이 없지 않았다.

(제발 주인 없는 빈집에 아무 일 없도록—.)

축수하고 싶은 마음으로 가슴속이 차지면서 그 자리에 오래 서 있을 수도 없어 찻그릇들을 탁자 위에 놓고는 방을 나가 버렸다. 웬일인지 옆에서 보기가 제 스스로 겁이 나는 것이었다.

같은 나날이 시작되었다. 집에서만 종일을 지내기가 지루한 세란은 거의 날마다 단주를 따라 거리로 나가게 되었다. 백화점을 돌고 식당에서 식사를 하고 영화를 보고—그런 습관이 현마와의 때에도 없던 것은 아니었으나 더욱 잦게 된 것이 사실이었으며 거리에 나갔던 길에 번번이 한 번씩은 회사에 들러 애영에게 이상한 눈치를 보이게 되고 집에 돌아와서는 옥녀에게 같은 눈치를 보이게 되었다. 밤은 낮의 연장이어서 세란을 지켜 주어야 되는 단주의 직분은 침실에까지 적용되었다. 방에 도적이 들지 않을까 세란이 감기에나 걸리지 않을까—이것을 주의하고 살피는 것이 단주의 충복된 뜻이 아니던가. 단주는 처음에 대청의 침대를 자기의 잠자리로 주장했으나 세란에게 핀잔을 맞고 방을 옮기지 않으면 안 되었다. 그러나 현마의 잠자리는 세란과 같은 요 위인 것이다. 단간방 복판에 조그만 찻상을 놓고는 그것을 지경으로 양편에 각각 자리를 펴는 것이었으나 밤마다 자릿물을 떠 가지고 들어와 상 위에 놓고 나가는 옥녀의 눈에는 그 기괴한 방 안의 꼴이 아이들 장난같이만 보이면서도 한편 유난스럽게 신경을 일으켜 세우는 것이었다.

상 하나를 사이에 둔 잠자리 속에서 단주는 고시랑거리면서 잠이 안 올 뿐더러 언제인가 폭풍우 날 밤 아파트에서 미란과 같이 지냈을 때와 똑같은 운명 아래에 놓이게 되었다. 불안과 공포가 솟으면서 전신의 피가 개울물같이 넘치고 신경이 삼단같이 흩어졌다. 상 하나의 국경선이 마치 해발 수천 킬로의 험한 분수령 같고 그것을 넘음이 금시 목이라도 달아날 밀수입의 행위 같은 모험으로 여겨졌다. 그 험준한 국경선을 드디어 넘게 된 것은 확실히 세란의 충동질과 조력에 인함이었다. 세란에게는 미란과 같은 불안과 공포는 없었다. 그 편편하고 안온한 상태가 단주에게 대담한 동기를 일깨워준 것이 사실이었다. 울 너머 아이에게 손짓해서 울을 넘어 앵두나무 아래로 끌어들이게 한 셈이 아니던가—.

이틀 밤을 고시랑거리다가 사흘 되는 날 밤 단주는 역시 잠을 못 이루고 머리맡에 쌓인 묵은 영화잡지를 들척거릴 때 책갈피에서 괴상한 그림 한 장이 눈앞에 떨어졌다. 전에 본 적이 없던 대담하고 망칙한 한 장의 그림! 단주는 눈이 번쩍 뜨이며 그 한 장 위에 시선이 해면같이 흡수되면서 전신의 피가 수물거리기 시작했다. 잡지 속의 그림들이 대개 여배우들의 천태만상의 변덕스러운 자태의 나열인 것이나 무슨 까닭으론지 그 속에 끼이게 된 그 한 장은 그 모든 그림보다 백 곱절의 감각과 자극을 불러 백금의 광채같이 눈을 휘황하게 했다. 지금까지 장막 속에 감추어져 있던 인생의 비밀을 한 눈에 목도한 듯 어쩔 줄 모르고 손바닥으로 그림을 덮고 눈을 들었을 때 상 너머서 세란의 웃음소리가 들렸다. 자기의 황당해하는 꼴을 세란은 처음부터 보고 있었던 모양이다.

"그렇게 신기할 것이 무에 있어. 그까짓 그림쯤이."

단주는 더욱 부끄러운 마음에 얼굴이 한층 붉어짐을 느낀다.

"가방 속을 들치면 얼마든지 있다나. 신경 갔던 길에 수십 장을 사서 가방 속에 감춰 가지구 와서는 몸에 지니면 재수가 있다구 양복 속주머니마다 한 장씩 넣어 가지구 다니더니 한 장 두 장 없어지구 남은 것이……."

어른들에게는 그것이 아무것도 아닌 것일까. 세란은 마치 한 폭의 풍경화인 양 대수롭지 않게 취급하는 것이나 인생의 초년병인 단주에게는 그렇게 간단히 넘겨 버릴 물건이 아니었다. 가슴이 울렁거리며 손 아래에 있는 그 한 장을 어떻게 처치할지를 모르고 있을 때 세란은 자리를 벌떡 일어나더니

"더 기막힌 것 한 장 보여 줄까. 서양 남녀같이 괴덕스러운 건 없어. 별별 시늉을 별별 수작을 여사로 하거던."

하면서 옷섶을 아물리고 서서 벽장 속의 가방을 들추는 모양이었다. 종아리를 드러내 놓은 세란의 그 모양을 보고 단주는 몸이 불같이 달아졌다.

"제발 맙소서."

입안이 중얼중얼—견디다 못해 이불을 박차고 허둥허둥 문을 밀고 대청으로 달아나 버렸다. 옷을 주섬주섬 갈아입고 세란의 쫓아오는 목소리를 한 귀로 흘리면서 현관문을 열고 대문 밖까지 뛰어나간 것이 도시 그 무엇에 홀리운 듯도 한 거동이었다. 꽃이 져 버린 라일락의 수풀이며 잎이 퍼지기 시작한 개나리의 포기가 발아래에 되구 말구 채일 지경으로 알 수 없는 힘이 전신에 용솟음치는 것이다. 밤늦은 거리로 들어가 대중없이 골목골목을 더듬어 처음 오는 그 낯선 거리를 찾아낸 것도 온전히 그 힘으로 말미암은 것이었다. 무서워하고 겁내고 침 뱉던 그 거리—도회에서 제일 하층 가는 지옥이나 다름없이 꺼려 하고 멸시하던 그 지대가 오늘 밤에는 그에게 다른 의미를 가져오면서 복받치는 힘이 그를 그곳까지 인도했다. 거기서 위선 인생을 시험하자는 것이었다. 첫 대문을 두드려 보고 용기를 얻자는 것이었다. 뭇 사람이 하는 것과는 격식이 달라 선

을 볼 것도 없어 문간에 서 있는 아무나 한 사람을 시험용으로 고르면 그만이었다. 과학자가 시험용 토끼 한 마리를 우리에서 집어내는 것과 마찬가지였다. 얼굴을 볼 것이 없이 방으로 들어가 떨리는 손으로 그의 육체를 해부하려는 것이었으나 겁을 먹은 탓이었을까. 시험은 실패였다…….

정신이 깨이면서 환멸이 오고 뉘우침이 컸다. 이것이 인생인가. 인생은 겨우 요것뿐이던가—하는 생각이 들 때 그 요것뿐인 인생을 위해서 좀 더 건사해야 할 것을 너무도 학대하고 멸시했다는 후회가 솟았다. 자기의 육체에 모욕을 준 그 이름 모를 여인의 육체를 한없이 천한 것으로 여기면서 거리를 다시 벗어나올 때에 입안에는 군침이 돌며 구역이 났다. 입맛을 바로잡기 위해 하는 수 없이 담배를 사서 피우면서 거리를 걷는 것이었으나 대중없이 푹푹 연기를 뿜는 동안에 어느덧 제법 한 모금 한 모금 흡연을 하고 있는 것을 깨달았다. 그 두려워서 엄두도 못 내던 연기가 줄기줄기 목을 넘어 창자 속을 휘돌아서는 길게 나오는 것이었다. 신기한 발견이나 한 듯 기쁜 마음에 거듭해 볼수록에 흡연의 격식이 자연스럽게 되어 갔다. 그 밤의 시험에 비록 실패는 했으나 모르는 결에 용기는 준비되어 어느덧 인생의 테두리가 육체를 타고 들어앉은 것이다. 삽시간에 아이를 면하고 세상을 바꾼 것이다. 집으로 돌아가 밤 깊은 잠자리에 살며시 누웠을 때 인생의 큰 준령을 넘은 듯 일시에 피곤이 엄습해 오면서 그날 밤 잠은 그 어느 때보다도 편편했다.

새벽에 세란은 짜증을 섞어 가면서 벼락같이 단주를 족쳤다.

"간밤에 어디 갔다 왔는지 모를 줄 알구."

이불을 와서 활짝 벗기면서

"추접스럽게 다시 그따위 버릇을 해 봐라. 내쫓을 테니."

애매한 옥녀를 잡아 일으켜서는 새벽 목욕물을 끓이게 하고 더러운 몸을 말끔하게 씻어야 망정이지 그렇지 않으면 방에 붙이지도 않겠다고 단주에게 야단야단이었다.

그날 밤 머리맡 영화잡지 속에도 어제와 같은 그림이 준비되어 있었다. 끊임없는 샘같이 역시 그것은 신비의 근원이었다. 단주는 떨리는 손가락으로 그림을 쭉쭉 찢어 버리고는 화를 내며 일어나 불을 꺼 버렸다. 쓰러질 듯이 주저앉은 발아래에 차이는 것은 세란이었다. 어떻게 그렇듯 수월하게 망설이던 국경을 넘었던지—이미 지난밤의 시험으로 준비되었던 용기의 탓이었을까. 불안과 공포 없이 감쪽같이 준령을 정복했던 것이다. 지난밤과 같은 뉘우침과 서글픈 생각이 솟은 것도 물론이었고 폭풍우를 지난 안정된 감각 속에서는 당초에 뜻하지 않았던 가지가지의 의식이 뒤를 이어 나왔다.

(내가 괴악한 사람일까.)

승냥이같이 욕심스럽고 세차던 세란에게도 약한 반면이 있는 것일까. 뼈 속까지 젖어드는 애잔한 뉘우침의 목소리.

"무서워!"

이불을 써 버린 세란의 눈 앞에는 현마의 그림자가 자꾸만 나타난다. 바로 전까지도 완전히 잊어버리고 무시해 버린 남편의 자태가 별안간 고집스럽게 마음을 할퀴면서 끄들기 시작했다.

"이것이 죄인 된 길인가."

단주도 서글픈 생각에 마음이 떨리면서 그 자리에서 목소리를 놓고 울고 싶으리만큼 슬프다. 세란에게 현마의 자태가 떠오른 것과 마찬가지로 그에게도 미란의 환영이 차차 확적히 나타나기 시작하는 것이다.

(미란, 미란!)

만약 그가 지금 눈앞에 있는 것이라면 목소리를 높여 불러 보고도 싶다. 맑고 민첩한 눈초리가 금시 육박해 오는 듯—단주는 그를 대할 낯이 없이 마음이 부끄럽다. 그와 어깨를 나란히 하고 들어가야 할 인생의 문—처음 길에서 실패하고 그럼으로 말미암아 더욱 두 사람은 손을 잡고 공포를 정복하고 다음번 계획으로 해서 성공하려고 약속한 그 인생의 문을 어떻게 해서 이렇게 갈라진 채 엉뚱한 딴 길로 해서 자기만이 먼저 수월하고 어처구니없게 들게 되었을까. 이것이 옳은 것일까. 세상일이란 이렇게 기괴한 것일까—생각할수록 서글프고 안타깝다가 문득 칼날에 부딪친 듯 가슴이 섬짓해지는 대목에 이른다.

(비밀이라는 것이 이렇게도 어처구니없는 것일까. 있게 되면 꼭 있구야 마는 비밀! 행여나 미란도 같은 비밀을 가지게 되는 것이나 아닐까.)

하는 생각이 솟자 가슴이 울렁거리기 시작하면서 진정할 수가 없는 것이다. 눈에 안 보이는 갈퀴로 긁고 다니는 듯 무서운 망상이 전신을 꼬치꼬치 괴롭힌다.

"그럴까, 그렇지 않을까."

잠시도 견딜 수 없어 벌떡 일어나서는 벽장 속을 뒤적거리더니 어둠 속에서 술병을 찾아냈다. 허수아비같이 버티고 서서 독한 위스키의 잔을 거듭 들이키는 그 꼴이 세란에게는 실성해지지나 않았나 하고 생각되리만치 허망한 것으로 보였다.

그런 자포적 심경에서 오는 것인지 이 밤의 괴롬은 씻은 듯이 잊어버린 듯 세란과 단주의 다음날의 생활은 역시 이날의 연장이어서 같은 낮이 지나고 같은 밤이 오고—그칠 바를 모르고 계속되었다. 한번 내친걸음은 쉬운 듯이 보였고 눈뜨기 시작한 단주는 한꺼번에 활짝 피어 버리려는 듯이 무서운 욕심쟁이가 되었다. 나날의 생활을 목도하는 옥녀에게는 며칠 동안에 눈에 뜨이리만치 얼굴이 길어지고 눈이 패어서 대담하게 빛나게 된 단주의 꼴이 흡사 장구한 병으로 해서 변모한 사람같이만 보였다.

### 3.

그러나 미란의 경우는 실상에 있어서 이와는 퍽도 달랐다.

만리 허공을 날아서 낯선 도읍에 이른 그는 새같이 하늘을 날았다는 것과 화려한 도회에 왔다는 두 가지 신기한 사실로 해서 감격으로 마음이 그득 불렀다. 현마를 따라 종일 거리를 돌아다니다가 저녁때는 되어서 여관으로 돌아오면 피곤한 몸에 고요한 일순 집 생각과 단주의 생각이 나지 않는 바는 아니었으나 다음날의 분주한 계획을 궁리하느라면 그런 수심은 오래 끌지 않고 금시 사라졌다. 처음 보는 도회의 구석구석이 진미를 갖춘 찬란한 식탁같이 마음을 유혹했다. 백지 같은 미란의 마음은 그것들을 일일이 맛보고 받아들이기에 겨를이 없었다. 놀러 나갔다 흐뭇한 잔칫상을 받고 집도 오물대던 생각도 다 잊어버린 아이 모양으로 그 가지가지의 자극에 정신을 송두리째 뺏긴 미란이었다. 거리를 걸어도 한 가지 한 가지가 눈을 끄는 것이었고 조그만 찻집에를 들어가도 새로운 감각이 마음을 즐겁게 했다. 새것을 보아도 모르는 척 귀한 것을 보아도 대수롭지 않은 척 좋은 것을 보아도 놀라지 않는 척하는 까스러진 어른의 버릇에 아직 물들지 않은 그의 마음은 가지가지 오관을 통해서 들어오는 진귀한 것에 대해서 솔직한 감동과 놀람을 나타냈다. 그 마음을 살핀 듯 현마는 뒤를 이어 차례차례로 새것을 그의 눈앞에 드리우고는 욕심을 일으키게 하는 것이었다.

"영화 구경을 갈까."

제일 크다는 영화관에를 따라서 들어가면 언제나 가장 새 것이—아직 세상사람 눈에 다 슬려나지 않은 풋작품이 걸려 있어서 새로운 지식을 더해 주었다.

"호텔에 저녁을 먹으러 갈까."

호텔 객실과 식당에서는 탁자마다 국제적인 풍속이 눈에 뜨이면서 안계가 넓어졌다.

"촬영소 견학을 갈까."

촬영소 견학은 아마도 현마 자신의 이번의 용무 중에서도 중대한 부분이고 장래 계획에도 참고가 되는 조목인 모양이었다. 거기서 미란은 한 새로운 세상을 본 듯 야단스런 기계의 장치며 오락가락하는 배우들이며 촬영하는 현장의 요란스런 장면이며가 알 수 없는 흥분을 자아내면서 예술의 분위기가 정신을 흠뻑 취하게 했다. 제작의 기쁨이라고 할까, 한 토막 한 토막 꾸며 내고 빚어내는 그 사업을 옆에서 보는 것만으로도 흥이 나면서 막연히 여배우 지원의 꿈을 꾸고 있었던 것을 회상하며 예술에 대한 열정이 가슴속에 새로 불붙기 시작했다.

"심술 피지 말구 말만 잘 들으면야 나중에 촬영소 세우게 되면 여배우 안 시켜 주리."

현마는 오락가락하는 여배우들의 이름을 누구니 누구니 뙤어 주면서 미란의 마음을 한층 달뜨게 불 지르며 가까운 장래의 계획을 토막토막 이야기해 준다.

날마다 시간마다 목격하게 되는 허다한 새로운 재료와 사실이 미란의 마음을 한없이 열어 주며 걸을 때나 앉았을 때나 볼 때나 그 무수한 것을 받아들이기에 마음은 분주하고 세상이 이렇게도 넓은가 생각하지도 못한 동쪽 한구석에 이런 놀라운 생활의 사실이 있을 제는 세상을 통 턴다면 얼마나 인생이란 넓은 것일까 하는 생각이 들면서 그 어지럽고 착잡한 재료의 세상에서 차차 한 가닥의 방향과 통일이 마음속에 들어서기 시작했다. 그 한없이 착잡한 재료 속에서 골라낸 것은 역시 아름다운 것의 요소였고 그것의 배열—예술의 감동이 마음을 차차 정돈시켜 주고 의욕을 자극해 주었다. 세상을 해석할 한 개의 표준 되는 열쇠가 어느 결엔지 손안에 잡히면서 그것이 새로운 힘으로 마음을 다시 불 지르게 되며 평생의 방향과 결의가 작정되었다. 예술의 사업—이 제목이 눈앞에 선하게 떠오르면서 한결같은 감격이 박하같이 전신에 퍼졌다. 촬영소에서 받은 감동도 큰 것이었으나 그보다도 더 큰 감동이 그의 마음을 회오리바람같이 저어 놓고 그 속에서 아름다운 힘과 최후적 결심을 자아내게 하는 날이 왔다. 촬영소를 견학한 다음 날 밤 일이었다. 공회당에서 열린 음악회를 들으러 간 날 밤—해외에서 음악수업을 마치고 가제 돌아온 천재 소녀의 피아노 음악이 미란의 마음을 그다지도 흔든 것이었다.

그날 마침 현마는 아마도 회사와의 영화 교섭의 일이 순조롭게 되었는지 유쾌한 기분에 대강 볼 일이 끝났다고 기뻐하면서 미란에게 항구 구경을 안 가겠느냐고 자청했다. 항구라는 말에 한 줄기 감상(感傷)을 느끼면서 미란은 따라나섰다. 기차로 한 시간 남짓 걸려 태평양의 물이 바라보였다. 잘 개인 그날의 바다는 전을 편 듯이 고요하면서도 약간 쌀쌀한 맛이 여린 피부에 사무쳐 들었다. 깨끗이 정돈되어 있는 넓은 부두 아마도 만 톤급에 가는 듯한 육중한 외국기선 그것을 중심으로 흩어져 있는 무수한 배들—모두가 고요한 풍경이었다. 현마의 작정으로는 배 떠나는 광경을 보자는 것이었으나 공칙히 배는 벌써 떠나 버린 듯 배 닿았던 부두 아래편에는 오색의 테이프가 거미줄같이 얼크러진 채 떠 있었다. 남은 정이라고 할까 그 테이프를 바라보고 있는 동안에 보지 못한 작별의 광경이 눈앞에 떠오르면서 먼 바다 밖을 그리는 마음이 일어났다. 눈물을 흘리며 눈물을 받으며 떠났을 배 탄 사람들의 자태가 선해지며 부두 위에 드뭇한 남녀의 그림자는 막 그들을 떠나보내고 난 쓸쓸한 사람들이 아닐까 보이면서 까닭 없는 슬픈 여정이 솟는다. 그 여정 속에 단주의 그림자가 안개같이 우렷이 묻혀 있는 것은 사실이었으나 그러나 그런 감정 전부가 단주에게 대한 것은 아니었고 말하자면 또렷이 지목할 수 없는 막연한 감정이었다. 그 막연한 애상을 도리어 향락이나 하는 듯 별일 없으면서도 몇 시간 동안이나 부두를 거닐며 바다를 바라보았는지 현마가 재촉하는 바람에 거기를 떠나 거리로 들어간 것이나 호텔에서 식사를 하면서도 미란에게는 바다에서 받은 감상이 가슴을 떠나지 않았다. 항구는 덮어놓고 슬픈 곳이라는 인상을 얻어 가지고 돌아오게 된 것이었으니 이 반날 동안의 해변의 소요가 그날 밤의 음악회에서 받은 감동과 마음의 관련을 가졌던지도 모른다.

"내친걸음에 음악회나 갈까."

충충대는 바람에 따라 나선 것이 알고 보니 천재 소녀의 귀국 제일회 공연이었던 것이다. 미란이 음악회에 간 것은 그 밤이 생전 처음은 아니었고 유명한 음악도 허다하게 들어는 왔어도 참으로 음악에 귀가 띄고 예술에 혼을 뽑힌 것은 그날 밤이 처음이었다. 음악은 조물주가 보낸 가장 아름다운 말—이라는 비유가 마음속에 떠오르며 영감이 전신을 휘둘러 쌌다. 소녀는 쇼팽이 장기인 듯 쇼팽의 밤이라고 해서 에튀드, 마주르카, 즉흥곡 등 십여 곡의 연주 곡목이 전부 쇼팽의 작품이었다. 이름을 들었을 뿐인 쇼팽을 미란이 참으로 알게 된 것도 물론 그 밤이 처음이었고 쇼팽의 천재와 아울러 연주하고 해석하는 소녀의 천재가 일종의 무서운 위엄을 가지고 눈앞을 협박해 오는 듯도 했다.

《환상 즉흥곡》의 멜로디는 그대로가 바로 느껴 우는 영혼의 울음소리였다. 폭풍우같이 감정이 물결치다가 문득 잔잔하게 가라앉으면서 고요한 애수가 방울방울 듣는 듯—그렇게 느끼면서 듣노라니 미란에게는 낮에 본 바다 생각이 나면서 항구의 감상이 다시 가슴속에 소생되었다. 가을 나무가 우수수 흔들리다가 한 잎 두 잎 낙엽지는 광경이 떠오르면서 그런 나무 선 바다의 애수를 노래한 것이 그 곡조의 뜻인 듯이도 해석되며 지금 몸이 마치 그런 배경 속에 서 있는 듯 감상 속에 온통 젖어 버렸다. 폴란드의 정서는 왜 그리도 모두 슬픈 것일까. 다음 작품《발라드 A플랫 작품 47》에서도 미란은 같은 감정을 느끼면서 쇼팽의 이름이 가슴속에 새겨지기 시작했다.

호숫가에 선 옛 성 속에 살고 있는 젊은 기사는 호숫가를 거닐다가 하루는 아름다운 여인을 만나게 되자 첫눈 사랑하게 되어 장래를 약속하고 헤어진다. 얼마 있다 다시 호숫가를 거닐 때 또 다른 아름다운 여인을 만나게 된다. 기사는 그 자리로 그 여인을 연모하게 되어 전에 약속한 사람 있음을 잊어버리고 여인의 뒤를 따라 호수 복판에 이르렀을 때 별안간 파도가 이는 바람에 기사는 호수 속에 빠져 버리고 만다. 문득 일어나는 조소의 쓸쓸한 웃음의 소리, 그것은 처음에 약속하고 헤어졌던 여인의 목소리였던 것이다—이런 뜻을 가졌다는 그 곡조는 바로 이 아름다운 이야기를 이야기하는 듯 애달픈 환상을 눈앞에 떠오르게 했다. 음악은 원래가 환상을 가져 오게 하는 요술쟁이다. 피아노 속에는 조그만 우주가 들어앉고 사람의 혼이 숨어 있어서 가지가지 세상의 그림과 감정이 임의로 그 속에서 우러나오는 것이다. 그 악마같이도 새까만 요술쟁이 앞에 앉아서 그 조그만 우주를 마음대로 번국질하고 사람의 혼을 멋대로 울려보는 흰옷 입은 천재는 천사의 모양이 아닐까. 비스듬히 고여 놓은 피아노의 뚜껑은 흡사 새 날개도 같고 배의 키와도 같다. 새까만 날개를 타고 혹은 키를 저으면서 소복한 천사는 하늘과 바다를 자유 자재로 훨훨 날아다니면서 우주를 모방하고 영혼들을 흠뻑 울리는 것이다. 사실 미란의 영혼은 남몰래 흑흑 느껴 울었다. 그렇듯 감동이 회오리바람같이 마음을 저어 놓았고 음악과 천재의 생각이 전신을 난도질해 놓아서 마음과 몸이 감격과 피곤 속에 폴삭 사그라졌다. 음악과 천재—세상에는 이것이 있을 뿐이다. 가장 위대한 것이요 아름다운 것이다. 거리보다도 항구보다도 집보다도 뜰보다도 나무보다도 별보다도 꽃보다도 지혜보다도 자기의 육체보다도 청춘보다도 사랑하는 단주보다도—무엇보다도 아름다운 것이 음악이요 천재이다. 쇼팽이요 피아노요 그 소녀인 것이다. 이때까지 눈을 감고 있었던 새로운 세상이 눈앞에 계시된 듯 미란은 현혹한 느낌으로 무대 위를 바라보았다. 한 곡조 한 곡조가 끝날 때마다 정신이 들면서 왜 지금까지 이 아름다운 세상을 못 보고 왔던가 왜 참으로 이해하지 못하고 왔던가 하는 탄식이 나고 뒤를 이어 한 가달 결의가 생기면서 새로운 힘이 솟는 것이었다…….

독주회가 끝났을 때 미란은 넋을 잃은 사람같이 자리를 일어서서는 사람 숲에 섞여 홀을 밀려 나갔다. 문밖에 나서기가 바쁘게 현마의 소매를 끌고는 공회당 뒷문께로 향한 것은 천재 소녀의 모양을 한 번 더 보자는 생각이었다. 같은 생각을 가지고 모여드는 사람들이 줄레줄레 몰려들었다. 천재란 대체 어디가 다르게 생겼을까 어느 점이 뛰어난 것일까—하늘은 왜 유독 그에게 그런 특별한 선물을 보냈고 그는 무슨 인연과 값으로 그것을 받게 되는 것일까. 호기심이 안타깝게 불을 지른다. 이미 세상을 버린 백여 년 전의 쇼팽은 못 볼지언정 그를 흉내 내고 그를 본받으려고 하는 한 세기 후의 그 소녀만이라도 보고 싶은 생각이 치밀었다. 문 앞에 한 대의 자동차가 와 닿더니 안에서 그인 듯한 사람이 나타났다. 미란은 밀리는 파도에 휩쓸려 발돋움을 하고 몸을 비비대며 고개를 질숙거렸으나 원체 첩첩으로 모여드는 인총으로 해서 문 앞은 가리어져 버렸다. 어깨 틈을 비집고 간신히 시선을 바로 돌렸을 때 어머니인 듯한 중년 여인의 뒤를 따라 막 차에 오르는 소복한 소녀의 얼굴이 확적히 보여 왔다. 짧은 순간에 지나지 않았으나 갸름한 얼굴에 새까만 눈동자를 가진 모습이 분명하게 눈 속에 새겨진다. 천재라고 별다른 인상이 아니었다. 보통 모습에 새까만 눈망울이 차게 빛나는—그뿐이었다. 사람의 숲을 뚫고 차는 거만하게 움직이기 시작했다. 수많은 어리석은 나귀들은 한 필의 준마를 보내면서 천치 같은 얼굴들을 지니고 줄레줄레 움직였다. 자기도 필연코 그중의 한 사람일 것이기는 하나 미란은 그 천치 같은 얼굴들에 구역이 나고 염증이 나며 군중의 낯짝 하나하나에다가 침을 뱉고 발로 밟아서 까뭉기고 싶은 충동이 솟았다. 어리석고 둔하고 추접스러운 군중의 꼴이 금시 견딜 수 없이 싫어지고 그 감정은 곧 자기 경멸로도 변하면서 범상한 모습 속에 차게 빛나는 눈망울을 감춘 소녀의 자태가 역시 으뜸가는 것으로 여겨졌다. 마음속으로 모르는 결에 천재와 군중을 저울에 달아보고 어느 편이 더 중한 것일까 천재란 군중이 있으므로 빛나는 것이나 군중은 천재가 없으면 빛을 얻지 못하는 것이다. 한 사람의 천재를 살리고 천만의 군중을 죽여야 할 것인가 천만의 군중을 구하기 위해 한 사람의 천재를 희생함이 옳을 것인가 하는 주저가 온 뒤 역시 천만의 추물보다는 한 사람의 아름다운 것 천재

편에 마음이 기울어진다. 소녀의 인상이 가슴속에 더욱 또렷하게 새겨지면서 그의 자태가 자꾸 높아만 갔다.

현마의 손에 끌려 밝은 거리에 나와 등불을 우러러보았을 때 긴장과 속박이 풀리며 무거운 굴레를 벗어난 듯 몸이 가벼웠다. 거기에는 천재 아닌 수많은 남녀들이 그날 밤의 소녀의 이름조차 기억하지 못하는 듯 음악의 세상과는 동떨어져 편편스럽고 자유롭게 오고 가는 것이다. 그 무심스런 자태들을 볼 때 미란은 불과 몇 시간 동안에 천재의 생각이 얼마나 자기를 얽어매고 괴롭혔나를 느끼면서 겨우 안온한 세계로 풀려 온 듯 마음이 거뿐해졌다. 미란의 긴장되고 오물대던 자태를 처음부터 바라보고 왔던 현마도 기색이 풀리면서 이제는 편안한 세상 사람된 듯 비로소 인간의 회화를—조물주의 말이 아니라 사람의 말을 회복하고 웃음도 나오고 농도 나왔다.

“천재의 맛이 어때. 장하긴 해두 된 노릇이지.”

“되든 말든 될 수만 있다면 천재가 되지 범인이 되겠수.”

“조물주는 천재에게 재조를 준 대신 한편으로 괴롬을 주거든. 천재의 마음의 괴롬이 얼마나 큰 것인지는 천재만이 아는 것이겠지만—범인의 생활을 하는 편이 얼마나 수월하구 편편한지 이건 나두 알거든.”

“아저씨—.”

말은 듣는 둥 만 둥 문득 가로채면서 은근한 목소리였다.

“—나두 천재 될 소질이 있을까.”

“천재병에 걸리기 시작한 모양이지. 어릴 때 한 번씩은 다 치르고 나는.”

"어서 대답이나 해요. 제게두 소질이 보이나 어쩌나."

대답하기 전에 현마는 딴소리를 꺼낸다.

"미란이 올에 몇 살이지."

"왜요. 열여덟."

"아까 그 소녀가 몇 살인지나 알구 말인가."

"……."

"미란이와 동갑이야. 벌써 한 수 진 셈이지. 적어두 대여섯 살 때부터 시작해서 십여 년의 연습을 쌓구 오늘의 경지에 이르렀을 것이니 지금부터 시작해서 어떻게 그를 좇아갈 셈야. 음악은 어떤 예술보다두 장구한 시간을 요하는 것이구 음악의 천재란 말하자면 연습의 천재인데."

"왜 학교 때 음악을 못 했던구."

"공부는 안 하구 장난만 치구 놀구만 지냈으니 그렇지."

미란은 안타까워지고 슬퍼진다. 천재가 시간의 지배를 받는다면 그 역 운명적인 것일까. 일찍 시작하고 못한 데서 자기들의 운명은 갈라진 것일까.

"또 한 가지 안타까운 얘기 들려줄까. 어떤 동양의 여류 피아니스트가 베토벤을 다 떼구 중년을 넘은 나이에 외국의 고명한 선생을 찾았더라나. 선생은 여류 피아니스트의 연주를 한 곡조 들었을 뿐으로 실력을 알구 다음 날부터 다른 선생을 소개해 주구 그 지도를 받으라구 친절을 베풀었는다는데 그 선생인즉슨 누군구 하니 바로 노선생의 수제자로 나이가 스물도 못 되는 젊은 아이더래. 여류 피아니스트는 늙은 재조를 탄식하면서 독약을 먹었다든지 물에 빠졌다든지…….”

“그런 소린 왜 해요. 듣기 싫게.”

짜증을 내는 미란을 보고는 말이 지나쳤음을 뉘우쳤다. 미란의 어린 마음이 지금 커다란 번민 속에 있음을 알 때 그 때늦게 솟는 열정에 고개가 숙여졌다. 그의 마음을 누그려 주어야 할 책임을 느끼면서 일부러 괴덕스런 태도를 지녀 보는 수밖에는 없었다.

“내 묻는 시험에 대답하면 미란의 소질을 말해 주지—쇼팽의 음악을 들었으니 말이지 그는 몇 해에 났던가.”

“…….”

“일천팔백십년—구년이라는 설두 있으나 십년이 바른 듯. 그의 유명한 사랑의 상대자가 누구던가.”

“조르주 상드.”

“것봐. 거저 안다는 게 사랑이야. 사랑이라면 모르는 게 없거든. 그럼 상드와 이전의 그가 실연당한 사람이 있었지. 스물대여섯 살 때.”

“몰라요.”

“마리라는 소녀. 열일곱 살 되는.”

다리도 피곤한 김에 찻집으로 미란을 데리고 들어갔다. 자리에 앉자마자 미란은 선언하는드키 현마를 바라보았다.

“피아노를 시작할 테에요. 집에 가면 곧.”

차 한 잔을 분부하는 정도의 말솜씨였다. 다따가 당돌하게는 들렸으나 현마도 태연하게

“기특한 생각이지. 또 한 사람의 천재 탄생되다.”

"천재는 못 따라 가더래두 있는 힘 시험해 보아야 마음이 시원할 것 같어요."

"아무렴 공부를 해야지. 아직두 생애가 기니까. 사람이 만족을 얻는다는 것이 여간 중대한 일이게."

다음이 중요한 대목이었다.

"—피아노를 사 주시겠어요."

천연스럽고 수월하게 내던졌다.

"피아노—."

현마도 이 대목에서는 막히는 듯 말을 머뭇대고는 미란을 꼿꼿이 바라본다.

"사 주시겠어요 안 사 주시겠어요—대답만 하세요."

다지는 바람에 얼뻥뻥해지면서 목소리조차 당황하다.

"누가 안 사 준다게 이 다짐인가."

"그럼 사 주시겠단 말이죠."

"경우에 따라선 안 사 줄 법두 아닌데?"

"사 주겠으면 사 준다구 약속을 하세요."

"그까짓 약속쯤 어렵지 않으나—제 청만 제 청이라구 우기지 말구 내 청이라는 것두 있겠지."

빙그레 웃으면서 찻숟가락을 내흔든다.

"교환조건이란 말이죠. 무슨 청이세요. 들을 것이면 듣죠."

"아주 선선하게 말한다."

"설마 헤롯 왕이 조카딸 살로메에게 청한 것 같은 무례한 청이 아닌 바에야 못 들을 것 있어요."

"요한의 목을 베라는 원이 아니니까 벌거숭이 춤을 청할 리는 없지만."

"무슨 청이에요."

그러나 현마의 청이라는 것은 그 자리에서는 보류된 채 두 사람은 밤거리로 나왔다. 현마는 맑은 정신으로는 그것을 말하기가 겸연쩍은 모양이었다. 찻집에서 나와서부터 두 사람 사이에는 말이 끊어진 채 묵묵히 여관까지 돌아왔다.

실상인즉 미란이 먼저 택시로 여관으로 돌아오고 현마는 혼자 도중에 떨어진 것이었다. 허출한 김에 술집에 들릴 터이니 먼저 들어가라는 분부였다. 술동무까지를 할 수 없어 미란은 혼자 돌아와 자기 방 잠자리에 들어가서는 잡지를 펴 들고 음악회에서 얻은 기억을 정리하면서 이 궁리 저 궁리에 잠겼다. 차를 따라 주러 들어온 하녀에게는 더 시중이 없다는 것을 말해서 돌려보낸 것이다.

주의해야 할 것은 당초부터 그들은 여관에서는 방 두 칸을 따로따로 빌어 한 사람이 한 칸씩 구별을 엄격하게 해 온 것이다. 물론 미란의 희망과 현마의 체면의 두 가지의 협의의 결과로 처음부터 말없는 속에서 자연스럽게 작정된 것이었다. 낮에 함께 거리를 다니고 구경을 가고 할 때에는 두 사람은 같은 일을 하고 같은 기쁨을 가지고 같은 감정을 지녀서 일종의 공동생활을 하게 되는 것이나 밤만은 세상이 전연 달라져서 각각 자기 방 자기 이불 속에 들어가게 되면 두 사람 사이에는 담이 놓이고 성이 쌓여서 그 독립된 세상에서 제 궁리에 잠기고 제 꿈을 꾸게 되어 완전히 자기만의 생활을 하는 것이었다. 낮과 밤이 엄연하게 갈라지는 공동생활—처음에는 예측도 하지 못한 그 자연스럽게 이루어진 법칙에 미란은 안심할 수 있었고 현마는 반대로 차지 못함을 느꼈다. 두 사람이 집을 떠날 때에 세란은 두 사람의 모양을 바라보면서 이야기 속에 나오는 아저씨와 조카딸 같느니 사장과 여비서 같느니 하면서 인상을 비평하고 두 사람의 여행을 은근히 위험시한 것이었으나 실상의 경우는 이와 같이 엄격한 것으로 세란의 상상은 닿지도 않았다. 현마가 걱정하기 시작했던 세란과 단주의 사이가 허랑하게 빗나가게 된 것이지 미란과 현마의 사이는 되려 예측과는 반대였던 것이다. 미란은 밤마다 자기의 맑은 꿈속에서 안온한 잠을 이루고 날이 밝으면 새날의 경영에 마음이 뛰었다. 조그만 마음속에 감격을 가득 담아 가지고 밤 자리 속으로 돌아오면 그것이 차례차례로 정리되면서 정신이 차차 가라앉곤 한다. 단주의 생각이 떠오르는 것은 흔히 이런 때였다. 하녀를 돌려보내고 음악회의 인상을 되풀이하고 있노라니 단주의 생각이 또 한번 떠오르며 집에서는 지금 어떤 생활들을 하고 있을까를 생각하면서 시간 가는 줄을 모르고 있을 때 비교적 일찍이 술에 거나한 현마가 돌아왔다.

얇은 장지 하나를 격한 방이라 미란은 잠자코 있을 수도 없어 소리를 쳐 보았을 때 현마는 대답하면서 방을 나와 미란의 방문을 건드렸다. 자리를 일어나 옷섶을 아무리고 있으려니 현마의 불그스름한 얼굴이 나타났다.

"유쾌하다……. 아직두 피아노 생각에 곰시락거리나."

"혼자만 유쾌하지 나까지 유쾌한가요."

"누가 술을 먹지 말랬나."

"술두 그만두구 어서 피아노나 사 내요."

"그렇게 수월하게 사 줄 줄 알구. 고맙다는 인사를 톡톡히 받구야 사 줄걸."

"절이래두 하죠."

"절쯤으로 되나."

마음대로 목판의 찻그릇을 집어 두어 잔이나 식은 차를 따라서 켜고 나더니

"영화에서 왜 가끔 보는—아저씨에게 고맙다는 뜻을 표할 때 어떻게들 하더라."

뚱딴지 같은 소리를 한다.

"그 흉내를 내란 말이죠."

"아무렴."

"껑충 뛰어 오르면서 이마에다 입술을 갖다 대구—그렇게 하란 말이죠."

"아무렴."

"그게 청이에요?"

"너무두 적은 청이지."

미란은 놀랄 것이 없었다. 긴한 듯이 찻집에서 말하기를 주저하던 청이 대체 무슨 청인가 했던 것이 겨우 그 정도의 것이라면 두려울 것이 없었다.

"그만한 청쯤 못 들을 것 있나요."

"염량이 그만은 해야지—그럼 지금 들어줄 텐구."

말을 듣고 현마의 얼굴을 바라볼 때 그 불그레한 얼굴에 별안간

구역이 나며 속이 뉘엿거리기 시작했다. 맑은 정신을 가질 때의 그는 부드럽고 정하고 착한 아저씨이던 것이 술이 들어가면 왜 그리도 추하고 무서워 보이는지 새로운 발견에 소름을 쳤다.

“지금은 안 돼요. 취하신 얼굴엔 싫여요.”

“세상의 술 취한 아저씨는 인사를 못 받어 보겠네.”

“그러믄요. 술내 나는 얼굴에다 추접스럽잖어요.”

“요 말버릇 봐라.”

현마는 정색하면서 미란의 팔을 잡아 나꾼다.

“승낙한 이상 내 임의거든.”

미란은 겁을 먹으면서 손을 빼려고 애쓴다.

“안 돼요. 내일 아침 맑은 정신 때 해 드릴게요.”

“이러긴가.”

“인사하는 사람의 맘이지 받는 사람의 맘인가요.”

“어디 보자. 제 청만 제 청이라구 남의 생각은 조금두 안 하구.”

손을 놓는 현마는 적이 불만스런 모양이다. 겸연쩍은지 남은 차를 마셔 버리고는 자리를 일어서는 것을 보면 미란은 미안한 생각도 나서 목소리를 누그려 본다.

“아저씨 대접을 깍듯이 해 드리려니까 그렇죠.”

“그만둬.”

투덜투덜 나가는 등 뒤에다 한마디 더 던져 본다.

“내일 아침 잊지 않을게요. 어서 편히 주무세요.”

그러나 자기 방에 들어가 자러 드느냐 하면 그렇지도 않고 방에서 모자를 쓰고 나오더니 복도를 쿵쿵쿵 돌아 다시 밖으로 나가는 모양이었다. 또 술을 먹으러 나가는 것일까—내가 잘못한 것일까—이모저모 생각하면서 차차 잠을 이루어갈 때 현마는 여관을 나와 밤거리를 헤매면서 미란이 모르는 세상—현마 같은 어른들만이 아는 밤 세상을 찾아가는 것이었다. 집을 떠난 지 여러 날 만이었다. 미란과 같이 거동하게 되는 까닭에 하는 수 없는 노릇이었으나 그로서는 오랫동안 깨끗한 청교도의 생활을 하게 된 것을 오늘은 도리어 마음속으로 비웃어도 보며 터무니없는 투정질이나 하듯 화를 내면서 비틀비틀 처음 보는 골목을 뒤지는 것이었다…….

이튿날 아침 미란은 천연스럽게 자기 방에서 일어나 나오는 현마를 보았다. 현마는 좀 어색한 듯 벌겋게 충혈된 눈에 미란을 똑바로 바라보지 못하며 궁싯궁싯 제 혼자 움직였다. 각각 늦은 아침을 먹고 난 뒤 미란이

"오늘 무슨 날인지 아세요—피아노 사는 날예요."

현마는 비로소 제 기색을 돌리면서 데설데설 표정을 펴 간다.

"간밤 약속을 이행하겠단 말이지."

"선물두 받기 전에 먼저 인사를 해야 한단 말인가요."

"아무렴 아무렴."

괴덕을 부리는 바람에 미란도 마음이 누그러지면서 일상의 시스럽지 않은 공기를 회복했다.

"자 얼른 와서 경의를 표해. 경의를 표한 담에야 사 줘두 사 주지."

말을 그렇게 듣고 보면 도리어 쑥스러워지며 몸이 굳어 간다. 천연스러운 방법은 없을까. 차라리 그렇지 못하다면 그편에서 자진적으로 그것을 요구해 왔으면—하는 생각도 들었다.

"무얼 망사려 어느 때까지."

현마는 능걸치게 웃으면서 짜장 자진적으로 나서며 미란의 어깨를 끌어당긴다. 미란은 몸의 힘을 풀고 끌려 들어가면서 모든 것을 맡기는 듯 온순한 태도를 지녔으나 약속대로 이마에 경의를 표한다는 것이 어릿거리는 서슬에 지나치게 되어 현마의 우악스런 힘에는 당하는 재주 없이 기어코 입술을 받아 버리게 되었다. 전광석화같이 오는 폭력에는 어쩌는 도리 없이 커다란 품 안에서 비둘기같이 움츠리고 약속의 한계를 넘어 순간의 자유를 뺏기지 않을 수가 없었다. 몸이 놓였을 때 미란은 죽지를 비틀린 비둘기같이 이즈러진 몸을 털면서 일종의 노기가 솟아 현마의 빰을 갈기고 싶었으나 기왕의 약속을 생각하고 마음이 풀리기는 했다.

"실례가 아니예요. 빰이래두 갈길까 했어요."

"생판 모르는 귀부인이라구."

"폭력은 야만이거든요."

"왜 그런 인사의 법은 없는 줄 아나."

느물거리며 대꾸는 했으나 실상인즉 마음속으로 부끄럽기도 했다. 간밤의 숨은 행동을 생각하고 더럽혀진 자기의 몸과 순결한 미란의 몸을 대조하게 될 때 누추한 자격으로 신성한 것을 겨누고 범한 듯 부끄러웠다. 사람이 관대한 때는 반드시 죄를 진 때다. 현마는 허물을 지우려는 듯 그 어느 때보다도 그날은 관대해진 듯했다.

"내가 무례했거든 대신 내게 무례한 청을 좀 해 보지."

득실은 언제든지 상반되는 것 미란은 도리어 다행한 듯 뾰로통하던 노기를 풀고 그러나 결코 기뻐라 날뛰는 법 없이 침착한 절도를 지니면서 이번에는 자기가 주인인 척 현마의 앞을 선다.

"얼마든지 마음에 드는 것 골라 보라니까."

당연한 보수인 듯 현마가 충충대는 바람에 미란은 마음이 참새같이 뛰었다. 사실 아침의 그 조그만 변괴 때문에 그날의 장사는 미란에게 얼마나 유리했는지 모른다. 그의 의견이 첫째였고 현마는 허수아비같이 옆을 따를 뿐이었다. 성공된 그날의 거래로 미란은 아침에 받은 욕쯤은 완전히 잊어버리는 것이었다.

악기점을 차례로 돌아다니면서 비위에 맞는 피아노를 선택할 자유를 도맡게 되자 담이 허랑하게 커지면서 몇 군데를 거치다가 마음에 드는 것을 골랐을 때 두말없이 그것으로 결정된 것은 물론이다. 조금 낡기는 했으나 베히슈타인 회사의 제작이라는 것이 마음을 당겼다.

"이천 원이면 외국치로서야 싼 폭이죠 뭐."

현마도 반드시 그 값에 놀라는 것은 아니었으나 과즉 칠팔백 원의 것에 만족하리라고 생각한 것이 곱절의 것을 잡은 것이 의외였고 아침의 그 인사의 값이 이천 원임을 생각할 때 입맛이 얼마간 떫어지는 것도 사실이었다.

"뭘 그래요. 만 원짜리가 있을야니요."

별수 없이 현마는 큰 염냥이나 보이는 듯 선뜻 그것으로 결정하는 수밖에는 없었으나 막상 그것을 흥정하려 들 때 한 가지 뜻하지 않은 일이 생겼다.

맞은편에서 점원과 피아노의 흥정에 말이 많은 한 사람의 청년이 있었으니 알고 보면 그도 그 같은 베히슈타인 회사의 피아노를 마음에 두고 거래 중인 것이었다. 현마들은 그의 높아지는 어성에 주의를 끌리게 된 것이었으니 그는 무엇인지를 누누이 설명하면서 점원을 설복시키려는 것 같았다. 맨머릿바람의 고수머리며 차면서도 부드러운 얼굴 모습이 한 사람의 아마도 예술가인 듯 범상치 않은 인상이 마음을 끌었다. 장황한 변설을 들으면 그 피아노는 마음에는 드나 값이 과하다는 것이었다. 천오백 원으로만 떨어뜨려 준다면 당장에라도 현금으로 사겠다는 것 자기에게는 지금 얼마나 피아노가 필요하다는 것 장사란 경우를 따라서 적당한 아량이 있어야 한다는 것을 되씹고 곱씹어 말하는 것이다.

"일부러 해협을 건너 이렇게 멀리 온 것이 순전히 피아노를 사자는 것이 목적이 아니라면 이렇게까지 말하지두 않겠소."

흥정이 아니라 싸움이었다. 점원이야 어떻게 되었든 자기의 말이 가장 중요한 것이요 하고 싶은 말은 모조리 털어놓는다. 예술가란 저렇게 아이같이 속사정을 털어 말하며 아무자리에서나 흥분하고 하소연하고 부르짖는 것일까—미란은 그 한 고장에서 왔다는 같은 족속의 청년에게 흥미를 느끼기 시작했다. 피아노로 붙어 든 흥미가 우연한 관계로 그 이상한 청년에게로 옮아간 것이다. 미란뿐이 아니라 이제는 벌써 그 상점 안의 모든 시선과 주의가 한갓 그 청년에게로 쏠렸다.

"말씀은 잘 알겠구 그 열정두 고마운 것이긴 하나 저희로서야 장사니까 손님께 못 드린다구 해두 또 다른 손님이 없는 것 아니구—실상은 지금 여기 또 한 분 사자는 분이 계시는 판에……."

점원이 현마들을 가리켰을 때 그 청년의 시선은 이쪽으로 향해졌다. 돌연히 나타난 적수를 바라본 듯 복잡한 표정을 띤 그 눈매를 미란은 흡사 자기를 쏘는 두려운 것으로 여기며 차게 빛나는 눈동자에서 지나간 그 무엇—옳지 간밤 음악회의 천재 소녀의 눈동자를 문득 생각해 내면서 이 역 보통 사람 아닌 자칫하면 소녀의 유가 아닐까 하는 추측이 솟았다. 청년은 두렵고 교만한 눈초리를 돌려 이번에는 점원을 노리더니

"개발에 편자지 아무리 흔한 피아노라구 아무나 가져두 좋은 법인가. 나귀에게 거문고를 주어 보지 무슨 꼴이 되나. 예술을 모욕하는 데두 분수가 있지 아무리 상품이라구 예술가에겐 거절하구 객실의 장식품으로 쓸 사람들에게 주어야 옳단 말인가. 내 말이 거짓말이거든 어디 거기 섰는 여류 피아니스트에게 이 당장에서 한 곡조 울려 보라지."

미란은 얼굴이 새빨개지며 몸이 달았다. 예술가의 날카로운 직각으로 자기의 재주를 첫눈에 뽑아낸 것일까. 얼마나 교만하고 얄미운 모욕인가. 초면의 당장에서 그렇게 주제넘고 대담한 무례가 다시 있을까. 얼마나한 재주를 속에 감추면 그렇게 사람을 욕 줄 수 있을까—속이 꼬이고 불이 치밀면서 그 정체 모를 무뢰한을 후려갈기고도 싶고 아니 그보다도 될 수만 있다면 말썽거리 피아노 앞에 넌짓 앉아서 장기의 한 곡조를 울려 청년의 모욕의 말을 무언중에 꾸짖고도 싶었으나 어쩌랴 조물주는 지금 자기편을 들고 있지는 않은 것이다. 천재에 대한 탄식으로 순간 오장이 녹을 듯이 타면서 대거리의 말 한마디 없이 전신이 나뭇개비같이 꼿꼿해 있는 동안에 보라는드키 피아노 앞에 가 앉은 청년은 어느덧 한 곡조를 울리기

시작한다.

어이가 없어 빳빳이 섰던 사람들은 요번에는 곡조에 취해서 여전히들 우두커니 서 있게 되었다. 가늘고 미묘하고 조금 슬픈 그 곡조를 미란은 그 역 쇼팽의 것일 듯—쇼팽의 마주르카의 한 곡조쯤일 듯 짐작하면서 청년의 기술이 평범한 것이 아님을 느꼈다. 모르는 척 비웃고 무시하기에는 너무도 열중되는 그의 태도에 사람들은 솔직하게 귀를 기울일 수밖에는 없었다. 미란은 간밤 소녀에게서 받은 흥분을 마음속에 되풀이하면서 청년을 고쳐 보기 시작했고 일종의 경의조차 바치는 것이었으나 곡조가 끝나고 다시 청년의 날카로운 시선을 받았을 때에는 전신의 피가 용솟음치기 시작하며 그 교만한 태도에 경의는 금시 경멸로 변했다. 얄밉고 무례한 것 네 재주가 몇 푼어치가 되든 간에 피아노를 사랑하는 마음은 밑질 것 없다, 피아노는 내 것이다 내 것이 되어야 한다—마음속에 굳게 주장하면서 어안이 벙벙해서 서 있는 현마의 팔을 흔들었다.

"소리 제법 괜찮죠. 어서 사요."

현마가 정신을 차리고 점원들의 얼굴의 살펴볼 때 한 사람은 청년 앞에서 손을 비비면서

"미안하지만 사정이 이러니 단념하시구 다음 기회나 봐 드리도록 하겠습니다."

하고는 현마를 안내해서 안쪽으로 걸었다.

"물건을 주면 재주를 뺏구 재주를 준 데는 물건을 애끼구—세상일 공평한지 불공평한지……."

속으로 중얼거린다는 것이 현마는 입 밖에까지 내 버리고 말았다.

"거문고를 나귀에게 주랴고 한다. 나귀에게 거문고를 주랴고 한다—어리석은 무리들이……."

새까만 피아노의 가슴에다 자기의 모양을 비춰면서 그것을 내 것인 양 덤석 안으며 외치는 청년을 미란은 요번에는 자기의 차례인 듯 교만한 눈초리로 굽어보면서 대거리나 하려는 듯 한마디 쏘아붙였다.

"조물주는 천재를 맨들어 놓고는 제 스스로 그것을 질투한다던가. 어서 거문고는 나귀나 가져갈 테니 재주 있는 준마는 탄식이나 해요."

돌아보지도 않고 현마들의 뒤를 따라 안으로 들어갈 때 우레같이 피아노의 건반이 고함치더니 폭풍우나 쏟아지는 듯 광상곡의 구절이 울리기 시작하는 것이었다.

이 뜻하지 않은 아침의 한 장면이 우연히도 미란에게는 큰 자극을 주어 불 같은 열정을 일으키게 한 것이었다. 청년에게서 받은 모욕이 간밤에 소녀에게서 받은 감동과 합쳐서 절대적인 결의를 주었다. 나귀의 신세를 면하고 준마의 세상에 속할 수 있도록—될 수 있다면 새로 태어나서 첫걸음부터 시작하고 싶었으나—때늦은 것을 탄식하면서 최대의 노력을 할 것을 마음속에 맹세했다. 예술이 제일이요 창조가 제일이요 천재가 제일이요—그 외의 모든 일은 우둔한 나귀의 세상일같이만 생각되면서 예술에 대한 인식이 굳세게 마음속을 차지하고 들어앉았다.

두말할 것 없이 말썽 많은 피아노를 사서 고향으로 부치도록 하고 났을 때 미란은 마음의 고리가 한꺼번에 풀리면서 며칠 동안에 마음이 여러 길이나 자라난 듯 불과 열흘 남짓한 이번 여행이 여러 달이나 지난 듯한 마음의 변화를 느꼈다. 확실히 집을 떠날 때의 마음은 아니었다. 불안정하고 안타깝던 상태가 안정한 한 줄기의 길을 찾고 혼돈한 세계가 빛을 찾는 동안에 어린 마음이 여러 길 활짝 자라난 것은 사실이었다. 작정된 길을 위해서 이제는 벌써 집을 생각하는 마음이 간절했다. 얼른 여행을 마치고 집으로 돌아가 새로운 생활의 첫걸음을 떼어 놓았으면 하는 생각으로 차 갔다. 여행을 재촉하고 피아노를 조르던 미란은 이번에는 하루바삐 동경을 떠나기를 조르게 되었다.

## 4.

집으로 돌아온 미란은 사람이 변한 듯 생활의 경영에 잡념이 없었다. 새 생활은 피아노와 함께 시작되었다.

대청에다 피아노를 들여놓고는 아침 저녁으로 닦고 꽃병을 세우고 맞은편 벽에 쇼팽의 초상화를 붙이고 자련자련 서두르는 것을 보고 세란은 새로운 한 사람의 동생을 보는 듯 변한 미란을 느꼈다. 변했다면 단주도 변한 것이었거니와 미란도 그에 지지 않게 변했음을 알았다. 단주가 얼굴 길어지고 눈이 패어 들어간 데 비겨 미란은 살이 붙고 눈망울은 우울을 떨치고 희망을 가득 담아 왔다. 밝은 빛이 보일 뿐이지 어두운 아무것도 없었다.

"여행 선물은 톡톡히 되는군. 피아노를 우려낼 젠 수완이 상당해."

야유 비슷 동생을 조롱은 해 보아도 그 맑은 표정 속에서는 어두운 그림자라고는 찾을 수 없다.

바이엘의 교칙본을 사 가지고는 밤늦게까지 피아노를 울리는 것이었으나 온돌방에서 일찍 잠자리에 들어간 세란은 그 유치한 단음의 연속을 들으며 현마의 가슴을 뜯으면서 여행의 이야기와 피아노를 사게 된 곡절을 이야기하라고 조르는 것이었다. 어세를 높이고 화를 내 보고 하는 것은 현마가 도리어 자기들의 관계를 묻지나 않을까 자기들의 저지른 상처를 다치지나 않을까 하는 조바심에서 나온 것은 물론이었다. 부엌 옆 방에서 이 역 이불을 쓰고 누운 옥녀도 피아노 소리를 들으면서 웬일인지 집안이 한꺼번에 밝아진 듯 두 사람이 돌아오자 모두 제대로 바로잡혀진 듯 느끼면서 주인 없는 속에서 밤낮으로 보게 된 무서운 광경이 사라지게 된 것을 기뻐했다.

단주는 주인이 돌아온 이상 자기의 직책은 다한 듯 다음 날부터 제대로 아파트로 돌아가게 되었다. 피곤한 속에서 지난 나날을 생각해 볼 때 날카로운 반성의 바늘이 가슴을 따작따작 찌르면서 미란을 만날 면목이 없는 듯 그는 벌써 잃어버린 것 자기 손 닿지 않는 먼 곳에 날아가 버린 것인 듯한 착각을 떨쳐 버릴 수 없었다. 자주 교외로 나갈 수도 없고 미란이 시내로 날마다 들어오는 것도 아니어서 만나는 날도 떴으나 만나도 침묵이 흐르고 사이가 거북스러웠다. 적극적으로 감정을 지도해야 할 것이 자기면서도 전에는 어린 마음에 무섭고 부끄러워서 주저되던 것이 어른이 된 오늘에 있어서는 무서운 대신 죄스럽고 부끄러워서 마음이 숙어지고 주저되는 것이었다. 그렇다고 미란의 감정의 적극적 발로는 원하는 것도 어리석은 것이 아직도 순결한 그에게는 지금에 있어서도 단주를 대할 때만은 마음이 두렵고 주저되는 것이었다. 그 외에 또 한 가지 그에게 오물대는 중요한 것—피아노에 마음이 쉴 새 없이 날아가는 것이 아니던가. 동경 갔던 여행의 이야기라고 천재 소녀의 연주회날 밤 이야기와 악기점에서 자기를 모욕한 청년의 이야기를 하면서 자기가 이번에 터득한 음악 예술에 대한 불붙는 열정을 말할 때에 단주는 묵묵히 앉은 채 감동도 격려도 하는 법 없이 울적한 표정만을 지녀 간다.

"왜 그리 말이 없어요."

단주는 정신을 차리며 고개를 들어 미란을 보는 것이나 똑바로 못 보고 다시 외면해 버린다.

"코 밑에 수염은 무어예요. 연필로 칠한 것같이 까마잡잡하게. 벌써 그렇게 자랐나요. 어제까지 맨숭맨숭하더니."

말을 듣고 손이 코아래로 간다. 제법 굵은 것이 거칠거칠하게 손가락을 간질이며 사실 이제는 벌써 아이의 솜털이 아니고 어른의 수염임을 느낀다. 여러 날 동안의 어지러운 생활 속에서 얼굴 하나 옳게 건사하지 못한 것을 부끄럽게 여길 때 더욱 용기를 잃어버린다.

"수염이나 멀끔하게 깎구 정신을 차려요. 정신이 나거든 놀러 오구요. 난 가요."

미란이 일어서는 것을 볼 때에야 잠을 깬 듯이 덩달아 벌떡 일어서면서

"인전 사랑하는 사람이 피아노란 말이지. 피아노가 제일이구 나 같은 건……."

수척한 꼴이 가엾어서 동정을 느끼면서도 미란은 솔직하게 대답한다.

"누구보다두 피아노가 나를 제일 부르는걸요. 잠깐만 밖에 나와두 금시 불러들이군 하면서 — 그런 새암쟁이는 없어요."

피아노의 매력에 비기면 단주 역시 한 마리의 나귀 폭밖에는 안 되었다. 훌륭하고 높은 것이 아닌 평범하고 속되고 다른 천만 가지와 고를 바 못 되는 흔한 것으로밖에는 안 보이는 것이다. 가엾기는 하나 어쩌는 수 없는 이런 감정으로 단주와 작별하면 쏜살같이 집으로 돌아와 피아노 앞에 앉는다. 마음은 조급하게 앞을 내닫건만 손가락은 제 고집만을 피우는 초조한 심사로 건반 위에 임할 때 천분에 대한 의혹이 생기면서 악기점에서 자기를 모욕한 젊은 피아니스트의 기억이 마음속에 떠오르는 적이 많았다.

"차차 천분이 알려지나."

현마는 동경서 돌아온 뒤로부터 침착해진 듯 보이며 다시 점잖은 아저씨로 돌아가고 사(社)의 일도 바빠져서 미란과 지내는 시간이 많지 않게 되었다. 저녁에 식사나 마치고 나면 대청에 들어가서 피아노 앞에 놓인 교칙본을 들고는

"겨우 요것밖엔 못 나갔어."

하고 페이지를 들척거린다.

"소설책이라구 뭐 며칠에 뗄까요."

미란은 샐죽해지면서도 속으로는 부끄럽기도 하다.

"하긴 둔재는 일 년두 걸린다드구만 — 아침부터 밤중까지 둥둥거리구 그래 겨우……."

책을 놓고 담배를 붙여 물면서

"천분이 있다구 해두 바른 방법과 적확한 연습이 필요한 것인데."

"선생을 얻어 주세요 어서."

"배우는 바에는 격식대로는 좇아야지."

이런 의논이 난 후부터 현마는 미란의 계발을 진심으로 생각하는 마음에 훌륭한 선생을 염두에 두게 된 하룻밤 역시 대청에서 미란과 식후의 잡담을 건네다가 라디오를 틀었을 때 피아노 소리가 흘러나왔다. 피아노라면 귀가 뜨이게 된 미란은 주의가 집중되어 가는 동안에 그 곡조가 귀 익은 생각이 났다. 폭풍우같이 열정적이다가 금시 고요해지면서 낙엽이나 떠는 듯 잔잔하고 서글픈 멜로디로 변하는 대목—갈데없이 천재 소녀에서 들은 《환상 즉흥곡》임에 틀림없었다. 쇼팽의 쓸쓸한 그 곡조였다. 연주하는 기술도 흡사 그날 밤의 소녀의 것과 같은 능란한 것임을 느끼면서 그 자리로 아침 신문을 헤치고 라디오란을 찾았다. 지방 방송의 연예 시간에서 쇼팽의 작품집이라는 대목을 발견하고 신진 피아니스트로 소개된 영훈이라는 이름을 신기한 것으로 들여다보았다. 영훈 영훈—이름을 익히려는 듯 속으로 외어 보면서 쇼팽을 살리는 사람은 천재 소녀뿐만이 아니라 가까운 한 고장에 그런 숨은 사람이 있었구나 하는 생각이 들며 또 한 사람의 공명자를 얻은 듯 마음이 빛났다. 예술의 길은 서로 통하는 듯 다 같이 쇼팽을 목표로 하는 천재 소녀 영훈 자기…… 사이에는 한 가달의 피의 흐름이라도 있는 듯이 친밀히 느껴지며 그런 이해를 가지고 들을 때 음악도 한층 정답고 아름다웠다. 동경의 밤의 감흥을 다시 느끼면서 감격에 취하는 반면 예술에 대한 조바심이 더욱 치밀어 오른다.

"얼른 선생을 얻어 주세요. 영훈이를 미치구 소녀를 따라가게."

조를 때 현마도 쇼팽을 웬만큼 짐작하는 터에 감동 속에 잠겨 있다가 정신을 차리며

"알구 보니 제일 가까운 곳에 선생이 있군그래."

라디오를 가리키면서

"같은 쇼팽 해석자구 십상 됐어."

"영훈이 말예요?"

예술가의 이름은 소락소락 불러도 좋다는 듯 신문에서 알았을 뿐인 모르는 사람의 이름을 함부로 부르면서 미란은 딴은 그 생각을 그럴듯한 것으로 여겼다.

"정말 것두 그래요."

동의하고는 금시 졸라 댄다.

"그럼 영훈이를 교섭해 주세요."

결국 영훈을 초빙하기로 작정하고 이튿날 현마는 방송국을 통해서 주소까지를 알아냈다. 여학교에서 음악 시간을 맡아 보는 외에 개인 연구소를 열고 제자들을 가르친다는 영훈을 현마는 미란과 함께 그날 오후 연구소로 찾기로 했다.

연구소란 것은 악기점 이층 넓은 방 두 간을 얻어 장만해 놓은 것이었다. 악기점 옆 골목으로 들어가면 이층으로 오르는 층대가 제물에 벽에 붙어 있다. 가가로 들어가지 않고 바로 그 층계를 올라가 음악실이라는 데를 들어갔을 때 조촐한 방 안의 분위기부터가 마음에 들었다. 검소한 속에 피아노 한 대와 축음기가 있고 의자들이 놓

이고 벽에 몇 장의 그림이 붙어 있을 뿐이나 그 침착한 장식 속에 알 수 없는 매력이 숨어 있었다. 마음이 달뜨면서 주인이 보이지 않는 잠시 동안을 못 참아 자리에 앉았다 일어서서는 벽의 그림을 보면서 서성거리는 미란이었다. 천칠백사십칠년 프리드리히 대왕 때 궁정에 들어가 대왕 앞에서 피아노를 탄주하던 바하의 사진 앞에서 한참이나 서서 부질없는 흥분에 잠겼다. 늠름한 왕은 한 손으로 턱을 어루만지면서 허리를 굽힌 채 대청을 거닌다. 그 등 뒤에 뭇 신하들이 궁싯거리고 서 있는 엄숙한 자리에서 풍채가 위대한 바하는 왕을 바라보면서 즉흥의 곡조를 울리는 것이다. 삼엄한 광경이 자아내는 아름다운 공상 속에 자기의 몸까지를 잠그면서 있노라니 옆방으로 통하는 문이 열리며 주인이 나타난 것도 잠시는 몰랐다.

"내가 영훈이외다."

목소리에 돌아선 미란은 앞에 선 주인 영훈의 자태에 놀라면서 그의 얼굴을 정신없이 쏘아붙였다. 꿈인가 현실인가 바로 이 사람이었던가—벙어리같이 입이 붙어서 멍하니 있을 때

"동경서 만난 양반들이군요."

저쪽에서도 놀란 듯 그러나 태연하게 먼저 기억을 일깨워 준다.

"세상에 우연한 일두 있지."

너그러운 웃음을 띠면서 두 사람에게 자리를 권하는 젊은 음악가의 태도는 동경 악기점에서 피아노 때문에 시비를 하던 때와는 판이하였다. 패기에 타면서 예술가의 기상을 주장하고 고집하던 때의 기색은 간 곳 없고 오늘은 부드럽고 연한 평인의 기상이다.

"한 고장 한 동리에 살면서두 그런 줄 모르구 그때엔……."

온화한 말소리에 미란도 엉겼던 마음이 누그러지면서 그렇게 되고 보니 도리어 오랫동안의 구면인 듯 농담의 한마디도 건네게 되었다.

"나귀에겐 역시 거문고가 당치 않은 것 같아요. 아무리 혼자 꿍꿍거려두 마음대로 돼야 말이죠."

농임을 영훈도 알고 껄껄껄 웃으면서 이번에는 자기의 차례인 듯 피아노를 가리켰다.

"덕에 겨우 저런 것이 차례져 이 역 죽어라 하구 말을 들어야죠."

현마가 웃음 속에 참가해 오면서 결론을 말하게 되었다.

"서로 주인을 바꿔 만났나 보군요. 나귀에겐 나귀의 것 준마에겐 준마의 것이 가야 할 것을."

미란은 짜증을 낼 것도 없이 웃음 속에 화하면서

"누구 편에서든지 산 것만은 잘했군요. 불편할 때가 있거든 얼마든지 집에 와서 쓰세요."

"쓸 뿐인가 나귀를 교육해 주세야지. 실상 오늘 온 것은 그 때문인데 가르쳐 보아서 유망하거든 잘 지도해 주셨으면."

현마의 말로 그들의 목적을 알고 영훈은 얼떨떨해졌다.

"간밤의 라디오의 쇼팽을 듣구 오늘 벼락같이 수소문해서 찾어온 것예요."

"고맙습니다만 책임을 맡어 보면 일상 힘이 부치는 것을 느끼군해서……."

사양하는 속에서 은연중 약속이 되어 버리는 것이었다.

미란은 생각할수록에 그날의 인연이 이상스러웠다. 사람의 인연이란 어디서 어떻게 맺어지는 것인지 원수같이 으르던 영훈이 열흘을 채 못 넘어서 자기의 스승이 될 줄은 짐작할 수 없었던 것이다. 스승이 된 이제 그의 재주는 더욱 귀한 것으로 여겨지며 그의 예술에 대한 존경과 흠모의 생각이 한층 솟아오름을 느꼈다.

미란이 연구소를 찾는 때도 있었으나 영훈은 한 주일에 사흘씩 교사의 자격으로 미란들의 집으로 나왔다. 모든 것이 새로 시작되었다. 교칙본은 첫 장으로 다시 돌아가서 정확하고 치밀하게 되풀이되었다. 바른손 연습 왼손 연습 두 손 연습—악보도 스케일에서 시작해서 점점 복잡한 것으로 변해 가고 한 가지 주제에 대해서 여러 가지의 변주법이 생기면서 바른 방법으로 진보는 빨랐다. 영훈은 언제든지 미란의 왼편에 나란히 앉게 되어 손가락을 지도하는 한편 간단한 연습에 대한 반주의 부분을 울릴 때에는 두 사람의 자태는 흡사 듀엣을 타는 한 쌍의 배필같이 보였다. 연습곡의 번호가 높아 감을 따라—미란의 발전이 날로 더함을 따라 두 사람은 더욱 친밀한 것으로 눈에 익어졌다. 제법 멜로디를 가진 곡조면 미란의 멜로디와 영훈의 화음이 합쳐서 귀여운 조그만 음악회를 이루어 세란과 현마는 귀를 기울이고 대청으로 모여들고들 했다. 그런 때 만약 단주가 그 자리에 있다면 그의 처지가 제일 딱했다. 미란과 자기와의 사이에 뛰어든 돌연한 침입자 영훈의 존재를 무심히 바라볼 수는 없었고 자기로도 설명할 수 없는 구름 같은 무거운 덩어리가 피어오르다가 차차 한 줄기의 날카로운 감정으로 변하는 것이었다. 날카로운 것은 스치는 것을 상하게 한다. 그 날카로운 감정은 위선 그의 가슴속을 난도질하기 시작했고 다음으론 주위의 사람들을 다치게 했다. 세란과 같이 앉으면 마치 세란의 허물인드키 잠자코 앉아서는 심술을 피우고 투정을 부린다.

“왜 내게 투정이야. 어디서 뺨 맞구 어디서 화풀이한다더라.”

핀잔을 맞아도 헛것이어서 단주는 뿌루퉁해서는 그에게 그 무슨 특권이나 남은 듯이 대꾸한다.

“동경인지 무언지를 간다구들 야단이더니 이런 일 꾸며 놓을랴구…….”

“부러 일을 꾸미러 갔나. 결과가 그렇게 된 것이지.”

“나를 따랴구 한 것이 아니구 무어요.”

“아니 결과구 무어구 영훈이가 무얼 어떻다구 벌써부터 이 야단이야.”

한마디 박아 놓고는 세란은 여기서 전법을 돌린다.

“도대체 욕심이 많지. 물고기라구 한 손에 둘씩 낚으랴구 그러나. 세상에 그런 법이…….”

“아니 그럼…….”

단주는 세란과의 기쁨을 아주 잊어버린 듯 새로운 욕망에 대한 욕심으로서 인생의 입문을 되어 준 세란의 공이 지금 와서 점점 화(禍)되기 시작해 감을 느끼게 된다.

“애초에 ―.”

미란이 원이었지 당신이 원은 아니었다는 듯한 말투이다. 선택을 그르쳤다는 듯도한 ― 미란을 얻기 위해서의 준비운동이었지 당신이 마지막 목표는 아니었다는 듯한 ― 그런 말투이다.

"그게 욕심이란 거야. 목표가 또렷하거든 목표만 보지 한눈은 왜 파."

"누가 한눈을……."

"남의 탈로만 돌리지 말구 — 한눈을 판 건 판 거지 무어야."

"남에게 씌울랴구."

"아무튼 허물은 허물이지. 그렇게 쉽게 뺄 수가 있을까 봐서……."

길잡이로만 여겼던 것이 지금 와서는 커다란 책임을 요구해 오면서 무거운 짐으로 보여져 간다. 그런 요량이 아니었던 것이 의외의 결과로 나타났음을 야속하게 여기는 것이나 세란으로 보면 그 단주의 다정한 비위에 불만이 생기며 마음이 안온하지는 않았다.

"사람이 그렇게두 매정하구 뻰질뻰질할까."

무릎을 꼬집는 바람에 단주는 뜨끔해지면서 몸이 솟는다.

"한 덤불에 진득이 백여 있지 못하구 딸기 찾는 아이같이 이 덤불 저 덤불을 기웃거리자는 셈이지."

"오해하면 안 돼요."

"그래두 고집이야."

"아야얏!"

다시 꼬집히고 소리를 치며 허리를 굽히는 것이 마치 항복이나 하는 듯 — 눈에는 뜻 없는 눈물이 빠지지 고였다. 세란과 마주 서면 당하는 재주 없었다. 불만과 투정과 심술로 시작된 장면이 번번이 이렇게 호지부지한 농으로 끝나고 말았다.

차라리 사무실에서 현마와 마주앉을 때 그를 은연중 졸라 보는 편이 단주에게는 보람 있어 보이는 때가 있다.

"동경들을 갔다 왔대야 제겐 무슨 실속이 있어야죠."

"아직 맘이 달뜬 모양이지."

"공연히 사람의 맘을 농락만 하는 셈이구……."

"아이가 결혼 말을 할 때같이 앙징스럽게 보이는 때는 없어. 자연스런 때라는 것이 있는 법이지 그렇게 조급하게 군다구 되는 노릇인가. 그동안에 얼마나 자랐다구."

세란과의 비밀을 모르는 것이 그를 이렇게 수다스럽게 한 것이지 단주가 참으로 그동안에 얼마나 자랐나를 안다면 현마의 생각도 얼마나 달라졌을까.

"약속이란 무엇하자는 것이구요."

"약속이야 물론 약속이지만 천연스런 시절을 기다리자는 것이지."

자리가 이상하게 되어 나갔다. 마침 옆에 애영이 없었던 까닭에 현마는 일어서서 단주의 옆으로 간 것이다. 참으로 오래간만의 ─ 거의 일종의 간질병과도 같은 다따가의 야릇한 거동이었다. 별안간 솟아오르는 애정의 표현으로 단주에게 몸을 솔리며 그의 입술을 찾은 것이다. 당초에 현마가 단주를 알기 시작했을 무렵에 그의 아파트에 찾아가서 두 사람만의 비밀한 시간을 가졌던 그때의 애정의 부활인 듯 벅찬 힘으로 단주의 육체에 접촉해 오는 것이다. 침실에서 아내 세란과 같이 지낼 때와 같은 조수같이 세찬 애정의 발로였다. 단주는 현마와 같이 지낼 때에는 언제든지 그래 왔고 그런 때 조금의 거역도 없이 잠자코 현마의 뜻에 모든 것을 맡기는 습관이었으나 이날은 웬일인지 부끄럽고 께끔한 생각이 들면서 하는 대로 가만히 있을 수 없었다. 전과는 다른 이미 일정한 자신의 뜻과 고집이 들어서 몸에는 뼈가 생기고 심지가 서게 되어 현마의 애정을 휘연휘연 잡아들이는 법 없이 장승같이 뻣뻣한 몸에 힘까지 맺혀 있었다. 흡사 물이 밀려와도 움찔도 안 하는 말뚝같이 무뚝뚝하고 꿋꿋하고 멋없는 것이었다. 그것은 물론 단주의 성장을 의미하는 것으로 그런 애정을 받아들이는 소년의 경지를 벗어나서 이제는 자신의 사랑을 되려 대상 속으로 쑤셔 넣지 않고는 배길 수 없는 어른의 경지에 이르렀다는 증거로도 보였다. 부드러운 볼을 따끔따끔 찌르는 현마의 수염과 듬성한 가잠나룻이 전에는 탐탁하고 즐거운 것으로 생각되던 것이 오늘에는 그같이 천하고 추접스러운 것은 없듯이 느껴졌다. 자기 자신의 몸에 이미 그런 거칠은 수염을 단주는 준비해 가지고 있게 된 까닭이다. 자기 몸에 있는 것으로 다른 사람이 가진 것은 거개 천해 보인다. 그러나 그 단주의 수염을 민첩하게 느낀 것은 단주 자신보다도 도리어 현마 그 사람이었다. 그렇기 때문에 단주가 현마의 이날의 애정을 거역하며 그의 몸을 밀치기보다도 이전에 그의 입술을 찾다가 되려 따끔하게 입술을 찔러 오는 단주의 수염에 놀라며 몸을 일으킨 것은 현마 자신이었다. 께끔해 하고 추접히 여긴 것은 현마 자신이었다. 즉 서로 몸을 밀치고 몸을 떼고 께끔해하고 천히 여긴 것은 피차일반이었다. 그러나 현마로 보면 그 단주의 변화에 놀라지 않을 수 없었다. 벌에게 쏘인 듯 얼굴을 찡그리고 몸을 떼기가 바쁘게 자리로 돌아와 화나 피우듯 털썩 주저앉았다.

"짜장 자라기는 했군. 찔레덤불같이 어느 결에 그렇게 늠출해지면서 가시까지 돋았어……. 자란다는 게 무서운 일 같다.”

자란다는 것이 추하면 추했지 아름다운 것이 아니라는 것—아름다운 것을 조각조각 뺏어 갈 뿐이지 아름다운 것을 남겨 놓지는 않는다는 것—을 생각하면서 현마는 커다란 환멸을 느꼈다. 무서운 일만 같았다. 아이가 자라서 가시가 돋고 거역하고 요구한다는 것이 도대체 신기하고 엄청난 것으로만 생각되었다.

“딴은 그만큼 자랐게 자꾸만 보채는걸…….”

벌써 장중의 구슬이 아니고 손을 벗어나 제대로의 인생을 구하려고 달음질쳐 나게 된 단주임을 오늘에서야 알고 더 그들을 붙드는 것이 자기 힘에 부침을 깨닫기 시작했다.

“애초에 자기들끼리 시작한 일을 지금 와서 날 조르면 어떻게 되누. 단주의 맘을 내가 모르는 것같이 미란의 맘두 내게는 알 수 없는 것이거든.”

자기 손을 벗어나서 달아난 바에는 당사자끼리의 임의라는 듯 자기들끼리 처단하라는 듯—그런 어조였다.

“동경을 가느니 음악을 시작하느니 하면서…….”

단주의 불만의 진의를 또렷이 알았을 때 현마도 말머리를 돌린다.

“동경행은 나두 성공이라구는 생각지 않네만.”

성공이 아니라 실패였다. 마음의 기대와는 어그러져 조금도 잇속은 없었고 현마에게도 불만의 결과를 낳았을 뿐이었다.

“천재병에 걷어들려 천재 아닌 건 사람으로 치기나 한다구. 잔뜩 교만한 맘에 어떻게 달아날는지……. 푹 씌인 병이라 조련히 낫지 않을걸.”

두 사람 마음속에 똑같이 떠오르는 것이 영훈의 자태였다. 단주에게 영훈이 질색인 것같이 현마에게도 유쾌한 존재는 아니었다. 미란이 조르는 것을 이기지 못해 서둘러 준 것이었고 도시 화(禍)의 근원이 미란을 소녀의 음악회에 데려갔던 때부터 시작된 것이어서 현마는 그때의 불찰을 지금껏 뉘우쳐 오는 중이었다. 예술을 말하고 음악에 혹하고 천재를 찬양하는 것이 그때부터 시작되었던 까닭이다.

"자기가 천재가 못 되는 때는 밖으로 천재를 구하고 숭배하지 않고는 못 배기는 모양이거든."

말할 것도 없이 영훈은 미란이 구하는 바로 그 대상으로 나타난 것임을 현마도 모르는 바 아니었고 영훈이 들어섬으로 인해서 지금까지 미란의 마음속을 차지하고 있던 모든 것이 — 별도 하늘도 나무도 꽃도 영화배우 되려는 희망도 현마도 세란도 — 그리고 물론 단주까지도 — 미란의 마음속을 떠나 버렸음을 못 느낄 바 아니었다. 섭섭한 일이기는 하나 마음의 자유는 어쩌는 수 없는 것이며 한번 굴레를 벗어나 닫기 시작할 때는 인력으로는 붙드는 재주 없는 것이다. 솔직하게 말하면 단주의 몫까지 걱정해 줄 여가가 없이 자기 자신의 마음의 불만을 가지고 있는 현마였다. 단주의 하소연이 자기에게는 어려운 숙제여서 그것을 정리는커녕 구슬려 놓는 도리조차 없는 까닭이 거기에 있었다.

"엉뚱한 사람을 집에 거둬 넣고는……. 무엇이 되나 보지 집 꼴이."

단주의 걱정에 현마도 적어도 속으로는 동의를 표하면서 이제는 같은 처지의 불행을 나누는 수밖에는 없게 되었다.

"시원할 때까지 놓아 두는 수밖에는. 그 외에 다른 도리 있어야지."

비관적 결론을 내리고는 모르는 결에 실토를 하게 된 것을 어른답지 못한 것으로 여기면서 현마는 금시 오도깝스럽게 표정을 누그러뜨리면서 아무렇지도 않다는드키 헤적헤적 웃는 것이었다.

영훈을 맞이한 지 두어 주일 되었을 때 미란의 발기로 집에서는 조그만 환영의 잔치가 계획되었다. 가장 유쾌하게 서두르는 것은 물론 미란이어서 손수 부엌에 들어가 옥녀와 함께 음식을 장만한다 대청을 치운다 수선거리는 것이 세란에게는 자기에게 그런 시절이 있었던 것은 먼 옛날이었던 것만 같아 부럽게 보였다. 미란이 맞이하려는 청춘의 기쁨은 자기가 현재 가지고 있는 그것보다는 한 시대나 젊은 것인 듯 영훈과 미란과의 사이가 아무쪼록 원만하게 이루어지도록 축수하는 마음조차 일어났다. 당초에 그날의 계획에는 미란만이 아니라 세란의 뜻도 첨가되어서 세란은 현마나 단주와는 달라 영훈을 의외의 침입자로 생각하는 축이 아니고 도리어 기뻐하고 미란과의 사이를 원하는 편이었다. 미란에게서 단주에게 대한 주의를 떼자는 것 단주의 자리에다 영훈을 앉히자는 것 단주를 고립시켜서 자기에게 대한 의식을 선명하게 하자는 것—그런 속심에서 나온 것은 물론이다. 야심이 없을 때에만 다른 한 쌍은 아름답게 보이는 법이다. 미란과 영훈의 한 쌍은 미란과 단주의 쌍보다는 세란에게는 훨씬 아름답게 보였다. 두 사람을 눈앞에 보고 마음속에 그리는 것이 즐거웠다. 그날의 잔치도 그런 마음의 원에서 나온 것이다. 잔치래야 시스럽지 않아진 터이라 가정적인 조촐한 것이었고 다르게 말하면 하나의 조그만 음악회여서 이른 만찬이 끝난 후에는 영훈의 독주와 두 사람의 듀엣이 시작되었다. 현마는 물론 단주도 그날 참석은 했으나 우울한 상을 지니고 혼자 생각으로 가슴속이 그득 차면서 물 위에 뜬 기름같이 좌석과는 어울리지 않는 존재가 되었다. 유쾌하게 웃고 이야기하고 하는 한자리의 좌석이라는 것이 떨어져 볼 때에는 정해 놓고 즐거운 것이나 실상 따져 보면 그 속에는 허다한 모순과 갈등을 내포한 것임을 그날의 좌석같이 증명해 보이는 자리는 드물었다. 식탁에 늘어들 앉아 술잔을 돌리고 이야기를 건네고 할 때 단주는 최후의 만찬 때의 유다와도 같이 유독 즐기지 않으며 마음이 갈라져 달아났다. 차례로 돌아오는 술잔을 찡그린 표정으로 거절하는 짓부터가 유다의 행세였다. 그러면서도 미란의 표정에는 바늘끝같이 치밀한 주의가 가고 그의 눈치가 두려웠다.

"한자리에선 다 같이 즐겁게 하는 것이 신사 된 예의가 아니에요? 누구에게 허물이나 있듯 찌뿌득해하면 그 성미를 누구더러 받으란 말요."

기어코 미란의 한마디가 터져 나왔을 때 단주는 무안해서 얼굴을 붉히면서 자기로 말미암아 이지러지는 자리의 공기를 살피게 되었다. 별수 없이 한자리의 속박이었다. 마음과 몸을 한 줄에 묶이우고 예의를 지키고 자리의 비위를 맞추어 나가지 않으면 안 되는 속박이었다. 그것도 미란을 위한 것이라면 참을 수밖에는 없는 것이었으나 식사가 끝난 다음 대청으로 들어가서 음악이 시작되었을 때는 견딜 수 없었고 마음의 구속을 무한히 참지 않으면 안 될 법은 없을 듯했다. 영훈에게도 사실 자기가 가장 큰 관심의 대상이요 주의의 초점이어야 할 법한데 그는 도시 자기를 대수롭지 않게 여기는 눈치였고 자기를 위해서는 신경의 한 가닥도 안 쓰는 듯이 보이는 것이 무시나 당한 듯해서 더욱 자리가 싫어졌다. 영훈과 미란과의 유치한 듀엣의 연주를 간신히 참으면서 들은 그로서 다음 영훈의 독주까지를 들어야 할 의무는 없을 듯했다. 베토벤의 소나타가 울리기 시작했을 때 자리를 일어나 뜰로 나왔다. 통일을 어지럽힌 셈이었다. 전체에 대한 반역이었다.

《월광곡》이었다. 제일악장 아다지오의 느릿한 환상이 개시되었다. 아다지오에서 알레그레토를 거쳐 프레스토로 악장을 따라 급속하게 변해 가는 그 곡조는 대체 어떤 감정의 고패를 나타내자는 것이었을까. 줄리엣에 대한 베토벤 자신의 이루지 못한 사랑을 나타냈다고 일컬어지는 그 곡조를 왜 하필 영훈은 선택한 것이며 미상불 그의 기술이 놀랍지 않은 것은 아니었다. 고요하고 침통하고 열은 화음이 쓸쓸하고 외로운 사랑의 환상을 표시하는 듯—시냇물 빛나는 달밤에 들으면 한층 효과 있을 그 곡조가 저문 뜰 안에서 들어도 충분히 아름답다. 창으로 새어 나오는 음률이 나뭇잎 사이를 흘러 뜰 안에 펴졌다. 전날까지도 봄이 주춤주춤 망설이던 뜰 안은 어느덧 봄이 활짝 지나 구석구석 짙은 여름빛이었다. 초목이 검푸르게 우거지고 꽃도 시절을 갈아 화단의 여름 화초가 피기 시작했다. 나뭇잎은 퍼질 대로 퍼져 군데군데에 밀접한 세계를 이루고 가족을 꾸미고 으늑한 그림자와 구석과 비밀을 마련하고 있다. 《월광곡》의 선율은 그 구석구석으로 새어 들고 잦아들어서 사람의 정서를 초목 속에 퍼붓는 듯하다. 제일악장의 음산한 데 비기면 경쾌한 제이악장은 '두 깊은 골짝 사이에 핀 꽃'인 듯 곱고 즐겁고 유쾌하다. 사랑하는 사람을 만나서 가슴이 뛰놀고 기쁘다는 것일까. 삼 악장의 격정적인 하소연으로 옮아갈 때까지 한동안 그 유쾌한 선율이 울려왔다. 모르는 결에 음악 속에 폭 잠기다가도 문득 자아로 돌아오는 단주였다. 무심한 음악 속에서까지 신경은 싸움을 계속하는 것이다. 유쾌한 음악이 자기의 것이 아니고 자기의 자리를 뺏은 영훈의 것임을 깨달을 때 얼굴의 표정은 이지러지며 질투와 증오로 변해 갔다. 유쾌한 곡조가 마음속에 파도를 일으킨 것이다. 그 무서운 표정을 만약 가만히 살펴본 사람이 있었다면 그는 음악의 효과를 얼마나 무서운 것으로 여겼을까. 공교롭게도 그 찌그러진 낯을 바라본 사람이 있었던 것이다. 옥녀였다. 기름길을 걸어 능금나무 있는 편으로 갈 때 풀숲 꽃포기 앞에 웅크리고 앉아 이쪽을 노리는 옥녀를 보고 단주는 주춤 머물러 섰다. 가소로운 꼴을 들켰을 때의 얼뻥뻥한 자세로 옥녀를 노리려니 옥녀는 성큼 일어서면서 웃어 보인다.

"뜨끔했지……. 고춧가루를 먹었나 얼굴이 저렇게 상기가 됐게."

"왜 풀숲엔 숨었니."

"숨긴 누가 숨어. 나 있는 곳으로 됩데 오구두."

언제부터인지 농을 트게 된 사이였다. 단주가 옥녀를 수월하게 여긴 것과 마찬가지로 옥녀도 나어린 단주를 세란들과는 달라서 만만하게 볼 수 있었다.

"방 안에서들은 저렇게 즐겁게 노는데 또 심술인가 혼자만 튀어나왔게."

"뭘 안다구 버릇없이."

"보나 안 보나 이거지."

팔뚝으로 밀쳐 내는 시늉을 하면서 외눈을 질끈하니 단주는 눈을 부릅뜨고 발을 구른다.

"까불면 용서 없다."

"무슨 턱으로 뽐을 내. 부뚜막에는 독판 오르면서."

단주에게는 매일 것이 없다는 듯이 어려워하지 않는 옥녀의 말투—단주가 어안이 벙벙해 서 있을 때 옥녀는 납신거리며 두려울 바가 없었다.

"사람이 뺀질뺀질해두 유분수지. 생떼같이 뛰어들어 백지(白地) 집안을 쓸어 가자는 셈이지—내가 만약 작은 아씨라면 까딱 집에 붙이지두 않겠다."

그제서야 단주는 말눈치를 짐작했다. 세란과의 관계라면 아침저녁으로 시중을 든 옥녀만큼 눈치 빠르게 알아 왔을 사람은 없었겠고 비밀의 열쇠가 그의 손에 간직되었을 것은 정해 논 이치였다.

"말만 냈다 봐라."

황당해서 어성을 높인다.

"겁이 나나 부지."

"번설만 했다간 이 집에 붙어 있지 못한다 괜히."

"큰소리 작작 해. 누군 붙어 있게 되구. 그렇게 되는 날에는 집안이 한바탕 뒤집히구야 말걸 무얼 믿구 큰소리야. 불한당 같으니."

맞거는 데는 허물 가진 몸이라 꿀리는 수밖에는 없었다. 단주는 공연한 벌집을 헤적거려 놓은 것이 아닌가 하는 뉘우침이 났다.

"정말 그러기냐."

목소리를 누그리면 옥녀는 도리어 기세나 얻은 듯 법석이다.

"숨은 도적같이 세상에 미운 게 있는 줄 알구. 집안을 휘저어 놓구는 욕심스럽게 그래두 더 가져갈 것을 찾느라구 두리번거리는 도적. 숨은 간교가 언제나 안 드러날 줄 알구. 눈앞에서 코를 베이랴구. 나으리가 아무리 사람이 좋기루 부처님두 성을 낸다구 알어만 보지."

"누구 앞에서 이렇게 대서. 괜히 거슬려만 봐라."

"모르는 주인에게 뙤어 주는 것이 옳은 일이 아니구 그럼."

생각지도 않은 곳에서 의외의 적이 나섰음에 놀라며 그 굳건한 대항을 좀체 휠 수 없음을 깨달으면서 불안한 마음이 불현듯이 솟았다. 미란만을 생각하고 그가 마음의 대상의 전부였음이 얼마나 행복스러웠던가를 느끼며 이제는 벌써 새로운 근심으로 해서—허물의 발로로 해서 미란을 생각함이 불측스럽고 그럴 자격조차 없는 것이 아닌가—눈앞이 어두워지는 듯도 하다. 옥녀가 큰 난관이 될 줄야 누가 알았으랴. 그의 입을 봉해 놓음이 지금에 있어서는 급선무임을 느끼면서 옥녀의 자태가 여간 만만치 않은 것으로 어리었다.

"정말 번설만 했다간……."

버썩 나서면서 위엄을 냈을 때 옥녀는 눈 하나 깜박거리지 않고 뻣뻣스럽게 맞섰다. 오돌진 태도에 단주는 화를 버럭 내며 반들반들한 얼굴에 손찌검을 하면서 다짐을 받으려고 한편 팔을 잡아 나꾸었다.

"주제넘게 사람을 왜 쳐. 가만있을 줄 알구."

화를 내면서 옥녀는 손을 뿌리쳐 빼고는 샐쭉해서 외면해 버린다. 단주는 황당해지고 마음이 설레면서 옥녀를 잡으려 할 때 옥녀는 치마폭을 뿌리치고는 달아나는 것이다. 초라니를 놓쳐서는 큰일이 날 듯해서 손을 뻗치면서 뒤를 쫓았다. 풀숲을 뛰고 꽃포기를 휘무지르고 가시덤불을 넘어서 기름길을 뱅뱅 돌면서 흡사 순라잡기였다.

"붙잡아 보지 용용."

화단을 건너서 자작나무 아래로 간 옥녀가 눈을 까면서 으르면

"붙잡기만 해 봐라."

주먹을 부르쥐고 앞으로 고꾸라질 듯이 달리면서 덩달아 으르렁댄다.

"내 입만 여는 날이면 저 꼴 무엇이 될까."

옥녀가 연못을 돌아 라일락 숲에 몸을 세웠을 때 단주는 한번 거리가 뜬 그를 따르기가 조련치 않아서 돌부리에 채이고 찔레 가시에 걸리면서 숨이 찼다. 연못가에 이르렀을 때 맞은편에서 납신거리는 옥녀를 손쉽게 잡으려면 단숨에 연못을 건너뛰는 수밖에는 없다고 생각했다.

"입을 열기 전에 혼을 뽑아 놓거든."

눈앞의 옥녀를 금새 붙잡을 듯 단걸음에 연못을 건너뛴 것이나 피곤한 맥에 아찔해지면서 돌 모서리가 발밑에서 흔들 하고 미끄러진다.

"아차차!"

옥녀가 소리를 쳤을 때 단주의 몸은 헐어지는 돌과 함께 주르르

미끄러지면서 못 속에 하반신이 밀려들었다. 미처 발버둥을 칠 새도 없이 몸은 물속에 잠겼다. 럭비를 놀 때의 볼을 잡고 넙적 엎어진 모양과도 같고 네 활개를 펴고 풀잎에 누운 개구리의 시늉과도 흡사했다. 못가의 풀뿌리를 붙들고 못 속으로 반신을 뻗은 채 넙죽이 엎드린 양이 가엾다기보다는 우스꽝스러워서 옥녀는 한참 동안 깔깔 웃음을 대는 수밖에는 없었다.

"남을 쫓다가 싸지. 혼자 보기 아까운걸."

손뼉이라도 치고 싶게 통쾌한 것이었으나 단주 자신으로 보면 그런 겸연쩍고 가엾을 데는 없었다. 옥녀 혼자 보았게 망정이지 다른 사람이 보았던들 얼마나 참혹한 꼴이었을까. 흙 위에 엎드려서 냉큼 일어나지도 않고 상기된 눈으로 옥녀를 반듯이 치어다보는 것은 부끄러운 탓일까 원망하는 것일까. 마주 보기가 무서우리만큼 찡그린 험상궂은 표정이었다.

"얼른 일어나지 못하구 무슨 꼴야."

움직이는 기색이 없이 그대로 엎드려 있는 것이 이상해서 옥녀는 순라의 자격을 면하고 이번에는 동정하는 태도로 연못가로 향했다.

"다쳤단 말인가."

앞에 가서 부축해 주려고 손을 내밀고 몸을 굽혔을 때 단주는 기운이나 얻은 듯 옥녀의 손을 붙들고 벌떡 일어나더니 그 손으로 옥녀의 어깻죽지를 보기 좋게 갈겼다.

"왜 쓸데없는 소리는 해서 남을 이렇게……."

옥녀가 대거리를 하려다가 즉시 멈추어 버린 것은 단주가 다리를 저는 것을 본 까닭이다. 젖어서 종아리에 들러붙은 바지에서는 물이 흘렀다. 그 초라한 꼴로 다리까지 저는 것을 볼 때 측은한 생각이 나면서 자기의 탓으로 느껴졌다. 어떻게 해서 오늘의 이 장난이 시작되었던고 하면서 짜장 자기가 쓸데없는 소리를 한 것이 아닌가 생각되었다.

"누가 당초에 뜰로 나오랬나. 방에나 가만히 있지."

집 안에서들 내다보지나 않을까 해서 옥녀는 창 있는 쪽을 바라보면서 단주를 라일락 그늘 속으로 끌어들였다. 부상병같이 절름거리면서 풀 위에 주저앉았을 때 한편 무릎 위로 피가 내배어 있음을 보았다. 돌부리에 무릎을 상한 것이다. 다리를 걷어올리고 마른 수건으로 피를 훔쳐내는 그 꼴이 전에 없이 가엾게 여겨지면서 방 안 사람들과 스스로 대조되는 것이었다.

잊고 있었던 음악 소리가 다시 귀에 들려오면서 방 안의 단란이 짐작된다. 《월광곡》이 끝나고 쇼팽의 《환상곡》이 시작되어 있었다. 옥녀에게는 그것이 무엇인지를 분별할 수는 없으면서도 은근하고 미묘한 곡조가 행복과 기쁨을 나타내는 것임만은 짐작하면서 방 안의 행복에 비겨 초라한 단주의 꼴이 더욱 눈에 띄었다. 제 스스로 트집을 잡고 단란을 벗어나온 것이기는 하나 국외자로서 볼 때에는 그 쓸쓸한 꼴에 마음이 움직여진다. 웅크리고 앉아서 상한 무릎을 매만지는 모양이 무대에서 쫓겨난 등장인물과도 같고 자기의 역할을 다하고 뛰어나온 이야기 속의 인물과도 같으면서 넋 잃은 그림자가 저녁 그림자 속에 외로웠다.

"얼른 들어가 옷을 갈아입고 용감하게 대청으로 나가요."

무대 감독이나 되는 듯 단주를 격려시키면서

"조화 많은 집안의 형편이 대체 어떻게 되어 나갈꼬."

하고 집안의 숨은 역사가 궁금히 여겨진다. 수풀 속의 비밀같이 꽃 속의 비밀같이 밖에는 드러나는 법 없어 한정된 속 세상 안에서만 풍파를 일으키면서 어지럽게 열려가는 집안의 앞일이 단주의 앞일과 함께 궁금히 생각되는 것이었다.

단주는 무릎에 붕대를 감고 자리에 눕게 되었다. 걸음걸이에는 지장이 있다 하더라도 그렇게 심한 정도는 아니요 그만 것으로 병석에 눕는다는 것이 도시 야단스러운 짓이었으나 단주의 감정은 확실히 과장된 것이었고 트집을 부리는 아이의 행동과도 같은 것이었다. 탁자 위에는 탈지면과 거즈와 알코올과 물약 병이 있고 방 안에는 소독 냄새가 풍겨져 있는 속에서 자리옷 아래로 깨끗한 붕대를 하아얗게 드러내 놓고 침대 위에 누워 있는 꼴은 흡사 큰 병이나 치르고 있는 것 같으면서—단주는 그 야단스런 거동을 은근히 즐겨 하고 그 속에서 슬픔을 꾸미고 과장해서 일부러 가련한 신세 속에 몸이 잠긴 듯 마음을 치장하는 것이었다. 멀쩡하던 몸이 왜 이렇게 별안간 앓게 되었누 누구 때문에 병이 생겼누—하고 그 병의 원인이 그 누구의 허물인 듯 어린 양을 상한 것은 사나운 이리라는 듯 슬픈 동화 속에 몸을 두고 정체 없는 사나운 이리를 저주하고 어린 양을 동정하면서 마음을 달래고 추스르는 단주였다.

화병에는 꽃이 꽂혀 있었으나 그것은 위문객이 가져온 것이 아니고 자기 스스로 아파트의 하녀에게 분부해서 사다 꽂은 것이었다. 그런 것이언만 그 한 떨기는 마치 위문객이 갖다 준 것인 듯 환상하면서 그 환상 속에서 울고 웃고 했다. 방 안에는 단순하지 않은 그의 생활의 역사가 차례차례로 흐른 것이었으니 곰곰이 생각하면 그 역사의 한 장 한 장이 모두 슬픈 것이었던 듯 즐거운 것은 조금도 없었던 듯 생각되면서도 그 슬픈 역사가 추억의 기쁨을 가지고 마음을 오물하게 했다. 가령 침대를 바라보면 침대의 역사가 차례차례로 떠오르면서 마음을 흐붓이 잠갔다. 역사가 만약 때요 이끼라면 장구한 시간의 덕지덕지의 때가 침대 기둥에 붙었을 것이 사실이요 그 때 속에는 현마와의 불쾌한 때도 있을 것이요 미란과의 안타까운 때도 섞였을 것이다. 폭풍우 날 밤 미란과 침대 위에서 떨면서 '전원교향악'을 들었을 때의 사적이 확실히 방 그 어느 한구석에 남아 있을 듯 그것을 찾아내고 맡아 내기에 단주의 노력은 집중되었다. 침대 위에 누우면 모두 그날 밤의 것인 베개와 홑이불이 안타까운 생각을 실어오면서 눈물을 자아낸다. 눈물이 흐르기 시작하면 한이 없어서 한동안 푹 자아낸 다음에야 마음과 몸이 거뿐해진다. 베개를 질편히 적신 눈물을 자기 혼자만이 보기에는 아까운 듯 세상 사람들에게 보이고 싶은 듯 눈물이 만약 물감이어서 베개를 푸르게 물들이는 것이라면 그 베개를 그대로 간직했다가 얼마나 눈물이 많은 것인가를 미란에게 보이고 싶은 그런 감정이 솟았다. 눈물을 흘린 다음 몸이 거뿐해지면 비로소 자리에서 일어나서 책상 앞에 앉아 트럼프로 그날 운수를 점쳐 본다. 스페이드의 검은 빛이 대기(大忌)요 하트나 다이아의 붉은 기호에 마음을 뛰놀리면서 거듭 피라미드 모양의 나열을 쌓았다간 헐고 쌓았다간 헐고 한다. 옳게 떨어지는 날은 즐거운 기대에 마음이 가벼웠고 종시 말을 잃기고 막히는 날에는 마음이 무겁게 드리우고 흐려졌다.

위문객이 없는 것도 아니어서 현마가 오고 세란이 오고 미란도 왔다. 문제는 그 배합이어서 현마는 혼자 올 때도 있으나 대개 세란이나 그렇지 않으면 미란과 짝이 되었고 세란은 현마나 미란과 동무했고 미란의 편으로 본다면 현마나 세란과 같이 온 셈이었다. 물론 세란이 혼자 꽃묶음을 사 들고 온 때도 있었으니 단주에게는 그런 때가 난처하고 두려웠다. 세란은 때와 곳을 가리지 않고 열정을 요구한다. 사랑이라는 것에 처음으로 눈을 뜬 것 같았다. 현마와의 부부생활은 사랑의 생활이 아니었고 단주에 의해서 처음으로 사랑을 안 듯한 그런 무더운 열정으로 단주를 조른다. 사람이 극도로 욕심스러울 때는 물이나 불을 헤아리지 않는 아이와 같이 날뛰는 것인 듯하다. 세란이 단주와 대할 때에는 피차의 지위가 거꾸로 바뀌어 세란이 아이가 되고 단주가 어른 노릇을 하지 않으면 안 된다. 아이가 지각없이 욕심을 부리면 어른은 그것을 누르고 조절해 주어야 한다. 창기병이 들기 시작한 세란의 투정을 단주는 벌써 당하는 재주 없었고 이상한 것은 세란이 욕심을 피우면 피울수록 단주는 그의 열정이 달갑지 않아지고 귀치않아 갈 뿐이었다. 당초의 출발이 잘못되었다는 것 그른 제비를 뽑았다는 생각이 자꾸 들면서 불만한 생각만 늘어 갔다. 어떤 때에는 두려워지면서 웬만한 곳에서 그와의 사이를 청산해야 할 것을 느끼나 그런 티를 조금이라도 표면에 내면 세란은 더욱 물인지 불인지를 모르고 분별을 잃어버렸다.

"누가 그 눈치 모를까 봐. 사람이 앞이 닦여지면 욕심이 나는 법이라구 룸펜 노릇을 하면서 찻집에서 뒹굴던 올챙이 적 생각을 좀

해 보지. 이래저래 처지가 흡족해지니까 눈앞을 깔보구 아닌 욕심만 내면서…….”

이런 말을 들을 때 반성되지 않는 바도 아니었으나 반성하면 할수록에 현마에게 대한 민망한 생각이 들며 세란과의 사이를 청산해야 하겠다는 결의는 더욱 굳어졌다. 세란은 참으로 무거운 짐이요 비싼 대상이다. 그와 마주치면 모처럼 꾸며 두었던 슬픈 마음과 표정도 산산이 부서져 버리고 정염의 노예가 되어서 질질 끌리는 동안에 피곤해질 뿐이다. 창백하게 피곤한 속에서 미란에게 대한 생각이 외줄기 철사같이 가늘고 곧게 솟아오른다. 회오리바람같이 세란이 지나가 버린 후 빈방에서 홀로 다시 병든 사람의 감상을 회복하고 슬픈 표정을 시작하는 것이 스스로 생각해도 우스운 일이었으나 미란을 생각함은 그런 처지에서만 적절했고 그런 심정 속에서는 미란밖에는 떠오르는 사람이 없었다. 세란과 미란은 품격이 다르다. 한 사람이 휘저어 놓는다면 한 사람은 가라앉혔다. 어쩌다가 미란이 혼자서 찾아와 주는 때면은 방 안은 고요하고 침대에 누운 단주의 모양은 한껏 슬프게 보여서 단주가 생각하는 효과가 제물에 충분히 발휘되었다. 의지가지 없는 외로운 사람이 여기에 병들어 누웠도다—그런 인상을 주기에 성공하였던 것이다.

미란이 단독 두 번째 찾아오던 날 저녁 그런 효과는 예측 이상으로 발휘되었던 것을 단주는 안다. 자신 그런 효과를 꾸며 놓고는 동시에 다른 편에 서서 그것을 계산하고 측량하는 국외자—말하자면 자기도 모르는 동안에 한 사람의 배우 노릇을 하는 셈이었다. 그 한 간의 방 안은 비극의 제삼막째 무대 면이고 단주 자신은 홀로 등장하는 비극배우인 것이다. 새로 감은 하얀 붕대며 잠옷이며 부러 코 아래 길러 놓은 수염이며는 배우로서의 분장인 셈이고 새로 갈아 놓은 깨끗한 침대보며 어항 속에 죽어 버린 금붕어며는 일종의 무대 장치인 셈이다. 화병에 꽂힌 아지랭이꽃과 호국 등속의 애잔하고 푸른 빛도 무대의 효과를 더하기에 도움이 되었다. 봄부터 차례로 진달래, 개나리, 장미, 스위트피이, 튤립, 제라늄을 거쳐 화병도 어느덧 여름을 맞이하여 호국과 도라지꽃의 푸른 꽃을 가진 셈이나 붉은 꽃이나 누른 꽃과 달라 푸른 꽃같이 슬픈 것은 없다. 푸른 것이라면 화병의 푸른 꽃뿐이 아니라 방 전체를 푸르스름하게 물들여 주는 푸른 벽지며 침대보의 푸른 가장자리며 책상 위에 널려져 있는 푸른 표지의 책들이 모두 방 안의 빛깔을 한가지 방향으로 통일하면서 비극적 색채를 나타내고 있다. 그 위에 특별히 그날 저녁의 효과로서 방 안이 유심히 푸르둥절하게 어두웠던 것은 대체로 창밖 공기의 탓이기도 했다. 온 누리가 푸르스름하게 저물어 가는 저녁때라는 것이었다. 바닷속 세상을 그대로 들어다 놓으면 그런 것일 듯 짐작되는 주위가 안개나 연기가 낀 듯 푸르고 자옥해지면서 오고가는 사람들이 꿈속 사람들같이 보이는 그런 때가 있다. 그날이 마침 그런 저녁이어서 열린 창으로 푸른 세상이 내다보이며 푸른 공기는 바닷물같이 창으로 흘러들어서는 방 안을 전체로 밖 세상과 같이 푸르둥절하게 만들어 놓았다. 그 푸른 분위기 속에서 주인공인 단주 자신도 푸른빛에 물들어 얼굴은 창백하게 병색을 띠우고 회춘회춘한 전신이 비극의 주인공을 방불시켰던 것이다. 두 무릎을 곧추세우고 깍지 낀 두 손 위에 뒷머리를 얹고 번듯이 누워 있는 꼴은 맞은편에 걸린 염소의 탈과도 같이 서글프게 보였다. 고물상에서 진귀한 고물이나 찾아낸 듯 사다가 건 그 염소의 탈이 오늘 그의 연극의 반주를 하게 될 줄은 몰랐다. 두 뿌리의 뿔을 세우고 좁은 턱 아래로 수염을 드리운 염소의 모양은 비극의 모양 그것이다. 희랍의 옛적 디오니소스의 제삿날 사람들이 염소 가죽들을 쓰고 노래를 불렀을 때 비극이 시작된 것이 아니었던가. 그런 고사를 알든 모르든 간에 단주는 염소탈을 사다 걸고 자기의 신세와 대조시켜서 비극을 가장한 셈이다. 그 바닷속같이 푸르고 고요한 방에 아무 예고도 없이 별안간 등장한 것이 미란이었던 것이다. 단주 자신이 비극의 주인공이고 아닌 것보다도 그가 그것을 꾸민 것이 중요한 것이요 그 무대장치가 참으로 비극의 터가 되고 안 된 것보다도 미란에게 준 비극적 인상이 단주로서는 필요한 것이었다. 그 점에 있어서 그는 성공한 셈이었다.

짙은 옥색으로 아래위를 단장하고 나타난 미란은 시절의 물고기같이 기운찬 것이었으나 방 속에 들어오자 같은 빛 속에 잠겨지면서 금시 그 기운을 뺏겨 버렸다. 푸르고 침침한 방 안 공기에 놀라면서 그 속에 누운 희끄무레한 단주의 얼굴이 더없이 쓸쓸하고 가엾은 것으로 보였다. 음울한 공기 속에서는 단주는 흡사 세상에서 쫓겨난 홀아이같이 고아원에서 데려온 고아같이 보이면서 전에 없던 측은한 생각이 한꺼번에 솟아올랐다.

"방이 왜 이렇게 푸르고 찰까."

창을 모조리 닫아 버리고는 책상 앞에 앉더니

"꽃까지 이렇게 퍼렇구."

화병의 호국을 뽑아서 휴지통에 넣고 가지고 온 샐비어의 새빨간 묶음을 대신 꽂고는 책상 위를 채곡채곡 정리하는 것이다. 잡지는 잡지대로 소설책은 소설책끼리 모아서 시렁에 세울 때 소설 속에서 뽑아 써 낸 노트의 한 구절이 문득 눈에 걸린다.

> 즐거운 사람들이여 고요히 고요히 춤추라. 내 머리 아프고 내 가슴 쓰리나니.

그 장을 떼서 쪽쪽 찢으면서

"이런 슬픈 구절만 명심하니 병이 나을 리 있나."

혼자 서두르며 독백을 계속하는 동안에 방 안은 점점 어두워 가고 푸른 빛 속에 단주의 얼굴이 해쓱하게 솟기 시작한다. 몇 달 전에 첫사랑을 속삭이고 신변의 구속을 피해서 줄행랑을 놓으려고 계획했던 상대자가 바로 이 사람이었지 생각할 때 무척 오래전의 일 같은 다른 사람의 옛이야기 같은 장구한 세월의 착각을 느끼게 되었다. 피차의 처지가 몇 달 동안에 왜 그다지도 변했던가. 어찌어찌 하다가 여기에 지금 이 해쓱한 병든 사나이가 눕게 되었는가 하는 생각이 들었다.

"그만 불을 켤까."

어두운 데서 주의를 돌려 보려고 제의를 했으나 단주는 허수아비 같이 침대 위에 일어나 앉은 채 고개를 흔들었다.

"요새는 밤중에두 불을 끄구 있는데. 캄캄한 속에서 눈을 펀둥펀둥 뜨구 있노라면 별별 신기한 환영이 다 눈 속에 닥쳐오면서 밤새도록 동무가 되어 주거든."

헝클어진 머리카락을 빗어 올리는 손가락이 아스파라거스같이 길게 보인다.

"올빼미라구 캄캄한 속에서 눈을 펀둥펀둥 뜨구 있을까. 그러니까 몸이 자꾸 파래 가면서 꼴이 저 모양이지."

"올빼미와 다른 것 없지. 사람은 어둠 속에서 살 수두 있으니까."

딴은 어둠 속에 솟아 있는 단주의 자태를 미란은 오늘 그 어느 때보다도 아름다운 것으로 보았다. 어둠 속에 솟아 있는 하아얀 초상—고전의 명화 속에 그런 그림이 있었던 듯이 있을 듯이 짐작된다. 얼굴의 잔 선들은 말살해 버리고 윤곽만을 드러내고 그 윤곽 속에 이목구비를 짐작케 하는 어둠의 수법이 놀라운 것이었다. 약한 것이 약하므로 말미암아 아름답게 보이는 때가 있다. 강한 것이 아니고 영웅이 아니고 천재가 아니고 약하고 병들어 있는 까닭에 아름다운 것—그날의 단주의 자태는 그런 것이었다. 아름다운 것에 대해서 사람은 이치도 연유도 없이 무턱대고 머리를 숙이고 항복해야 한다. 아름다운 것의 절대적인 특권인 것이다. 미란은 그날 저녁 오래간만에 단주의 모양에 정신을 뺩히웠다. 반성을 허락하지 않는 순간의 감정인지는 모르나 그 순간의 감정이 절대적인 것이었다.

"괜히 법석을 하구 엎어지구 다리를 다치구…… 영훈 씨야 내가 선생으로 사모하는 것이지 그 이상—."

"사람이 자기 맘을 다 안다구."

"그야 여러 고패 변하는 것이기는 하지만."

미란은 확실히 자기변명을 하고 있음을 내심으로 느꼈다.

"웬일인지 자꾸만 무서워지구 서글퍼지구……."

"앓구 누웠으면 그런 법이지. 그러게 얼른 일어나도록 하라니까."

"전에는 바로 손 닿는 곳에 있던 것이 어느 결엔지 멀어져서 하늘 위로 달아나 버리는 듯—."

"파랑새인가 뭐."

"그 파랑새—놓쳐 버린 파랑새. 까맣게 쳐다보이는 파랑새."

"바로 옆에다 두구두."

가엾어지는 마음에 어떻게든지 해서 마음껏 위로해 주고 싶음을 느끼고 있을 때 이웃 방에서 음악 소리가 들려왔다. 잠잠하고 어두운 방에 별안간 불이나 켜진 듯 한 줄기의 광명을 인도해 넣는 것이었다. 교향악이었다. 초목같이 우거져 나오는 굵고 복잡한 음률이 방 안을 환하게 비추는 듯 방 안의 모양이 음악 속에서 우뚝 떠올라 보이는 것 같았다. 두 사람은 당돌한 그 침입자로 해서 우두커니들 앉아서 귀를 기울이다가 귀익은 멜로디를 듣고 미란은 반가운 동무나 만난 듯 마음이 훤해지며

"'전원교향악'이구먼."

동무의 이름이나 부르듯 기쁜 목소리였다. 단주에게도 그것은 반가운 동무다. 그도 마음속에 그 이름을 생각하고 있었던 것이어서 고개를 끄덕이며 미란의 목소리에 응답한다. 간간이 되풀이되는 귀여운 멜로디는 우거진 초목 속에 군데군데 피어 있는 꽃 같으면서 그 아름다운 꽃이 두 사람에게 먼 기억을 실어 왔다. 지나가 버린 봄의 기억. 같은 방에서 같은 곡조를 들으면서 인생의 공포에 떨던 밤의 기억이 두 사람을 차차 황홀 속으로 끌어넣어 갔다.

"폭풍우 날 밤—."

요란한 화음의 폭포에 미란은 자리를 일어서면서

"그날 밤을 생각하면 무서워져요."

침대로 달려갔다. 단주는 자기 몸에 와 닿는 미란의 몸이 떨리고 있는 것을 느끼며 전염이나 된 듯 자기의 몸도 덩달아 떨리기 시작하는 것을 걷잡을 수 없었다.

"오늘 밤두 흡사 그날 밤 같으면서—."

향기로운 화장 냄새를 맡으면서 단주는 바로 몇 치 앞 어둠 속에 미란의 하아얀 목덜미를 바라보았다. 달보다도 아름답고 해보다도 휘황하다. 액(額) 속의 그림같이 그 부분만이 세상의 모든 물상과 구별되고 떨어져서 우주의 삼라만상 속에서 오려내 온 가장 아름답고 엄엄하고 높은 것으로 보이면서 마음을 흠뻑 흡수해 들인다. 그 가장 아름답고 숭엄한 것이 바로 몇 치 앞에 놓여 있음을 깨닫자 눈알이 현혹해 지면서 손바닥에 땀이 빠지지 나고 목구멍이 울린다.

동정이라는 것이었다. 미란은 그날 밤 일을 그렇게 시작되었다고 밖에는 생각할 수 없었다. 단주로서 보면 일상 그가 꾸미고 늘이고 있던 감상의 그물 속에 그날 기묘하게 미란이 걸려 온 셈이었으나 미란으로서 보면 단주의 자태가 감상의 경지를 넘어서 참으로 쓸쓸하고 가엾은 것으로 보였던 것이다. 방 안의 공기라는 것이 푸르고 차게 가라앉아 있는 속에서 휘줄그레하게 병들어 있는 단주의 꼴이 운명해 가는 염소같이 꺼져 가는 음악 소리같이 애잔하게 보였던 것이다. 애잔한 것이 또 그렇게 아름답게 보인 적은 없다. 멸망의 아름다움이 정신을 뺏으면서 그 모든 것이 자기의 탓으로 생각될 때 동정의 마음이 솟았다. 동정 속에서는 대상이 아름다워지면서 전에 못 본 새로운 방면을 발견해 낸 듯 그것이 지금에는 자기에게 가장 가까운 것으로 느껴졌다. 적어도 그 순간에는 음악보다도 천재보다도 더 가까운 것으로 느껴졌던 것이다. 불안과 공포가 없는 것은 아니었으나 몇 달 전 폭풍우의 밤과 같은 것은 아니었다. 즉 그날 밤의 공포의 경험으로 해서 그만큼 감정이 익숙해지고 부드러워졌던 것이다. 단주의 태연하고 침착한 것이 밉살머리스러우면서도 미란은 그에게서 그 침착성을 본받고 배우는 것이었다. 당초에 같이 길을 떠났음에도 지금 그 인생의 문을 들어서는 데 두 사람의 노정에는 차이가 있어서 단주는 미란보다는 하루의 선배가 된 셈이었으나 어떻게 해서 그가 미란을 따돌리고 인생의 스승이 된 것인가는 물론 아직 미란에게는 알 바 없었다. 단주보다도 미란의 감격이 더 컸던 것은 물론 이것이 벼르던 길이었구나, 대체 그것이 무엇일지를 모르면서도 안타깝게 떨면서 속히 그 문을 잡으려고 서두르고 계획하다가 결국 처음 번에는 실패했던 그 길이 바로 이것이었구나 하는 깨달음이 나면서 이치를 체득한 후의 아이와 같이도 감개가 컸었다. 한꺼번에 세상을 알아 버리고 복잡한 우주의 신비를 잡아 버리고 아까까지의 세상을 하직하고 새로운 세상에 들어선 듯—복잡한 감동이었다.

그러나 그런 순간의 감개가 지나간 후에 오는 반성의 채찍은 모질고 매웠다. 아무도 모르는 두 사람만의 짧은 시간의—사건은 극히 간단한 것이나 깊이 생각하면 기막히게 중대한 일을 순식간에 저질러 놓은 뉘우침이 났다. 물을 길으러 갔다가 물동이를 반석 위에다 와싹 깨뜨러 버린 듯 꼬까옷을 입고 나섰다가 진흙 속에 빠져 망쳐 버린 듯—뜨끔한 생각이 들었다. 옷을 적시거나 동이를 깨뜨리면 기껏해야 어머니에게 꾸중을 들으면 족한 것이나 자기가 저지른 인생의 실책을 꾸짖을 사람은 어머니쯤이 아니고 더 큰 것 가령 조물주나 하늘이나 그런 무서운 것일 듯한 두려움이 솟았다. 저지른 이상 영원히 제대로 돌릴 수 없고 지울 수 없고 바로잡을 수 없는 것임을 생각할 때에는 죄의 의식으로 변해 갔다. 그 죄에는 벌이 있을 듯—자연의 계시를 기다리지 않고 마음대로 임의의 시간에 계율을 어긴 데 대해서 천벌이 있을 듯도 한 생각이 났다. 이런 복잡한 뉘우침과 반성은 곧 단주에게 대한 염증으로 변했다. 아까까지의 애잔하고 아름답던 것과는 판이해져서 누추한 노예같이밖에는 보이지 않는다. 병들고 약한 것은 병들고 약한 것일 뿐이요 아름다운 것도 신비로운 것도 아니다. 방 안의 비극적 분위기가 결국 자기를 속였음을 알았다. 신비와 공상은 날아가고 어둡고 침침한 방 안은 환멸의 굴속으로 변하고 감상을 위조하고 도롱뇽의 안개를 뿜고 있는 비극배우 단주는 평범하고 산문적인 한 마리의 나귀로 되돌아가고 말았다. 평범한 것이 자기의 바라는 것은 아니다. 모든 것이 뒤틀렸다는 생각이 들면서 비위가 거슬려졌다.

그 결과는 미란을 몰아다가 한갓 예술의 길로 향하게 했다. 정진에 대한 자각이 굳어지고 영훈에게 대한 존경이 극진해 갔다. 참으로 세상에서는 천재만이 귀하고 뜻있는 것이지 그 외의 모든 것은 하찮은 것이요 어리석고 게으른 벌레밖에는 안 되는 것이다. 아무리 보아도 나귀밖에는 못 되는 단주에게 가장 귀한 선물을 바친 생각을 하면 부끄럽고 애틋해지면서 그와의 사이는 그것으로써 끝을 막아 버리고 그 이상 더 결혼이고 무엇이고 하는 일절 생각을 칼로 베인 듯이 끊어 버릴 수 있었던 것이다. 한때의 악몽의 환영을 잊어버리려고 애쓰면서 자나 깨나 음악을 생각하고 피아노 앞에 앉으면 밤 깊어 가는 줄을 잊었다. 영훈이 그의 재분(才分)을 발견하고 유망하다는 선언을 했을 때 두 사람의 이해는 깊었고 그에게 대한 경의는 더욱 짙어 가는 것이었다. 그를 놓치지 말고 힘껏 붙들고라야만 목적의 길을 완성할 수 있을 것을 생각할 때 지금에는 그만이 가깝고 친밀한 세상에서 단 한 사람이라는 것을 깨달아 갔다.

## 5.

영훈이 학교를 사퇴(仕退)하고 나온 후 세 시부터 두어 시간 동안 연구소는 연구생들로 해서 한바탕 요란들 했다. 성악과 피아노의 초보의 연습생들이 차례로 수십 분씩의 시간을 잡으면서 지도를 받게 되었다. 음악학교를 지원하는 수험생이거나 그렇지 않으면 심심파적으로 음악을 시작하려는 패들이었다. 그중에서는 가야가 가장 실력 있고 착실한 편이어서 그가 부르는 슈베르트의 서정곡은 제법 제식의 것이었다. 다른 패와는 달라 거의 날마다 연구소를 찾는 그는 다섯 시가 지나 연구생들이 돌아간 후 소 안이 고요할 때까지 그 안에 혼자 남는 것이었고 밤에도 그의 그림자는 자주 눈에 띄었다. 그 이층은 영훈에게는 살림터로 되어서 연구실 옆 조그만 방이 거처하는 방이었다. 그 살림방에서까지 가야의 목소리가 새어 나오는 적이 있었다. 가야는 반드시 음악을 배우러만 그곳을 찾는 것이 아니었고 이것은 아직 영훈만이 알고 있는 사실이었으나 결혼기를 앞둔 가야는 집안사람의 성화를 피해서 그곳을 피난처로 삼는 것이었다. 약혼자는 고명한 럭비 선수—여기에 비극의 근원이 있었다. 부모가 하필 체육가를 고른 것은 외딸의 약질임을 생각한 결과였으나 약질인 딸 편으로 보면 그런 우생학의 입장같이 어리석은 것은 없었고 체육가같이 천하게 보이는 것이 없었다. 육체의 힘을 재주 삼는다는 것이 인간의 재주로서는 가장 핫길인 것이어서 체육 편중의 현대주의라는 것이 원시로 돌아가라는 고함 소리같이 속되게 들리는 것이었다. 육체라는 것은 인간의 원시적 전제인 것이요 체육을 힘쓰지 않는다고 문화를 감당해 나가지 못하리만큼 체력이 퇴화되고 인류가 멸망할 법은 없는 것이다. 육체는 동물의 자랑거리일는지는 몰라도 인간의 자랑거리는 못 된다. 수십 명을 때려눕히는 권투가의 영광이라는 것은 투우장에서 두 뿔로 사람의 창자를 받아넘기는 황소의 영광 이상의 것은 아니다—이런 의견을 가진 가야에게 체육의 선수 갑재는 처음부터 어그러진 배합이요 경멸의 대상이었다. 그에게는 권투나 럭비나 갑을을 매길 것이 못 되는 것이었고 황소의 영광으로써 인간 일생의 영광을 짝 지을 수는 없다고 생각했다. 부모와의 충돌을 피해서 집을 나오는 날이 많았다. 이 얼마간 봉건적인 육체 멸시의 정신주의는 어디서부터 유래했는지 모르나 가야의 마음속에 깊게 뿌리를 박고 있어서 이것이 영훈과의 사이의 관계도 스스로 규정해 주는 것 같았다. 그의 음악을 존경하고 재주를 찬양하는 마음이 어느덧 그를 사모하는 마음으로 변한 것이었으나 그 사모하는 마음이 바늘 끝같이 점점 곧고 뾰족해졌다. 정신력이 유달리 강한 것일까 한곳으로 집중되면서 밖으로 활짝 타나가는 것이 아니고 안으로 뜨겁게 피어 들어가는 것이었다. 영훈과 마주 앉으면 한마디 하소연을 못하면서도 속으로는 무섭게 타오르는 불꽃을 느껴 갔다.

미란이 가야를 안 것은 연구소를 찾기 시작한 때부터였으나 당초에 그에게 그닷한 후의를 보내지 않은 것은 그닷 눈을 끌지 않았던 까닭이다. 이것은 대단히 중요한 일이다. 가야의 외양이 미란에게 미치거나 혹은 지났던들 미란이 그를 범연히 보았을 리는 만무한 것이요 그에게의 우월감이 애초에 가야를 얕잡아 보게 한 것이 사실이었다. 슬픈 일이었으나 가야의 외모의 인상은 백 사람 가운데서의 예외의 한 사람인 그것이었다. 백 사람이 가지고 있지 않는 표정을 가지고 있어서 그것이 그의 불행을 결정적으로 판 박아 놓았다. 두 눈을 가지고 있으면서도 외눈으로 세상을 본다. 바른 눈이 대상을 볼 때 왼 눈은 딴전을 본다. 두 눈의 초점이 각각 달라서 실상은 한 가지 대상을 노리는 것이언만 한편으로 다른 한가지에 눈이 가고 있는 것이다. 이 육체적 불행이 그의 인상을 비극적으로 보였고 미란으로 하여금 그를 주의하지 않게 한 것이다. 피차의 용모의 비교라는 것이 여자끼리로서는 거의 운명적으로 일상의 의식의 중요한 부분을 차지하는 것이다. 가야와의 경쟁에서 미란은 첫 순간부터 이긴 셈이다. 이기기보다도 먼저 그의 불행을 측은히 여기는 데서 부주의가 왔고 안심이 생겼다. 영훈과 세 사람이 한자리에 앉게 되면 가야의 시선은 영훈을 향하고 있는 것이나 왼 눈동자는 엉뚱한 미란을 바라보고 있는 결과가 되었다. 한곳을 목적하면서도 뒤틀려져 나가게 되는 결과—거기에 가야의 비극의 암시가 숨어 있음을 느끼면서 미란은 가야의 영훈에게 대한 감정을 범연하게 추측하고 두 사람의 사이가 아무리 가깝다 하더라도 영훈에게 대한 자기의 자신을 잃지 않았던 것이다.

그 자신을 시험하고 영훈과 가야의 사이를 엿볼 수 있는 날이 왔다. 미란은 바이엘의 교칙본을 두 달이 채 못 되어서 떼어 버리고는 다음 과정으로 체르니 삼십 번을 시작하고 있었다. 초년생의 신세를 면한 그는 연구소를 찾아 그곳 피아노를 이용하는 때가 많았다. 오후가 늦어서 영훈을 찾았을 때 연습실에는 아무도 없이 옆방에서 말소리가 새어 나왔다. 익은 후이라 목소리도 안 걸고 불쑥불쑥 드나드는 터에 살며시 연습실을 들어선 것이 불찰이었던지는 모르나 옆방에서 흐르는 목소리는 영훈과 가야의 것이었다. 의자에 앉은 후에 새삼스럽게 인기척을 내기도 우스워서 잠자코 있는 동안에 말소리는 한마디 빠지지 않고 들려왔다. 영훈은 철저한 구라파주의자여서 그와 마주 앉으면 대개는 이야기가 그 방면으로 기울어졌다. 그는 흔히 뜰을 예로 들었다. 정원 안에는 화단도 있고 나무도 서고 풀도 우거지고 기름길도 있고 그늘도 있고 양지도 있는 것, 그 전체를 세계로 보면 그 속에서 구라파의 문화라는 것은 가장 아름다운 화단에 상당하다는 것이다. 색채와 그림자의 여러 폭의 부분이 합쳐서 화단을 중심으로 하고 정원 전체의 조화를 이루는 것이므로 그 부분 부분을 숭상하는 것은 어리석다는 것이다. 그의 구라파주의는 곧 세계주의로 통하는 것이어서 그 입장에서 볼 때 지방주의같이 깨지 않은 감상은 없다는 것이다. 진리나 가난한 것이나 아름다운 것은 공통되는 것이어서 부분이 없고 구역이 없다. 이곳의 가난한 사람과 저곳의 가난한 사람과의 사이는 이곳의 가난한 사람과 가난하지 않은 사람과의 사이보다는 도리어 가깝듯이 아름다운 것도 아름다운 것끼리 구역을 넘어서 친밀한 감동을 주고받는다. 이곳의 추한 것과 저곳의 아름다운 것을 대할 때 추한 것보다는 아름다운 것에서 같은 혈연과 풍속을 느끼는 것은 자연스런 일이다. 같은 진리를 생각하고 같은 사상을 호흡하고 같은 아름다운 것에 감동하는 오늘의 우리는 한구석에 숨어 사는 것이 아니요 전 세계 속에 살고 있는 것이다. 동양에 살고 있어도 구라파에서 호흡하고 있는 것이며 구라파에 살아도 동양에 와 있는 셈이다. 영훈의 구라파주의는 이런 점에서 시작된 것이었다. 음악의 교양이 그런 생각을 한층 절실하게 해 주었는지도 모른다. 음악의 세상에서같이 지방의 구별이 없고 모든 것이 한 세계 속에 조화되고 같은 감동으로 물들어지는 것은 없다. 오래전부터 그는《인간의 노래》의 교향악의 작곡을 계획하고 있었다. 탄생 싸움 운명 죽음—네 악장으로 되는 그 곡조 속의 수많은 주제는 전 인류의 것이어야 할 것을 생각하고 있었다. 탄생의 기쁨, 죽음의 슬픔을 풀어내는 주제는 동양의 것이며 동시에 구라파의 것이요 구라파의 것이며 동시에 동양의 것이어야 할 것을 생각하고 있었다. 피아노를 위한《생활의 노래》는 일곱 제목으로 되는 것이었다. 아름다운 것 사랑 행복 잔치 고독 슬픔 사상—즉흥곡의 형식으로 되는 이 일곱 가지의 제목 속에도 역시 가장 보편적이고 타당한 인류의 감정을 부어 넣자는 것이 그의 계획임을 미란은 알고 있었다.

"그 아름다운 것을 표현하기 위해서는 아름다운 것을 구해서 직접 구라파로 갈 작정이오. 화가가 그림의 모델을 구하듯이 나두 음악의 모델을 거기서 구할 생각이오."

그날 옆방에서 새어 나오는 영훈의 목소리는 역시 그 구라파주의의 논의였던 것이다.

"왜 이 고장에는 아름다운 것이 없나요."

가야의 대꾸였다.

"버려둔 정원이나 빈민굴 같은 속에 아름다운 것이 있으면 얼마나 있겠습니까. 고려나 신라 때에 얼마나 아름다운 것이 있었던지는 모르나 오늘 어느 구석에 아름다운 것이 있습니까. 흰옷을 입기 시작한 때부터 빛깔을 잊었고 아악과 함께 음악이 끊어졌고—천여 년 동안 흙벽 속에 갇혀 있노라구 아름다운 것을 생각할 여지나 있었습니까. 제 고장을 나무래기가 야박스러우니까 허세들을 부려 보는 것이지요."

"흰옷은 흰옷으로서 아름답지 않아요."

"흰 것과 초록과 어느 것이 더 아름답습니까. 흙과 페인트와 어느 것이 더 아름답습니까. 흰 것이나 흙은 문화 이전의 원료이지 아름다운 것이라구 발명해 낸 것은 아니거든요. 아이들의 소꿉질과 같이 알롱알롱한 옷도 생각해 보구 유리창 휘장에 푸른빛도 써 보구 하는 대담한 장난이 문화의 시초였고 그런 연구 속에서 아름다운 것도 생겨 나오는 법이지 재료만으로 아름다운 것이 있을 수 있나요."

"자연두 아름답구 풍속두 아름답구 인물두 아름답구……."

겸연쩍은 듯이 가야의 말꼬리는 가늘게 흐려진다.

"외국 사람의 말을 들으면 이곳의 자연이 유독 아름다운 것이 아닌 것 같구 사람으로 해두 터가 든든하구 등 뒤의 믿는 것이 굳은 때에 인물이 나는 법이지 빈민굴 속에 인물이 있으면 얼마나……."

영훈의 말소리도 거기에서 흐려졌다. 사실 그의 말 속의 한 사람으로서의 미란도 그의 판단에 낯이 뜨거워지면서 가야의 앞에서 그렇게 대담하게 인물에 대한 단정을 내리는 것이 여북한 마음에서 나온 것일까를 느끼며 자기도 그런 대상의 한 사람이라면 얼마나 부끄러운가를 생각하는 것이었다.

"그런 환멸 속에서 어떻게 사세요."

"그러게 예술 속에서 살죠. 꿈속에서 아름다운 것을 생각하면서 살죠—그것이 누구나 가난한 사람의 사는 법이지만. 주위의 가난한 꼴들을 보다가두 먼 곳에 구라파라는 풍성한 곳이 준비되어 있다는 것을 생각하면 신기한 느낌이 나면서 그래두 내뺄 곳이 있구나 하구 든든해져요."

"구라파로만 가면 그 꿈이 채워질까요. 또 새로운 환멸이 생기지 않을까요."

"그건 그때의 일. 아름다운 것을 흠뻑 보구 듣구 하면서 그 영감 속에서 맘먹은 일을 할 수 있다면 행복스럽겠죠. 《생활의 노래》 속의 '아름다운 것'을 창조하기 위해서 그곳 생활 속에 살면서 모든 아름다운 것을 볼 작정입니다. 예술두 보구 생활두 보구 고전두 보구 현실두 보구."

"사람이 그런 마지막 피난처를 가질 수 있다면 오죽 행복스럽겠습니까. 궁할 때에 도망질해 갈 수 있는 그런 마지막 구원을 가질 수 있다면."

미란은 마주앉아 가야의 얼굴을 바라보는 것이 아니건만 옆방에서 그의 뜻을 짐작할 수 없는 것도 아니었다. 두 눈으로 영훈을 곧바로 바라보려고 애쓰는 것이나 왼 눈은 한결같이 빗나가서 딴전을 본다. 영훈은 그 양(樣)이 민망해서 똑바로 그를 맞보지 못하고 외면해 버린다—그런 그들의 모양이 눈앞에 보이는 듯도 하다.

"그 어느 하룻밤이나 꿈속에서 갑재에게 쫓기지 않는 날이 있을까요. 쫓기다가는 구렁 속에 빠지구 바다에 떨어지구. 그러나 바다나 구렁 속두 피난처는 못 돼서 거기까지 쫓기구 나면 전신에 진땀이 쭉 내배군 해요. 제겐 마지막 피난처가 없어요. 마지막 구원이 없어요."

영훈의 말까지에는 한참이나 동안이 떴다.

"예술에 더 힘쓰실 수두 있겠구……."

잔인한 권고였으나 미란에게는 그 한마디가 구원의 목소리로 들렸다. 자릿자릿한 마음으로 동정을 살피고 있던 그로서 가장 듣고 싶은 결론의 한마디를 들은 셈이었다.

"예술만으로 살 수 있을까요."

"그만한 기품이 없이 어찌 어려운 예술의 길을 걸을 수 있겠습니까."

"예술이 인생의 전부란 말씀이죠."

"그 요량을 하여야죠—예술의 길에 있어서는 전 언제까지나 좋은 동무 되어 드리겠습니다."

남의 일이면서도 미란에게는 영훈의 선언이 청천의 벽력같이도 들리면서 몸에 식은땀이 흐르는 판이었다. 사랑의 까막잡기를 하다가 상대자의 선언을 들었을 때같이 세상에서 두려운 때가 있을까. 두 사람의 말소리는 그것으로 끊어진 채 어느 때까지나 침묵이 흘렀다. 아마도 그 다음은 말이 아니고 가야의 울음소리가 들릴 차례가 아닐까 하면서 미란은 그것을 조바심하고 기다리게 되는 무서운 순간이었다…….

미란은 우연히 그들의 말을 엿듣게 된 그것만으로도 허물이나 저지른 듯 가야에게 대해서는 그의 중대한 비밀을 훔쳐낸 듯 미안한 마음을 금할 수 없었다. 그 우연한 기회로 영훈과 가야의 내용을 확실히 안 셈이었고 가야의 비극의 인상을 확적히 손에 잡은 셈이었다. 가야의 처지를 가엾이는 여기면서도 한편 자기 자신의 비집고 들어갈 여지가 그대로 남아 있다는 의식에서 오는 안심—그것을 내심으로는 악마의 기쁨이라고 느껴는 보면서도 막을 수 없는 자연의 심정임은 어쩌는 수 없었다. 그런 심정을 탄할 사람도 없는 것이요 막을 능력도 세상에는 없는 것이다. 경쟁과 싸움은 숨은 속에서도 거세게 계속되는 것이다. 치밀한 주의 아래에서 미란의 시험은 더욱 계속되었다. 두 사람 사이를 엿보고 가야의 마음의 성과를 살펴 나가는 동안에 처음 인상이 더욱 선명해 갈 뿐이었다. 영훈의 마음이 태연하고 범연한 데 비겨 가야의 감정은 반비례로 격해 가고 더워 가는 것을 미란은 애닯게 바라보았다.

사랑의 표현은 결국 글자로 나타나야 하는 것일까. 글자는 표식이 있으므로 가슴속에 담고 있을 때보다는 확적은 해지나 결과는 슬프고 애달픈 듯하다. 글자 속에 담긴 가야의 안타까운 감정을 보았을 때 미란은 남의 일 같지 않게 가슴이 떨렸다. 아무도 없는 연구소 연습실에서 하루 가야의 편지를 발견한 것이었다. 가야는 연거푸 날마다 연구소에 나타나다가도 여러 날씩을 번기는 때가 있었다. 그런 때에는 반드시 영훈에게로 편지가 오는 모양이었다. 편지를 내기 위해서 쉬는지도 모르고 만나서 못할 말을 편지 속에 부탁하자는 것인지도 모른다. 책상 위에 놓인 봉해 있는 편지를 미란은 견디기 어려운 숨은 충동으로 먼저 손을 대었다. 장황한 편지가 아니라 짧은 노래였다. 하아얀 백지 위에 가느다란 먹으로 적어 놓은 마음의 노래였다.

그 어느 하룬들
그 이름
안 부르는 날 있으리
일 년이라
삼백육십오 일
가슴속에
그 어느 하룬들
그 이름
안 부르는 날 있으리.

자기 자신의 마음속을 엿본 듯 자기 자신의 하소연을 들은 듯 미란은 얼굴이 화끈해지면서 눈시울이 더워졌다. 그가 즐겨 부르는 가요곡 속의 한 구절일까. 손수 창작한 사랑의 노래일까. 글자 사이 사이에 새겨진 마음의 고백에 놀라며 미란은 심상치 않은 결말을 예감하고 소름이 치는 것이었다. 무심중에 서랍을 여니 거기에는 한 묶음이나 되는 가야의 편지 뭉치가 들어 있는 것이다. 정신없이 이것저것을 닥치는 대로 뽑아서 임의로 펴 볼 때 모두가 같은 감정의 발로요 슬픈 노래였다. 하아얀 종이 위에 피 흔적같이 꼼꼼히 뿌려진 가느다란 먹 자취였다.

끝없는 사모의 생각
부질없는 바람결 같도다.
내 슬픔 어쩌는 수 없고
내 눈물 그칠 바 모르도다.
부질없는 이내 생각
목숨이 진한대도
뉘우침 없으리.
차라리 내 그를 원하노라.

샘같이 솟는 슬픔의 감정. 악보 위에 적힌 것을 읽으면 목 메이게 부르는 노래의 구절을 듣는 듯 마음이 설렌다.

가느다란 손가락으로
가리켜 보다
내 맘의 허공

내 맘의 허공
가느다란 손가락으로
가리켜 보다.

무수한 노래가 꽃묶음같이 흔하다. 어느 구석에 그렇게 흔한 정서가 숨어 있는 것일까. 가야의 얼굴이 눈앞에 떠오른다. 한 눈으로 사랑하는 사람을 보면서도 한 눈으로는 딴전을 보아야 하는 슬픈 얼굴이 떠오르면서 세상에서 몇째 안 가는 불행한 사람인 것같이 여겨진다. 슬픈 속에서는 마음이 체로 밭친 듯이 맑게 고여 복잡하던 미란의 감정도 적어도 그 순간에는 불순하고 지저분한 티를 흘려 버리고 가야와 같은 감정으로 변해지고 개여 갔다. 영훈이 들어온 까닭에 그 감정을 제대로 되돌리기에 한참 동안의 노력이 필요했다. 책상 위에 널려진 종이를 미처 수습할 새도 없이 목소리가 가까워 왔다.

"또 편집니까."

자기가 먼저 헤쳤던 그날 편지를 내보이면서 미란은 서랍 속에 묵은 편지 묶음을 황급하게 몰아넣었다.

"비밀을 헤쳐 보랴는 생각은 아니었으나—변명으로 들으세두 할 수 없구요."

"언제나 한 번은 말씀드리랴구 한 것인데."

편지 뒤로 보냈던 시선을 돌리면서

"가야는 시인예요. 나더러 작곡을 해 달라구 수많은 시를 적어 보내나 제 정성이 미치지 못해서—."

"왜 아름다운 반주를 붙여 드리지 못해요. 고운 멜로디와 고운 화음으로."

"감동 없이 곡조가 생기나요. 영감이라는 것이 말하자면 운명적인 것이어서 아무리 기다려두 메마른 감동 속에서는 솟는 법이 아니거든요. 모두가 슬픈 노래—샘같이 솟는 그 흔한 슬픈 감정을 일일이 좇아갈 수가 없어요."

피아노 앞에 앉아 한참이나 고개를 숙이더니 손가락이 건반 위에 살며시 놓여졌다. 곡조에 맞춰 입에서 노래가 새어 나왔다.

서글픈 날이었다
길을 걸어도
길을 걸어도
마음속
허붓한
서글픈 날이었다
눈물 그칠 줄 모르고……

베토벤의《어두운 무덤 속에》와도 같은 무거운 화음이 방 안에 찼다. 영훈은 눈을 감고 마치 자기 자신의 노래인 듯 동정에 넘치는 조화된 즉흥의 한 곡조였다. 곡조가 끝나도 침통한 리듬이 방 안에 배어 귀에 쟁쟁하다.

"또 한 곡조—."

건반 위로 손가락을 달렸다.

그림자 속에 빛 있으니
흔들리는 꽃송이
제발 꺾지 마소……

"모두 이런 슬픈 노래—."

돌아앉으면서 탄식하는 듯이 미란을 바라본다.

"그 슬픈 노래를 모두 즐거운 것으로 고쳐 쓰게 할 분은 영훈 씨밖엔 없잖어요."

"운명이랄 수밖엔 없어도—인력으론 어쩔 수 없는."

선언과도 같았다. 미란은 몸이 으쓱해지며 단순한 그 사실에 대한 동정만이 그 순간 일어났다. 인생이라는 것이 결코 뜻대로만 수월하게 되어 나가는 것이 아니고 추상같이 엄격한 고비도 있으니 깨달아지면서 엷은 얼음장을 디디고 선 듯한 느낌이 솟았다.

"왜 어쩔 수 없나요."

"어쩔 수 없으니 어쩔 수 없죠."

"그게 운명이란 건가요."

"그렇게 마련된 건 마련대로밖엔 안 되거든요."

아이 같은 질문을 던지면서 인생의 신비를 또 한 토막 발견했다는 표정이다.

"그래서 구라파로 내빼신단 말씀인가요."

"원하는 고장이니까 간다는 게죠. 코르토를 만나구 작곡가 라벨을 만나구 아름다운 것이라는 건 죄다 모아서 세계의 '아름다운 것'을 노래해 볼 작정으로요—."

"아름다운 것이 대체 무엇이길래."

수수께끼나 거는 듯 영훈은 어조를 변해 가지고

"세상에서 제일 좋은 게 무언데요."

"아름다운 것이란 말씀이죠."

"무지개 별 꽃 인물 치장 음악—그런 아름다운 것을 보고 가지고 할 때 마음이 뛰고 행복스럽지만 그런 것을 가지지 못할 때 얼마나 사람은 불행스럽습니까. 제일 훌륭하고 위대하고 힘을 가진 것이 아름다운 것이거든요. 돼지두 꽃만은 먹지 않는다던가요. 아름다운 것을 구하랴고 애쓰는 건 예술가뿐이 아니라 모든 사람이 다 같어요. 그것을 제일 흔하게 가진 백성같이 행복스럽고 넉넉한 백성은 없어요."

"구라파 사람이 제일 행복스럽단 말씀이죠."

"얕잡아 봐두 사실은 사실인걸요."

"이곳에두 아름다운 것이 그렇게 말랐을까요."

"그야—."

영훈은 말머리를 돌리면서 웃음으로 어조를 달리했다.

"미란 씨 같은 아름다운 분두 계시기야 계시지만."

"어쩌나."

미란은 고개를 숙이고 손수건 한 꼬리를 입에 물었다. 솔직하게 말하면 반드시 농담이 아닌 그 한마디야말로 가장 듣고 싶어 하던 말이었던지도 모른다. 그 한마디를 이제 결론으로서 그의 입에서 직접 들은 것이다. 자기의 아름다움을 뙤어 주는 것은 자기가 아닌 다른 사람이어야 하고 특히 사모하는 사람이어야 한다. 어리석거나 어질거나 구별 없이 여자란 남자에게 그 반가운 판단을 들을 때 같이 기쁜 때는 없다. 부끄럼이 아니라 기쁨과 자랑이 솟으면서 미란은 두 볼을 물들였던 것이다. 그날의 많은 이야기 중에서 미란에게는 그것이 가장 중요한 한마디였고 으뜸이었다. 오랫동안의 은근한 시험 끝에 얻은 중요한 결말이요 성적이었다. 가야의 앞에서 아끼던 말을 영훈은 미란의 앞에서 선뜻 말해 준 것이다. 낙제의 선언이 아니고 급제의 선언인 것이요 경우에 따라서는 영훈의 상을 받게 될지도 모르는 것이다. 미란의 마음은 흐붓하고 흡족했다.

그러나 한편 가야의 생각이 떠오르지 않는 것은 아니었다. 성공의 반면에 숨은 희생이 가야의 경우같이 큼이 없다. 상대되는 극단에 서 있으면서도 미란은 가야를 미워할 수 없는 처지에 있었다. 그의 슬픔에 부딪치면 마음은 깨끗하게 맑아져서 그를 측은히 여기게만 된다. 찻집에서 찻잔을 마주 앞에 놓고 앉으면 말을 잊은 앵무같이 가야는 언제까지든지 입을 열지 않는다. 경우를 따라서는 사람에게 말이 필요하지 않다는 것을 그 무거운 침묵 속에서 역력히 읽을 수 있었다. 참으로 고집스런 그 침묵 속에서는 시간의 한계조차 분명치 못했다. 시간이란 말 속에 적히고 이야기 속에 흐르고 역사책에 적히고 고목나무 연륜 속에 새겨지는 것이다. 침묵 속에서는 때를 헤아릴 수 없어서 시간은 무한한 것 같고 슬픔도 무한하다. 슬픔이란 무엇일까—정체 없이 감감하고 막히고 아득한 것—달랠 수 없고 막을 수 없는 것이 아닐까. 사랑의 슬픔이란 칼날같이 엄격하고 매운 것이 아닐까. 얼굴의 분은 한번 으끄러져도 다시 칠할 수 있는 것이요 마음에 안 드는 한 송이 과실은 그래도 참을 수 있는 것이나 어긋나는 사랑만은 어쩌는 수 없는 것이요 그 슬픔에는 타협의 길이 없고 노력도 뜻 없는 것이다. 어둠과 절망이 가로막혀서 그 앞에서 입을 벌리고 우두커니 서 있는 수밖에는 없다. 수술대에 누워서 살을 베일 때에 이를 물고 눈물을 빠지지 흘리며 가만히 참고 있지 않으면 안 되는—그런 처지와도 흡사하지 않은가. 육체의 슬픔이란 참으로 건질 수 없는 절대적인 것이다. 두 눈의 초점이 다른 까닭에 가야의 표정은 때때로 희극배우가 일부러 꾸며낸 표정같이 가짜의 것으로 보이는 때가 있다. 두 눈에 고인 눈물조차 부러 괴덕을 부리려는 거짓으로 보이면서 그것이 한층 빼저린 효과를 나타내었다. 그런 때 공교롭게도 레코드에서 차이콥스키의 교향악 《파세틱》이나 흘러나오면 가야의 표정의 반주인 듯 미란의 심사를 찬바람같이 설렁거려 놓고 휘저어 놓는다. 세상의 슬픔을 죄다 몰아다가 마지막 악장에다 으깨어 놓은 듯도 하다. 늦은 가을 그믐밤 스산한 바람이 불어 마지막 나뭇잎을 떨어뜨리는 속으로 낙엽과 함께 휩쓸려 밀려 가는 정경 앞에는 절벽이 있고 절벽 아래에는 바다가 검다. 눈을 싸매고 그런 줄 알면서 절벽 위로 걸어갈 때의 슬픔, 죽음 한 걸음 전의 슬픔, 멸망으로 통하는 슬픔. 가야의 표정을 바라보며 《비창곡》을 듣노라면 미란의 마음은 멸망의 감정으로 젖어 버린다. 슬픔의 그 다음은 무엇일까. 미란은 차차 그것을 아름다운 것으로 느끼게 된다. 슬픔도 극에 달하면 아름다운 것으로 변하는 것인 듯하다. 아름다우리만큼 슬픔은 깨끗한 감정이다. 가야의 슬픔을 나중에는 한없이 아름다운 것으로 느껴가면서 미란은 남의 슬픔을 울 밖에 서서 그것을 아름다운 것으로 바라볼 수 있는 자기의 입장을 행복스럽다고 생각하는 것이었다.

아파트에서의 그날 밤 일이 있은 후 단주는 씻은 듯이 몸이 개운하면서 다음 날부터 병석을 털고 일어났다. 누웠던 때와는 달라서 거뿐하고 즐거우면서 투정을 부리고 꾀병을 하던 아이가 군것으로 달래임을 받고 무릎을 털고 일어난 격이었다. 태도가 다르면서 확실히 자기를 멸시하고 있는 미란의 표정을 알기는 하면서도 한편 역시 만족스런 마음을 금할 수는 없었다. 처음 한 번같이 중요한 한 번이 없다. 실수이든 진정이든 간에 그 한 번은 다음에 오는 열 번 백 번보다도 중하고 값있는 것이다. 미란이 이제 와서 자기를 멸시하든 말든 간에 그 한 번으로써 그의 비밀을 들춰 보았다는 듯 그의 전부를 차지해 보았다는 듯 흐붓하게 포화된 감정이 솟았다. 손수 탐험하고 점령한 깊은 처녀지에는 자기의 발자취를 남기고 자기의 깃발을 꽂으면 족한 것이지 뒤에 누가 이민을 하고 어느 자손이 와 살든 그것까지를 독점할 수는 없는 것이다. 과실에 첫 입자리를 넣으면 자기의 것임이 틀림없고 한번 받은 잔칫상은 다 먹든 말든 받은 사람의 차지이다. 단주의 만족과 자랑은 이런 정복의 쾌감에서 온 것이 사실이었다. 미란이 아무리 자기를 업수이여기고 뽐내든 간에 다 헛것 나는 너를 다 안다는 항의가 심중에 솟으면서 굽힐 것이 없이 마음이 까불었다. 그것이 있기 전의 우울하고 애닯던 심정과는 소양지판의 변화였다. 그런 꼴을 볼 때마다 미란은 실수를 했다는 뉘우침이 커지며 두 사람 사이에 은연중에 싸움은 삐지 않았다.

"무얼 민구 그리 우쭐대."

“세상에서 나보다 더 장한 사람이 있는 줄 아나. 한 나라의 왕두 나보다 더 장할까.”

“낯가죽이 두껍긴 해.”

“아무리 멸시해 보지. 이 자랑은 못 꺾거든.”

미란은 풀이 죽어지며 더 대들어야 소용이 없는 것이어서 침착하게 타이르려 든다.

“실수라는 것두 있거든—술이 취하면 개천에 발을 넣는 수두 있구 상기가 된 김에 뭇 사람 앞에서 옷을 벗는 수두 있겠구 그것이 다 진정이 아니구 정신이 섞갈려서 생기는 일시의 허물이구 실수거든.”

“허물이거나 실수거나 된 다음엔 상관이 없거든. 허물이라구 뉘우친다구 개천에 빠진 발이 금시에 씻겨질까. 아무리 뉘우치구 반성해두 허물은 허물이거든.”

그의 말소리가 높아지는 데는 아찔하여서 미란은 주먹을 쥐고 몸을 부르르 떤다. 자기의 목소리가 도리어 고함으로 변한다.

“제발 더 말하지 말어요. 잊어버려요. 잊어버려 줘요.”

“죽어두 그것만이야 잊을까 봐. 세상일 다 잊는대두 그 기쁨만이야 잊을까 봐.”

“내게 조금이라두 관계되는 것은 말끔게 잊어버려 줘요.”

“남의 생명의 특권까지를 짓문지르랴구.”

“싫여요. 생각만 해두. 남을 그물 속에다 잡아넣으랴구 못살게 구는 이 찰그마리 같은…….”

진피를 부리는 단주의 태도에 미란은 화가 나고야 만다. 머리털까지 화끈 달아올라 올 때에는 그가 세상에서 제일 미운 것인 듯 어쩌다가 그런 사내와 인연이 맺어졌나 싶으면서 불서러운 생각조차 들었다.

"……찰그마리 같은 뇟보!"

저주는 목소리를 높여서가 아니라 마음속 깊이 하는 법이다. 창자 속에서부터 저주의 한숨이 길게 새어 올라서는 증오에 불타는 눈초리에 그득히 넘치는 것이다.

그러나 단주는 더욱 뽐을 낼 뿐으로 산을 등진 범같이 의기가 등등해서 이제는 자기가 제일가는 가장이요 어른인 척 집안을 마음대로 짓무지르는 것이다. 어떤 때에는 미란의 피아노를 점령하고 앉아서는 교칙본 이 군데 저 군데를 되고 말고 울려 보면서 미란이 폭발되기만을 기다리는 태도였다. 화음을 이루지 못한 어지러운 불협화음을 음악이 아닌 잡음을 함부로 치는 것을 들을 때에는 벌집을 쑤셔 벌 떼를 만난 것같이 미란은 신경이 아파지면서 음악을 모욕당하고 있는 것 같아서 한마디 쏘아붙이지 않을 수가 없었다.

"고양이가 걸어가두 그보다는 낫겠다."

두 팔로 건반 위를 거의 덮다시피 하고 우레 같은 요란한 소리를 한꺼번에 내고는 미란이 그렇게 대들기를 기다렸다는 듯이 단주는 돌아앉으면서 대꾸하였다.

"고명한 선생에게서 배운다구 저 큰소리지. 선생의 손가락이나 고양이의 발고락이나 일반인 줄은 모르나."

"다시 음악을 모욕했다 봐라. 그대루 안 둘 테니."

"그 알량한 음악—그 알량한 선생. 아주 음악가라구 뽐을 내면서. 천재라는 게 한 세기에 한두 사람쯤 태어나는 것이지 어중이떠

중이 다 천재가 됐다간 세상이 온통 천재 천지가 되게. 제자의 품행이 병(丙)이라는 것을 알어두 그렇게 점잔을 뺄까."

"무엇이 어째. 무엇이—."

"어디 용기가 있거든 자기 품행 이얘기 선생한테 좀 해 보지. 멀쩡하게 제 허물은 싸 버리고 제 품행은 갑(甲)이올시다구 탈을 쓰구 한눈을 팔면서두."

아픈 데를 찔리운 듯 전신의 피가 한곳—얼굴로 모여 미란은 발끈해지면서 마루를 구른다.

"얄궂은 망나니!"

"언제든지 부처님같이만 하구 있을 줄 알구—내게 거역만 해 보지 가만있을 줄 아나. 입만 한번 벌리면 하룻밤 일쯤야 단박에 세상이 알 걸 가지구."

"비겁한 것!"

"못난 것!"

참을 수 없어 닥치는 대로 손에 쥐이는 책권을 단주에게 던진다. 책은 그의 낯짝을 갈기고는 떨어져 건반을 요란하게 스친다. 힘만 자란다면 달려들어 목이라도 눌러 버리고 싶게 몸이 수물거릴 때 수선스런 기세를 듣고 안방에서 세란이 뛰어나온다.

"웬일이야 요새. 개와 고양이니."

책망은 하면서도 은근히 두 사람의 옥신각신을 염려는커녕 환영하고 있음이 사실이다. 단주가 미란에게로 한 걸음이라도 가까워 감이 반가운 일이 아니기 때문이고 미란의 거역이 한 걸음이라도 단주를 물리치기를 원하고 있기 때문이다. 요새의 두 사람의 태도가 웬일인지 점점 자기의 원대로 뜨기 시작한 것이 그에게는 숨은 기쁨이었다. 그러나 단주에게는 단주로서 비밀이 있음을 세란인들 어찌 알았으랴. 세란이 어른답게 책망을 하며 법석을 하는 것이 단주에게는 남모르는 기쁨을 자아내게 한 것은 세란에게 대해서 스스로의 비밀을 가지고 있음을 기뻐하고 자랑으로 여기고 있기 때문이다. 비밀이란 것이 무서운 괴롬이 아니고 그에게는 기쁨이요 자랑이었다. 미란과의 비밀을 단주는 아무것도 모르는 세란의 앞에서 한없이 즐기면서 내게는 또 이런 수도 있었다는 듯 한꺼풀 윗길로 그를 속여 보는 것이 신기한 자랑이었던 것이다. 같은 비밀을 가지고도 단주와는 반대로 세란에게 대해서 그것을 한없이 부끄러워하고 괴로워하는 것은 미란이다. 순간의 실수로 뜻하지 않은 비밀을 가지게 된 미란은 형이 만약 그것을 알면 자기의 꼴을 무엇으로 여길까 해서 세란의 앞에서 무한히 부끄러워하는 것이었다. 그가 만약 세란과 단주와의 도리어 자기 이전의 비밀을 안다면 이런 생각도 얼마간 변할는지는 모르나 조물주가 아닌 그가 형들의 그것을 알 리는 없었던 것이다. 미란은 형에게 비밀을 감추려고 하고 세란은 동생에게 비밀을 감추려고 하면서 두 사람은 방패의 각각 자기편의 한쪽 빛만을 알고 건너편의 남의 빛은 모르고 있는 장님이었던 것이다. 장님은 자신이 없고 염려가 깊은 법이어서 두 사람의 대담하지 못하고 활달하지 못한 태도는 그 서로의 흠집을 가지고 있는 데서 왔다. 세란과도 비밀을 가지고 미란과도 비밀을 가진 단 한 사람 단주만이 두 사람의 비밀의 열쇠는 자기의 손아귀에 쥐고 있다는 듯이 두 사람에게 대해서 자랑을 보이고 은근히 위협을 하면서 기세를 올리는 것이다. 세 사람 속에서는 그만이 가장 유식하고 자랑스럽고—사람의 자리가 아니라 조물주의 입장에 서 있는 셈이다. 두 사람을 한꺼번에 마음속에 거느리고 지배하고 운전하면서 활개를 펴고 뽐을 내는 셈이었다.

"나를 다시 업수히만 여겨 봐라……."

세란의 부축으로 힘을 얻은 단주는 미란을 한 겹 더 얹어 씌운다.

"중병이나 하는 듯 꿍꿍거리면서 가짜의 표정을 꾸미구 어쩌다 남을 올개미 씌워 가지구는 지금 와서 천하나 잡은 듯이……."

미란은 불같이 퍼붓다가 세란의 앞임을 깨닫고는 정신을 차리면서

"다시 내게 말을 걸었다 봐라. 대꾸를 해 주니까 괜 듯만 싶어서—."

"아니 왜들—."

세란의 말리는 소리를 옆귀로 흘리면서 고개를 뽑고 눈을 부르대고

"비루한 것!"

외치고는 대청을 뛰어나가는 미란이었다. 집이 굴속 같으면서 잠시도 머물러 있기가 거북하고 싫다. 종종걸음으로 뜰을 헤치고 문밖에 나서서는 그 모양 그대로 내달았다. 거리에서 그를 용납하는 곳은 어디이던가. 연구소밖에는 없다. 그러나 그날은 연구소에도 괴변이 일어나 있었다.

전차를 타고 걷고 했으나 가라앉지 않는 마음에 조금 번잡스런 시늉으로 연구소의 문을 열었을 때 의외의 광경이 자기를 기다리고 있는 듯 벌어져 있었다. 만약 방 안에 영훈 혼자만이 있었던들 미란

은 문을 열자마자 뛰어들어가면서 그날만은 기어코 그에게 달려들어 분한 마음을 하소연하고 애정을 구했을는지 모르는 것이며 미란은 그것을 마음속에 원했던 것이다. 그런 것이 방 안의 공기는 의외의 긴장을 띠어 불길한 예감이 등줄기를 흘러내리는 것이었다. 영훈의 옆에 가야가 앉아 있는 것이요 그 옆으로는 알지 못하는 초면의 사나이가 앉아 있었다. 근골이 장대한 그 위장부는 아무리 보아도 연구생의 한 사람인 듯싶지는 않았다. 이름난 스포츠맨의 한 사람일 듯—스포츠맨이란 생각에서 미란은 가야의 약혼자 갑재가 아닐까 하는 느낌이 났고 말을 듣는 동안에 아니나 다를까 바로 익히 들은 문제의 그 사람임을 안 것이었다. 갑재임을 안 때 벌써 세 사람의 그 자리의 공기와 관계도 대략 짐작되었으나 보고 있는 동안에 그 관계라는 것은 급속도로 험악해 갔다. 영훈과 가야와는 달리 갑재는 미란의 출현을 그다지 대수롭게 여기지도 않고 주의도 안 하면서 담판을 계속해 가는 것이다.

"……음악이란 간판이구 낚시인 셈이지."

그 전에 얼마나 많은 말이 오고 갔는지 벌써 말은 단순한 말이 아니고 싸움의 쟁기(爭氣)였다.

"세상에 음악가라는 위인들같이 눈에 거실리는 것이 있을까. 저를 위한 음악이 아니구 세상에 보이랴구 하구 세상을 놀래랴구 하기에 급급한 그런 것이 요새 음악가가 아니구 무언구."

"당신들 체육가두 자기를 위해서 체육하는 게 아니구 세상에 보이랴구 하는 것인가. 펄쩍펄쩍 뛰면서 세상을 놀래랴구—그처럼 무의미하구 쓸데없는 짓이 또 있을까."

영훈의 대꾸에 체육가는 불끈하고 혈기를 돋구면서

“간판을 걸구 왜 사람을 모으는 것야. 꽃에 나비 떼 모아 몰듯 거리의 달뜬 것들을 휩쓸어다간—.”

그 달뜬 남녀들의 한 사람이 거기에도 있지 않느냐는 듯 그제서야 갑재는 미란을 멸시하는 눈초리로 흘끗 바라본다.

“나비야 모여들든 말든 꽃은 꽃대로 있는 게지. 나비 위해 있는 꽃인가.”

영훈의 목소리에 비기면 갑재는 아우성을 지르는 셈 말끝마다 어성이 높아졌다.

“그래두 뻔질뻔질하게 대꾼가. 멀쩡한 사람을 후려낸 건 누구냐. 허구한 날 집을 떠나 여기 와 백히게 하구. 유인이 아니구 무어야.”

“약혼자의 일건을 자기로서 처리를 못하구 이 법석을 하는 당신이 얼마나 부끄럽구 어리석은 줄을 모르나. 약혼자에 대해서 당신이상으로 알 사람이 누구란 말야. 자기를 모욕하구 약혼자까지를 모욕하는 셈이지.”

가야에게는 과혹했을까. 그러나 영훈은 자기의 입장을 바로 세우기 위해서 거기까지 말하지 않을 수 없었다. 가야는 고개를 숙이고 울고 있지나 않는가도 싶었다. 미란에게는 그 분위기가 견딜 수 없는 것이었다. 사람의 감정을 짓밟고 신경을 장작개비로 짓쑤셔 놓는 듯한 그런 야만스런 분위기였다. 그의 날카롭고 미묘한 감정은 실오리같이 헝클어졌다. 그러나 그 정도쯤을 야만이라고 생각한 것은 미란의 오산이었다. 참으로 야만이 온 것이다. 갑재의 자태는 육신이며 말투가 미란으로서 보면 그대로가 감정의 교육이라고는 받지 못한 야만인의 그것이었다.

"그래두 어느 때까지 사람을 농락할 생각인가."

"당신 약혼자를 사람으로 여기구 하는 소린가 그게."

영훈의 말이 떨어지자 가야는 자리를 차고 벌떡 일어섰다.

"좀 그만들 둬요, 제발."

눈은 누구를 보는 것일까, 초점이 흩어졌고 얼굴에는 눈물이 어리어 보인다. 방 안의 그 무거운 공기를 참을 수 없다는 듯이 문께로 휑하니 걸어갈 때 그의 뒤를 잇는 듯 선뜻 자리를 일어선 것이 갑재였다.

"이 염치없는 것. 남의 일을 죄다 틀어 놓구."

거대한 몸집으로 다짜고짜로 달려들면서 영훈의 멱살을 쥐어 잡았다.

"주먹이 떨릴 때 그까짓 말이라는 게 무슨 소용 있는 것이냐. 이것이 체육가의 버릇이라. 어디 대답을 하려거든 얼마든지 해 보렴."

미는 바람에 영훈은 나뭇가지같이 해깝게 뒷걸음질을 쳐서 들창기슭까지 밀려 가고 말았다. 미란이 놀라서 어쩔 줄을 모르고 주먹을 쥔 것은 물론이요 문을 열려던 가야도 선뜻 돌아서면서 걸음을 멈추었다.

그것이 야만이었던 것이다. 사랑의 감정은 아무리 진보되어도 야만과 그다지 거리가 멀지 않은 까닭에 스스로 야만을 부르고 요구하는 것일까. 사내들의 싸움을 보지 못했던 미란에게는 별안간에 벌어지는 그 한 장면이 진저리가 났다. 공격하는 갑재와 당하는 영훈은 별것 아니라 야만과 문명과의 대립이었다. 야만의 힘이 눈으로 보기에는 항상 사나운 것이어서 그만큼 그 대립의 꼴은 보기 민망하고 안타까웠다. 미란은 마음이 아파지면서 그런 꼴을 보게 된 것을 불행히 여겼다. 그날은 흡사 싸움의 날 같아서 집에서 단주와 다투고 나오자 또 그 정경이다. 그러나 사내끼리의 그 싸움에 비기면 단주와의 옥신각신쯤은 아무것도 아닌 듯 그만큼 미란이 받은 충동은 컸다.

"해결의 방법으로 이렇게 빠른 건 없거든―강다짐이든 무어든 맹세를 받을 수 있는 건 이 방법뿐이야."

"완력으로 해서 이긴다구 생각하는 것처럼 어리석은 건 없어. 맘껏 해 보렴."

"맘만 살어서 힘이 얼마나 장하다는 것 모르구……."

무서운 짓이었다. 갑재는 참으로 자기의 힘을 자랑하는 듯 육중한 몸으로 영훈을 깔아 버린 것이다. 영훈은 창 기슭에 머리를 뉘고 내려 덮치는 힘을 막으려고 발버둥을 치는 것이나 조련히 그 힘을 물리칠 수 없을 뿐이 아니라 바위 밑에 눌린 자라같이 일신이 괴로워 가고 급해 갈 뿐이다. 미란과 가야는 그런 급한 경우에도 어쩌는 수 없이 한참 동안이나 주먹만을 쥐고 서 있는 수밖에는 없었으나 참으로 경우가 긴급해졌을 때 거의 본능적으로 새우들 싸움에 한몫 참가하게 되었다. 갑재가 여전히 부락스럽게 힘을 쓰는 바람에 깔린 영훈은 멱살을 들리운 채 열린 창밖으로 머리가 밀려 나간다. 창밖은 바로 뒷골목 거리로서 이층이라 땅 위 까지는 눈이 한참 내려간다. 갑재는 흥분된 판에 무슨 짓을 할는지 모르는 것이요 영훈의 몸은 한마디 거역도 없이 점점 밀려 나가고 있음을 볼 때 가야와 미란은 무언중에 반사적으로 달려들었다. 미란에게 대해서 갑재는 대체 무슨 뜻을 가지는 것일까. 내 편도 아니거니와 원수도 아닌 것이다. 가야의 존재를 의식에 둘 때 원수라기보다는 되려 그 반대의 것이 아닐까—이런 반성이 있을 겨를이 없이 가야가 화병을 들고 나섰을 때 미란은 엉겁결에 보면대(譜面臺)의 니켈몽둥이를 집어 들고 가야와 합력해서 갑재의 뒤통수를 겨누었던 것이다. 영훈의 몸을 빼려면 갑재의 힘을 깨뜨리는 수밖에는 없었고 여자의 손으로서는 물건의 힘을 빌지 않을 수 없었다. 머리를 모질게 얻어맞고 의외의 강적의 출현에 놀라 흘끗 돌아본 갑재는 그 분풀이를 영훈에게 하려는 듯 더욱 사나워 갔다. 미란과 가야는 이어 교자와 책들을 집어 들고는 갑재를 박산해 버리려는 듯 후려갈겼다. 요행 공을 이루었게 망정이지 그렇지 않았던들 영훈의 몸은 일순에 창밖으로 떨어졌을는지 모른다. 갑재가 흠! 소리를 치면서 휘전휘전 정신을 잃고 그 자리에 주저앉았을 때 두 여자는 달려들어 영훈의 몸을 일으켜 세웠다. 충혈된 얼굴이 홍당무같이 빨갛고 눌리웠던 목은 숨이 차는드키 맥이 쇠진한 채로 그 자리에 주저앉아 버리는 것이다.

"……전 전 무어라구 할 말이 없어요."

가야는 눈물을 흘리고야 말았고 미란도 목 안이 달면서 눈시울이 뜨거워졌다. 싸우고 난 두 사내의 승패는 대체 무엇이었던가. 함께 쓰러져 버리고 만 두 사람을 둘러싸고 미란과 가야는 애닯고 슬펐다.

승패는 상반이라고 하더라도 육체의 힘에 농락을 당한다는 것이 모욕 중에서도 얼마나 큰 모욕인가. 세상에서 싸움하는 꼴같이 그것도 한 편이 기울어져 가는 꼴같이 보기 흉측하고 참혹한 것은 없다. 몸서리가 치고 진저리가 나는—그보다도 더 추한 광경은 없을 성싶다. 면상을 짓찢기고 힘에 굴욕을 당하고 있는 영훈의 모양을 볼 때 미란은 부끄런 생각에 얼굴이 달아지고 귓불이 발개졌다. 세상에서 아름다운 것을 제일로 치고 그것을 위해 살고 그것을 찾기 위해서 모든 것을 바치고 있는 영훈의 감정을 그 모욕이 얼마나 상하게 하고 아픈 상처를 주었을 것인가. 활촉에 날개를 상한 비둘기같이 얼마나 면목이 없고 가슴이 떨릴 것인가. 생각할수록에 슬픈 일이었다. 다행으로 싸움이 거기에서 그쳤게 말이지 갑재가 폭력을 더 써서 목숨에까지 불행한 결과를 끼쳤더면 무슨 꼴이었을까를 생각할 때 미란은 그날을 흉한 날이라고 거듭 느끼게 되었다.

결말 없는 싸움이 공연히 각 사람의 가슴속에 상처만을 남기고 그중에서도 미란에게 특별히 한 고패의 슬픔을 더하게 한 것은 그 일이 있은 이튿날로 돌연히 영훈의 자태가 거리에서 사라졌음이다. 연구소와 학교는 물론 거리의 웬만한 곳을 샅샅이 들춰 보아도 자태는 보이지 않았다. 어디로 간 것이었을까. 한마디의 말도 없이 사라졌다. 싸움에서 받은 부끄럼이 그렇게도 컸던가. 며칠 동안의 간단한 여행을 떠난 것인지도 모르기는 하나 한편 행여나—하고 불길한 예측이 들지 않는 것도 아니었다. 하기는 학교도 이미 여름휴가를 잡아든 것이므로 피서를 겸해 그 기회를 타서 산속이나 바닷가에 가 있음 직한 것이 가장 적당한 추측인 것이요 미란은 그러기를 마음속에 원해도 보았다. 영훈이 거리에 있을 때에는 마치 책상 위에 늘 놓여 있는 화병같이 기쁘기는 해도 심드렁하던 것이 일단 그가 자취를 감추었을 때 그에게 대한 생각이 간절하게 솟아올랐다. 이제는 벌써 한 사람의 스승에 대한 사모가 아니요 그 이상의 애끓는 그리움이었다. 피아노 앞에 앉아도 건반의 한구석이 떨어진 것 같은 헛헛한 회포가 솟았다.

## 6.

시절은 시절만을 위해 있는 것이 아니라 사람을 위해서도 있는 것이다. 여름이 한창 짙어서 날이 무덥고 초목이 무성해진 것은 '푸른집'의 정원을 빈틈없이 울창하고 짙은 녹음 속에 무르녹게 해 준 것이요 따라서 집안사람들의 감정까지도 거기에 맞도록 변해 주자는 것이었다. 나뭇잎은 우거질 대로 우거지고 풀은 자랄 대로 자라고 꽃은 필 대로 피어서 뜰 안은 모래를 깐 하아얀 기름길만을 남겨 놓고는 전면 푸른 바다요 찬란한 색채의 동산이었다. 기운에 넘치는 풀줄기는 때로는 기름길의 경계선을 넘어서 길 위를 덮어 버려 이른 아침에 첫길을 헤치는 사람은 흔한 이슬로 해서 옷자락과 발을 흠빡 적시고야 만다. 옷을 적시게 하는 것은 이슬뿐이 아니어서 화단 위 꽃들도 벌써 남은 봉오리가 없이 활짝 피어나서 오색의 화려한 색채가 눈을 아프게 하고 꽃밭에 들어서는 날이면 어느 결엔지도 모르게 옷자락 군데군데에 꽃물이 들어 버리는 것이었다. 모든 것이 자랄 대로 자라고 필 대로 피어서 청춘이라는 것, 생명이라는 것을 한껏 내보이며 그 이상 더 자랄 틈이 없는 마지막 가위에 이른 듯했다. 뜰 안은 아름답고 찬란하고 자랑이 있고 힘이 넘치고 으늑한 그늘이 져서 그림자와 깊이가 생겼다. 그것은 그대로 바닷속을 흐르는 세찬 조수와도 같이 사람에게 옮아오고 영향을 주어서 창을 덮고 대청 안을 물들이는 푸른빛에 그대로 젖으면서 모르는 결에 자연의 풍속을 본받고 모방하고 그것과 완전히 화하고 일치되어 제물에 청춘의 자랑을 배우고 자극을 흡수하고 생명력의 발전을 계획하고 비밀을 음모했다. 화단에 들어설 때 단주는 아직도 찬란한 희망을 버리지 않는 것이요, 풀 속에 설 때 세란은 진할 바 없는 울창한 정력을 맡길 바 없어서 기지개를 쓰고, 창밖으로 어두운 나무 그늘을 내다보는 현마의 마음속에는 으슥한 비밀이 거미줄같이 피어올랐다. 세상에는 아무에게도 말할 수 없는 마음의 비밀—어머니에게도 말할 수 없고 하늘과 땅에도 고백할 수 없고 나뭇가지 위 새에게도 하소연하기가 부끄럽고 아니 자기 자신에게조차 일러 들이기가 무서운 마음의 비밀이 있다. 현마는 그런 마음의 비밀에 떨면서도 그것이 점점 곰팡이나 좀같이 마음속을 먹어 가고 점령해 가는 것을 억제하는 도리가 없었다. 그가 내다보는 나무 그늘 아래에 선 미란은 자기가 바로 그 현마의 마음의 비밀의 대상이 되어 있을 줄은 꿈에도 생각지 못하고 그는 그로서의 딴생각과 회포 속에 잠겨서 먼 것을 꿈꾸는 것이었다. 낮과 밤으로 한가한 틈을 타서는 봉선화를 뜯어서 손톱을 물들이고 꽃밭에 들어 꽃씨를 찾고 하는 옥녀조차가 아득한 앞날을 내다보며 서글픈 기쁨을 느끼고 있는지 모른다. 이렇게 해서 집안 전체가 시절의 영향을 입고 자연의 숨결을 받아서 다 각각 자기의 경영에 잠겨 있는 것이었다.

그런 속에서 시절의 행사의 하나인 피서의 문제가 누구의 입에선지도 모르게 제출되었을 때 각각 의견이 많고 의논이 분분했다. 대체로 한가하다고는 해도 사(社)의 잡무가 빠지지 않는 현마로서는 피서니 무어니 나서서 법석을 할 수는 없었고 집이 그렇게 넓고 시원하니 새벽에 풀 이슬이나 맞고 넓은 목욕실에 냉수나 대놓고 무시로 철벅거리면 제물에 피서가 되는 것이 아니냐는 의견인 데 대해서 반대파의 괴수가 세란이어서 냉수 속에 철벅거리는 것이 대체 피서란 것이냐고 핀잔을 주며 일 년 동안 집에만 갇혀 있던 값으로 오래간만에 기차도 타 보고 딴 세상의 공기도 마시고 풍경도 보고 사람도 만나고 하는 것이 피서의 뜻이라는 것을 누누이 설명했다. 거기에 맞추어서 맞장구를 치는 것이 단주였고 미란은 도대체 그런 의논에 귀도 기울이려고 안하고 혼자 떨어져 생각에만 잠기고 있는 것은 영훈을 잃어버린 쓸쓸한 마음에 피서니 무어니 넉넉한 여유는 없었던 까닭이다. 그렇게 며칠 동안이나 해결을 못 보고 우물쭈물하던 정세가 하루아침에 돌변하면서 세란의 일파가 세력을 얻어 드디어 피서행이 결정된 것은 의외의 사정이 일어난 까닭이었다. 식료품 무역상 구미양행의 축들 만태와 죽석 부부의 권고를 받아 한데 어울리게 된 것이다. 오랫동안 적당한 별장터를 구하고 있던 남편 만태가 장사 일로 만주를 여행하다가 관북지방에 들렀던 길에 주을 산골에다가 한 채의 별장을 사게 되었던 것이다. 온천에서 삼마장쯤 들어간 산골은 망명해 있는 외국사람의 부락 '노비나'촌[1]이

1 주을온천(함경북도 경성군 주을읍 육향동) 근처에 위치한 백계 러시아인의 별장지대.

라는 것인데 여름이 되면 그 부락이 피서지로 변해서 도회에 있는 외국인들이 한동안 모여들고는 했다. 마침 영국인이 소유하고 있던 별장이 팔리게 된 것을 알고 만태는 공교롭게 그것을 손에 넣게 되었다. 원체 헐값이었던 까닭에 굴러 온 호박이라고 욕심을 낸 것이었으나 막상 집 안을 자세히 살펴보았을 때 얼마나 많은 가족을 위해서 설계한 것인지 넓고 휑휑해서 적은 식구에게는 도저히 부적당할 뿐 아니라 쓸모가 적음을 느끼게 되었다. 식구래야 죽석과 단 두 부부뿐인 것이니 아무리 시원스런 피서라고는 해도 넓은 마당에 단 두 마리 자웅의 닭이 어실거리는 격이어서 집 한구석에서 남편이 차를 끓여 오라고 소리를 쳐도 다른 한구석에서 책을 읽고 있던 사랑하는 아내에게는 그것이 문밖을 스치는 바람 소리로밖에는 들리지 않는대도 걱정인 것이다. 그렇다고 오랫동안 원이던 별장을 사놓고 쓰지 않는 것도 멋쩍어서 한여름 동안 위선 시험을 해 볼 결심으로 부부 협의의 결과 죽석은 동무 세란을 생각하고 그들 가족을 청하기로 작정한 것이었다. 세란은 기쁜 소식에 귀가 번쩍 뜨이며 막역한 사이라 물론 사양할 것도 없었으나 그것으로써 현마에 대한 피서의 구실이 확적히 선 것을 기뻐해서 생각 여부가 없이 그 자리로 무릎을 쳤던 것이다. 현마에게 의논하는 것이 아니라 자기 의견을 욱박아 대서는 결국 그 모처럼의 호의를 받게 되고 우물쭈물 망설이던 피서행이 순식간에 해결을 본 것이다. 죽석과 세란이 친한 것만큼 현마는 만태와 벗하는 사이였으므로 그도 그다지 찌뿌듯할 것은 없었으나 어떻든 이미 현마가 함락한 이상 단주쯤은 세란의 앞에 문제도 아닌 것이요 미란도 그것이 바다가 아니요 산속이라는 점에서 귀가 솔곳하지 않은 것도 아니었다. 쾌활한 미란으로서도 여름 한철의 해수욕장의 풍경만은 견딜 수 없었다. 구라파주의를 대체로 찬동하고 받아들이면서도 남녀들이 벌거벗고 원시의 풍속을 과장하면서 육체와 청춘을 자랑하는드키 모든 생각을 육체 위로만 유혹하고 인도하는 것을 상스러운 풍습으로만 생각하는 미란에게는 피서지로서는 바다보다는 산이 항상 그리운 곳이었다. 그렇기에 죽석의 별장 제공의 일건이 사실 달갑지 않은 바는 아니었으나 그래도 영훈의 생각으로 말미암아 망설이던 마음에 공교롭게도 제물에 그런 우울한 심사가 해소되고 별장으로 떠나게 되게 한 사건이 생긴 것이었다.

세란의 성화에도 잠자코 생각에만 잠기면서 하루 저녁 저물어가는 뜰을 창으로 내다보고 있을 때였다. 저녁 기운이 안개같이 자옥한 속에서 뜰도 푸르고 창도 푸르고 미란의 마음도 푸르렀다. 푸른 것은 바다같이 먼 것을 실어오면서 아득한 생각이 마음 기슭을 아물아물 감돌았다. 그 아물아물한 것을 노리고 있노라면 줄을 타는 광대를 바라보고 있는 듯한 위태위태한 느낌이 나면서 당돌하고 신기한 생각이 차례차례로 마음을 스친다. 보통 때에는 생각도 못하던 당치도 않은 대담한 광경의 토막토막이 요지경 속의 그림같이 펀득펀득 지나는 것이다. 수풀 속이 나오고 바닷속이 나오고 기선 속의 방 한 간이 나오고 절벽 위가 나오고—환영이라는 것이 대개 그런 것이지만 연락도 관계도 없는 산만한 장면의 토막이면서도 그러나 그 장면마다 반드시 영훈과 자기의 자태가 어리는 것이며 두 사람은 마치 딴 세상 사람들같이 그 속에서 자유롭고 때로는 부끄러운 시늉을 짓는 것이었다. 일상에 막연히 원하고 바라던 희망이 간단히 밤 꿈속에 나타났고 꿈에서 밀려난 대부분의 희망은 그런 때 그런 혼몽한 의식의 틈을 타고 나타나는 것인지도 모른다. 기상천외한 대담한 그 마음의 그림에는 사실 번번이 귓불이 발개지고 얼굴이 달면서, 바로 그때 등 뒤에 사람이 있어 그 붉은 마음속을 들여다나 보고 있는 듯 마음이 서성거려져서 미란은 잠깐 방 안을 살피고는 다시 창밖으로 시선을 보내곤 했다. 바닷속같이 자옥하게 검푸른 속에서 여전히 영훈의 환영의 계속을 찾게 되어서 오늘은 왜 이리도 번잡하게 그의 그림자가 떠오르는고 하고 마음이 분주할 때 별안간 벽의 전화기가 요란하게 울리면서 홀연히 나타나기 시작하던 환영을 홀몰아 버렸다. 얄궂은 전화라고 탄하면서 수화기를 들었을 때 반드시 얄궂은 전화가 아니었던 것은 의외에도 거기에 역시 영훈의 꿈이 연속되어 나타난 까닭이다. 전화는 바로 영훈이었던 것이다.

"누구세요……."

아련히 들려오는 목소리에 미란은 꿈을 뺏긴 심술도 덮쳐서 퉁명스럽게 재촉할 때

"모르시겠어요. 알아보세요."

목소리는 여전히 가늘고 아련하다.

"이름을 대세요, 얼른."

주제넘게 사람을 놀리는 셈인가 하고 홧김에 끊어 버리려다가

"미란 씨, 미란 씨!"

하는 목소리로 문득 자기를 찾아낸 듯 귀가 뜨이면서 수화기를

바싹 귀에다 대었다. 그리운 사람의 목소리로는 자기의 이름이 가장 귀 익은 것이고 정답게 들리는 것인지도 모른다. 미란은 자기의 이름의 발음으로 그것이 영훈임을 알아맞힌 것이었다.

"누군가 했죠. 겨우 알었어요. 용서하세요. 난 또……."

"그렇게두 몰라주세요. 가제 맡은 교실의 학생들 이름만큼두 기억하시지 않는 모양이니."

원망하는 독한 어조—무척 반갑다.

"너무 잘 기억하구 있으니까 되려 모르나 봐요. 지금두 막 창 기슭에서 누구 생각을 하구 있었게요. 목소리가 왜 그리 가늘어요. 그러니까 대뜸 못 맞혀 냈죠. 대체 어디 계세요, 언제 오셨어요."

"어디 있는지 맞혀 보시면 얼마나 용하실까."

"학교."

"천만에요."

"찻집."

"찻집에서 하는 목소리가 왜 그렇게 가늘겠어요."

"그럼—."

"목소리가 가늘 이치를 생각해 보시죠. 목소리라는 건 멀수록 가늘지 않어요. 지금 이렇게 큰 목소리로 지껄여두 미란 씨 귀에는 그렇게 작게 들리지 않습니까."

"시내가 아니란 말씀이죠."

"제 목소리는 지금 수천 리 길을 걷고 있답니다."

"머니나. 그럼 아직 이곳에 돌아오시지 않으셌단 말예요. 난 또……."

"제 목소리는 지금 자꾸 수천 리 길을 걷구 있어요. 산맥을 넘구 들을 닫구 강을 건너구 서울을 지나구 철로를 타구 미란 씨의 귀를 향해서 뒤를 이어 휭휭 내빼구 있어요. 그러게 그렇게 가늘구 아득하구 멀게 들리죠. 내닫는 동안에 바람에 불리구 새에게 쫓기구 공기에 얼구 하느라구……."

"대체 어디세요, 얼른 대 주세요."

"서울서두 기차를 타구 동해안을 끼구 북쪽으로 하루를 더 온 곳. 천 리가 넘는 먼 산골. 미란 씨가 계신 곳과는 엄청나게 다르구 먼 곳. 기차 속에서 바라본 그 첩첩한 산과 강과 벌판이 지금 우리 사이에 가로놓인 것을 생각하면 사실 이 전화두 거짓말 같구 미란 씨의 목소리가 귀에 들려오는 것이 신기해 못 견디겠어요. 지금 눈앞에 떠오르는 미란 씨의 자태를 생각하면서 그 사이에 놓인 그 많은 거리와 장애를 생각하면 견딜 수 없이 마음이 안타까워요. 그 먼 곳에서 어떻게 이렇게 목소리가 울려오는 것인지 그 목소리에는 미란 씨의 입김과 체온이 숨어서 그것이 외줄 철사를 타구 수천 리를 달아오구 있겠죠."

"그러니까—."

"아시겠죠. 사람들은 피서를 하느라구 이 고명한 피서지를 자꾸 찾아와서는 산속을 번화하게 하구 온천 거리를 흥청흥청하게 해 놓지만 그런 것이 제겐 다 관계없는 것같이 전 외롭구 적적하구—그렇기 때문에 오늘 별안간 건 이 전화두 용서하세요."

"그러니까 바로—."

영훈의 지금 가 있는 곳이 바로 자기들이 피서지로 택해서 여행을 계획하고 있는 그곳일 줄야 어찌 알았으랴. 불유쾌한 기억을 씻어 버리기 위해 그가 거리에서 실종을 하고 그런 먼 온천지에 가 있음이 그로서는 자연스런 일이겠으나 우연히도 자기들의 목적지와 일치되었음이 신기하기 짝이 없었다.

"이 집은 온천에서두 제일 큰 여관. 지금 객실에는 저 혼자만이 있을 뿐 복도에는 간간이 하녀들의 그림자가 어른거리구 창밖으로는 저무는 개울물이 내다보이며 흰 반석 위에 낚싯대를 드리운 한가한 강태공들이 왼종일이래두 유유히 서 있는 것이 보이구 건너편 언덕 위 초가에는 좀 있으면 노오란 저녁 등불이 켜질 테구 전 막 저녁 목욕을 하구 나온 판이라 몸이 이렇게두 시원하구……."

먼 곳의 정경을 손에 잡을 듯이 들으면서 미란은 마음이 뛰노는 것이나 민망한 걱정도 솟아서

"장거리 전화를 거시면서두 왜 이리 장황하게 말씀하세요. 미안해서 못 배기겠어요. 용건만 말씀하세요. 저를 기쁘게 하기 위하신 것이라면 그만—."

"장거리 전화란 왜 용건만을 말하란 것인가요. 특별한 볼 일이 있어서 건 것이 아니구 미란 씨의 목소리를 들어 볼 양으로—제가 요새 날마다 생각하구 있던 게 무어게요."

"지금 얼마나 기쁜지 몰라요. 안심두 되구요. 아무 기별 없이 감쪽같이 사라지신 걸 알구 오늘까지 얼마나 걱정이 된 줄 아세요. 그러던 것이 별안간 이 전화—."

전화로는 마주 대면했을 때의 스스러움이 없어서 무슨 말이든지 부끄러운 것 없이 지껄일 수 있는 것 같았다. 미란이 실토를 했음으

로 말미암아 전화는 다시 장황하게 계속되었다.

"그날 연구소에서 당한 봉변쯤은 잊어버린 지 오래예요. 그것을 잊기 위해 딴생각—용서하세요, 미란 씨를 생각하기루 한 것이 요새 와서는 미란 씨가 모든 생각을 전부 차지하게 됐거든요. 생각하기 시작하면 자꾸만 생각나서 자나 깨나 생각하구 또 생각하노라면 이상스런 것은 되려 깜박 잊어버려져요. 얼굴이 잊혀지구 목소리가 잊혀지구—오늘두 아침에 잊혀진 미란 씨의 목소리가 진종일을 두구 생각해야 귓속에 떠올라야 말이죠. 땀을 흘리구 생각하다가 결국 까마아득하구 멀기에 기어코 이 전화를 건 것이에요. 지금 이 맘이 얼마나 빛나고 있는지 몰라요. 이 장거리 전화는 그런 뜻인 것이지 결코 용건이 있어서 건 것이 아니에요. 목소리를 더 들려주세요. 수 천리를 날어오는 그 목소리가 얼마나 신기한지……."

영훈이 전례가 없이 수다스럽고 장황한 것도 대면이 아니고 전화의 중매를 중간에 세운 까닭일까. 놀라리만큼 다변한 영훈의 오늘의 태도는 여간 심상한 것으로는 느껴지지 않았다. 그런 것이 사랑의 고백이라는 것이 아닐까. 오랫동안 마음속에 묵었던 감정을—대면해서는 말하기 거북한 하소연을 전화로 하는 것이 아닐까. 기다려 오던 마음의 증거를 얻은 듯 미란은 흥분되어 갔다.

"아무리 말을 해두 말로는 외려 부족해요. 하루를 말한들 한 달을 말한들 맘이 시원하겠어요. 오늘 저를 다따가 놀라게 해 주신 것같이 저두 며칠 있으면 선생님을 깜짝 놀라게 해 드릴 테에요."

"어떻게요. 전화로요?"

"전화보다 더한 것—살며시 등 뒤에 나타나서 아웅 소리를 질러 드릴 테에요."

"제 등 뒤에 나타나서요?"

"그러믄요. 바로 선생님 등 뒤에—."

"이곳으로 오신단 말씀입니까."

"거기까지 가르쳐 드리면 놀라게 하는 셈이 되나요. 참으시구 기다리세요. 이만 끊으세요. 더 묻지 마시구 끊으세요. 미안해서 그래요. 끊으시라니까요……. 안 끊으시면 제가 끊을 테에요. 노여 마세요 끊어요……."

그러다가는 한이 없을 것 같아서 마음을 독하게 먹고 미란은 자기편에서 수화기를 걸 수밖에는 없었다. 조급해 하는 영훈의 목소리가 귓속에 쟁쟁하게 남으면서 가엾기도 했으나 그것이 그를 위하는 마음이거니 생각하고는 기쁜 판에 세란에게로 뛰어갔다.

"나두 피서 가요."

다짜고짜로 선언하고는 원족을 떠나는 아이같이 서성거리는 것이다.

"가구 말구요. 나두 가요 가요."

세란은 빙그레 웃으며

"큰 분부 내렸다. 어쩌다 별안간 맘이 내켰누. 이제야 미란이 덕에 집안사람이 모두 피서를 떠나게 됐으니."

"작정된 바엔 내일로래두 곧 떠나요."

"아따 쫄쫄 늘이다가 이제 와서 독판 조급히 군다."

눈초리에 주름을 잡으면서

"누가 전화 못 들었을 줄 알구. 한마디두 놓치지 않구 다 들었다나—. 선생과 제자의 정의가 그렇게 자별스러운 건 내 또 첨 봤어."

"생쥐라구 남의 전화는 엿듣나. 이 투실투실한 생쥐 같으니라구."

옆구리를 찌르는 바람에 세란은 몸을 틀었다가 금시 표정을 바로 잡는다.

"네가 부러워 못 견디겠다. 지금 내 상 위에 있는 것은 향기 높은 한 잔의 홍차가 아니구 한 접시의 비계인 것이 슬퍼 못 견디겠다. 홍차의 향기를 잊은 지가 벌써 언제던지 까마아득하게."

"이렇게 살이 찌구두 무슨 염치에 향기를 찾아. 욕심두 분수가 있지."

"그러게 안타깝단 말이지. 아무리 살이 찌구 나이가 늘어두 언제든지 그리운 건 그 향기! 비계를 먹은 후같이 불쾌한 때는 없거든."

"날더러 지금 홍차의 시대란 연설이지."

"소원대로 얼른 그 향기를 찾아 주겠단 말이다. 나두 멀리서 향기의 찌꺼기나 맡게. 피서는 내일로 곧 떠나기로 하구."

"내일!"

"어서 죽석한테 전화를 걸어야지."

일어서는 세란의 엉덩이를 밀치면서 미란은 날뛰었다.

피서행이 결정되자 그것만으로 집안은 한 고패 열린 듯이 별안간 번잡해져서 각각 자기의 행장들을 꾸미는 것을 한 가지의 중대한 사업이나 하는 것처럼 필요 이상으로 정성을 들이고 힘을 들이고 하면서 그렇게 시간을 보내기를 기쁨으로들 여겼다. 미란은 의장을 들쳐서 여름옷에다가 등산복을 준비한다 소설책을 모아들인다 하면, 세란은 화장품에 한층의 주의를 더하고 사진 기계를 수리하고 망원경을 사 들이곤 하면서 그 두 사람의 법석으로 집 안은 파장 후같이 너저부레하게 헤트러져서 그 뒷수습을 하는 것이 옥녀의 한 가지 덧붙인 일이 되었다. 일상의 찻그릇이며 기명에 유달리 사치한 그들이 요행 그 점에 마음을 쓸 필요가 없었던 것은 별장 안에 외국 사람 쓰던 것이 그대로 남아 있다는 까닭이었다. 생활에 드는 일절의 양식도 죽석들 편에서 준비하게 되어 직접 가게에서 잼이니 소시지니 버터니 통조림이니 하는 것들을 그것만으로 한 짝의 짐이 충분히 되리만큼 흔하게 집어내고 한편 쌀과 야채를 수화물로 한 짐이 되게 부쳤고 한 가지 딱한 것은 크림이니 잼이니 베이컨이니 설레는 그들로서 그것들이 든 푸대 속에 따로 된장과 고추장의 오지항아리를 준비하지 않으면 안 되었던 것이다. 구라파주의에 젖어서 자나 깨나 그것을 원하고 갈망하는 그들로서 오히려 된장 단지를 절대로 필요로 한 것을 보면 피부에 배어진 고향의 냄새와 빛깔을 떨칠 수 없는 모양이다. 그들의 주의가 철저하지 못한 탓인지도 모르기는 하나 그 풍토적 양식에 한 사람도 반대하는 사람은 없었으며 묵묵한 인정 가운데에서 향토의 산물은 짐 속에서 의젓한 자리를 차지하게 되었던 것이다. 구미양행은 주로 외국인을 상대로 하고 있는 까닭에 만태의 요량으로는 그들이 거반 피서를 떠나 거래가 조금 뻠할 때 아우에게나 가가를 맡기고 일행과는 떨어져 떠날 생각으로 위선 죽석만을 세란들의 한패와 먼저 동행시켰다. 그렇게 되니 결과로 보면 원래는 자기들이 계획하고 권고한 것이었으나 수의 비례가 너무도 기우는 까닭에 우세한 세란의 식구들 속에서는 주인과 여러 사람의 손님 — 세란들의 한패는 일가 족속이 달려들어 주인의 자리를 뺏고 자기들만을 위한 피서를 결의한 듯한 느낌이 있었다. 세란과 미란은 물론 현마도 제일차에 참가하게 되었고 단주만이 당분간 떨어지게 되었다. 현마도 사(社) 일과 집 건사의 관계로 단주와는 교대의 약속이어서 그의 피서의 기간은 반달 동안 단주가 집을 지키고 사 일을 보다가 교대하러 올 때까지라는 것이었다. 현마는 가장으로서 할 수 없는 노릇이라 달관도 할 수 있었으나 단주에게는 그 조건이 반드시 반가운 것이 아니었다. 될 수만 있다면 미란들과 함께 피서지에서 온 여름을 나고 싶어서 반지빠르게 절반의 기한이라는 것이 싫었고 빈집을 지키느라고 혼자 떨렁하게 남아 있기도 쓸쓸했다. 그러나 그런 불만을 품으면서도 결국에는 솔곳이 남아 있게 된 것이니 썩 내키지는 않는다고 해도 역시 거기에 마땅한 숨은 마음의 이유가 없는 것이 아니었다. '옥녀와 자기'—전에는 그다지 주의를 끌지 않았던 것이 어느 결엔지 새로운 제목으로서 마음속에 떠오르기 시작했던 것이다. 확실히 그가 몇 달 전보다는 엄청나게 자라났던 탓이요 세상이 한결 허랑하게 넓어진 증거였다. 한번 야산으로 나서 짐승 맛을 들인 이리의 식욕 앞에는 골짝을 뛰는 한 마리의 토끼도 심상하게는 보이지 않는다. 인생을 알기 시작한 지 단시간에 우둔한 백치같이 다른 생각 다 없이 식욕만이 무섭게 날카로워지면서 어느 결엔지 이리의 악덕을 배우게 된 것이다. 옥녀의 존재가 시선의 초점이 되기 시작한 것은 확실히 미란과 일이 있은 후부터였다. 입이 살쪘다고 진미 이외의 것이 천하게 보이는 것이 아니라 반대로 그것까지가 구미를 돋구어 주는 셈이었다. 단주는 원래가 악식가였고 세상에 이런 악식가는 많은 것이다. 입을 오므리고 가장 고귀하고 사치한 척 차례진 포도를 두어 알 따서 점잖게 오물거리는 것이나 기실 악식가의 소질을 다분히 갖추고 있어서 눈에 뜨이지 않는 곳에 들어가면 띠를 풀고 활개를 펴고 개구리를 들어라 뱀도 좋다, 대구입을 벌리고 갖은 악식을 도맡아 할는지 모른다. 사람치고 누구 한 사람 이 굴레를 벗어날 사람이 없을는지도 모른다. 단주도 그런 악식가의 한 사람임을 면하지 못하는 것이며 자기도 모르는 동안에 차차 그 본능과 면목을 발휘하려고 하는 것이었다. 빈집에서는 자기가 왕 노릇을 하게 될 것이며 모든 것이—뜰도 초목도 피아노도 옥녀도 자기의 지배를 벗어나고 거역할 수는 없을 것이라는 것이 은연중에 그의 의식을 지배하고 있었다. 자기에게 가장 가까운 것이 옥녀임이, 그것이 가령 미란이나 세란일 때와 비기면 월등의 손색이 있다고는 해도 그 대신 처녀지라는 신선한 식욕이 벌충해 주는 것이었다. 이런 것은 욕망도 계책도 아닌 것이요 채 그런 것으로 나타나기 전의 숨은 마음의 이유였던 것은 물론이다. 떠나는 날은 집 안이 금시에 폐가나 된 듯 세란과 미란과 현마가 빠져나가자 방 안과 뜰이 휑뎅그레하게 비어졌다. 세 사람이 각각 가방들을 들고 가벼운 차림으로 대문을 나섰을 때 그들을 보낼 양으로 나선 단주와 옥녀는 그 휑휑한 뜰을 돌아다보면서 전에 없이 집 안이 넓어진 것을 느꼈다. 지금까지 옥녀는 집 안에서는 온전한 한 사람의 몫을 못 보고 언제든지 한구석에 있는 둥 만 둥 숨어서 대수롭지 않은 처지에 있었던 것이 별안간 넓어진 그 집 안에서는 잠깐 동안은 어떻든 네 활개를 펴고 의젓한 한 사람으로서의 자기의 존재를 굳세게 주장할 날이 온 것도 같았다. 이 방 저 방을 내 것같이 왔다 갔다 하고 화장품도 마음대로 써 볼 수 있는 것이요 뜰의 화초도 참으로 즐거운 마음으로 사랑할 수 있게 된 것이다. 세란처럼 혹은 미란처럼 집 안을 참으로 내 것같이 휘둘러보고 지배할 수 있는 것이다. 옥녀가 그런 생각에 잠길 때 단주는 집 안을 돌아보고 섭섭하고 쓸쓸한 생각을 버릴 수는 없었으나 그 쓸쓸한 생각을 없애려면 역시 옥녀를 바라보며 모든 다른 생각을 말살해 버리는 수밖에는 없었다. 미란들의 유쾌한 자태와 피서지에서의 기쁜 날들을 탐내고 부러워해서는 안 된다. 빈 집 안을 한가한 것으로 보아야 하고 옥녀의 자태를 그들에게 밑지지 않는 것으로 보아야 한다고 느끼면서 옥녀를 바라보는 눈에는 애써 유쾌한 빛을 띠우고 애정을 담으려고 했다. 그러나 그런 노력의 표정에서 의외에도 영향을 받은 것은 세란이었다. 세란의 민첩한 눈에는 단주와 옥녀의 자태는 문득 심상한 것이 아니라고 느껴지면서 별안간 의혹과 근심이 솟는 것이었다. 애초에 세란은 피서하는 동안 단주와 함께 있기를 원했고 당분간이라도 그를 혼자 남겨 두기를 즐기지 않았으나 형편상 하는 수 없이 그렇게 된 것을 미안히 여기고 있던 터에 옥녀와의 표정의 교류는 떠나는 그날 처음으로 목도한 것이어서 그 미묘한 눈치를 보고는 마음이 설레기 시작한 것이었다. 빈집에 둘만을—그것도 속이 무궁한 단주와 어느 결엔지 철이 들대로 든 옥녀와를 남겨 둠이 옳은 일일까—병들 기회를 일부러 주는 셈이지 그들의 사이가 언제까지든지 성할 것인가—이런 불안이 솟으면서 두 사람의 나란히 선 자태를 바라보려니까 그만 여행의 구미조차 떨어졌다. 우두커니 섰는 것을 미란이 재촉해서 등을 밀치는 바람에 걸음을 떼놓기는 했으나 쏘는 듯이 날카로운 세란의 시선을 단주는 멸시하는 듯 항의하는 듯 되쏘아 붙이면서 말뚝같이 거만하게 버티고 섰었다. 남의 감정을 누그려도 보고 농락도 해 보고—대체 그런 기술을 어느 틈에 배운 것일구 하면서 단주는 스스로 자기의 태도에 경탄하는 수밖에는 없었다.

죽석들의 별장은 온천과 노비나촌과의 중간쯤 되는 언덕 허리에 있었다. 그렇기 때문에 노비나촌 사람들과 어울릴 필요도 없었고 온천 거리의 번잡한 속에 휩쓸릴 것도 없어서 흡사 한적한 곳에 독립된 왕국을 이룬 감이 있었다. 온천까지는 물을 맞거나 양식을 살 때 내려가면 그만이요 사람이 그리우면 노비나촌에 가서 멋대로 근처를 거닐면 그만이었다. 노비나까지는 두어 마장 온천까지는 삼 마장가량의 거리밖에는 안 되었다.

뜰에는 하아얀 모래를 깐 위로 사치한 사시나무가 잎새는 물론 휘추리째 바람에 간들간들 흔들리고 높은 시렁 위로는 머루와 다래넝쿨이 친친 감겨 올라 제물에 정자를 만들고 그 아래에 차 식탁이 놓여 휴게소를 이루었다. 잘고 마딘 잡초를 군데군데 깎아 버리고는 긴 이랑을 만들어 한 이랑에 한 가지씩 색다른 화초를 심었다. 모든 격식이 야지(野地)와는 달라서 미란은 역시 도회의 집보다는 한결 낫고 시원하다고 느끼면서 행복된 여름의 기쁨을 금할 수 없었다. 말에 들은 것같이 집안 구격이 지나쳐 넓어서 그렇게 일행이 대거(大擧)해 왔기에 망정이지 부부쯤이 와서는 어느 구석에 박혔는지를 모를 법도 했다. 복판에 강당만 한 넓은 객실 겸 공동실이 있고 그 양편으로는 한 편에 두 간씩 조그만 독방이 합 네 간 붙어서 그 네 방의 문이 모두 객실로 열렸고 창 있는 양편 밖으로는 넓은 복도이자 베란다가 길게 뻗혔다. 따로 요리실과 목욕실과 헛간이 붙은 것은 물론 흡사 합숙소같이도 대규모의 집이었다. 전에 있던 주인이 이사해 간 후이라 방 안에는 침대와 의자와 탁자들만이 앙상하게 남아 한산한 느낌이 났으나 만태는 별장을 망간 손에 넣었을 뿐으로 아직 설비도 치장도 베풀 사이가 없이 떠나들 왔던 까닭에 첫해의 설핀 살림을 살 수밖에 없이 된 것은 개척자의 슬픔으로 하는 수 없는 노릇이었다. 설핀 속에서 각각들 가지고 온 것으로 방들을 꾸미고 치장하고 새로운 경영에 맞도록들 힘썼다. 도회에서 흘러온 순회극단의 비애였던지도 모른다. 낯설은 극장 설핀 무대를 장식하느라고 못 박는 소리들을 탕탕 내면서 배경을 세우고 막을 드리우고 조명을 장치하느라고들 설레는 그 식이었다. 연극을 다한 며칠 뒤이면 다시 부수고 뜯고 할 것을 그래도 공들여 그 며칠을 위해서 꾸미고 만드는 것이다. 부서질 줄을 번연히 알면서도 애써 꾸며야 하는 것이 인간의 소중한 경영이라는 것을 안 점에서는 미란들 피서단의 일행도 순회극단의 일행에 밑질 것이 없었다. 피서는 연극같이 불과 며칠에 그치는 것은 아니었으나 그들이 정성껏 꾸며 가는 정신은 일반이었다. 넓은 창과 탁자 위를 덮기 위해서는 가지고 왔던 알록알록한 헝겊을 이모저모 오려서 벼락 커튼과 탁자보를 만들어야 하고 휑하니 무미한 벽을 감추기 위해서는 잡지 속의 그림이라도 모조리 뜯어 붙이는 편이 안 붙이는 것보다는 나은 것이며 침대맡에는 화병도 놓고 인형도 세우고—가지고 온 것들을 모조리 적당하게 이용하는 수밖에는 없었다. 여자들의 모양을 보고는 현마도 자기만이 팔짱을 끼고 있을 수도 없어서 산에서 나무를 베어다가는 톱과 자귀로 날림의자를 만드는 것이었다. 무엇보다도 집에는 의자가 부족해서 만태가 올 때 여러 벌 사 가지고 오기로는 되어 있으나 우선 아쉬운 판에 현마는 자진적으로 목수가 되어서 못을 개개 빗박으며 제 조작의 의자 제작에 종사했다. 필요가 행동을 요구하고 직업을 준다. 현마는 서투른 자귀질을 하다가는 빙그레 웃으면서 일종의 기쁨을 금하지 못하며 생활의 철학이라고 할까 전에는 꿈에도 생각해 본 적이 없던 한 가지의 이치를 터득하기 시작했다. 그 날림의자가 대단히 소중한 것이어서 여자들은 다투어서 한 개씩들을 침실로 나르며 객실에 놓으며들 했다. 비교적 호사스럽게 자라온 미란에게는 그런 궁박한 처지는 처음 맛보는 것이나 그럴 것이 없이 자란 아이에게도 원족을 나간 하루 동안의 부자유는 도리어 즐겁게 참을 수 있는 격으로 미란도 생후 처음으로 살림살이의 한몫을 거들어 요리도 하고 나무도 패고 장에도 가고 하는 동안에 격에 없는 생활의 기쁨을 알고 곤란을 곤란으로 여기지 않게 되었다. 현마에 밑지지 않게 도끼를 들고는 장작을 욱여 댔으며 바구니를 들고 온천으로 장을 보러 갈 때에는 휘파람을 불며 어깨춤을 추며 하는 것이었다.

마침 네 사람이었던 까닭에 네 간의 침실을 한 간씩 차지하고는 밤 이외의 시간은 대개 객실에서들 지내기로 되었다. 한쪽 편의 두 간에는 세란과 미란의 형제가 들고 맞은편 두 간에는 현마와 죽석이 들게 된 것은 별로 계획과 순서가 있는 것이 아니라 닥치는 대로 한 간씩을 점령들 한 결과였다. 누구보다도 죽석이 주인인 까닭에 그에게 가장 좋은 방을 주게 되었던 것이요 나머지 세 간 중에서는 제일 협착하고 작은 방이 있었으니 이것은 세 사람 중에서는 불가불 현마의 차지가 되지 않을 수 없었다. 현마는 두 여자 앞에서 신사의 예절로써 그 가장 작은 방을 싫어하지 않고 받을 수밖에는 없었다. 그 결과 결정되고 배당된 것이 그런 형식이었던 것이다. 그러나 그런 형식 속에서 네 사람은 방이야 아무 편에 붙었든 간에 한 간의 방은 결국 독립된 한 간의 방이므로 부자유도 불편도 없이 아직은 나날을 무사히 지내 갔었다. 무엇보다도 각자의 방이 필요한 것은 잠잘 때뿐이요 하루의 많은 시간을 객실과 문밖 뜰과 산과 길에서 지내게 되는 까닭에 방의 배당의 의식은 네 사람을 그다지 괴롭히지는 않았다. 미란은 저녁때만 되면 자기가 도맡아 보는 일과인 듯이 바구니를 들고 온천 거리로 내려가거나 별장 아래편 과수원으로 내려갔다. 과수원에서는 푸른 풋능금이나 토마토를 사는 것이요 거리의 가가에서는 배추니 무니 파니 신선한 야채를 샀다. 물론 야채만을 사는 것이 목적이 아니라 중요한 목표는 천 바구니의 야채보다도 한 사람의 사람이었다. 여관에 유숙하고 있는 영훈은 일행이 오던 날로 별장을 찾아와서 이삿짐을 거들어 주고 한 후 거의 날마다 별장을 찾게는 된 것이나 미란은 역시 온천에 그와 단 둘이 있을 때가 자유롭고 행복스러웠다. 피서지에서는 별장에 돌담과 울이 없는 것같이 모든 것에 테두리가 없고 경계선이 없었다. 기름길과 언덕 위 나무들과 길바닥의 화초와 골짝의 시냇물과 양편에 아카시아나무 우거진 산보길은 근처의 모든 사람의 것이지 한 사람의 것은 아니었으며 이웃 별장의 뜰 앞을 기웃거렸다고 책망하는 법도 없고 모르는 집 들창의 안과 밖에서 모르는 사람끼리 미소를 던지고 받는 수도 있는 것이다. 별장 사람들이 온천으로 자유로 내려가고 온천 사람들이 별장터로 마음대로 올 수도 있어서 그것이 피서지의 풍속인 듯 시스러울 것이 없고 해방적이었다. 영훈이 별장에 와서 아무리 눅진하게 궁둥이를 붙여도 허물할 사람이 없으며 미란이 온천에 내려가서 마음껏 어질러 놓아도 무방한 것은 이런 풍속에서 은연중에 온 습관이었다. 현마는 영훈의 출현에 깜짝 놀라서 마음에는 그 순간 약간의 금이 갔을는지 몰라도 겉으로는 대환영이어서 세란의 설명으로 모든 곡절을 비로소 알고 미란과 영훈을 함께 빙그레 바라보는 것이었다. 환영이라면 여자들의 환영이 더 큰 것이어서 그 지나친 환영을 받을수록에 현마의 눈치는 괴로워만 지면서 영훈도 온천에서 미란과 한가한 시간을 보내기를 좋아했다. 집에 있을 때 같은 예절이라는 것이 없이 미란은 성격이 일변한 듯 유쾌하게 데설거리면서 영훈의 방 안을 한바탕은 어질러 놓고 헤트려 놓고야 말았다. 천진난만하게 즐거울 때에는 이야기에 일정한 주제도 없고 거동의 통일도 없고 즉흥적이요 산만하고 불꽃같이 돌발적이었다. 그렇게 의식의 통일이 없이 날뛰다가도 일단 밖으로 나와 나란히 서서 길을 걷고 자연을 바라보고 할 때면 마음이 가라앉으며 비로소 의식의 방향이 작정되고 반성이 솟으면서 말의 터가 작정되는 것이었다.

"일전 걸어 주신 장거리 전화 지금두 그 목소리 귀에 쟁쟁해요."

"이 후로는 다시 두 번 그 얼굴 잊지 않구 목소리 까먹지 않도록 실컷 보아 두구 들어 두어야겠어요. 휑하니 외어 둬두 가끔 가다 잊어지는 건 웬 까닭인지요. 하로 열 두 시간 그 얼굴 바라보구 그 목소리 들어두 부족하구 못마땅하거든요…….”

장거리 전화의 연장인 듯도 했다. 시스럽고 부끄럽던 것이 그 전화로 말미암아 성격이 달라지고 마음이 갈아든 셈이었다. 지금 두 사람의 회화는 전과는 한 시대가 바뀌어진 느낌이 있었다. 별장으로 향하는 길은 좁아지고 산속에서는 꽃이라는 것이 아주 흔한 것이어서 길바닥에까지 아깝게 헤트러져 있다. 산비탈 헐어진 곳에는 황토가 벌겋게 내솟았고 도라지꽃과 싸리나무 포기가 서서 자줏빛 싸리나무 꽃에서는 눅진한 향기—꿀 냄새가 흘러왔다. 꿀 냄새같이 좋은 것이 없다. 영훈은 행복감에 넘치면서

“세상에서 지금 누가 제일 행복스러울까요.”

목소리를 높여 본다.

“제가 제일 행복스럽죠.”

수수께끼를 가장 옳게 풀어낸 듯 미란의 자신에 넘치는 대답.

“내가 제일 행복스럽다나요.”

영훈도 자기의 대답을 가장 옳다고 생각한다.

“전 어떻게 하구요.”

“내가 제일 행복스럽다니까요.”

“아니에요, 저예요.”

“십칠억 중에서 가장 행복스러운 게 나예요.”

“제가 제일예요.”

“내가 제일예요.”

"제가 제일예요."

실랑이를 치다가 결국 마주 보고 껄껄껄 웃으면서 좁은 길을 앞서거니 뒤서거니 내닫는 것이다. 행복감의 표현과 사랑의 고백은 점잖은 말과 태도로는 어울리지 않는 것이요 차라리 어린이같이 허물없는 태도와 오도깝스런 방법으로만 되는 것이 아닐까. 두 사람은 모르는 결에 훌륭하게 그것을 해치운 셈이다. 전화로 시작된 사랑의 말이 이날에 은연중에 열매를 맺은 것이다. 두 사람의 마음은 마지막으로 알 것을 알아낸 듯 만족스러웠다. 싸리꽃 냄새를 맡으면서 기름길을 걸어가던 그들은 사실 십칠억 중에서 첫째 둘째로 행복스러운 사람들같이 보였다.

미란의 한 가지의 걱정은 피아노의 연습을 게을리하는 수밖에 없는 것이었다. 그러나 이 문제가 간단히 해결된 것은 산속에서 의외로 한 대의 피아노를 발견하게 된 까닭이다. 노비나촌 한 가운데에는 극장과 무도실을 겸한 조그만 홀이 있었고 그 안에 피아노가 놓인 것을 영훈은 마을의 주인 양코스키 씨와 교섭한 결과 세를 맡기로 한 것이다. 사용료를 주고 하루에 몇 시간씩 홀에 들어가서 사용할 권리를 산 것이다. 미란의 걱정은 해소되어 영훈과 함께 날마다 홀에 다니는 것이 일과의 하나로 불었다. 악보들을 가져온 것이 다행해서 미란에게는 하루하루가 뜻있어지고 놀아도 마음이 놓이고 피서가 한층 즐거운 것으로 되어 갔다.

나무 그림자 속에 묻혀 있는 까닭에 홀 안은 낮에도 어두웠다. 교회당같이 기다란 창에서 빛이 흘러든다 해도 원체 휑한 방 안은 구석에 박쥐라도 날아날 듯 어두컴컴했다. 무대 바로 아래편에 놓여 있는 피아노는 창에서 흘러드는 빛을 정면으로 받게는 되었으나 그래도 촛불이라도 켰으면 할 정도의 어둠이었다. 건반을 향해서 두어 시간 들볶다 밖으로 나오면 눈이 부시고 골이 띵 했으나 이런 때에는 시냇물에 내려가 바람도 쏘이고 산에 올라 나무 사이를 헤치기도 했다. 하루는 어두운 홀 안에서 막 연습을 시작하려 할 때였다. 밖에서 별안간 가제 들어가면 한참 동안은 눈이 어두워서 건반조차 확실히 보이지 않았으니 그 보이지 않는 어둠 속에서 미란은 영훈의 체온을 가까이 느낀 것이었다. 번개 같은 순간의 일이었다. 횃불같이 전신을 덥게 하면서 입술이 와 닿았다. 선지피를 끼얹은 듯 얼굴이 달며 두 팔이 전신을 꽉 죄었다. 바닷속에서 낙지에게나 잡힌 듯 전신의 피가 엉겨드는 듯하다. 밝은 속에서는 도저히 용기를 못 낼 그런 돌발적인 행동—애정의 표현은 벼락같이 감행하지 않고는 못 하는 것일까. 어두운 것이 다행이었다. 미란도 본능적으로 그의 팔에 전신을 던지고 그의 뜻에 몸을 맡기면서 자기의 팔에도 힘을 주었다. 부끄러운 김에 캄캄한 속에서도 눈을 감고 있었던 까닭에 무더운 어둠 속에서 그 똑같은 자세로 얼마나 시간이 흘렀는지 모른다. 몸에 불이 붙은 채 깊은 바닷속에 가라앉아 가는 것도 같았다. 그날의 연습은 물론 틀려서 두 사람은 악보를 그대로 던져 두고 그 단 몸으로 밖으로 나와 버렸다. 좀체 식지 않고 말을 잊은 듯이 입들이 벌어지지 않았다. 아카시아나무 아래를 걸어오는 야한 색채의 옷을 입은 외국 여자가 유심히 자기들을 바라보는 것이 마치 홀 안에서의 비밀이나 알고 있는 듯 미란은 제물에 고개가 숙었다. 그를 지내 놓고 별장으로 향하는 길로 나섰을 때 미란에게는 다시 부끄러움이 솟으면서 사랑이라는 것을 깨닫기 시작했다. 무덥고 피가 끓고 혼몽해지면서 바닷속으로 잠겨 들어가는 것이 그것이 사랑이란 것인가—생각하면서 비로소 훌륭한 세상을 안 듯도 싶었다. 흡족하고 자랑스러우면서 간들바람을 맞는 육체가 상쾌하고 거뿐했다. 그 자랑스럽고 훌륭한 것을 받기에 자기의 몸이 부족하고 부적당한 것이 아닐까 하는 걱정이 솟았다. 결코 작은 걱정이 아니었다. 문득 마음속에 돋아났던 것이 마치 흡수지 위에 퍼지는 잉크 방울같이 볼 동안에 활짝 퍼지면서 구름장같이 마음을 덮었다. 그 걱정이란 자기 몸의 허물과 관련되는 것이었다. 허물 있는 몸으로 그가 주는 맑은 행복을 받는 것이 그를 농락하는 것이 아닐까 느껴지면서 단주와 무의미하게 저지른 지나간 하룻밤 일이 무서운 채찍같이 몸을 매질하는 것이다. 몸이 맞도록 지울 수 없는 영원한 흠집이 이제 와서 마음을 여의고 몸을 저밀 결과가 될 줄을 어찌 알았으랴. 그 지난 허물을 영훈에게 말함이 옳을까 안 함이 옳을까. 말함에는 어떻게 해야 할 것인가 대체 그런 것을 터놓고 말할 수 있는 것인가—생각할수록에 마음이 섞갈려지고 괴로워지면서 행복이 금시 불행으로 변해지는 그 조화에 두려운 생각이 났다.

"사랑에는 열정과 정성만으로 족한 것일까요."

오물하고 있던 질문을 선생 앞에 던지는 아이 같은 그의 태도를 영훈은 찬찬히 바라보면서

"더 무엇이 필요할까요."

"자격이라는 것이 필요하지 않을까요."

"자격이라니요."

"바다를 건너 외국에 들어갈 때에는 왜 신체검사가 엄중하지 않어요—몸이 허약하지 않은가, 병을 가지지 않었나 하는."

"몸이 허약하다구 사랑에 부적당하다는 법이 세상에 있나요."

하필 몸이 허약하다는 것을 드는 까닭에 미란은 어떻게 설명했으면 좋을지를 몰랐다.

"제겐 암만해두 자격이 없을 듯해요."

"난 외국의 세관 관리두 아니구 이민단의 검사원두 아니거든요."

"당장에서 눈을 감았다가 나중에 알리는 경우에는 뉘우침이 큰 법예요."

"난 나중두 모르구 과거두 모르구 현재만을 사랑해요. 과거에 병이 있었든 마든 미래에 병이 생기든 마든 그것이 무엇입니까. 현재의 열정과 정성을 버리구 무엇을 구하겠습니까. 적어두 사랑에 있어서는 난 그런 태도를 가지는 사람예요."

"전 점점 죄나 져 들어가는 듯한 생각이 들면서……."

"병적인 망상이죠."

"그럴까요."

하면서도 미란의 걱정은 일반이다. 영훈은 자기의 말하는 속뜻을 확적히 알고 하는 소리인지 그렇지 않으면 자기의 비유를 그다지 큰 것으로 잡지 못하고 막연한 것으로 그릇 알고 말함인지를 분간할 수 없었다. 자기가 말한 것은 막연한 추상이 아니고 무서운 구체였다. 구체를 말함에는 불가불 비유를 쓸 수밖에는 없었던 것이다. 그 비밀과 곡절을 영훈은 참으로 아는 것일까 모르는 것일까 걱정에 넘치는 마음은 영훈의 간곡한 태도의 표시로도 쉽사리 누그러질 줄을 몰랐다.

그러면서도 영훈을 사랑하는 마음은 억제할 수 없도록 솟는 것이었고 열정이 넘치면 넘칠수록에 자책의 마음도 더욱 솟았다. 그렇다고 그 후로 영훈이 번번이 요구해 오는 애정을 물리칠 수 없었던 것도 물론이요 그것을 알뜰히 받아들일 뿐이 아니라 일층 바라면서 그 속에서 모든 반성을 잊어버리려고 했다. 피서라고는 해도 산을 헤매고 물속에 잠기고 꽃을 보고 바람을 쏘이는 것만이 능사가 아닐 것이요 별장에서는 그 단조한 일과에 맥이 나게 되고 더구나 긴 밤은 파적거리가 없이는 지내기 어려웠다. 객실에 우두커니 모여들 앉으면 조그만 포터블에 몇 장 가지고 오지 못한 레코드도 싫증이 나서 트럼프를 놀아 보았다 화투를 쳐 보았다 고심들을 하고 시간을 지우기에 노력들을 하는 형편이었다. 심심한 속에서 영훈은 밤에는 더욱 귀하고 반가운 손님이 되었다. 화투를 놀든지 음악을 듣든지 무엇을 하든지 그는 필요한 한몫을 보았다. 하루는 아마도 세란의 제의였던 듯하나 춤을 추어 보자는 의논이 나자 즉석에서 찬동을 얻어 이후 밤마다 그것이 유쾌한 파적거리가 되었다. 영훈은 온천에서는 구면이 되어 버린 까닭에 여관에서나 이웃집에서 레코드를 긁어 모아다가는 밤마다 제공했고 그 값으로 못 추는 춤의 교습을 받기로 되었다. 현마들 식구끼리는 허물없는 것이었고 영훈도 그 속에 한몫 끼는 것이 부자연스럽지 않았으나 죽석만은 멀리 두고 온 남편의 생각도 있고 남의 가족 속에 혼자 끼어서 건들거릴 수도 없어서 처음에는 사양도 해 보았으나 세란의 고집에는 배겨 내는 장사 없었고 무엇보다도 개중에서 그는 상당히 춤이 익숙한 편이어서 남들이 흔들거리는 것을 보고는 가만히 앉아 있을 수 없어 나중에는 제 스스로 팔을 벌리고 나서게 되었다. 춤이 익숙한 것은 죽석뿐이 아니라 세란도 밑지지 않으리만큼 그 길에는 능란해서 둘이 겯으면 왈츠니 탱고니 못 추는 것이 없었으나 가장 중요한 현마와 영훈이 하잘것없는 것이 섭섭하고 멋쩍었다. 벼락공부로 익혀 가지고 추기 시작한 것이 기껏 트롯 정도였다. 그러나 간단한 스텝도 열중하기 시작하니 흥이 나서 레코드 한 면이 짧고 성에 안 차는 것이었다. 미란은 약간 그 방면의 소양이 있던 터에 터득이 빨라서 얼마 안 가 부드러운 스텝을 밟게 되었다. 사람이 적은 까닭에 돌려 가면서 추느라고 영훈은 세 사람과 한 번씩은 다 겯어 보게 되었다. 미란과는 물론 세란과도 죽석과도 손을 잡아 보는 것이나 미란과의 때에는 스텝보다는 높아 가는 감정에 얽매이게 되어 발이 빗나가고 자세가 뒤틀어지기가 일쑤였다. 춤추는 일과가 생긴 후부터는 영훈은 그 어느 날이나 밤이 패이는 줄 모르고 열중하게 되어 대개는 밤이 깊어서야 온천으로 내려갔다. 밤참을 먹고 차를 달여 마시고 난 후 영훈이 온천으로 행할 때에는 미란은 따라 나와서는 밤길을 중간쯤까지나 동무해서 걸었다. 몸에는 춤에서 받은 율동이 그대로 남아 있어서 즐겁고 유쾌한 기분에 밤기운이 한 방울 한 방울 술같이 몸에 젖어들었다. 그 아름다운 날마다의 밤이 무슨 까닭에 자기의 것이 되며 그 행복이 무슨 까닭에 자기의 차지가 되는가 행복이 있다가는 필연코 불행이 뒤를 잇는 것이 아닐까 하면서 행복이 도리어 무서운 것으로 여겨지기도 했다. 불행이란 어떤 데서 오는 것일까 어떤 사람이 불행한 것인가—가야의 생각이 무뜩무뜩 떠오르는 것도 한두 번이 아니었다. 가야는 지금 어디서 어떻게 하고 있을 것인가—이 생각은 가슴을 앙칼지게 에우는 때도 있었다.

"가야를 생각하면 괴로워서 못 견딜 때가 있어요."

입안에 뱅돌던 그 말을 기어코 하룻밤 입 밖에 내지 않을 수 없었다. 가야라는 이름이 영훈의 가슴속에서도 물론 사라진 것이 아니었고 안개같이 서리우면서 마음을 항상 무겁게 둘러싸고 있었던 터이다. 아픈 상처를 다칠까 봐 그대로 살며시 버려둔 셈이었던 것을 그날 밤 미란이 따짝거려서 뜨끔뜨끔 쑤시기 시작하게 만든 것이었다.

"가야의 이름은 찰그마리같이 차져서 가슴속에서 씻어 낼래야 씻어 낼 수 없습니다만."

"제가 가진 허물 중에서 가야에게 대한 죄두 여간 큰 것이 아닌 듯해요. 그를 낭떠러지로 밀쳐 버리구 나 혼자만이 솟아날랴구 죄를 짓구 있는 것만 같어요. 변명을 해 본대두 결과에 있어선 그런걸요."

"가엾은 생각으로야 나두 일반이지만, 그런 생각과는 형편이 다르지 않습니까. 그의 뜻을 짓밟어 주구 불행으로 몰아넣은 것은 내나 미란 씨가 아니구 눈에 보이지 않는 힘이 아니겠습니까. 그 힘을 낸들 어떻게 하겠습니까."

"……지금 어디서 무엇을 하구 있을지 가야의 그 헤트러지는 눈동자를 생각하면 뼈가 저려져요. 눈물이 그렁그렁 맺혀서 부옇게 흐려지는 그 눈! 세상에서 그보다 가엾은 게 또 있어요."

"그러게 나두 자꾸 잊으랴구 애쓰죠……. 쓸데없는 일 더 생각하지 말기로. 즐겁던 밤을 이렇게 슬프게 끝막을 까닭이 있나요."

달려들어 급스럽게 안아 주는 바람에 미란은 간신히 서글픈 속에서 깨어나기는 했다. 영훈의 힘은 날로 벅차 가는 것이어서 그 속에 몸을 맡기고 열정의 바닷속에 잠기면서 미란은 사실 한시라도 속히 모든 것을 잊게 되기를 원했다.

## 7.

단주는 한 가지를 계획하면 낙자가 없다. 세란과의 경우가 그랬고 미란과의 경우가 그랬고 옥녀와의 경우 또한 그랬다. 하기는 그중에서 옥녀와의 경우가 가장 헐하고 수월했던지는 모른다. 그 어느 때보다도 빨리 성공했던 것은 옥녀 자신이 발을 맞추어 주고 스스로 걸어와서 그 계획에 참가해 주었던 까닭인지도 모른다. 옥녀는 그 하루를 한계로 사람이 변한 듯 지저거리고 날뛰고 새장 속에서 놓여난 듯 히히덕거렸다. 단주가 전과는 달라서 은인이라는 생각이 나면서 그 앞에서 자기는 노예인 듯 그를 위하고 받들었다. 푸른집은 두 사람을 위해서 생긴 보금자리—그 속에서 시원스럽게 휘돌아치고 단주를 실컷 보고 농탕치고 하는 것이 다시없을 행복이었다.

실속으로는 피서지 별장보다는 나아서 살림살이는 그 어느 때보다도 흡족했다. 별장에서처럼 의자가 부족할 리도 없고 레코드를 탄식할 것도 없고 부엌의 양식을 걱정할 것도 없었다. 가가 차인꾼에게 단주는 얼마든지 먹을 것을 분부했고 음악도 시들해서는 걸어 놓은 레코드를 바늘이 갈리는 대로 언제까지든지 버려두었고 미란이 오면 핀잔을 맞을 것을 각오하면서도 피아노를 밤낮으로 울리고 이 방 저 방을 돌아다니면서 목청을 놓아 노래를 부르며 두 사람만의 집 안이 전보다는 한층 요란하고 수선스러웠다. 피서 못 간 화풀이로 목욕통에는 철철 넘치게 수돗물을 대 놓고 하루에도 몇 차례씩 철벅거리고 단주는 수영복을 입고 옥녀에게도 새빨간 한 벌을 사 입혀서 뜰을 해변으로 벌거벗은 채로 나서서는 수도의 호스를 끌어 나무 꽃밭 풀숲 할 것 없이 물줄기를 대서 비 온 뒤같이 뜰을 온통 질펀하게 적셔 놓고는 무지개 돋은 그 속에서 꽃을 밟고 숲속에 숨기며 날을 지웠다. 옥녀에게는 주인들 떠난 것이 자기의 팔자를 고쳐 준 듯 기쁜 날이 될 수 있는 대로 오래 있도록 축수하고도 싶었다. 자기를 생각하는 단주의 마음도 길이길이 변하지 말고 언제까지든지 같도록 원했다.

"가짜로 사람을 농락해 보구는 이제들 돌아오면 되루 본 체 만 체 하랴구."

"난 이 집에서 너 같은 아이는 없다구 생각하는데."

"정말. 미란이보다두."

"그럼."

"세란이보다두."

"그럼."

"요……. 생판 거즛말만."

꼬집는 바람에

"아야야얏."

비명을 올리면서 단주는 풀숲으로 나뒹굴며 쓰러진다.

"미란이보다 낫다면 세상에 원할 것이 없게. 열두 번 죽어서 그렇게 태날 수 있다면 열두 번이래두 죽겠다. 바른말을 해 달라니까."

"미란이 다 무어게. 독판 잘난 척 교만하구 주제넘구 언제든지 뽀르퉁하구 그까짓게 다 무어게."

"밀려났으니까 그따위 소리지."

"밀려나긴 누가 밀려나. 괜히 칭찬해 줘두 그러는구나."

"정말 미란이보다 낫단 말야. 그럴까. 해가 서에서 돋는 셈이게."

"그래두 그런다."

"그럼 왜 속으로 얼른 피서를 가게 됐으면 해. 그 눈치 누가 모를까 봐."

"피서는 누가. 그까짓 피서를 누가 가. 여기 이렇게 있는 게 얼마나 낫게."

여자의 앞에서는 마술에 걸린 것같이 어디까지가 본심이고 어디까지가 가짜인지 제 마음을 헤아릴 수 없었다. 참으로 미란을 옥녀보다 못하다고 생각하는지 어쩐지 피서지로 가기를 속으로 원하고 있는지 아닌지를 분간할 수 없었다. 미란과 옥녀는 비교할 것이 아님이 사실이었고 피서지로 가고 싶다고 원하고 있었던 것도 사실이었으나 옥녀의 앞에서 꼬집히면서 대답한 것도 거짓말은 아니었다. 이제 와서는 제 마음조차 알 수 없게 된 것이다. 머릿속이 어리둥절하면서도 눈앞에 다구지게 맞붙어 앉은 옥녀를 역시 고운 것이라고 여기고 있는 것만은 진정이었다.

"또 한 번 말해 봐—피서 안 가구 내가 미란이보다 낫구. 또 한 번 말해 보라니까."

"피서 안 가구 미란이보다 낫구."

"왜 이리 수다스럽게 묻는구 하면—그것이 여자루서 제일 듣구 싶은 말이거든. 누구보다두 잘생겼다는 것. 옆을 떠나 주지 않겠다는 것. 누구나 여자의 맘을 뒤집어 보지. 겉으로는 점잖은 체해두 이 원을 품구 있기는 일반일 테니. 여왕으로부터 노예에 이르기까지 누구 한 사람 빼놓지 않구 죄다 그럴 테니."

혼자 부지런히 지껄이고는 옥녀는 벌컥 단주의 팔을 끌어 일으켜 손목을 끌고는 뜰을 내닫는 것이다. 단주는 완전히 허수아비였다. 소녀의 열정의 포로가 되고 있는 것을 번히 알면서도 별수 없이 지시대로 몸을 맡기는 것이다. 그 위치의 바뀌어진 것을 사실 속으로는 놀라고 있었다. 그것이 있은 때부터 두 사람의 자리는 정반대로—단주가 아래로 옥녀가 위로 바뀌어진 것이었다. 분화산같이 터져 나오는 소녀의 열정에 눈을 휘둥그렇게 굴리면서 어느 결엔지 거기에 끌려가는 신세가 되고 있었던 것이다. 대청으로 들어가면 창으로 나무 그림자가 그대로 들어와서 푸른 그늘을 지은 그 아래에서 옥녀는 단주를 위해서 먹을 것과 마실 것을 냉장고 속에 흐붓하게 준비했다.

삼복더위는 유난스럽게도 심해서 줄곧 찬물 속에나 얼음 속에 있기 전에는 대청에서도 견디기 어려워서 크림을 먹어도 그때뿐 더위가 확 확 치뜨려 와서 단주는 주체스런 수영복까지 벗어 버리는 것이었다. 그늘 속에 가려진 집 안은 밖 세상과는 떨어진 별천지여서 그 속에서는 옥녀도 단주를 본받았다. 기발하고도 자연스런 의욕—원시로 환원하려는 것이다. 그 야릇한 세상 속에서 원시인의 자웅은 멀거니 서 있기가 거북해서 순라잡기를 시작한다. 옥녀가 내달으면 단주는 뒤를 쫓아서 방에서 방으로 기어코 옥녀를 잡아 버린다. 구석에 쓰러진 것을 욱박아 대고 항복을 받으면서 원시의 풍속을 모방했다. 정복이요 점령인 것이다. 그렇게 처녀지를 한 곳 두 곳 점령해서 영토가 점점 늘어 가는 것이 단주에게는 둘도 없는 인생의 기쁨이었다.

"정말 모른 체만 하는 날이면 난 죽을 테야."

"모른 체는 왜. 누구보다두 널 제일 좋아하는데."

"언제부터 내가 눈에 들었게?"

"처음부터. 내가 이 집에 온 첫날부터."

"미란이를 좋아하면서 나두 눈에 들었어?"

"미란이를 좋아한 건 좋아한거구 너두 맘에 들두구나."

"한꺼번에 두 사람씩을 좋아한단 말이야. 사람이 아니구……."

"두 사람을 왜 못 좋아해. 넌 꽃밭의 꽃을 꼭 한 가지만 좋아하니. 달리아두 좋구 애스터두 좋구 카칼리아두 좋구 해바라기도 좋구 봉선화 패랭이꽃 다 좋지 한 가지나 싫은 것이 있다더냐. 꽃을 가지구 뭔 좋구 뭔 싫다구 태(態)를 피우는 녀석같이 거짓말쟁이는 없더라. 꽃이란 다 좋은 게란다. 널 꽃이라는 건 아니나 미란이를 좋아하면서 너까지 좋아하는 게 거짓말이란 법이 어디 있다더냐. 미란이를 보는 한편 눈으로는 너를 뱀같이 노려 왔단다."

"어디가 맘에 들었게."

"눈두 좋구 코두 좋구 입두 곱구……."

"귀는."

"귀두 복스럽구."

"또."

"머리카락두 맘에 들구 살결두 희구."

"다리만은 미란에게두 밑지지 않는다나."

"옳지 그 다리. 다리두 곱구 발두 자그마하구."

"그리구."

"손목두 얌전하구 가슴두 탐스럽구……."

"……."

"그리군. 그리군 모두가 곱지 한 가지나 빠지는 데가 있다더냐. 손가락에서 발가락까지가 어깨 허리 할 것 없이 모두가 이렇게 맘을 뒤흔드는구나."

단주는 몸을 던지면서 말 이상의 설명을 몸으로 하는 수밖에는 없었다. 옥녀를 한층 부채질해 주는 결과가 되어서 찰거머리같이 엉겨들게 될 때 단주는 자기가 시작한 그 열정의 도가니 속에서 도리어 숨이 막히고 기가 지쳐서 낙지다리같이 휘줄그레해지고는 말았다. 세란과의 때와도 흡사했다. 저편에서 겨뤄 오는 열정이 처음에는 단 술이어서 마시기 시작한 것이 차차 진해지면서 모르는 결에 흠뻑 취해 와서 기진맥진한 끝에 혼몽상태에 이르게 되는—그런 눅진한 열정을 욕심스럽게 요구하는 점에서 옥녀는 세란과 흡사했다. 조그만 몸속 어느 구석에 그런 무진장의 열정이 숨어 있나를 의심하면서 단주는 까빡 취해 버리고야 말았다. 탁하고 혼몽한 속에서는 한 모금의 찬물을 원하게 되듯 단주에게는 으레 한 줄기의 깨끗하고 맑은 것—미란을 생각하게 되는 것이 버릇이었다. 세란과의 때에도 번번이 미란의 자태가 날카롭게 솟던 것이 이제 옥녀와의 불더미 속에서도 역시 미란의 초초한 환영이—그만이 세상에서 귀하고 신성한 것인 듯 눈부시게 떠오르는 것이다. 정신을 차리고 손을 내미는 것이나 환영은 손가락에 닿지 않고 깜박 꺼지고 자기의 몸만이 추접한 불더미 속에 남는다. 불더미 속이 답답해지고 구역이 치밀면서 좀더 맑은 정신으로 사라진 환영을 찾고 높은 것을 구하려는 마음에 벌컥 자리를 일어서려면 옥녀의 손이 놓아 주지 않는다. 옥녀를 박차고 나가서 맑은 바람을 쏘여야겠다는 의욕이 솟으면서도 눈앞의 바오리에 묶여 꼼짝달싹 못하면서 번민 속에서 헐덕거리게 되는 것이 피할 수 없는 운명같이 여겨지면서 자기가 파놓은 함정 속에 빠져서 헤어나지를 못하고 언제까지나 신음하는 셈이었다.

단주가 그리워하고 꿈꾸는 미란에게는 영훈과의 맑은 사랑이 날로 덥게 피어 가는 중 푸른집의 혼탁한 열정이 반드시 전염되었을 법은 없으나 별장에도 돌개바람같이 혼란이 오게 되었다.

음악도 시들해지고 춤들도 단조로워져서 다른 신기한 소일거리는 없나 하고 고심들하게 되어 유다른 것이 있으면 정신을 쏟게 되었다. 피서로서는 역시 도회 가까운 바닷가가 변화 많고 번화해서 낫다는 것을 깨달으며 세란은 한시를 무료히 여기게 되었다. 미란과 영훈의 무료해하지 않는 자태들을 바라보면서 그 향기를 자기도 한몫 맡고는 싶으나 영훈은 단주와는 애초에 인금이 다른 것이요 손가락 하나 범하는 수 없어서 아쉬운 대로 단주나 속히 왔으면 원하면서 현마와만의 단조한 풍습에 싫증이 났다. 하루는 등산의 제의가 나자 세란도 무거운 몸에 잠방이를 입고 륙색을 짊어지고 따라나섰다. 영훈까지 끼어서 일가 총 출동으로 앞 개울을 건너 물줄기를 따라 올라갔다. 일대에는 싸리꽃이 흔해 그 꿀의 풍미가 훌륭하다는 바람에 수나 좋으면 벌집을 만나 꿀을 빼어 오자는 것이었으나 벌은 눈에도 뜨이지 않고 험한 숲속을 헤치노라고 결국 반날의 노독을 얻어 가지고 돌아왔을 뿐이나 날을 지우자는 것이 목적인 그들에게 그 하루의 원족으로서는 흡족한 것이었다. 유쾌한 소득이 있다면 개울가를 더듬어 내려올 때 눈에 뜨인 한 자웅의 사슴의 아름다운 정경을 보았음이다. 깊은 골짝에서 물을 마시러 내려온 모양인 듯 반석 위에 서서 긴 목을 뽑고 유유하게 물을 마시는 알록 자웅의 광경이 속세의 것 아닌 고결한 것으로 보였다. 그 산골짝의 인상적인 그림이 가슴속에 배면서 골짝을 더듬어 내려오는 것이 미란에게는 여간 유쾌한 것이 아니었다. 부락까지 돌아왔을 때에는 피곤한 김에 해는 길게 남았어도 일이 손에 잡히지 않아서 온천으로들 내려가 목욕을 하고 이른 저녁을 먹고는 늦어서야 별장으로 돌아왔다. 피곤은 했어도 긴 날이어서 초저녁부터 침실로 들어가기도 멋쩍은 판에 객실에 불을 켜 놓고 이곳저곳에 앉아 소설책에 정신을 팔기 시작했다. 다 각각 몇 권씩의 소설책들을 지니고 왔던 것이 다행이어서 산속에서는 영훈이 날마다 온천에서 갖다 주는 신문과 함께 오락물의 하나가 되었다. 평소에 책 읽기를 싫어하고 잔 한 줄 한 줄을 어떻게 꼼꼼스럽게 읽어 가노 하고 글과는 담을 쌓고 있던 세란이나 죽석도 별수 없이 무료한 속에서는 그 한 줄 한 줄을 꼼꼼스럽게 읽을 수밖에는 없었다. 기껏 가지고 왔다는 소설들이 『데카메론』이니 모파상의 장편소설이니 슈니츨러의 단편들이니 하는 것들이어서 그런 소설들을 차례로 읽으면서 세란은 자기 비위에 맞는 대문만을 이해하고 감동하면 그만이었다.

그날은 무슨 책들을 논아 쥐었던지 번히 서로들 아는 책이면서도 진진한 대문을 읽을 때에는 일종의 비밀을 느끼면서 자기만이 그것을 알고 있는 듯 숨은 기쁨을 입속에 가만히들 감추었다. 현마가 읽고 있었던 것은 초서의 『캔터베리 이야기』의 번역이었다. 「방앗간집」의 요절을 할 이야기에 눈초리에 주름을 잡으면서 술잔으로 한 모금 한 모금 목을 축이고 있노라니 세란과 미란이 뛰어와서 조롱을 하면서 위스키의 병을 번갈아 빼어서는 한 잔씩들 기울이는 것이다. 술을 먹는 버릇도 별장에 와서 익힌 것인데 심심한 판에 맛보게 된 것이 이제 와서는 제법 쓸쓸할 때의 술 먹는 맛이라는 것을 알게 되었다. 죽석의 허물인지도 모르기는 하다. 떠날 때에 가가에서 순수한 외국치라고 자랑 삼아 포도주니 퀴라소니 진이니 위스키니를 여러 병씩 짐 속에 넣었던 것이다. 현마 혼자로서는 그 많은 것을 다 제칠 수는 없는 노릇이어서 옆에서 거들기 시작한 것이 먹게 된 시초였고 현마는 양코스키의 아들 왈리엘 군과 어느 결엔지 친하게 되어 위스키 병이나 들고 가면 보드카를 몇 병이든지 바꾸어 올 수 있어서 별장에는 술만은 삘 새가 없었다. 세란과 미란이 현마에게 매어 달려 술들을 빼는 것을 보고 죽석도 식성이 동하지 않는 것이 아니어서 슬그머니 일어나서 포도주 한 병을 들고 나온다. 여자들 비위에는 그것이 맞는다는드키 세란과 미란은 즉시 그리로 몰려가서 세 사람이 한패가 되어서 현마와 대거리나 하는 듯 불란서에서 왔다는 떫은 포도주를 벌떡벌떡 켜는 동안에 접시 위에 햄을 베어 놓고 치즈를 저며 놓고 완전히 술추렴이 되고 말았다. 피곤한 판에 자옥하게 저물어 가는 창밖을 내다보면서 한 잔 두 잔 기울이는 것이 제법 홍취가 도도해지면서 도회에서 맛보지 못하던 홍취를 숨은 산속이기 때문에 맛볼 수 있게 되었음을 행복스럽게 여기는 동안에 흠뻑들 취해 갔다. 어른 앞에서 못하던 장난들을 어른이 없는 새에 숨어서 살며시들 해 보는 아이들의 놀음과도 같은 것이 여자들의 술타령인지도 모른다. 읽던 책들도 던져 버리고 수군덕수군덕 이야기들을 하다가 거나한 김에 축음기를 틀어 놓고 춤을 추다가는 흔들거린다 쓰러진다 하는 것이었다. 현마도 혼자서 조금씩 머금을 때에는 모르던 것이 눈앞에 어릿거리는 여자들의 자태를 바라볼 때 눈이 흔들거리면서 까빡 취했음을 깨달았다. 건들건들 춤추는 것을 보고 있으려니 전신이 휘뚱휘뚱 기울어지면서 들고 있는 책의 활자가 요술같이 커졌다 작아졌다 해 갔다. 미란이 와서 책을 차버리고는 손목을 끄는 바람에 허전허전 일어서서 그 숲에 한몫 끼이게 되었다. 미란은 유쾌한 마음 같아서는 뛰어가서 영훈을 끌고도 오고 싶었으나 취한 꼴로 밤길은 위태할 것 같아서 내일도 날이거니 하고 섭섭한 생각을 억제할 수밖에는 없었다. 춤이 아니라 쓰러지고 붙들고 난판들이었다. 현마는 닥치는 대로 세 사람을 붙들어서는 팔목을 쥐고 발등을 밟고 하는 통에 나중에는 그에게 붙들리지 않으려다가 그대로 까막잡기가 되어 버렸다. 현마는 손수건으로 두 눈을 싸매고 방구석으로 몰려다니는 세 사람을 잡으려고 팔을 벌리고 어둠 속을 더듬게 되었다.

"두 눈을 싸 매 고 내 찾으 랴는 것 그 무엇이냐……."

소리를 높여 타령을 시작하면서 조심스럽게 발을 떼 놓는다.

"……눈은 어둡구 앞은 맥히구 날은 저물구 길은 먼데 내 찾 으랴 는 것 무엇 이며 내 원하 는것 무엇이냐 꼭 한 가지 원하 는것 무엇 이냐 자나 깨나 원하 는 것 무엇 이냐 자나 깨나 원하 는것 무엇이냐 하늘 에두 말 못 하구 땅에 다두 말 못 하구 달에 다두 말 못 하구 새에 게두 말 못 하구 맘 속 에만 파묻어 두구 내 일상 바라 는 것 무엇 이냐……."

"취했어 취 했 어 잠 고 대 를 하나 성주 풀이를 하는 셈 인가 경상도 안 동 땅에……."

세란 자신 취해서 비틀거리다가 벽에 면상을 부딪치고 비틀비틀 되밀려 나오는 것이었다. 뒤를 따르는 현마도 같은 벽에 호되게 맞치면서 쓰러지더니 털고 일어나 여전히 중얼거린다.

"……황금 이냐 아니 로다 권력 이냐 아니 로다 부귀 두 아니요 영화 두 아니 요 내 일생 원 하는 것 아무 게두 말 못할 내 맘 속에만 감 돌구 있는 것 생각 만 해두 무안 하구 무섭구 그러 나 내 목숨 있는 동안 자나 깨나 뗄수 없는 생각 이 몸이 멸망 하기전에는 어쩔 수 없는 생각 성인 군자의 맘 내 모르고 석가 예수의 속 내 몰라 두 범부 의 이 내마음 거짓 없는 이 내 마음 어쩌는 도리 없도 다……."

"수수꺽긴 가 장타령 인가. 그럼 난 여자의 맘을 일러 주지. 여자가 세상 에서 제일 원하는 게 무엇 인데. 어디 어디 알아 보면 용 하지……."

휘적거리다가 세란은 의자를 차면서 쓰러진다. 현마 또한 밀리는 의자에 다리가 걸려서 쓰러지면서 세란을 잡아 버렸다.

"여자 가 제일 원하 는 것 그까짓 걸 모를 까봐. 사내 를—초서가 뭐 랬 드라—옳지 사내를 깔랴 는것. 내(內)주장 해 보랴 는것. 에잇 싫다 세상 에서 여편네 같이 시들 한게 있을까. 늘 신는 구두 식성 없는 아침 상 빛 낡은 옥편책 중한 지는 모르나 시들 하고 김 빠진 것 내 원하 는 것 그것 아니다 물러 가라 내 앞을 막지 마라 내 찾는 건 아직 멀다……."

밀쳐 버리는 바람에 세란은 마루에 코를 박고 넘어졌으나 혼몽한 속에서 무엇이 무엇인지를 분간하지 못하며 세상이 돌아가는지 섰는지 자기를 밀친 것이 천사인지 악마인지 아물아물하는 의식 속에서 두 눈을 가슴츠레 뜨고 있을 뿐이었다. 고기 떼같이 함께 몰려다니고 있던 죽석은 의식이 혼몽한 속에서도 온전히 정신들을 잃은 미친 짓들에 겁이 나면서 그만 침실로 숨어버릴 양으로 세란의 팔을 끄는 것이었다. 떼에서 밀려난 외 마리 고기같이 아직도 의자 좌우로 빙빙 도는 미란을 쫓으면서 현마는 여전히 웅얼거린다.

"솔로몬 이 부럽 다면 그의 왕위 아니요 그의 보물 아니요 그의 지혜 원할 소냐 내 탐내구 부러 워 하는 건 그의 사랑 수많은 사랑이로다 무수한 아내 로다 그의 행복 속에서 가장 행복된 것이 사랑이로다 내 솔로몬 되기를 원하나 원하는 사랑 한가지두 얻지 못했도다 그를 생각 할 때 내맘 뛰구 내 속 타다 흡사 내 고향 인듯 그걸 생각 할때 슬퍼 지구 눈물 지다 고향 떠나 살수 없는 듯 근심에 차서 가슴 쓰리 도다 밤중에나 새벽에나 아이 같이 눈물 지으며 먼 하늘 바라 보구 먼 별 생각 하며 고향을 얻을날 원 하도다……."

죽석은 세란을 데려다 눕히고 자기도 침실에 들어가 문을 닫아 버린 뒤였다. 그제서야 미란도 자기 혼자만이 남아서 쫓기고 있는 것을 깨닫고 멋도 없거니와 지치기도 한 판에 현마에게 항복을 하고 화평을 구하려고 했다.

“우리두 그만들 두어요. 밤두 깊었으니 어서들 쉬세요.”

“나는 항복을 바라지 않는 사람 평생을 걸려 서두 찾을 건 찾구야 말걸.”

달려드는 현마의 기세에 미란은 웬일인지 덜컥 겁을 먹으면서 허둥허둥 뛰어서 자기 방으로 들어갈 때 현마도 뒤를 쫓아 그를 문간에서 잡아 버린 것이다.

“내 원하는 건 그대 내 잡으랴는 건 그대—.”

죽석과 세란들은 침대에들 쓰러져서 눈들을 감았을 뒤이라 감감한 속에서 미란은 취기가 사라지고 정신이 뜨였다.

“얼른 방에 가 주무세요.”

“애써 잡은 걸 그렇게 호락호락 놓을 줄 알구.”

눈을 싸맸던 손수건을 풀어 버리고 현마는 앞으로 다가선다. 그와 함께 여러 해를 살았고 그의 아래에서 철이 들다시피 했건마는—함께 동경을 여행했을 때에는 같은 여관에 들고 피아노를 사준다기에 입술까지를 허락했던 그였마는 그날 밤 그 순간같이 무섭고 험상궂게 바라보인 적은 없었다. 동경여행 때에는 자기의 지각이 덜 나고 그의 태도도 부드러웠던 탓일까. 오늘의 그는 부드럽기는커녕 세상에서도 사납고 진저리나는 것으로 바라보인다.

“들어오면 소릴 지를 테에요. 모두들 깨나서 집 안이 빨끈 뒤집히게.”

"어디 질러 보지. 내일로 세상이 뒤집히구 내 한 몸이 멸망한대두…… 날 아저씨로 여기지두 말구 악마로 여기든지 무엇으로 여기든지 소원대로—."

"정말 지를 테에요."

"이러거든."

방문이 덜컥 닫히면서 두 사람은 바람에나 불린 듯 한꺼번에 방 안으로 밀려 들어가고 말았다. 순간 미란의 날카로운 목소리가 찢어진 듯도 했으나 금시 재갈을 머금은 말같이 목소리는 끊어졌고 도수장으로 끌려 들어간 후의 무서운 침묵만이 남는 것이었다.

두 눈을 싸매고 두 팔로 더듬으면서 내섬긴 현마의 장황한 성주풀이는 취한 바람에 나온 헛소리였든가 진정에서 나온 참소리였든가. 현마 자신에게 물어도 모를는지 모른다. 그는 사실 자신의 마음조차도 똑바로 헤아릴 수는 없었던 것이다.

온전히 악마의 변신이었다. 만약 도회의 집이었던들 그래도 거기까지 이르지 않았을는지도 모른다. 늘 살던 집 늘 살던 습관과 질서 속에서는 아무리 마력을 빌린다고 해도 수월하게 인습과 질서를 깨뜨릴 수는 없다. 달라진 주위환경과 서먹서먹한 분위기 속에서는 개힘이 나고 부락용기가 솟는 법으로 산속의 익숙하지 않은 공기와 허수한 풍속이 사람들의 마음속에 틈을 주어 허랑하게 만들어 놓았던 것이다. 현마의 음모와 불법은 확실히 땅의 궁벽함에도 말미암았다고밖에는 볼 수 없었다.

얼마 후 미란이 문을 박차고 내달아 왔을 때에는 넋을 잃은 것 같이 기맥이 빠져 보였다. 어쩔 줄 모르고 미쳐서 날뛰는 고패를 지난 후 실망과 낙담 속에 가라앉은 그때의 고요한 자태였다. 어깨가 떨리는 것은 느끼는 까닭인 듯하다. 기어코 목소리를 놓으면서 울음이 터지는 것이었으나 즉시 목을 누르고 입을 막는 까닭에 울음소리는 뚝 뚝 끊어지면서 그 대신 전신이 파도같이 흔들렸다. 현마가 따라 나와 잠자코 고요한 속에서 미란의 어깨를 어루만진다. 허물을 진 직후의 사람의 마음같이 착하고 어질어지는 때는 없다. 현마의 평생으로도 그 순간같이 마음이 아름다워지고 동정이 솟은 때는 없었으리라. 미란의 어깨를 어루만지는 그의 손에는 거짓도 음모도 없었던 것이요 다만 측은히 여기는 마음이 있을 뿐이었다.

"미란이 생각엔 지금 내가 오죽이나 미울까. 밉거든 어떻게든지 마음대루 속시원할 대루 해두 좋아. 원수를 갚든지 어쩌든지. 어떤 괴롬이든지 달게 받을게."

그러나 미란은 어깨를 다치는 그의 손을 물리쳐 버리면서 잠자코 넓은 객실을 걸어간다. 세란과 죽석은 아마도 지금쯤은 단 꿈 속을 헤매이고 있을 듯 한 지붕 아래에 망간 일어난 비극을 알 도리 없이 집 안은 더없이 고요하다.

"어떻게 하면 미란이 맘이 시원할꾸. 내가 지금 이 자리에 쓰러져 보일까. 내 손으로 내 몸을 죽여 보일까. 소원이라면 내 무엇이든지 하지."

미란이 문을 열고 밖으로 나가려 할 때 현마는 처녀의 고집에 겁이 났다.

"야밤중에 어디루. 이 어둡구 늦은데."

따라 나갔으나 미란은 밖으로 나가자 놓인 말같이 어둠 속을 쏜살같이 내달으며 돌아다보지도 않는다.

"미란. 미란이……."

부르면서 몇 걸음 따라 내려가도 헛일이어서 미란의 자태는 볼 동안에 어둠 속으로 사라져 버렸다.

"미란이. 미란이……."

목소리조차 없다. 야밤중이라고는 해도 그 주제로 뒤를 쫓는 것이 수상하고 우스울 것 같았고 미란의 달아나는 방향이 온천 쪽임을 안 까닭에 영훈에게로 가는 것임이 틀림없을 듯해서 현마는 그대로 발을 돌리는 수밖에는 없었다.

"내 진 죄가 그렇게두 큰가. 무슨 벌이든지 달게 받을 테다. 무슨 벌이든지……."

그것을 원할 때에는 그 원만이 세상에서 가장 바르고 떳떳하고 귀한 것인 줄 알았던 것이 지금 와 보면 그 귀한 원이라는 것이 별것 아닌 자기 한 사람의 욕심이었던 것을 안 것이다. 남의 뜻을 뺏고 희생해서 손에 넣게 되었을 때 그것은 벌써 원이 아니고 죄였다. 그 허물을 덜기 위해서 무릎을 꿇고 합장을 하고 빌고 싶은 마음조차 솟았다. 방으로 들어와 의자에 주저앉았을 때 던져진 소설책들이며 쓰러진 술병들이며 까막잡기를 한 뒤의 어지러운 모양이 밝아 가는 현마의 눈에는 여러해 전에 지나간 옛일의 장면같이 먼 것으로 어리우면서 무거운 생각이 가슴속에 꽉 차고 들어앉는 것이었다.

이튿날 아침 별장에서는 북새가 일어났다. 간밤 까막잡기 이후의 일을 모르는 세란과 죽석에게는 미란의 자태가 안 보임이 수상도 하고 걱정도 되었다. 산보를 나간 것이면 얼마 안 가 돌아오려니만 짐작한 것이 아침이 훨씬 넘었고 아무리 영훈에게는 놀러간다고 해도 때를 빠진 일은 없었는데 하고 근심을 할 때 현마도 겉으로는 시침을 떼고 있으나 걱정되지 않는 바 아니어서 스적스적 온천으로 내려가 보았다. 놀란 것은 온천에도 미란의 자태가 없는 것이다. 영훈은 현마의 설명을 듣고 걱정을 하면서 근처의 수풀 속과 개울가를 찾아보나 종시 눈에 뜨이지 않는다. 그 길로 별장으로들 올라왔을 때 미란이 돌아왔을 리는 없었고 별장 안은 발끈 뒤집혔던 것이다.

미란은 간밤 무서운 절망 속에서 영훈을 찾재도 마음이 허락되지 않았고 그렇다고 여관에 밤중에 투숙할 수도 없어서 겁도 잊어버리고 시오 리나 되는 밤길을 역까지 걸어 나갔다. 걷는 동안에 눈물도 말라 버려서 처음에는 캄캄하던 마음속에 차차 영훈의 자태가 들어오기 시작하면서 내내 마음을 위로하고 채워 주는 것이었다. 막차 시간을 대어서 서울 가는 차에 몸을 실었다. 그런 줄을 꿈에도 알리가 없어서 현마들은 혹시 철없는 짓이나 저지르지 않았을까 하고 종일토록 산속과 물속을 헤매이다가 저녁때는 되었을 때 마지막 희망을 가지고 현마는 미란을 찾아 한 걸음 먼저 고향으로 가기로 했다. 단주에게 전보를 쳐서 자기와 교대로 떠나도록 분부해 놓고 역으로 향해 저녁차로 떠난 것이었다.

단주는 전보를 칭탁해서 옥녀를 간신히 떼 놓고 구미양행의 만태와 함께 후반기의 늦은 피서를 떠나게 되어 역시 그날 밤 차를 탔다. 그런 까닭에 이들 일행과 현마와는 타고 있는 차 속에서 길이 어긋나서 남북으로 각각 다른 목적들을 품고 모르는 속에서 어깨들을 스치고 지난 것이었다.

현마는 서울을 거쳐 일주야만에 고향인 도회를 찾은 것이나 그다지도 마음을 죄이게 한 미란의 자태가 집에도 없는 것이다. 옥녀는 눈을 멀뚱하게 뜨고 대체 웬일들인가 필연코 무슨 일이 있었지 하면서 현마를 바라보았다. 집으로 안 들어온 이상 고향으로 돌아왔을 리는 만무하다고 현마는 회사 사무실도 보고 영훈의 연구소도 기웃거린 후에 크게 실망하는 수밖에는 없었다. 뉘우침이 커 가고 근심이 늘었다. 집에 들어가 대청에 앉을 때에는 주인 없는 피아노의 검은 자태가 유난스럽게 눈을 끌면서 원래의 시초는 저것이 아니었던가 그까짓 피아노쯤이 미란에게 비기면 무엇인가 나라를 가졌다면 그 반이라도 끊어 주고 싶은 미란이 아닌가 싶으며 저지른 허물을 생각할수록에 미란을 고결한 것으로 여기는 마음도 커졌다. 사무소에 우두커니 앉아 있어도 머리에 떠오르는 것은 미란의 자태여서 몸이 무겁게 그 무엇에 끌리우곤 했다.

미란의 자태가 영훈의 연구소 방 속에 숨어 있을 줄은 아무도 몰랐다. 도착하는 즉시로 그곳에 숨은 것이 두문불출 낮이나 밤이나 올빼미같이 그 속에서 혼자 지내 왔다. 상처를 입은 그 몸으로는 완전한 것밖에는 생각할 것이 없었고 영훈에게 대한 사모는 날로 간절해 갔다. 좁은 한간방이 그에게는 편안한 안식처였다. 바로 영훈의 자리에서 영훈이 하던 것같이 잠자고 일어나고 하는 속에서 몸의 허물을 생각하고 허물 속에서 깨끗한 심정을 돋우면서 수녀가 수도원에서 기도생활을 하는 것같이 꼭 한 가지만을 생각했다. 영훈을 생각하는 것은 별것 아니라 수녀가 주를 원하는 바로 그 마음이었다. 상처 있는 몸으로 그를 생각하고 사랑하지 못할 법은 없을 것이며 상처가 있으므로 더욱 그를 바라고 붙잡을 특권이 있는 것이 아닐까. 주인 없는 방을 독차지하고 문을 걸고 오는 사람들을 따버리는 것이 그로서는 불측한 짓으로 여겨지지 않고 차차 당연한 것같이 느껴지는 것이었다.

별장에서는 단주와 만태를 맞이하게 되자 두 사람씩이나 인물들이 변한 까닭에 기분들이 일신되고 기풍이 새로워졌다. 죽석에게는 만태로 해서 비로소 피서의 의미와 생활의 기쁨이 생겼고 세란에게도 단주는 처음부터 원하던 인물이어서 두 사람은 함께 새날을 맞이한 것 같았다. 피서가 시들해지던 것이 다시 흥을 띠어 가고 만태가 풍족하게 가지고 온 양식이니 술이니 하는 것으로 핍박해 가던 살림도 풍성풍성해 갔다. 죽석이 흡사 가제 시집온 신부같이 만태를 대할 때 세란도 전에 없던 기쁨으로 단주를 맞은 것은 사실이었다. 두 쌍의 부부같이 이야기하고 웃고 놀고 눈에 보이지 않는 곳에서도 세란과 단주 역시 죽석들 부부의 형식을 본받았다. 세란은 단주를 꼬집으면서 집에서 성하게 지냈느냐고 옥녀를 다치지 않고 제대로 점잖게 지냈느냐고 족치면 단주는 아우성을 치면서 고개를 절레절레 흔든다. 정말 정말이지 만약 건드렸다면 그대로는 안 둘 테야 둘 다 내쫓을걸, 더욱 족치면 단주는 얼굴이 파랗게 질려 가면서, 그까짓 옥녀가 무어게 누가 그까짓, 펄펄펄 뛰면서 무릎을 쥐고 도는 것이었다. 요란한 소리에 만태들은 방문을 비끔히 열고 세란들의 방쪽을 건너다보면서 눈살을 찌푸리고, 일은 났어 집에다 공연한 족제비들을 기르다 현마 망신할 날두 멀지 않았지 쓸데없이 첩은 왜 두구 미소년은 왜 사랑하는 거야 아무리 지각없는 것들이기루 환장을 한 셈이지 자기들을 길러 주는 주인의 눈을 속여 그래 저렇게까지 농탕을 칠 법이 있단 말인가, 하면서 아내 죽석에게 몸서리를 쳐 보였다. 세란의 열정은 날이 갈수록 더해만 가서 단주는 무더운 정염에 둘러싸이고 있을 때에는 일신의 뼈끝에서 푸른 불꽃이 날리는 듯한 피로감이 나고 문득 독약 냄새를 코끝에 맡은 것 같은 착각이 생겼다. 옥녀에게서도 같은 것을 느끼던 판에 이번의 피서는 일종의 도피행인 것이었으나 세란에게서 또다시 전날의 연속을 당하고 날 때 생각나는 것은 미란뿐이었다. 이번 걸음도 미란을 만나자는 것이 큰 목적이던 것이 와 보니 그의 자태는 어디론지 빠져 버렸던 것이다. 세란들의 불충분한 설명으로는 그가 대체 집으로 간 것인지 어쩐지조차도 추측할 수 없어서 도리어 근심을 산 셈으로 날마다 생각나는 것이 그였다. 그렇다고 세란의 체면 앞에서는 오던 길로 다시 돌아설 수도 없는 노릇이어서 우울한 시간이 많았다. 수선스런 별장 안의 공기를 떠나서는 홀로 길을 거닐고 개울가에 나가는 때가 늘었다.

미란에게 대해서 같은 회포를 가지고 역시 홀로 온천길을 거닐고 바람을 쏘이려 개울가에 나가는 것이 영훈이었다. 대체 무슨 일이 있어서 어디로 별안간 종적을 감춘 것인가. 하기는 별장의 공기라는 것이 온전한 것이 아니고 병든 데가 있어서 모르는 결에 자기도 눈썹을 찌푸리는 때가 있었던 것이요 도대체 그 집안 식구들의 기풍이 밖에서는 엿볼 수 없는 그 무슨 숨은 그림자와 으늑한 그늘을 감추고 있기는 했으나 미란의 일신상에 대체 어떤 불측한 일이 있었기에 나에게까지 말이 없이 사라진단 말인가 언제인가 일신상의 상처를 암시하면서 그것이 얼마나 마음을 아프게 에우는지를 말한 일이 있었으니 아무리 그에게 상처가 있단들 전신이 피투성이라고 한들 내 마음이야 변함이 있을 것인가 왜 말도 없이 사라져 버린 것인가—곰곰이 생각하면서 회포는 진(盡)하지를 않았다. 음악에 대한 생각도 요새 와서는 미란보다 지위가 떨어져 작곡의 계획도 흐지부지 헤트러지기가 일쑤였다. 사랑이 없을 때 '아름다운 것'의 노래도 나오지를 않으며 개울물 소리를 들어도 나뭇잎 나부끼는 소리를 들어도 악보 위에 적어야 할 아름다운 감흥이 솟지를 않는다. 넓은 반석 위에서 단주를 만나면 그 야릇한 집안의 한 식구인 그의 꼴이 불유쾌한 것으로 보이면서 번번이 머릿속이 혼란해 갔다. 내가 모르는 비밀을 도리어 저 녀석이 알고 있지나 않을까 나를 돌려 놓고 저 녀석도 그 비밀 속에 한몫 참가해 있는 것이 아닐까 적어도 미란에게 대해서 나보다 한층 위에 것을 알고 있는 것이 아닐까—하는 의혹이 생길 때에는 견딜 수 없이 몸이 수물거리면서 한동안 행복스럽던 것이 왜 금시에 이렇게 불행하게 된 것인가 행복이라는 건 비늘구름같이 왜 그리 속히 꺼지는 것인가 복잡한 괴롬이 솟으면서 마음이 어지러워 갔다.

그런 의혹을 품고 있음은 단주도 일반이다. 가까워 오는 영훈을 바라볼 때 저 녀석이야말로 모든 일의 화근이 아니던가 이번의 미란의 실종에도 속에 숨어서 계책을 꾸미고 농간을 부리는 것이 아닐까 피아노를 가르치러 온 때부터 미란의 마음을 한꺼번에 빼어간 것이요 그 후부터 미란의 마음속에서는 내가 떠나고 저 녀석이 들어앉게 된 것이다 비록 미란의 처녀지에 첫발자국을 낸 것은 나라고 해도 미란이 그것을 뉘우치고 있음을 알 때 내 자랑은 여지없이 부서져 버렸다 마음의 굴복이 첫째지 토지의 점령은 뜻 없는 일이다 나는 허수아비에 지나지 못하는 것이요 진짬 행복을 차지한 것은 저 녀석인 것이다 나 없는 동안에 이 깊은 산속에서 둘 사이에는 무엇이 있었는지는 알 수 없는 것이며 저 녀석은 모든 것을 빼어간 엉뚱한 침입자요 도적이 아닌가 결혼이니 무어니 단 말로 나를 꼬이고 달래더니 집안사람들도 요새는 까딱 그런 소리도 없이 나는 완전히 빼돌리우고 말았다 차라리 언제던가 그 첫 봄날 미란과 함께 도망을 쳤던들 일이 이렇게는 되지 않고 좀 더 다르게 전개되었을 것을 그만 실책을 했던 까닭에 이렇게 빗나가고 뒤틀리고 헛물을 켜게 된 것이 아닌가 생각할수록에 원통하고 애닯고…… 하는 생각이 들며 영훈의 자태가 세상에서도 원망스러운 것으로 어리었다.

"저놈을 그대로 두어야 옳단 말인가."

물소리도 바람 소리도 귀에 들리지 않으며 주의가 영훈에게로만 옮겨가는 것이다. 버드나무 포기를 헤치고 조약돌을 밟으며 반석 위로 껑충 뛰어 올라갈 때 피가 수물거리며 분이 치밀어 올랐다. 이 저주스런운 존재를 왜 하필 이날 이 자리에서 만나게 된 것인가—자기 스스로도 그날의 흥분을 의아해하리만치 마음의 동요를 이기는 재주 없었다.

"미란이 간 곳을 그래 자네두 모른단 말인가."

싸움을 걸러 그 자리로 그렇게 그를 찾아온 것인 듯 단주는 영훈의 앞으로 나선다.

"내가 물으려던 말을 자네가 먼저 물은 셈이네."

영훈의 마음도 그 순간 단주와 똑같은 보조를 맞추는 것이다. 사랑이나 미움이나는 모르는 결에 서로 교통하게 되는 것이다. 이쪽에서 사랑하면 저편에서도 직각적으로 느끼는 것이요 이편에서 미워하면 고하지 않아도 본능적으로 그것을 깨닫게 된다. 단주의 미움은 번개같이 영훈의 마음속으로 전염해 갔다. 준비나 하고 있었던 것같이 퉁명스런 대답에 단주는 벌컥 화가 치밀었다.

"반달 장간(長間)을 한 곳에 있으면서두 간 곳을 모른다면 거짓말이거나 그렇지 않으면 팔불용이지."

"자네가 계책이나 쓴 것이 아닌가 하구 있었는데 이렇게 안달을 하는 것을 보면 그렇지두 않은 것 같어 안심은 되네만 사실 나두 몰라 딱해 하구 있는 중이네."

"그동안에 미란에게 무례를 한 것은 아니겠지."

하고 싶던 말을 그 기회를 이용해서 물어보고 마음의 안정을 얻자는 것이 영훈을 노엽힌 결과가 되었다.

"아무렇게 지냈든 간에 자네에게 무슨 아랑곳인데."

"아랑곳이 아니구. 미란이 누군 줄 똑바로 알구나 말인가. 나와 결혼한다는 걸 알구나 말인가."

"결혼—."

"자네는 피아노를 가르치는 선생에 지나지 않는 것이지 분수를 넘었다가는 코 다치리."

몸이 떨리는 것을 영훈은 참으면서 그의 태도를 될 수 있는 대로 대수롭지 않게 받으려는 생각이었다.

"결혼을 하든 무엇을 하든 뉘 알랴만 대체 미란이 자네를 얼마나 사랑하구 있는 셈인가. 어디 들어 보세나."

"사랑이구 무엇이구 그런 문제가 아니거든. 사랑 다음엔 무엇이 오겠나. 자네에겐 말할 필요두 없지만 벌써 사랑 여부쯤이 문제가 아니야."

"무엇이 어째. 또 또 한 번……."

피가 화끈 달면서 영훈의 눈에 불꽃이 피어올랐을 때 단주는 의기가 도도해서 한 번 더 입을 놀리는 것이다.

"모든 것을 점령해 버린 이제 사랑 여부의 문제가 아니란 말야. 세상에서 미란을 제일 첨으로 알아 버린 것이 나란 말이네."

말이 끊어져 버린 것은 영훈의 주먹이 그의 입을 막아 버린 까닭이다.

"그것이 네 자랑이냐."

영훈에게는 언제인가 미란이 은근히 암시한 그의 상처의 출처가 바로 단주임을 직각하고 그에게 대한 노여움이 불길같이 뻗쳐올랐다. 얼굴에 진흙을 끼얹히운 듯 모욕을 느끼면서 분노와 괴롬이 한데 합쳐서 단주에게로 향했다. 영훈에게 비기면 단주는 아직도 격년의 차가 있어서 아이인 셈이었으나 와락 달겨 들게 될 때 호락호락 눌러 버릴 수는 없어서 기어코 두 사람은 달라붙은 채로 얼리게 되었다.

"화평한 집안에 엉뚱하게 뛰어들어선 모든 것을 문란하게 해 놓구 남의 맘까지 뺏으랴는 도적 같으니."

씨름이나 하듯이 뻗디디다가 결국 그 자리에 쓰러져서는 엎치락

뒤치락 어울린 채 떨어지지 않는 것이다. 시원스럽게 때리고 눕히는 것이 아니라 끈적끈적 붙어 두 마리의 게같이 넓은 반석 위를 조금씩 밀린다. 반석 아래는 깊은 웅덩이가 져서 길이 넘는 물이 푸르게 고여 있는 속으로 헤엄치는 물고기 그림자가 어른거린다. 반석 높이래야 한 길 장간밖에는 안 되는 것이나 고기 떼는 그 바위 위에서 겨루고 있는 두 마리의 미끼를 바라고 있는 듯 좀체 헤어지지 않는다.

"간특한 계교를 미끼 삼아 얼마나 남의 맘속에 괴롬을 주구 있는지를 생각하면 너 같은 죄인은 없는 줄 알어라."

"연구소니 무어니 하구 음악을 미끼 삼아 여자들을 농락하는 불량자 같으니……."

가야 때문에 연구소에서 싸우다가 그의 약혼자 갑재에게서 들은 똑같은 말을 단주의 입에서 들을 때 영훈은 무지한 것에 대한 분이 한결 솟으면서 단주를 발길로 밀어서 모질게 돌 위에 던지고야 말았다. 단주가 일어설 때 다시 발길로 차려다가 또 한데 어울리고 말았다. 갑재에게 변을 당하던 때와는 반대로 단주에게 대해서는 영훈의 힘이 윗길이어서 물인지 불인지를 헤아리지 않는 언제 끝날지를 모르는 싸움이었다. 게같이 이 구석 저 구석 밀려다니다가 바위 아래 물 위로 떨어지지 않았더라면 날이 맞도록 두 사람은 갈라지지 않았을는지 모른다. 속히 결말을 지으려는 듯 두 몸은 바윗가까지 밀려 나갔고 기슭에서 지긋들거리다가 물속에 텀벙 빠지게 된 것은 한 사람의 뜻이 아니라 두 사람 공동의 의사인 모양이었다. 두 사람의 결머리가 다 물속에 빠지는 것쯤은 대단히 여기지 않는 것이다. 바위 위에서 겨루던 두 사람은 물속에서는 갈라질밖에는 없어서 바위를 떨어지는 순간까지도 내 약혼자다 손가락 하나 건드려 봐라 하고 고함을 치던 단주도 물속에 잠기게 되니 그뿐 말을 빼기어 버렸다. 물 위에 뜨면서 숨이 막혀 입을 버끔버끔하고 두 팔을 휘저으면서 별수 없이 이제는 물과 싸우게 되었다. 웅덩이를 헤어나면 얕은 여울이 져서 흰 돌만 붙들면 고생은 면하는 것이나 단주에게는 그만한 재주도 없었다.

"약혼자니 무어니 — 물속에서나 구해 보지."

영훈은 헤엄의 연습이 있었던 까닭에 물을 먹으면서도 웅덩이를 밀려 나와 여울의 돌을 붙들었다. 물에 빠진 쥐여서 몸이 무거운 데다가 기맥이 쇠진해서 돌에다 몸을 의지하고 정신없이 하늘을 우러러본다. 하늘빛이 푸른지 흰지도 분간할 수 없고 미란의 자태도 적어도 그 순간만은 의식 속에서 잊혀져 버렸다. 웅덩이 속에서 허부적거리는 단주의 꼴이 가여웠으나 그렇게 생각하는 자기의 꼴도 역시 가여운 것을 깨달으면서 영훈은 이긴 것도 아니요 진 것도 아닌 그 속에서 갑재와 싸웠을 때와도 같은 비참한 꼴을 느낄 뿐이었다.

## 8.

영훈의 방에서 마치 그 방의 주인인 것처럼 잠자고 일어나고 영훈만을 생각하고 지내는 미란에게는 참회의 수녀 같은 기쁨이 있었으나 한편 그 기쁨의 반주를 하는 슬픔이 없었던 것이 아니다. 슬픔은 가야가 보내는 것이었다. 기괴한 인연을 맺게 된 가야는 언제든지 그의 뒤를 따르고 슬픈 그림자를 던져 준다. 음악실에서 북새가 있은 후로는 까딱 자태가 눈에 안 뜨이고 못 보아 온 지는 오래였으나 그 자태 대신에 혼은 날마다 연구소를 찾아온다. 방문을 잠그어 놓아도 영훈에게로 오는 편지 속에 날개를 싣고 날아드는 것이다. 아침에 일어나 미란이 방 안을 정리하고 피아노 앞에 앉았노라면 문틈으로 배달부가 전하는 한 장의 편지가 삐죽이 들어와서는 마루에 떨어진다. 영훈에게로 오는 가야의 글씨임을 알 때 그대로 덮어두기에는 마음이 허락지 않아서 기어코 헤쳐 보면 일상 하던 격식으로 한 장 종이 위에 슬픈 노래가 적혀 있곤 했다.

마음 덮이고
괴롬 더하면
때도 잊고
여위어 가다.

전에 그가 부르던 같은 노래의 계속이다. 참으로 지금쯤은 얼마나 여위었을까 생각하면 마음이 아파 갔다. 그렇게 되기 시작하면 그 하루가 전부 가야의 생각으로 채워져서 날이 맞도록 울가망한 것을 날이 새면 또 다른 편지가 숨어드는 것이다.

이 내 몸
부질없이
먼 하늘 헤매이다

불리는 잎새같이
날리고
또 날려서
한없이 병들어 가다.

가야의 눈이 떠오른다. 여위고 병들어 바람결에 날리는 것이 눈에 보이는 듯하다. 왜 그와 알게 되었던고 왜 하필 영훈을 싸고 그와 맞서게 되었던고—기구한 인연이 원망스럽다. 가야는 남을 한하는 법도 없고 무턱대고 영훈에게 대해 마음껏의 정성을 보이고 있을 뿐인 것이 더욱 괴롭고 견딜 수 없다. 자기를 미워하고 저주해주었으면 차라리 마음이 편할지 모른다. 악한 것보다도 착한 것 앞에서는 마음이 괴롭고 두려운 것인 듯하다.

이 괴롬 면하고
진(盡)할 날 언제리.
슬픈 노래 남기고
진할 날 언제리.

이 노래를 읽는 날 미란은 무서운 예감이 들고 겁이 벌컥 나면서 편지를 떨어뜨렸다. 마지막 노래나 아닐까 생각이 들면서 불길한 예감이 전신을 흘렀던 것이다. 수많은 노래를 불러 오다가 마지막 노래에 이른 듯—그 마지막 노래를 부르기 위해서 그 이전의 수많은 노래를 불러 온 것인 듯—느껴진다. 가야의 일이 아니고 바로가 자기의 일인 것만 같아서 그 하루는 그 생각으로만 그득 찼었다.

짜장 이튿날부터 가야의 편지는 끊어져 버렸다. 미란은 이제는 오히려 그 슬픈 노래를 더 기다리는 마음으로 아침이면 단정하게 피아노 앞에 앉아 조바심을 하면서 문께를 바라보는 것이나 편지는 종시 안 오는 것이다. 슬픈 위에 슬픈 것을 기다리는 마음—슬픈 노래 더 안 오는 것이 미란에게는 도리어 불행이었던 것이다. 만약 가야에게 마지막의 불행이 있다고 하면 자기도 그 속에 한몫 참가해 온 셈이 되지 않는가—그의 슬픔의 원인이 되고 그의 불행을 한몫 거들어 준 셈이 되지 않는가—자기가 없었다면 가야의 비극이 그렇게 절대적으로 결정은 되지는 않았을 것이요 반대의 결과를 가져왔을는지도 모르는 것이 아닌가—이런 반성과 번민이 솟았기 때문이다. 자기에게 유독 무슨 특권이 있관데 한 사람의 인격을 물리치고 그에게 불행을 주게 되었는가 가야보다 낫고 그를 이길 무엇이 자기에게 있는가 재주인가 마음인가 육체인가 영혼을 사랑하는 마음에 있어서 그토록 간절한 가야의 순정이 자기에게 떨어질 법은 없는 것이며 그러면 육체—이것을 생각할 때 눈앞이 캄캄하며 괴로워 갔다. 육체로 말하더라도 자기가 가야보다 나을 것이 없는 것이 순결하고 맑은 점에 있어서 겹겹으로 허물을 입은 자기는 그 앞에 낯도 쳐들지 못할 처지가 아니었던가. 그 무엇 하나 가야보다 나은 것은 없다. 자기에게만 주어진 특권이라고는 없는 것이다. 참으로 훌륭한 사랑이라는 것은 목욕재계하고 맑은 마음으로 제단 앞에서 드리는 제사와도 같이 경건한 것이어야 할 때 허물없는 자랑과 영광으로 그 제사를 드릴 자격이 자기에게 있는 것일까. 영훈의 사랑을 받고 그를 사랑할 자격이 자기에게 있는 것일까. 영훈은 가야의 것이어야 한다. 가야의 사랑을 받고 가야를 사랑해야 한다. 사랑이 그렇게 호락호락 눈으로부터만 드는 것이라면 무슨 값이 있는 것인가. 영훈의 상대로는 가야만이 참으로 만 사람 중에서 선택된 단 한 사람의 자격 있는 사람인 것이다. 그 옳은 길을 모르는 영훈을 띄어 주고 인도해 주는 것이 자기의 의무요 슬픈 가야를 위해서 보여 주어야 할 정성이 아닌가—이렇게 생각해 올 때 미란에게는 비장한 감격이 솟고 높은 정신이 싹트기 시작하며 그날 하루는 또 그 생각으로 날이 맞는 것이었다.

그러나 사람의 생각같이 수월하고 여러 갈래인 것은 없다. 생각은 자유로운 것이요 반드시 행동의 동반을 요구하지 않는 까닭이다. 미란은 그런 희생의 정신 이상으로 영훈을 사랑하고 있는 것이다. 그 괴롬 속에서 돌연히 영훈을 맞이하게 되었을 때 미란은 모든 것을 잊어버리고 그의 애정 속에 머리를 묻었던 것이다. 단주와 싸운 이튿날로 영훈은 온천을 떠나 고향으로 향했다. 의외에도 자기 방을 차지하고 있는 미란을 발견했을 때 그 역 모든 것을 잊어버리고 전보다 곱절의 애정이 솟음을 억제하는 수는 없었다. 마음속에 여러 가지 질문과 불만과 문책을 준비하지 않은 바도 아니었으나 눈앞에 미란을 볼 때 그런 것은 자취 없이 사라지는 것이요 사모의 정만이 솟았다. 참으로 미란을 사랑하고 있음을 느끼며 그 정을 거역 없이 받아들이는 미란의 태도에서 그 역 자기를 사랑함을 깨달으면서 두 사람은 그 순간 전까지의 생각은 고스란히 잊어버린 것이었다. 영훈을 가야에게 맡기고 자기 한 몸은 빠지려고 생각하던 미란의 궁리가 종적 없이 사라진 것도 물론 모르는 동안에 욕심이 마음속에 서리서리 서리어서 반성을 덮어 버리고 희생의 정신을 막아 버리고 있음을 자기 자신인들 어찌 알았으랴. 영훈이 책상 위의 가야의 편지를 발견하고 한 장 두 장 펴 보게 되었을 때에야 비로소 가야가 다시 커다란 제목으로 떠오른다.

"가야에게 무슨 일이나 있을 것 같은 예감이 자꾸만 들어요."

영훈은 마지막 노래를 눈으로 훑고 나서는 우두커니 창밖을 바라본다.

"설마—."

"처녀의 맘이 안 그래요……. 가장 수월한 것인지두 몰라요."

"내 죄란 말요?"

영훈은 괴롭다 못해 화를 낸다.

"죄라면 차라리 제 죄죠."

기회를 잡았다는 듯이 뒤를 잇는다.

"말씀드리랴구 벼르던 것이나 제겐 아무리 생각해두 가야를 희생시킬 자격이 없는 것 같아요. 제비를 잘못들 뽑았죠. 전신에 상처와 흠집투성이구 세상에서두 누추하구 부끄러워서 말 못 하구 속이구 있는 것이 한두 가지가 아니구……."

"그만두라니까."

영훈이 막아 버리는 김에 말을 멈추어 버렸다.

"아무 말이나 하면 다 말인 줄 알구."

자리를 벌떡 일어서면서 책망하는 어조이다.

"속이긴 무얼 속이구 누굴 속인다구 속히울 사람이 어디 있다구.

누군 몰라서 가만있구 입이 없어서 가만있는 줄 아나. 쓸데없는 건 말할 필요가 없구 캐낼 필요가 없으니 가만있는 것이지.”

“아니—.”

영훈의 말에 놀라서 미란도 덩달아 자리를 일어서면서

“—아신단 말예요. 대체 무얼 아신단 말예요. 절 어떻게 생각하신단 말예요. 말씀해 주세요. 어서 말씀해 보세요.”

조바심이 되고 안타까워서 발을 동동 구른다.

“그렇게 쓸데없는 말은 싫다니까. 말에는 반드시 필요한 것과 불필요한 것이 있구 진실이라는 것은 야릇한 것이어서 밝히는 것이 필요는 하면서두 무서운 때가 있거든.”

사실 야릇한 것이 진실인 듯하다. 미란은 영훈에게서 모든 것을 들으려고 원은 하면서도 한편 공포에 마음이 죄어지는 것도 사실이었다. 떨리면서도 그래도 그 진실이 부질없이 듣고 싶은 것이다. 조르는 아이같이 영훈의 팔에 매어 달렸다.

“시원스럽게 말씀해 주세요—제 일을 모두 아신단 말씀예요.”

“결론을 먼저 말하지—무엇을 알았든 간에 내 사랑에는 변함이 없다는 것.”

팔을 붙들어서 의자에 앉히고 그 앞에 막아서서 그의 얼굴을 징긋이 노린다.

“—온천에서 단주와 싸워 버렸어.”

그 한마디의 반응이 미란의 얼굴에는 햇빛보다도 빨리 나타났다. 뜨끔하면서 얼굴이 달라지고 표정이 그림자같이 미묘하게 변했다.

“—단주나 현마나 다 같은 놈들이야. 애초부터 그 집안 공기를 탁하구 불결하다구 느꼈더니 아니나 다를까 그 혼란 그 계책—그러나 차라리 모든 것을 알아 버린 것이 내 스스로의 맘을 시험해 본 셈도 되어 내게는 다행하다구 생각돼서 쓸데없는 말은 하지 않으랴구 한 것이 조르는 바람에……."

미란은 고개를 숙이더니 어깨를 떨기 시작한다. 두어 마디 느끼다가 기어코 터져 버린다. 목소리를 놓고 아이같이 우는 것이다.

"무거운 감정 죄다 털어 버리구 불결한 집안을 벗어나와 버리면 그만 아니오."

"살아선 무엇하겠어요."

미란은 겨우 고개를 들듯이 하다가 도로 숙여 버린다.

"공연한 소리를 자꾸."

"저 때문에 길을 헤매시는 것만 같아요."

"귀치않게만 굴면 요번에는 내가 됩데 화를 낼 테야……."

그러는 두 사람 앞에 별안간 나타난 것이 뜻밖에 가야의 소식이었던 것이다. 완전히 가야의 존재를 잊어버리고 자기들만의 사정으로 정신이 없을 때 그들의 주의를 끌려는 듯이 바람결같이 방 안으로 불어들었다. 미란은 울고불고 속 태우던 좁은 자기의 세상에서 눈을 뜨면서 어지러운 자기의 꼴을 돌아보고 자세를 바로잡았다.

낮이 훨씬 넘은 때였다. 문을 벌컥 열고 나타난 후리후리한 사나이를 두 사람은 찬찬히 바라보다가 겨우 갑재임을 알았다. 창 기슭에서 영훈과 싸우던 그 럭비선수, 그의 머리를 미란이 화병으로 때려눕히던 가야의 약혼자 갑재를 알아내는 데 왜 그렇게 한참 동안의 시간이 걸렸던지 모른다. 확실히 두 사람은 자기들의 일만에 정신을 뽑히우고 있었던 것이다. 싸우러 나타났을 것이 아닌 갑재는 성큼성큼 걸어 들더니 전날의 그 버릇 그 표정으로 두 사람 앞에 막아서는 것이었다.

"다시는 안 올랴구 했던 것이 또 이렇게 찾아오게 된 것을 생각하면 내 자신 가소로워서 못 견디겠으나 문을 연 순간 느낀 것이 세상에서 가야같이 불쌍한 여자는 없다는 것이네."

"가야니 무어니 또 시부렁거리러 왔나."

영훈이 정색할 때 갑재는 빈중빈중 입술을 휘면서 말을 똑바로 받으려고도 하지 않는다.

"시부렁거릴 필요두 없거니와 자넨 벌써 싸움의 대상이 못 되는 것이며 나와 싸울 자격이 없어. 자네들 꼴을 보구 안심했다느니보다 자네를 멸시하기로 했네. 불쌍한 것이 가야야. 가야는 세상에서두 제일 무성의한 사내를 골라선 생각하구 사모하느라구 아까운 반생을 바친 거야. 자네 따위는 열두 번 죽었다 나두 가야의 사랑에 값가지는 못하리."

"어쩌자는 수작인가 이렇게 장황하게."

"첨에는 가야를 원망두 했으나 지금 와 보면 가야같이 장한 여자는 없어. 마지막까지두 애를 쓰구 목소리를 놓아서 부르던 그 알뜰한 사내가 자네임을 생각할 때 자네같이 무도한 사내는 없구 가야같이 불쌍한 여자는 없단 말이야. 한 사람의 인간으로서 가야를 존경하구 자네를 미워하구 싶네."

"가야가 어쨌기에—."

영훈은 뜨끔해지면서 금시 목소리가 황당해졌다.

"마지막 정경을 보면 자네게두 눈물이 있으리."

"마지막이라니 가야가—."

영훈은 외치면서 어느 때까지 는적을 부리는 갑재의 태도가 밉살스러웠다.

"병원에 누워서 얼마 남지 않은 목숨이라네. 아침에 약을 먹구 신음하면서 자네 이름을 부르는 것이— 오죽하면 내가 이렇게 굴욕을 무릅쓰구 왔을까."

"어쩌나."

미란은 어쩔 줄을 모르고 무의미하게 그 자리를 설설 헤매이다가 겨우 방에 들어가 옷을 갈아입었다.

갑재를 따라서 병원으로 달렸을 때 간신히 마지막 순간을 대었다. 병실에는 집안사람들이 모여들 있는 속에서 가야는 막 운명하려는 것이었다. 사람들의 얼굴에는 눈물이 편적일 뿐 무표정하고 심상들한 것은 눈앞의 죽음이 감동들을 뺏어 버린 까닭인 듯하다. 가야는 눈앞을 와 막는 영훈의 그림자로 눈을 뜨고 입을 벙긋거리고 팔을 들려고 했으나 뜻을 이루지 못하고 그대로 눈을 감아 버렸다. 딴 세상으로 발을 옮겨 놓는 마지막 발디딤이었다. 느끼고만들 있던 울음이 한꺼번에 터지면서 방 안은 요란해졌다. 죽음이라는 것이 무엇이며 슬픔이라는 것이 무엇인지 분간할 수 없는 미란에게는 슬픔보다도 그 순간 겁이 버쩍 솟으면서 그 어지러운 속에 더 있기가 거북스러워서 문을 열고 복도로 나와 버렸다. 소파에 한참이나 고개를 숙이고 앉아서 방 안에서 새어 나오는 울음소리를 듣고 있노라니 비로소 눈물이 솟으며 가야가 죽었다는 뜻이 확적히 깨달아졌다. 가야는 벌써 자기 세상 사람이 아니라는 것 다시 볼 수 없다는 것 다시 슬픈 노래를 적어 보내지 않는다는 것—이 알려지며 죽음의 뜻이 가슴을 쳤다.

(……다시 안 오는 것이라면 가야의 그 몸은 어떻게 되는 것인구 그 눈은 어떻게 되는 것인구 무엇 때문에 자기 손으로 자기 한 목숨을 끊었는구 슬픔은 그렇게두 큰 것인가 죽음보다두 큰 것인가 누구 때문인가 영훈 때문인가 나 때문인가 영훈을 위해선가 나를 위해선가 세 사람이면 왜 안 되는 것인가 왜 한 사람은 없어져야 하는가 없어지는 것이 왜 가야의 차례여야 하는가 가야보다두 나래야 옳은 것이 아닌가 차례가 바꾸어진 것 같다 내가 가야 옳은 것이다. 가야를 남기구 내가 가야 옳은 것을 가야가 잘못 가 버린 것이다. 내 허물이요 내 죄요 내 책임이 아닌가 가야여 왜 그리 조급하게 왜 그리 빨리 가 버렸는가 나를 오죽이나 원망하구 오죽이나 한하면서 갔을까. 가야, 가야, 가야…….)

백 가닥 생각이 마음을 할퀴면서 울음소리가 터져 나오고 말았다. 가야의 눈과 표정이 피뜩피뜩 머릿속에 떠오르자 몸부림이 나면서 사람들의 눈치조차 무시하고 목소리를 놓아 버렸다. 방문이 열리는 바람에 방 안의 수선스런 기색이 물결같이 밀려 나왔다. 소파에 나와 앉는 것은 영훈이었다. 미란 옆에 주저앉아 손수건으로 얼굴을 가리우더니 그 역 봇살같이 울음이 터졌다. 느낄 대로 느끼고 몸을 떨 대로 떨었다. 영훈이 추스르는 바람에 미란은 한층 감정이 볶이우고 울음이 더해졌다. 두 사람에게는 지금 우는 것밖에는 없다는 듯 마음껏 우는 것이 가야에게 보내는 정성이라는 듯—눈물이 뒤를 이었다.

죽음은 정리를 가져왔다. 슬픔은 그 정리를 위해서 요구되는 희생인 듯하다.

영훈과 미란 두 사람에게는 한동안은 가야의 죽음이 세상에서 제일 큰 사건이어서 그것을 생각하고 슬퍼함에 마음과 몸을 그대로 바쳐 왔다. 아침에 잠을 깼다 밤에 다시 잠들 때까지 무엇을 하든간에 그것은 마음을 붙들어서 뜻대로 떨쳐 버릴 수는 없었다. 시간을 쌓는 수밖에는 길이 없었다. 죽음이니 슬픔이니 하는 것이 세상의 큰 괴변이라면 그런 것들보다 한층 윗길의 괴변이 시간이다. 시간이 주름 잡히는 동안에는 죽음이니 슬픔이니 모든 것이 신통하게도 주름 사이에 접혀 들어가서 잊혀지고 정리되어 버린다. 날이 거듭되고 주일이 거듭되어 한 달이 지나는 동안에 두 사람에게는 가야의 죽음에서 받은 상처가 점점 나아 가고 눈물 자취도 뿌덕뿌덕 말라 갔다. 평화롭고 고요한 추억 속에서 두 사람은 가야를 차차 멀고 그리운 것으로 생각하면서 겨우 자기들 일신 위로 주의를 돌리고 생활을 정리하게 되었던 것이다.

생각하면 두 사람의 생활의 정리를 위해서 가야는 가 버린 셈이나 둘만이 남았던 까닭에 생각은 단출해지고 방향은 단순해졌다. 두 사람에게 누구보다도 가장 가까운 것이 가야였다. 영훈이 미란을 생각할 때에도 그 등 뒤에는 반드시 가야의 자태가 떠오르는 것이었고 미란이 영훈을 생각할 때에도 역시 등 뒤에 가야의 자태가 한몫 끼이던 것이 가야가 가 버린 까닭에 두 사람은 피차에 한 사람씩만을 생각하면 족하게 된 것이다. 가야의 희생이 이 단순화를 두 사람에게 선물로 보낸 셈이다. 오랫동안 헤매이던 미란도 이제는 확적한 마음의 안정을 얻게 되어 두 사람의 애정은 제물에 결정적으로 맺혀지고 굳어졌다. 조촐하고 검소한 두 사람의 사랑이 원하는 것은 창조적인 것의 생산이요 예술의 완성이었다. 그것을 생각할 때 영훈에게 오는 문제는 구라파행의 계획이었다. '아름다운 것'의 창조를 위한 여행의 일건이었다.

이 계획을 속히 구체적으로 서두르게 한 것은 미란이 뜻을 같이하게 되었음이다. 미란도 구라파에 대한 원념을 은연중 불붙여 오던 중 영훈과 맺어지자 그와 응당 행동을 같이하려고 한 것이다. 영훈은 준비를 위해 시골에 있는 자기의 몫을 정리할 양으로 여러 차례나 왔다 갔다 하게 될 때 미란도 스스로의 요량이 있었다.

교직을 물러서고 연구생들을 물리치고—한 가지의 목적을 위해서 모든 것을 정리해 갔다. 신변도 정리하고 생활도 간단하게 해서 언제든지 쉽게 길을 떠날 수 있도록 생활을 단순화했다. 방 안에는 몇 짝의 커다란 트렁크와 피아노와 그 위에 몇 장의 악보가 남았을 뿐으로 되었다. 주위는 단순해지고 생각은 한 가지 방향으로 솔려서 그처럼 몸이 거뿐할 데는 없다. 헌출한 방 안에 두 사람이 마주 앉으면 어지럽고 복잡하던 혼돈한 세계에서 두 몸만이 솟아서 편안한 세상에 이른 것도 같은 가벼운 심사가 들면서 지나간 가지가지의 일이 꿈결같이만 생각되었다.

"동경서 피아노 때문에 싸우던 일 생각나세요."

"먼 옛날 일만 같구려."

"봄이 가구 여름이 갔으니 옛날두 옛날이죠. 그때 싸우던 일 생각하면 지금 이렇게 될 줄 누가 알았겠어요."

"사람의 일 하나나 알 수 있소."

여행의 계획 속에 적힌 첫 번의 중요한 도회는 하얼빈이었다. 동경보다 하얼빈을 고른 것은 그곳에 음악의 명인들이 많고 구라파 음악의 전통이 알뜰히 살아 있다는 까닭이었다. 거기서 수법의 교정을 받고 기술을 닦아서 수업을 쌓아 가지고 구라파로 떠나자는 생각이었다. 거기까지 계획이 섰을 때 벌써 좀 있으면 떠나게 될 여행의 기쁨에 가슴들이 술렁거리면서 거리를 걸어도 자랑스럽고 하늘을 우러러보면 꿈의 무늬가 아롱거렸다. 백화점에 들어가면 두 사람은 아래층 투어리스트 뷰로에서 사무원들을 앞에 놓고 어느 때까지나 속닥질이었다. 책상 위에는 두터운 유리 아래로 넓은 세계 지도가 깔려 있어서 미란은 시름없이 그것을 들여다보며 철도를 타고 도회에서 도회를 더듬으면서 가슴속에 꿈이 화려하게 피어올랐다. 유리 속에는 미란의 얼굴과 철을 갈아입은 짙은 색 저고리가 비치어서 그 자기 자태에 황홀해지며 세계가 자기의 차지인 양 목소리를 높여서 행복을 사람들에게 자랑하고 싶었다. 흰 얼굴에 푸른 양복을 입고 신수가 멀끔한 젊은 사무원은 체험에서 오는 것인지 그렇지 않으면 얻어들은 지식인지 세계여행에 관한 풍부한 지식을 헤쳐 보이면서 수많은 도회에 대한 인상을 간명하게 일러 주었다. 하얼빈에 관한 것은 거짓말이 아닌 듯해서 장황하게 늘어놓는 속에는 실감이 흘러 있었다.

"……한창 지금이겠습니다. 여름이 끝나구 막 가을을 잡아들랴구 할 때가 제일 좋은 때죠. 송화강 수영의 시절이 끝날 무렵 강에는 늦은 패들이 있을 뿐 그 많던 남녀들이 이번에는 거리로 쏠려 나오기 시작해서 시절의 복색들을 갈아입으면 거리는 꽃밭같이 찬란들 하죠. 나뭇잎이 물드는 것두 여기보다는 빨라서 가로수가 사람들 본을 받는 듯 곱게 치장을 하구 아침저녁이면 안개가 깊을 때가 있어서 그 안개 속으로 보는 풍경은 한층 정서 있는 것, 공원에서는 밤마다 음악회가 열려서 동양에서는 첫째가는 관현악단이 고전의 교향악을 연주하면 시민들을 흠빽 흡수해 들이군 해요. 하얼빈만 가면 구라파는 다 간 셈, 인정으로 풍속으로 음악으로 풍경으로 하나나 이국적인 정서를 자아내지 않는 것이 없거든요……."

사무원 자신의 환영의 재현이요 꿈의 되풀이인 것이다. 다시 그 땅을 밟아 볼 길이 아득한 김에 미란들을 붙잡고 자기의 취미를 말하고 꿈을 말하면서 스스로를 위로하고 만족시키자는 것이다. 장황한 설명이 미란들의 편으로 하면 한없이 여정을 북돋아 주고 자극해 주는 셈이 되었다. 그의 어투는 설명이라느니보다도 능란한 묘사여서 구절구절이 실감을 띠고 울려와서는 마음을 들까불게 해 놓았다.

"웬만하면 게서 이해를 날 작정입니다만."

"좋구 말구요. 가을뿐이 아니라 겨울은 또 겨울로서 좋은 데죠. 눈 오는 거리 무더운 방 안 다 각각 그 정취가 있거든요. 놀기두 좋구 공부하기두 좋구 각각 직책을 따라서 얼마든지 즐겁게 할 수 있거든요. 난 세상에서 여행하시는 분같이 행복스럽구 부러운 분은 없어요. 평생 동안 여행할 수 있는 사람은 세상에서 제일 행복된 사람임은 말할 것두 없죠. 반생의 짧은 여행에서 절실히 느꼈어요. 지금은 이렇게 갇혀서 꼼짝달싹 못합니다만……."

하다가 사무원은 마음이 켕기는지 옆 동료들을 피뜩 바라보고 빙긋이 웃음을 띠우면서

"……평생 원이 여행이에요. 외국에 대한 동경—이것을 버릴 수는 없어요. 색다른 것이 왜 그리 맘을 끄는지—아마도 사람의 본능이 아닌가 해요. 지금 제 눈엔 두 분같이 행복스런 사람은 없는 것 같습니다. 다시 이 고장으로 돌아오실 것이 없이 한번 구라파로 가면 평생을 거기서 지내구 싶지 않나 두구 보시죠. 그야 악덕두 많지만 유유한 품이 예서같이 그렇게 좀스럽게 뜯구 할퀴는 법은 없거든요."

사무원이 아니라 동무로서 자기의 주의까지를 헤쳐 보이는 것이다. 영훈들의 주의 주장을 그 또한 가지고 있어서 의외의 곳에서 공명자를 얻은 셈이나 생각하면 새것에 대한 호기심, 모르는 것에 대한 원—그런 것이 보지 못한 외국에 대한 그리운 마음을 누구에게나 일으켜 주고 북돋아 주는 것인 듯하다. 사람에게는 태어난 고장이 영원한 고향이 아닌 것이요 고향을 한번 떠남으로써 새로운 고향을 찾고자 하는 원이 마음속에 생기는 것인가 보다. 외국을 그리워함은 고향을 찾아서 떠난 긴 평생 속에서의 한 고패요 향수인 것이다. 영훈은 '아름다운 것'의 발견을 위해서 고향 밖을 그리는 것이나 근본 회포에 있어서는 사무원의 심중과 다를 것이 없었다.

사무원의 설명으로 여정을 북돋아 가지고 거리에 나서면 두 사람은 한시가 바쁘게 마음이 술렁거린다. 익숙한 거리도 얼마 안 가 작

별하게 될 것을 생각하면서 걸으면 친밀하고 반가운 것으로 보이면서 지난날의 불유쾌한 기억의 가지가지가 자취 맑게 사라져 버린다. 산에 오르면 흉금을 헤치는 간들바람에 푸른 하늘이 더욱 가깝고 눈 아래 강물이 한층 빠져서 맑다. 뷰로에서 사 가지고 온 여행잡지 속의 그림보다도 풍물이 깨끗하고 맑아 보인다. 강 건너 비행장에서는 마침 오후의 길을 떠나는 여객기의 자태가 눈에 뜨인다. 푸드득거리고 날개 소리를 내면서 질펀한 벌판을 자유로 내닫다가 사뿐하게 땅을 차고는 볼 동안에 뜨기 시작한다. 평지에서 보던 것과는 달라 멀리 내려다볼 때 한 마리의 새같이 무심한 것으로 바라보인다. 비행장 허공을 맴도는 법도 없이 뜨기 시작하자 그대로 강을 건너서는 비스듬히 북쪽 하늘로 날아가는 것이다. 수리같이 활짝 편 날개가 오후의 햇빛을 받아서 고기비늘같이 새하얗게 반짝반짝 눈을 찌른다. 북쪽 강산으로 날아가는 새하얀 붕새! 행복을 실은 자유로운 혼.

"우리가 탈 것이 바로 저것이라나."

머리 위를 요란하게 울리고 지나갈 때 영훈은 하늘을 손가락질하면서 고함을 쳤다. 날개 위에는 사람의 그림자가 조그맣게 보인다.

"얼른 타 봤으면!"

미란에게는 세 번째의 희망이었다. 봄에 단주와 계획하던 것이 실패로 끝났던 것이요 다음 현마에게 끌려 동방을 날았던 것이요—지금 세 번째 영훈과 함께 북으로 날려는 것이다. 첫 번 두 번에서 인생을 시험하다가 실패한 미란은 이제 세 번째에 시험에 성공해서 행복을 완전히 잡은 것이다. 이번 비행은 전 두 번과는 뜻이

다른 것이요 방향도 다르다. 모험의 불안과 시험의 공포에 떠는 안타까운 출발이 아니고 졸업과 승리의 안정한 출발인 것이다. 지난 반년 동안이 그 어느 때보다도 파란 많고 곡절이 많았던 것은 인생의 생장의 가장 중요한 부분을 치르게 된 까닭이었다. 두어 시절이 갈렸음에 지나지는 않아도 그의 마음속에 받은 인상으로 하면 여러 해를 살아온 듯한 첩첩한 느낌을 주는 것이었다. 이제 그의 인생으로서는 처음의 평온한 시기를 맞이한 셈이다.

"얼른 타구 북쪽 하늘을 날어 봤으면!"

여객기의 자태가 점점 작아져 나중에는 한 개의 점이 되어 먼 산을 넘을락 말락 할 때 미란은 활개를 펴고 제기를 디디면서 원을 또 한번 외쳐 보았다.

## 9.

현마는 그 뒤에도 걱정되는 마음에 미란을 찾아서 몇 차례나 연구소를 기웃거렸는지 모르나 미란들은 번번이 그를 돌려 버린 까닭에 미란이 짜장 거리로 돌아오지 않고 모를 곳으로 실종을 해 버린 것으로만 여기게 되었다. 겁이 나는 바람에 별장에다 통지를 해서 세란과 단주를 부른 까닭에 피서고 말고 두 사람 또한 놀라 부리나케 집으로들 돌아왔다. 피서를 떠나기 전과 마찬가지로 집 안은 다시 웅성거리기 시작하면서 왁자지껄들 했으나 식구들이 모였다고 쓸데없이 설렐 뿐이지 그것이 미란을 찾아내는 데 조금도 도움이 되지는 않았다. 역시 마음이 다는 것은 현마, 다음에는 단주여서 그는 현마를 본받아 거리를 다닐 때에도 유난스럽게 주의를 하면서 혹시나 미란의 자태가 눈에 뜨이지나 않을까 하고 살피는 것이었으나 현마가 못 찾아내는 미란을 그가 찾아낼 리 만무했고 연구소에는 영훈과 온천에서 싸움한 후부터는 꺼리게 되었고 그 위에 현마의 말을 믿고는 살필 염도 안했던 것이다. 불길한 예감이 드는 데다가 모든 곡절이 수상스러워서 단주는 분을 현마에게로 씌우면서 사무소에 단 둘이 앉게나 되면 항의와 공격으로 현마를 못살게 구는 것이었다.

"어떻게 했게 멀쩡한 사람을 충충대냈단 말요. 시원스럽게 곡절을 말하구료."

"곡절이 무슨 곡절이겠나. 밤중에 도망한 사람의 곡절을 낸들 알 수 있나."

단주가 아무리 족쳐도 현마로서는 마음의 비밀을 홀홀히 말할 리 없고 어떤 일이 있더라도 말할 것이 아님을 하늘에 맹세하고 있는 것이다. 한 평생 비밀로서 덮어 둘 것이요 그렇듯 그것은 미란을 위해서보다도 자기를 위해서 귀중한 비밀이었던 것이다.

"술을 먹구 까막잡기를 하다가 밤중은 돼서 어떻게들 됐단 말예요."

"각각 방에들 쓰러져 잔 걸 낸들 나 잔 것밖엔 무얼 알겠나."

"쓰러져 잔 것이 무얼 원망해 밤중에 도망을 쳐요."

"그렇게 판사나 검사같이 족쳐 대면 날더러 거짓말이래두 꾸며 대란 말인가."

"거짓말은 왜 참말을 하라는 거죠. 누가 그 눈치 모르겠다구. 첨엔 그래두 영혼을 의심해서 싸우기까지 했겠나요. 허물은 바로 어두운 등잔 아래 있는 줄을 모르구."

"시끄럽단밖에. 쓸데없이."

현마가 호령을 한댔자 격하기 시작한 단주는 그 한마디로 가라앉기는커녕 더욱 화를 내며 시부렁거리기 시작하는 것이다.

"남 멋대로 하게 버려두지 않구 왜 붙들어 놓구는 결혼을 시켜 주겠다구 얼리면서 미란만을 살짝 빼서 동경엔지로 데리구 가더니 괜히 설굳혀 음악은 무어구 피아노는 무어구 선생은 다 무어야. 남을 훼방하구는 제 놀음들만을 위주하구 그 놀음에 들어 멀쩡한 사람만 병신으로 맨들어 놓으면서 결혼은 다 무어야. 자 언제 결혼시켜 주구 언제 모두 제대로 해 준단 말요. 대체—."

"결혼을 하느니 무어니 자기들 뜻에 달린 게지 내게 무슨 아랑곳인가."

"그럼 왜 애초에 가만두지 못하구."

"어떻든 결혼이구 무어구 직접 미란의 맘을 물어볼 것이지 내게 대든들 어떻게 하란 말야."

"남의 마음을 뒤집을 대로 뒤집구 설굳힐 대로 설굳혀 놓구 이제 와서 미란의 맘을 물어보라구. 사람을 욕 주어두 분수가 있지—어서 미란의 맘을 제대로 바로잡어 놓든지 그렇지 않거든."

"발칙한 것. 그렇지 않거든 어쩌란 말이야. 배은망덕두 유분수지 내게 이렇게 버릇없이 대들 법이 있단 말이냐. 개를 기르다 다리를 물리운다더니 원."

"개니 무어니 얼마나 길러 주었다구 그런 악담을—내일부터래두 그까짓 집을 나가면 그만이지. 개는 무슨 개란 말야."

거리에서 굶주리고 헤매이는 것을 데려다가 길러 주고 사랑해 준 미소년 아도니스의 반항인 것이다. 당초에는 아내 세란보다도 더 사랑해서 집에 데려다가 한 식구를 만들어 주었던 그 소년이 어느 결에 이렇게 거역하고 배반하게 된 것인가. 현마는 어이가 없어서 찬찬히 바라보면서 벌렸던 입이 아물어지지 않는 지경이었다. 괘씸하다고는 해도 나 어린 소년을 상대로 소리를 높이기도 어른답지 않아 하는 수 없이 목소리를 낮추는 것이었으나 괴변에 심중은 물론 안온하지 않았다.

"집을 나갈 때 나가더래두 세상에 이럴 법이 있나. 철부지라구는 해두 대체 무슨 턱을 잡구 이렇게 대드는 거야. 아무리 하치않어두 주인은 주인이 아닌가."

"여러 말 말구 어서 미란을 찾어 내놔요. 제대로 맨들어 내놔요. 맨 첨의 순진하던 그때의 미란을 맨들어 내놔요."

말이 미란의 일건에 이를 때 현마도 꼼짝하는 수 없었다. 아픈 상처에 손이 와 닿은 듯 저지른 허물의 생생한 흔적이 마음을 찔렀다. 노염으로 한다면 단주를 그 자리에서 매질이라도 하고 싶으나 미란을 거들고 대드는 데는 꼼짝하는 수 없었다.

"조르지 말구 더러 나서서 찾어 보라는데두."

"어서 미란을 찾어 내놔요. 두말 말구 미란을 찾어 내놔요."

생떼같이 덤비는 데는 어쩌는 수 없이 한수 꿀리는 현마였으나 그러나 하루 우연히도 기르던 개에게 참으로 다리를 물리운 것을 알았을 때 그는 노염에 정신이 착란되어서 단주에게 대한 마지막 단정을 내리고 무서운 철퇴를 던지게 되었다. 기르던 개에게 다리를 물리었다거나 하는 비유로는 부족하리만큼 현마에게는 무서운 사실의 발로였다. 단주로서는 현마에게 배은망덕을 했을 뿐이 아니요 그를 몰아 패가망신케 한 셈이다. 원래 현마 자신이 그 음침한 푸른집의 으늑한 분위기를 꾸며 놓은 괴수요 근거였던 까닭에 어느 결엔지도 없이 이루어진 탕일한 풍습에 정신을 차릴 여유가 없었던지도 모른다. 등하불명으로 모르는 것은 남편인 현마뿐으로 되어 마지막 순간까지도 그는 관대한 부처님의 의용을 지니고 집안사람들을 거느리고 탈 없이 다스려 왔다고—적어도 미란의 경우만을 빼놓고는 그렇게 생각했던 것이다. 이 바위 같은 신념이 깨뜨러졌을 때 현마의 노염은 하늘을 찌를 듯이 솟고 정신이 착란되어 물인지 불인지 모르고 집안사람 모두에게 무서운 증오와 복수를 느꼈다.

—현마와 단주가 미란의 종적에 대해서 근심하고 걱정하는 데 비해서는 세란과 옥녀는 심드렁한 편이어서 남의 일보다도 자기 자신들의 일에 더 급급한 형편이었다. 옥녀는 개중에서 척분(戚分)이 아닌 한 사람으로서 미란에게 대해서 무관심한 것이 당연하다고 하더라도 세란의 편으로 본다면 동생의 일건에 그렇게까지 심드렁한 것이 아무리 생각해도 주책없다고밖에는 볼 수 없었다. 그의 주책없음은 단주를 사이에 두고 일어나는 심정이니 피서지에서 극도에 달했던 그 심정이 그대로 남아 집으로 온 후까지도 버릴 수 없었던 것이다. 열정이니 무어니 하기보다도 일종의 생리적 병증이었던지도 모른다. 산바람과 태양에 얼굴은 끄슬대로 끄슬었고 육신 마디마디에 산에서 받은 정기가 넘쳐서 원래가 야생의 여자인 세란은 푸른

집을 바로 별장 그것으로 여기게 되었다. 전에 없이 호담스럽고 대걸해져서 현마쯤은 손안의 노리개로 어려울 것도 두려울 것도 없게 되었다. 뜰에 나설 때에는 피서지의 뜰인 양 일광욕을 한다고는 웃통을 벗고 방 안에서도 무더운 판에 눈에 나는 거동이 빼지 않았으며 그 맞장구를 치는 것이 단주여서 그도 벌써 산속의 풍습에 젖은 후 허랑한 마음에 현마를 깔보기 시작한 지가 오래였고 더구나 그와 사무실에서 미란의 일건으로 말다툼이 있은 후부터는 거역하는 마음에 일부러 현마의 눈에 거슬리는 거동도 꺼리지 않게 되어서 집 안은 완연 세란과 단주 두 사람의 세상이었다. 그러나 두 사람의 방약무인의 태도가 현마에게보다도 옥녀에게 더 많이 영향을 주게 된 것이요 현마의 태도가 관대한 데 비해 옥녀의 신경은 곧추설 대로 서서 눈에 불심지가 솟고 속이 타면서 원망의 불길이 피어올랐던 것이다. 그런 질투의 자격은 그가 단주와 관례를 맺었음으로 말미암아 생긴 것은 물론이나 그렇게도 자기를 알뜰히 여기고 굳게 언약을 한 단주도 세란의 앞에서는 사족을 못 쓰고 옥녀 같은 것은 지릅떠보지도 않는 것이다. 불만이 차차 커지면서 옥녀는 어느 결엔지 앙칼진 원망을 가슴속에 준비해 갔다. 나두 밸두 있구 입두 있다는 것 여차직하면 가만있지는 않으리라는 것을 작은 가슴속에 겹겹으로 포개 넣고는 단주에게 대한 원망 세란에게 대한 노염을 깊이 간직하고 있었다. 하루하루가 그에게는 알맞은 기회 아닌 바가 아니었으나 큰소리로는 떠들지 못할 단주와의 사이의 몸의 허물을 가지고 있었던 까닭에 참고 있었던 것이 한시도 견디기 어려운 세란의 충충댐으로 인해서 기회는 의외에도 빨리 왔다. 세란은 단주에게서 끝끝내 항복은 못 받았어도 자기가 없었던 동안의 옥녀와의 사이를 민첩하게 눈치채고 옥녀에게 대한 미움은 날로 커 가고 학대가 심해서 주제넘은 년 넌 집안일에 참견할 권리가 없다는 기세를 노골적으로 보여 옥녀의 반감을 사게 된 것이 드디어 심판의 날을 속히 잡아당긴 원인이었다. 오십 보가 아니면 백 보요 더 악할 것도 더 착할 것도 없이 한데 어울리게 된 집안사람의 꼴들이란 흙탕물 속에서 진흙 싸움을 하는 격이어서 선악을 가릴 수도 없고 흑백을 고를 수도 없는 혼란하고 불결한 정경이었다. 혼돈한 속에서는 시초라는 것도 없는 것이나 역시 세란의 교만이 화가 되어 그날 일이 터졌던 것은 사실이다. 옥녀에게 분부해서 다른 날보다도 일찍이 목욕물을 끓여 놓고 세란은 온천에서 하던 버릇으로 더운물 속에서 철벅거리면서 오후를 조금 지났을 뿐이던 까닭에 현마가 속히 나오지는 않으리라는 예측도 있었고 다른 한편 옥녀에게 대한 시위운동도 겸할 요량으로 목욕실에서 단주를 불렀던 것이다. 단주 역시 미란이 없는 이제 세란 앞에서는 투정을 부릴 수가 없어서 대개는 뜻대로 좇게 된 데다가 현마가 올 시간이 멀었다는 의식이 도와서 옥녀의 눈을 무릅쓰고 목욕실로 뛰어들었다. 정신없는 짓들이요 세상을 너무도 달게 여기고 얕잡아 보는 짓들이었다. 만사가 자기들만을 위해서 생겼다고 보는 데서 온 염치없는 수작들이었다. 그러지 않아도 비밀이란 조물주의 총애보다도 미움을 받고 있는 터에 비밀을 비밀로 여기지 않고 해뚱해뚱 날뛸 때 그 스스로 즐겨서 조물주의 미움을 사자는 것이요 화를 부르자는 셈이다. 천벌은 즉시 두 사람을 내려쳤다. 아궁 앞에서 불을 살피면서 목욕실에서 장난치는 남녀의 목소리를 들으려니 옥녀는 피가 용솟음치면서 눈앞이 캄캄해졌다. 물이 금시 불로 변해서 두 몸을 태워 버렸으면도 원하고 창으로 번개가 기어들어 두 몸을 박산해 버렸으면도 저주하면서 불측한 남녀를 위해서 불행이 일어난다면 그것을 원해서 그 자리로 무슨 짓이든지 할 것 같았다. 기도에는 목소리를 내어도 저주에는 목소리를 내는 법이 아니다. 참으로 옥녀는 목소리만이 없이 마음속으로 깊고 날카롭게 저주하는 것이었다. 그 뼈에 사무치는 저주가 통달했음일까. 일이 공교롭게 되었다느니보다는 그의 저주의 공으로밖에는 돌릴 수 없는 것이 그가 문득 뜰 안에 인기척을 듣게 된 것은 마침 눈을 감고 합장을 하고 한참 저주에 열중해 있는 중이었다. 정신을 차리면서 열어젖힌 안방 창밖으로 뜰을 흘끗 바라보았을 때 조물주의 지시였던지 아직도 시간이 먼 현마의 자태가 나타난 것이 아니던가. 옥녀는 본능적으로 벌컥 겁을 먹으면서 자리를 일어섰다. 두 사람을 저주하던 그였만 그 한순간만은 그들의 위험을 직각하면서 막아 주자는 본능이 일어난 것은 사실이었다. 쏜살같이 부엌을 뛰어 뜰 안으로 나와 현마 앞에 막아선 것은 그런 본능적인 충동인 외에 아무것도 아니었다. 다음 순간 반성이 솟고 날카로운 증오가 복받쳐 오르지 않았던들 그는 그때까지 늘 해 오던 버릇대로 현마를 문밖에 따 놓고 다른 데로 주의를 솔리게 해서 잠간 유예하는 동안에 날쌔게 서둘러 모든 것을 제대로 바로잡고 평화로운 상태로 돌려 놓았을지 모른다. 그러나 그렇게 알뜰히도 싸 오고 받들어 오던 세란에게서 그의 마음이 떠난 지는 오래였고 순간의 전율에서 깨어날 때 세란들에게 대한 분은 새로 솟아나면서 순간의 본능은 자취도 없이 사라진 것이었다. 백번 생각해도 미운 것들이다. 불측한 것들이다—불길이 가슴속에 솟으면서 현마 앞에서 던진 한마디는 정직하고도 무서운 한마디였다.

"얼른 들어가 목욕실을 보시지. 아예 대경실색해서 그 자리에 쓰러지시진 말구."

옥녀의 태도에 현마도 뜨끔하면서 모든 것을 직각했던 것도 싶다. 아니 그 한마디를 들을 날을 무의식 중에 기대하고 있었던지도 모른다. 최후의 한마디의 뙤임이 필요했던 것이지 아무리 심드렁하다고는 해도 집안사람들의 기맥을 그렇게까지 모르고 지내 왔을 리는 만무하다. 낯빛이 변하면서도 엄연한 그의 태도 속에 그런 의미가 스스로 번역되어 있는 것이 아니었을까.

"왜 이리 설레는 거야."

속에 끓는 불덩어리를 싸 가지고도 자약한 말솜씨다.

"집안 꼴이 지금 어떻게 되어 있는지를 보시면 설레는 이치를 아시겠죠."

"잔소리 말구 내 앞을 물러서라니깐."

고함은 쳐도 옥녀 보기에는 그의 전신은 부들부들 떨리고 걸음걸이도 허전허전한 것이었다. 현관으로 향하는 것이며 문을 힘껏 드르렁 여는 것이며 들가방을 홱 내던지는 것이며가 보통 때의 거동은 아니요 그 속에 무서운 분노의 흐름을 감춘 것이었다. 옥녀는 한편 시원도 하고 두렵기도 해서 몸을 움츠리고 부엌으로 뛰어들어가서는 금시 쏟아질 폭풍우를 기다리는 마음으로 아궁 앞에 납신 웅크리고 앉았다. 눈앞이 핑핑 돌면서 세상이 뒤집히지나 않을까 하는 염려가 화기와 함께 전신을 달게 한다.

현마의 수선스런 거동에 목욕실에서는 기미를 알아채었는지 숨을 죽인 듯이 말소리들이 그치고 잠잠하더니 밀창이 열리면서 차례차례로 화다닥들 튀어 나가는 눈치였다. 지저귀던 새들이 포수를 만나자 무뜩 그치면서 수풀 속으로 숨어 버리는 셈이었다. 목욕실 문은 활짝 열어 젖히운 채 감감해진 대신 포수의 총소리가 집 안을 울리고야 말았다. 옷들이나 갈아입었는지 어쨌는지 혼란한 옥녀의 귀에 현마의 고함이 들린 것은 그런 여유도 없을 바로 그 즉석인 듯했다. 우레가 좀해 쉬지 않듯 현마의 고함은 한참 동안이나 계속되어도 세란과 단주의 목소리는 쥐 죽은 듯 한마디도 들리지 않았다. 옥녀는 몸이 숭숭거리는 판에 순간순간이 견디기 어렵다. 침침한 부엌에 박혀 있기가 더욱 괴로워서 일이고 무어고 집어치우고 뜰로 뛰어나가 현관 앞에 살며시 앉아 버렸다. 일이 그렇게 된 이상 자기에게도 누가 미쳐 올 것은 사실이요 이제는 될 대로 되고 올 대로 오라는 배짱으로 집안의 기맥을 엿듣게 되었다.

"고얀 것들! 짜장 기르던 개에게 다리를 물리었구나."

현마는 그 육중한 몸으로 그렇게 번민해 본 적은 없었다. 장대한 육체에 고민이 올 때 표정이나 거동으로 나타나는 것이 아니라 앓는 황소같이 꿍꿍거릴 뿐이요 무표정하기 짝이 없다. 단주가 옷을 대충 걸치고 안방에서 대청으로 어슬어슬—그에게도 또한 그 수밖에는 없었던 것이나—들어올 때 현마의 격동한 목소리는 농으로나 들릴 정도로 되려 희극적인 어투를 띤 것이다.

"고얀 것들! 짜장 기르던 개에게……."

"개 개 하니 얼마나 길러 주었게 사람을 그렇게 천하게 본단 말요 원."

가만히 있어도 좋았을 것을 단주는 잠잠한 것이 멋쩍은 김에 말대꾸를 시작한 것이다.

"도적질을 하다 들켜두 발명(發明)을 한다더니 뻔질뻔질한 말버릇 봐라."

현마는 얼굴을 물들이고 펄쩍 뛴다는 것이 어깨를 으쓱하면서 고함을 친다. 고함만은 표정과 달라서 고래 같은 대성에 단주는 뜨끔해지면서 놀라면 또 무엇이던지 주워 대야지 그대로 못 있는 성미였다. 몸은 떨면서 목소리만이 간들간들 살아 나온다.

"내 뜻으로 그렇게 된 건가. 그저 시키는 대로 하라는 대로 한 거죠. 바른 정신이 없었어요. 모르는 결에 홀린 것같이 덤벙덤벙 들어가서는 꿈속을 헤매다 나오면 전신에 땀이 나구 정신이 혼몽해서 햇빛에 낯을 바로 쳐들 수 없게 눈이 부시구……."

엄연한 현마의 앞에서 미소년 아도니스는 비로소 정신이 들면서 참회나 하는 듯이 웅얼거리나 현마의 귀에는 벌써 참회로 들리지도 않는 것이요 눈앞에 보이는 것은 미소년인 대신에 가장 추악하고 얄미운 족제비였던 것이다.

"짐생을 길러두 그렇게까지 배은망덕을 한 법은 없겠다. 어서 내 눈앞을 물러가라. 썩 물러가라."

"잘했다는 것은 아니나……."

"나가랄밖엔!"

"나가라면 나가죠만."

그 한마디가 현마를 빨끈 불 질러 놓아 몸이 활짝 타오르는 바람에 손에 쥐이는 것을 물인지 불인지도 헤아리지 않고 단주에게 던진 것이다. 팔죽지를 맞히고 떨어진 것은 화병이었다. 육중한 사기 화병이 떨어지자 헤뜨러지는 꽃 쏟아지는 물과 함께 단주도 흠! 소리를 치면서 그 자리에 쓰러졌다.

"어서 나가라니깐. 집을 더 더럽혀 놓지 말구 맘대로 나가 되로 거지로 돌아가려므나."

그러나 단주는 대꾸는새로에 금시 얼굴이 파랗게 질리더니 눈을 감고 팔죽지를 만지면서 신음하는 것은 꾀를 피우는 것이 아니라 짜장 화병에 맞은 팔죽지가 떨어질 듯이 쑤시면서 감각이 마비되어 버렸던 까닭이다. 금시에 피가 불어서 넘치는 것 같으면서 입을 벌릴 수도 없고 몸을 꼼짝달싹 요동할 수도 없었다.

"그대로 꺼꾸러지는 것이 너로선 옳은 신세다. 어서 꺼꾸러져라."

그것쯤으로 현마의 화가 풀릴 리는 없어서 손에 잡히는 책을 집어 더욱 단주의 어깨를 갈길 때 안방에서 얼굴을 묻고 있던 세란도 그제서야 뛰어나오면서 쓰러진 단주의 꼴을 보고는 부끄럽던 심정도 사라지면서 현마를 노리는 것이다.

"뭘 잘했다구 이 야단이요. 그럴 걸 누가 당초부터 집에 붙이랬나. 집에 들이지 않었다면야 누가……."

"발악을 할랴거든 지옥으로나 가 해라. 사람의 입이 보물은 보물야. 무슨 짓을 하구서래두 말구멍은 있거든."

"사람을 집구석에만 버려두구 밖에서 독판 숨어서 갖은 짓을 다 하면서 누구 죄란 말요. 아무리 여편네기로서니 쓸쓸할 때두 있겠구…….”

“시끄럽다. 모두 나가라니깐.”

눈앞에 선 것은 벌써 아내도 아니요 사람도 아니요 기름진 악마로도 보이고 요사스런 아귀로도 보였다. 눈에 충혈이 되고 손에 살기가 넘쳐서 책상 위에서 집어 든 것은 잉크병인 모양이었다.

“집에다 불을 놓아 버리기 전에 나가라니깐. 나가서 거지나 돼서 바가지나 긁으라니깐.”

세란은 면상을 얻어 맞고 흑! 느끼며 고개를 떨어뜨렸다. 한참이나 손으로 왼편 눈을 가리고 섰더니 그제서야 아이구! 소리를 치면서 현마에게 와락 달려든다.

“사람 죽이누나.”

여자가 대드는 것은 표범같이 사나웁다. 앙칼진 목소리에 현마는 한 때 멍하니 서 있다가 전신을 솔려 오는 세란이 몸을 받으면서 뒤로 물러서게 되었다. 물러서기야 아무것도 아니었지만 어쩔 줄 모르고 팔을 벌리고 있는 동안에 별안간 면상이 뜨끔해지는 것을 느꼈다.

엉겁결에 외치는 동안에 물리운 한편 볼에서는 검은 피가 쭉 돋았다. 잇자리가 몸을 찌를 듯이 아픈 데다가 거머리같이 달라붙은 세란의 몸은 좀체 안 떨어진다.

“사람을 치구받구 하구두 누구를 됩데. 살인이다. 사람 살려라.”

소리소리 지르며 밀려드는 바람에 현마는 한참이나 맞서다가 세란을 안은 채 뒤로 나둥그러지고 말았다. 나둥그러지면서 눈에 뜨인 것이 세란의 눈이다. 피가 흐르는 것은 자기의 볼만이 아니라 세란의 왼 눈시울도 시퍼렇게 멍이 든 속으로 검은 피가 쏟아지는 것이다.

"나가라면 무서워할 줄 알구. 나가구 말구. 얼른 사람이나 살려내놔, 생사람을 저렇게 쳐서 쓰러뜨리구두 무엇이 부족해서……."

한데 엉겨서 자리 위를 밀리는 동안에 현마는 여전히 쓰러진 채 일어날 염도 못하는 단주의 꼴을 흘끗 보게 되었다. 얼굴을 자리에 박은 채 침을 흘리고 신음하면서 처음에 쓰러진 그 시늉으로 꼼짝 안 하고 있다. 미소년 아도니스는 참으로 멧도야지에게 물려 벌판에 쓰러진 것인가. 그 피 흐른 자취에서 아네모네가 피어날 것인가—팔을 부러뜨리운 것일까 거꾸러진 것일까—현마는 겁도 나서 자기의 상처도 잊어버리고 은연중에 그쪽으로 눈이 가고 주의가 쏠렸다. 그러나 몸을 뻗치고 손을 베풀 여가도 없이 발악을 하며 덮쳐오는 세란에게 밀려서 한편 구석으로 쏠려 가군 하는 것이었다. 한참 동안이나 들볶이다가 다시 단주의 곁으로 쏠려 갔을 때 현마는 문득 그 앞에 서 있는 한 사람을 본 것이다. 옥녀였다. 현관 앞에서 엿듣고만 있다가 싸움이 수월치 않음을 느끼고 뛰어든 옥녀였다. 쓰러진 단주 앞에 서서 그를 돌보아 줄까 어쩔까 망설이고 있는 자태였다.

"옥녀야 이년 너두 같은 년이지. 앙큼스럽게 고발은 왜 했어. 너 뉘 좋이더냐. 단주의 손가락 하나래두 까딱 다쳤다 봐라."

옥녀가 어느 때까지 망설이고 있는 것은 세란의 이 책망 때문인 듯도 했다. 현마는 세란의 입을 막으면서 옥녀에게 눈짓하고 일어서려는 것이었으나 지칠 대로 지쳐 맥이 풀리고 몸이 느른한 그들이었다. 싸우다 피차에 쓰러지고 만 용과 범이었다. 흑백이 없고 옳고 그른 것이 없는 피장파장의 피곤한 두 개의 육체였던 것이다.

미란이 오래간만에 뜻을 먹고 사무실로 현마를 찾은 것은 자기의 여행에 대한 한 가지의 계책을 마지막으로 상의해 보려는 목적이었으나 붕대로 얼굴을 칭칭 감고 있는 그의 꼴을 보고 미상불 놀라지 않을 수 없었다. 미란보다도 더 놀란 것이 현마였다. 오랫동안 종적을 감추어서 갖은 염려를 다하게 하던 미란이 그렇게 다따가 찾아올 줄은 생각지도 못하던 터이라 기쁜 마음이 울연히 솟았다. 놀라고 기쁘고 고마웠다. 찾아온 것 그것만으로 자기의 허물을 용서해 준다는 듯이도 보였던 것이다. 물론 지난 허물은 허물이 될 뿐 앞으로 그 이상 더 어떻게 되리라고는 원할 바 못 되었으나 그러나 마음만으로 한다면 미란은 세상에서 가장 그리운 사람이었고 한 송이의 절벽 위의 꽃으로 평생 그를 우러러보고 생각하고 싶었던 것이다. 지금에는 깨끗하고 기쁜 마음으로 그를 대할 수 있었고 그를 위해서는 아무런 희생을 해도 아깝지 않겠다는 생각조차 솟았다.

"가을이라구 벌써 붕대지짐인가요?"

농도 반가워서 현마는 그간 형편을 대충 귀띔해 주었다.

"집에선 큰 난리가 났었어. 결국 될 대로 되고 오는 데까지 왔다구 보면 그만이나 세란과 단주의 꼴들을 보구야 가만있을 수두 없어서 집을 떨어 버릴 작정으로 접전이 일어난 것이 상하긴 다 일반—나두 붕대를 감게 됐지만 저희들두 병원 맛을 보게 됐어. 단주는 팔을 꺾구 세란은 눈알을 깨뜨리구—무더운 병실에서들 아마두 나보다는 견디기 더 어려울걸."

미란은 눈쌀이 찌푸려지고 속이 뉘엿거리면서도 그 역 올 것이

왔다고 느끼는 마음은 현마와 일반이었다.

"무서운 집안—일찍이 나오기를 잘했지. 그 꼴들을 보았더라면 맘이 얼마나 뒤집혔을까."

"나두 그중의 한 사람이구 그런 풍습을 꾸며 논 것이 나였던지두 모르긴 하나 생각할수록 몸서리나는 집이긴 해. 담쟁이와 초목 속에 숨어서 윈통 푸른 속에서 무엇이 있는지를 까딱 모르구 왔단 말야. 얼마나 오래 끌었는지 결국 그다지 길게두 안 가 판이 드러나구 결말이 오는 것을."

"집을 벗어나온 후부터 난 이렇게 맘이 거뿐해졌어요. 지옥을 벗어나온들 이다지야 개운하겠어요. 사람에겐 불행이라는 게 있는 법이니까 결국 잊어버리는 수밖엔 없는데 언제까지나 울구불구만 있을 수두 없는 일 모든 것을 씻어 버리구 난 지금 아침 해를 보는 사람이에요."

원망하는 법도 없고 한하는 법도 없이 침착하게 재생의 소식을 전해 주는 미란의 마음씨를 현마는 고맙게 받으면서 그 맑은 정신의 교류 가운데에서는 지난 허물은 기억 속에 떠오르지도 않을 뿐 아니라 그의 길을 찬동하고 축복해 주는 생각으로 가슴속은 차졌다.

"암 미란에게는 영훈과의 그 길이 가장 옳구 바른 것은 물론 내야 부러워하구 탐내야 하는 수 없구 다만 멀리서 바라보고 빌어 줄 뿐이지만—꼭 한 마디 말할 자격이 있다면 평생 가야 난 맘속에서 미란을 잊을 수 없다는 것 미란의 맘과 아무 관계없이 내 이 맘만은 첨부터 생긴 것이구 어느 때까지나 변할 리 없는 것—괜히 쓸데없이 장황하게 말할 것두 없는 것이나……."

미란이 맞장구만 친다면 현마의 회포와 하소연은 끝날 틈이 없었을는지 모른다. 미란의 심경으로도 아무리 길게 그것을 듣는대도 무방한 것이기는 하나 목적이 있어 온 그는 알맞은 곳에서 용건을 말하지 않으면 안 되었다. 이미 마음을 작정했던 이상 시스러울 것도 없고 부당하다고 생각되지도 않아서 말을 내기가 곤란한 것은 아니었다.

"세란이 어찌 됐던지 간에 난 세란의 동생임이 틀림없고 지금 말하는 것두 그 동생의 자격으로서 하는 것인데 아시다시피 이번 여행을 떠나게는 됐으나 내 부담까지를 영훈에게 씌울 수두 없구 해서 생각하던 차에."

"좋구 말구. 솔직하게 말을 해 준 것부터가 내게는 기쁜 일인데 요행 내게는 힘두 있구 힘자라는 데까지야."

미란의 말이 끝나기도 전에 뜻을 요량하고 앞서서 언하(言下)에 말을 주는 것이다.

"— 세란의 동생이라는 뜻을 떠나구 지난날의 지저분한 기억과두 떠나서 참으로 맘속으로 난 그것을 원하는 터에 한 사람을 위해서 그 무엇을 바친다는 것이 얼마나 질거운 일인지 내 처지에 서지 않으면 아마도 모를걸. 내게는 재산이 있기는 하나 영화니 무어니 이런 노름에밖엔 쓸 길두 없는 것이구 그까짓 하치않은 재산이 다 무어게, 될 수 있다면 그보다 더 귀한 것이라두 희생하구 싶은 맘인데 잘 말해 주었소."

그 자리로 서랍을 열더니 소절수장(小切手帳)을 집어냈다. 가진 사람으로서의 자랑을 보이려는 것이 아니요 숨은 발톱을 감춘 것도 아닌 단순하게 보이는 거동이었다.

"예금 관계로 우선 이것만을 적으나 필요하다면 언제든지 또 쓰구 말구."

내젓는 붓끝에서 떨어지는 숫자는 삼천 원이었다. 담담한 태도에 미란은 넋을 잃은 사람같이 흥미도 감격도 느끼지는 않고 숫자라는 것이 참으로 쓰기 수월한 것이로구나 삼천이라는 숫자가 대체 그렇게도 헐하고 어처구니없는 것일까 생각하면서 우두커니 바라볼 뿐이었다. 흡사 남의 연극을 보고 있는 것같이 힘도 맥도 안 들고 신비도 자극도 없는 일순간이었다.

"돈이 원래 더러운 것이긴 하나 아예 더러운 것으로 여기지 말구 맘속에 엉겼던 것 다 풀어만 버린다면 그 돈을 쓰기가 그다지 괴롭진 않을 것이요. 길바닥에서나 얻어 본 듯 아예 맘쓰지 말구 헐하게 없애시오. 영훈에게 말하기 거북하거던 저금했던 것을 찾었다구 해두 좋을 것이구 앞으로도 필요할 때에는 언제든지 일러만 주면 더 도와줄 작정이오. 외국에 가서 굶는 것같이 섭섭한 때는 없을 테니깐."

미란은 미처 고맙다고 말을 할 사이도 없었거니와 그런 말이 그 자리에서는 쓸데없는 것으로 들릴 성싶었다. 아이가 이웃집에 가서 엿 한 가락 얻어 들고 뒤도 본체만체 달려오듯 미란도 결국 한마디 말도 보낼 여가가 없이 털고 자리를 일어서는 수밖에는 없었다. 처음에는 그 목적을 위해서 겸연쩍은 생각에 주저도 하고 망설이기도 한 것이 현마의 자발적인 호의로 그렇게 수월하게 해결되었을 뿐이 아니라 당초의 시스럽던 생각은 흔적도 없이 사라지고 미란의 마음은 평온하고 떳떳한 것으로 변했다. 말은 없어도 감사의 생각이 가슴을 밀고 오르면서 좀 더 섰으면 눈물이 돌 것도 같아서 든손 문으로 향했다. 칭칭 감은 현마의 붕대가 돌부처의 새하얀 귀고리같이 가슴속에 배어 오면서 미란은 더 뒤를 돌아볼 용기조차 없었다.

사람의 행복이란 어떤 길에서 찾아지고 어떤 고패에서 작정되는 것인지는 아무도 모른다. 이 길이 행복스럽게 보이다가도 저 길이 탐나 보이며 저 길이 탐나 보이다가도 문득 이 길이 행복스럽게 보이는 수도 있는 것이며—아니 저 길에 서면 이 길이 좋은 것 같고 이 길에 서면 저 길이 행복되어 보이는 것이다. 행복을 구해서 헤매이고 갈팡질팡 설레는 것이 온전히 그 까닭인 것이나 그러나 행복이란 그것만으로는 형상을 잡을 수도 없고 종적을 가릴 수도 없다. 불행 속에 있는 사람이 반드시 자기의 불행을 느끼지 못하듯이 행복 속에 사는 사람이 반드시 그 행복을 느끼지 못하는 적도 있으며 되려 게정을 부리다가 일껏 온 행복을 손안에 들었던 미꾸라지같이 놓쳐 버리는 수도 있다. 불행과 마주 설 때에 행복을 행복으로 느낄 수 있음은 행복과 대립될 때 불행의 맛이 알려지는 것과도 흡사하다. 이편이 불행할 때 저편이 행복되어 보이고 저편이 불행할 때 이편의 행복이 몸속에 사무치게 느껴지는 법이다. 피서지에서 문득 세란의 편지를 받은 죽석의 심경이 바로 이 경우에 속하는 것이었다. 세란의 편지 속에 자세히 적혀 있는 최근 푸른집에 일어났던 변괴에 죽석과 만태는 크게 놀라며 세란들의 불행을 뼛속에 배이게 느끼는 한편 오랫동안 잊었던 자기들의 행복이라는 것을 생각해 보게 되었다. 하기는 자기들과 세란들의 두 경우에 어느 편이 행복스럽고 어느 편이 불행한 것인지 — 자기들이 행복스러운 편이고 세란들이 불행스런 편인지는 일률로 말하기 어려운 것이나 죽석은 적어도 자기들의 경우를 행복스러운 것이라고 단정했던 것이다. 그도 한때는 — 이것은 그만의 마음의 비밀이요 남편 만태에게도 고백하기 어려운 속뜻인 것이나 — 세란의 신세를 부러워하고 그가 세상에서 아마도 가장 행복스러운 여자라고 느껴도 보았다. 피서의 전반기 만태가 아직 별장에 오기 전에 세란들과 술울 먹고 춤을 추고들 했을 때 밤중이면 세란이 자기의 방에 살며시 숨어들어 색정의 진의를 설명하고 실감을 말하면서 한 사람의 남편과 검은 머리가 파뿌리 될 때까지 수절한다는 것이 천치의 증거라느니 하면서 소군소군 들려주는 말이 천사의 말도 같고 딴 나라의 유혹도 같으면서 사실 자기는 바보일까 천치일까 하면서 의혹도 해 보고 번민도 해 보았다. 그러던 것이 지금 와서 우연히도 세란들의 불행으로 말미암아 그 한 때의 뜬생각도 변해지며 세란이 반드시 최대한도로 행복스런 처지는 아니라는 것 색정의 유희라는 것이 도시 위험하고 걱정 많은 것임을 느끼면서 자기들의 자극 없고 무미한 생활을 다시 한번 고쳐 반성해 보게 되었다. 그 결과 그 깐에는 자기들의 단조한 생활이 결코 불행한 것이 아니고 행복된 것이라는 것 행복 속에 있기 때문에 그 행복을 느끼지 못했다는 것을 알기 시작한 것이었다. 편지를 받은 날 부부는 그 어느 날보다도 자별스럽게 머리를 모고 오래도록 재깔재깔 지껄이면서 세상에서 자기들이 제일 행복스러운 짝이라는 듯 화평한 가정 풍경을 이루었던 것이다.

죽석들이 그때까지도 도회에 돌아가지 않고 별장에 머물러 있었던 것은 만태가 가가 일의 일체를 맡기고 왔던 까닭에 언제까지든지 넉넉하게 늑장을 부릴 수 있었던 터에 피차의 건강을 위해서 산 기운을 흠뻑 맞아 가지고 가자는 것과 피서지의 진미는 늦여름과 첫가을 사이에 있는 것이므로 이왕이면 시골맛을 싫도록 보고 가자는 뜻에서 나온 것이었다. 피서객들이 거반 다 흩어져 가 버린 뒤의 쓸쓸하고 고요한 산속에서 부부는 조금도 적막을 느끼기는새로에 도리어 한가하고 시원하다고 생각하면서 큰 별장을 지니고도 처음 예측과는 달라 세란들의 한패가 가 버린 후도 결코 휑휑하다는 느낌 없이 피서의 진미를 완전히 흠미하고 있었다. 산속의 시절은 봄이 늦은 데 비겨 가을 철수는 한결 속히 재촉되어서 야지보다는 빠르다. 뜰의 잡초가 건들하고 훌쭉해 갈 때에는 나뭇잎도 재빠르게 한 잎 두 잎 물들어 간다. 공기가 차지고 개울물 소리가 맑아 가면 산길에는 산사람들이 따 가지고 가다가 떨어뜨린 읅은 머루송이가 군데군데 구르게 되고 누런 다래 잎새도 그 속에 섞이게 된다. 화단을 비추는 대낮의 햇빛은 짜링짜링 따가우면서도 아침 저녁으로는 몸이 가다들면서 첫서리 올 날이 오늘일까 내일일까 기다려지며 그 첫서리로 시절을 헤아리려는 듯 즐거운 조바심이 생긴다. 그날 죽석들 부부가 그렇게 일찍이 눈들을 뜬 것도 아마도 간밤의 침대 속이 전에 없이 추웠던 모양—새벽에 이들을 덜덜 갈면서 일어나 객실로 나왔을 때 아니나 다를까 창밖으로 먼 산의 첫서리가 희끄무레하게 눈에 띠었다. 곧게 뻗친 마을길도 침침한 속에서 눈에 뜨이도록 하아얗게 분가루를 썼고 뜰 앞 나뭇잎도 축 늘어져 보인다. 서리가 왔다는 느낌이 새삼스럽게 몸에 찬물을 끼얹자 부부는 금시 소름이 돋고 한층 추워지면서 그것만으로 하나의 일거리가 생긴 듯 되려 감동하고 기뻐하면서 수선을 떨고 옆방에서 아직도 잠들어 있는 식모를 들볶아 깨웠다. 세란들이 떠나자 온천에서 한 사람의 여인을 구해 두었던 것이 넓은 별장에서는 식모인 것만이 아니라 친한 놀음동무도 되었다. 눈을 비비면서 일어나는 식모에게 분부해서 짧게 패인 장작을 날라다가 불을 피우게 한 것이다. 객실에는 한편 벽에 벽돌로 단정하게 쌓아 올린 벽로(壁爐)가 있었다. 일상 때에는 헛간같이 쓰지 않고 묵혀 두고 그 위에 책을 쌓아 놓거나 화병을 올려 놓거나 할 뿐이던 그 화덕이 시절의 필요에 응해서 비로소 귀중한 것으로서 등장하게 된 것이다. 휑휑한 속에다 장작을 무지고 불을 달아 놓으니 그 해의 첫 불을 피운 셈이다. 마른 나무에 불은 쉽게 붙어 활활 피어오르면서 침침한 새벽 방 안을 불그레 비추고 따뜻하게 눅여 주었다. 의자들을 끌어다가 화덕 앞에 놓고 부부가 시절의 첫 불을 싸고 앉아 손들을 내밀었을 때 그곳이 집안에서 가장 행복스런 자리가 되고 두 사람에게는 즐거운 생활의 의욕이 흔흔히 솟아올랐다. 따뜻한 불은 그대로가 바로 행복감의 상징이요 생활감의 달가운 도가니다. 세란의 편지를 받은 것은 바로 그런 때였던 까닭에 죽석들의 행복감은 한층 의식 위에 샘솟아 올랐던 것인지도 모른다. 편지는 아마도 전날 저녁때 배달되었던 것인지 만태가 아침마다의 습관으로 현관문을 열고 밖에 달린 우편통을 열었을 때 세란의 두터운 편지가 손안에 집혔다. 묵직한 무게를 기뻐하면서 벽로 앞에서 아내와 함께 봉투를 뜯었을 때 그 내용이었던 것이다. 부부는 의외의 소식에 놀라고 동정하고 하다가 차차 자기들의 생활과의 대립이 의식에 떠오르자 행복감이 넘쳐흐르면서 아침 내내 화덕 앞에서 즐거운 생각과 회화가 계속되었다. 돌연히 알게 된 남의 불행을 말하고 반성하고 하는 것이 그대로가 바로 자기들의 행복을 뒤집어 말하는 셈이 되었다. 남의 불행을 이용해서 자기들의 행복감을 불러일으키는 것이 불측하다고 해도 하는 수 없는 노릇, 두 사람은 넘쳐 나오는 행복감을 어쩌는 도리 없었던 것이다.

"……단주는 팔이 부러지구 세란은 한쪽 눈이 멀어지구 현마는 볼이 째지구 옥녀는 쫓겨나구 했다니 결국 한 집안이 몰싹 불속에 빠졌던 셈이죠."

물론 동정은 하는 것이나 그것이 미소가 되어서 죽석의 입을 비죽이 헤치고 나올 때 남편 또한 그 미소를 받아

"병원에서 수술을 한 건 단주와 세란이니 그들 둘이 제일 무거운 벌을 받은 셈이지. 하긴 내가 본 경우로 봐서두 그게 흡족한 벌은 못 돼. 팔 하나 떨어지구 눈 하나 먼 게 그까짓 무어게. 현마 편으로 본다면 아직두 천벌이 부족한 듯해. 그것쯤으론 맘이 시원하지 못할걸."

"아무튼 오래는 들키지 않구 용케들 끌어는 왔어. 그 길에는 선수요 천재니 말할 것두 없지만 세란의 농간과 재주가 무척은 용하거든."

"세란두 그만하면 잠이 깼겠지. 인생이 그렇게 수월한 것이 아니

라는 것두 알았을 테구 장난이나 연극을 하는 것같이 늘상 흥분만 있구 좋은 일만 있는 것이 아니라는 것두 터득했을 테구―인생이 좀 어렵다는 걸 알어야지 아무리 말괄량이기루."

"알았으면 이 편지를 했겠소. 집을 쫓겨났으니 앞으론 별장을 빌려달라는 뻰질뻰질한 소리를 부끄러워서두 그 입으로 하겠소. 어떻든 팔병신 눈병신이 동부인을 하구 걸어오는 것두 가관일걸……. 일껏 말한 걸 별장을 안 줄 수두 없구 지금 식모두 아마 당분간은 그대로 붙여 줘야지 않겠소. 인정상 야박하게 딸 수두 없는 노릇이니."

"난 일절 간섭 안 할 테니 생각대로 하우……. 뭐니 뭐니 해두 그 중에선 미란이 제일 사람이 됐어. 내 눈에 어김이 없어. 첫눈에 벌써 세란과는 피는 논았는지 몰라두 인물은 딴판이라구 노렸더니 아니나 다를까 제일 똑똑하게 제 처사 제가 하지 않었소."

"미란은 나두 좋아했어요. 인물이 출중한 데다가 경우가 바르구 정이 있구 게다 영훈이같이 훌륭한 사람을 만났으니 행복두 받구 음악에두 성공하리다."

"지금쯤은 하얼빈서 두 사람이 활개를 펴구 거리를 휘젓구 다니렸다. 현마는 붕대를 감구 사무실에 들어 엎드려서 무슨 궁리를 할꾸. 아마도 맘을 잡을랴면 한참은 지나야 할걸."

"옥녀두 벌써 뉘집 고용살이로 들어갔겠지. 똑똑하구 야무러진 게 식모로는 아깝더니 웬만하면 우리 집에나 둬 두었을걸."

"어떻든 미란들같이 행복스런 패는 없어―우리두 가을이나 깊거든 하얼빈으로 구경이나 떠나 볼까."

"정말. 아이구 얼마나 좋을까. 꼭 떠나요 네. 안 떠났단 안 돼요 괜히.”

다따가 죽석은 마음이 싱숭거리는 바람에 발로 마루를 구르면서 의자에서 몸을 요동한다. 만약 엿보는 눈이 없었더라면 남편에게 달려들어 목을 안으면서 응석을 부렸을는지도 모른다. 얼마나 오랫동안 재깔들거리고 있었던지 어느새 식모가 들어와 아침 식사를 고하는 바람에 죽석은 몸을 지만하고 마음을 누르고 자리를 일어선 것이었다.

참으로 어느 결엔지 활짝 아침이 밝아 와서 방 안은 훤하고 화덕의 불도 마저마저 사그러지는 판이었다. 만태도 정신을 차리면서 화덕 앞을 떠나 창께로 가서 활짝 열어젖혔을 때 먼 산은 햇빛 속에 환히 솟아나고 마을길에는 사람의 그림자가 어른거렸다. 개울둑에는 어느 결엔지 누런 소가 매었고 소 등어리에서는 더운 김 무럭무럭 피어오르는 것이 바라보인다.

“서리 온 날은 개인다더니 오늘두 날씨는 훌륭하군.”

만태는 먼 개울가 소에게나 지껄이는 듯 소리를 지르면서 활개를 펴고 심호흡을 하면서 체조를 시작한다.

“고기나 낚으러 갈까요 오늘두 또.”

죽석이 등 뒤에 와서 대답하면서 그도 남편을 본받아 라디오 없는 아침 체조를 시작한다. 창으로는 맑은 공기가 무한량으로 쏟아져 들어와서는 두 사람의 몸을 씻어 준다. 이름 모를 새가 날아와서 창밖 자작나무에서 높은 단마디의 노래를 시작한 것은 부부의 체조의 장단을 맞추어 주자는 것이었을까. 라디오의 음악이 아닌 그 소리가 체조의 반주로는 어색한 것이었으나 부부는 그것을 구태여 허물할 것 없이 솔곳이 들으면서 팔을 휘젓고 다리를 들고 여전히 체조를 계속해 가는 것이었다. 부부에게는 아름다운 아침이었다.

《인문사》, 1939.

이효석전집 편찬위원장
이우현(이효석문학재단)

자문위원 (가나다순)
곽광수(서울대학교 명예교수, 불문학)
김명렬(서울대학교 명예교수, 영문학)
김용직(서울대학교 명예교수, 국문학, 학술원 회원)
김창진(전 가톨릭대학교 교수, 국문학)
박성창(서울대학교 교수, 국문학)
방민호(서울대학교 교수, 국문학)
성석제(소설가)
신범순(서울대학교 교수, 국문학)
오정희(소설가)
이영준(경희대학교 교수, 한국현대문학)
이영춘(시인)
이익섭(서울대학교 명예교수, 국어학)
주종연(국민대학교 명예교수, 국문학)

일어 번역
장순하(시조시인)
이호철(소설가)
한성례(세종사이버대학교 교수, 일문학)
이로미(일어 번역가)

텍스트 교감 · 편집 팀
이상옥(책임자, 서울대학교 명예교수, 영문학)
공강일(서울대학교 대학원 국문학 박사과정 수료)
나보령(서울대학교 대학원 국문학 박사과정 수료)
송민자(춘천교육대학교 졸업)
이지훈(서울대학교 대학원 국문학 박사과정 수료)